図解

おもしろ子ども菜園

教室・ベランダ・軒先で

竹村久生 著
橋本洋子 絵

農文協

子どもたちのやる気を引き出す

コンテナ・マイ畑栽培

畑や花壇がなくとも、コンテナ栽培なら教室のベランダや窓辺、軒下の通路で手軽にできます。一人に一つ、あるいは班に一つずつのマイ畑となるので、子どもたちは自分のペットのような気持ちになります。そこから、フェイス トゥ フェイス、子どもと野菜とのいのちといのちのふれあいが始まります。

一番おすすめの野菜は栽培も容易で人気もあるミニトマト（P44 ～ 87）。２階の教室のベランダで真っ赤に熟れた。

待ちに待っていたトマトパーティーの日も近い。

教室の外の軒下に並べた収穫コンテナ・マイ畑に植えたミニトマト。登校・下校、休み時間などに必ず目にふれる場所なので、観察も管理もしやすい。

キュウリもおすすめ（P88 ～ 107）。２階の教室のベランダで育つキュウリの緑のカーテン。緑のカーテンの冷房効果、照度効果、酸素供給効果を調べてみよう。

秋から冬はイチゴがおすすめ（P128 ～ 143）。秋から冬に教室の窓辺で育てる手づくりの二重底ペットボトル鉢のイチゴ。水もペットボトルにくみおき温めてから与える。

二重底ペットボトル鉢なら観察や管理は机の上でできる。

ミニトマト・キュウリ・イチゴ以外の

おすすめ野菜

どんな野菜を育てたいですか。本書では、子どもたちに人気があり、育てやすく、また授業の展開にも合わせやすい野菜を中心に紹介していますが、土が三〇～四〇リットル入る手づくりの発泡スチロール箱や収穫コンテナなら、長いゴボウやナガイモ以外、どんな野菜でも育てられます。いろいろな野菜に挑戦してみましょう。

春から秋の野菜

ナス

エダマメ

小玉スイカ（P124）

スイートコーン

ニガウリ（緑のカーテン）

メロン

サトイモ

オクラ（P125）

ジャガイモ（P108～115）

ラッカセイ

カボチャ

サツマイモ（P116～123）

秋から冬の野菜

サンチュ

ニンジン

ダイコン

ホウレンソウ

ミックスレタス

聖護院ダイコン

芽ばえでめざめる「かわいい!」気持ち

種まきからスタートしよう

子どもたちがもっとも感動するのは、自分がまいた種が芽生えた瞬間です。その瞬間に「私のトマトちゃん」という気持ちも芽生えてきます。苗を育てるにはセルトレイ&タマゴパック温室育苗（P46～47参照）がおすすめです。場所もとらず、害虫や鳥の害もなく、暖かい教室内で発芽させることができます。

セルトレイ&タマゴパック温室育苗

①1穴に1粒ずつまき、指で少し押しこみ、軽く土をかぶせる。

②タマゴパックのフタをセロテープですきまなく止める。

③発泡スチロール箱に入れて十分に底面給水する。

④室内の窓辺ではタマゴパックの底を受け皿に利用。

⑤屋外ではとくにすきまができたりフタをしないと害虫や鳥にやられる。

⑥フタに水滴がついている間は水やりは無用。葉がフタにふれるようになったらフタは除く。

⑦ミニトマトの発芽の瞬間、白い点のように胚軸が首をもたげてくる。

⑧子葉が開き本葉も伸びてきた（デジタル写真をパソコンに取りこんだ生育記録より）。

3号ポットに鉢上げ

本葉3～4枚目のころ（種まき後約1ヵ月）3号ポットに移植する。

⑨白い根が張りめぐった鉢上げ前の根鉢。

⑩3号ポットに鉢上げしたミニトマト。

⑪逆さにした収穫コンテナに置き、日あたりの良い屋外で育苗。

⑫鉢上げ後も底面給水（定植前のポット苗）。

⑬種まき後50～60日、よく根が張った定植前の根鉢。

育苗中の保温対策

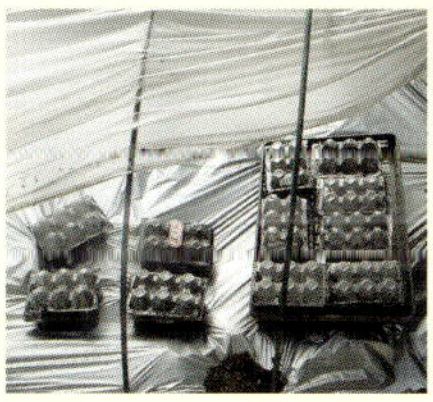
ビニールトンネル温室。

発泡スチロール箱温室（P51、147参照）。

牛乳パック鉢にかぶせたペットボトル温室（P146～147参照）。

リサイクルでつくる マイ畑のつくり方

①スーパーなどから横48・縦40・高さ23センチ以上のリンゴなどの発泡スチロール箱を入手。

②フタの縁を5センチほど残し、カッターで切り抜く。

③底を30×20センチくらいに切り抜き、切り抜いたものを八等分し、②で切り抜いた板にガムテープでゲタをはかせるように取りつける。

④①で切り抜いたフタを底にガムテープで取り付け、マイ畑の足とする。

⑤③でつくったものをゲタを下にして入れる（二重底となる）。

⑥底からみたもの。地面との間に空間ができ排水穴も大きいので、水はけ抜群のマイ畑となる。

⑦不織布（70×80センチ以上）を底と側面に密着させて入れる。

⑧用土をつめ各自の名札をさす（排水が良いので底にゴロ土は無用）。

⑨発泡スチロール箱マイ畑にミニトマトを2株定植（1人1株で40本栽培）。

収穫コンテナは比較的安価でマイ畑に最適ですが、マイ畑も手づくりすれば子どもたちのやる気がさらに高まります。マイ畑のもっとも重要な条件は排水が良いことです。紹介する発泡スチロール箱マイ畑も牛乳パック鉢も、大きな排水穴にしているので、排水性が抜群です。その代わり、用土が流れ出ぬよう根が外に伸びださないよう、内側に不織布を敷きます。ペットボトル鉢は、水を好むイチゴ用に常時底面給水ができるよう、また室内を汚さぬように二重底にしています。

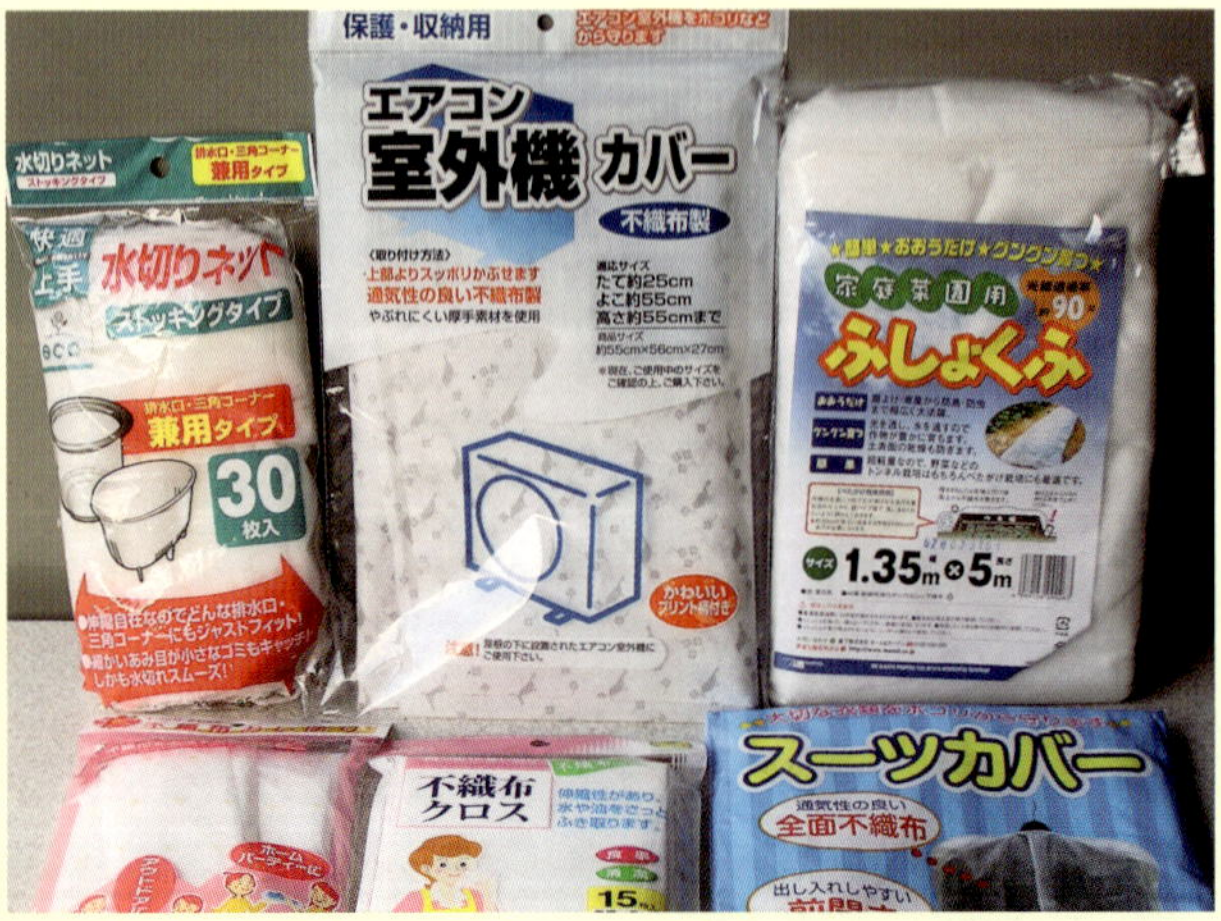

写真⑦の不織布は、農協などで売っている育苗に使う防根用不織布（ラブシート）で丈夫だが高価。不織布は安価で入手しやすい園芸用不織布、エアコンカバー、水切りネット、スーツカバー、不織布クロスなどでも良い。

発泡スチロール箱マイ畑のつくり方（P130～132参照）

真っ赤に熟れたわたしのイチゴ見て！ マイペットボトル鉢栽培は教室の窓辺で育てられるから、毎日の管理も観察も楽しみ。

①2リットルのペットボトルの口を落とし、底から3分の1（12センチ）くらいの所で切り、下部のものには水・空気抜き窓を2ヵ所あける。

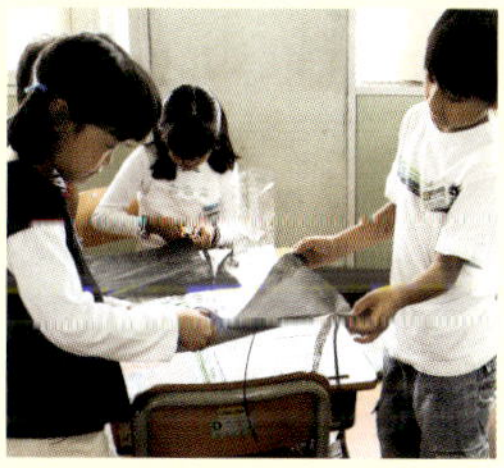

②不織布（30×35センチ）の長辺側の端にヒレを4、5本つくる。

③上部のペットボトルを逆さにして、不織布のヒレを中から口にとおす。

④水をためる下部にヒレを入れ、上部を下部の上にのせる。

⑤不織布を折り返し、縁と合体部を布ガムテープで固定する。

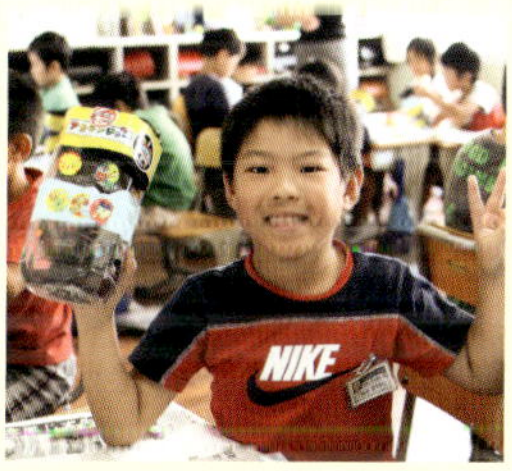

⑥各自でデザインし飾りをつけて完成。

牛乳パック鉢のつくり方（P146～147参照）

牛乳パック鉢を発泡スチロール箱に入れて栽培した各種葉菜類。

鉢ごとに条件を変えた生育実験もしやすい（受け皿は納豆パック）。

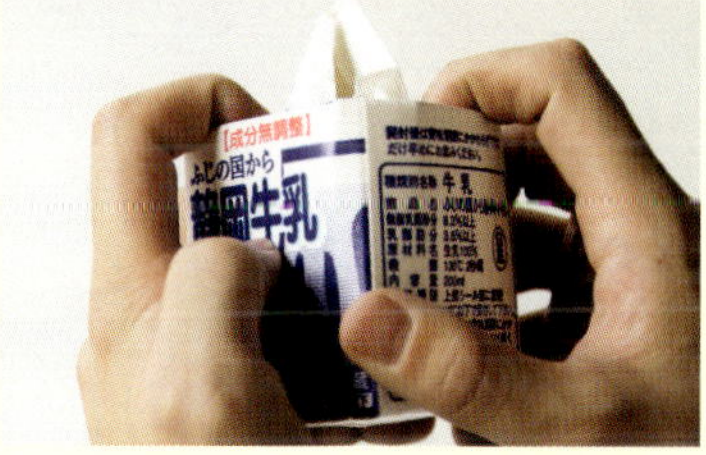

①給食に出た200ミリリットルの牛乳パックのフタ部分を広げてから内側に押しこむ。

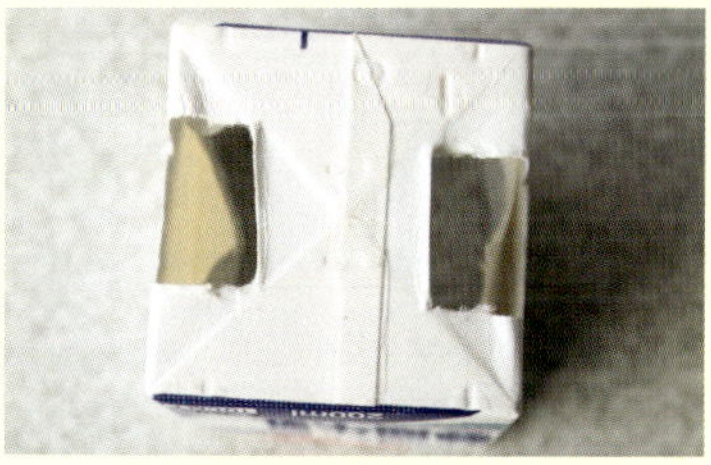

②底の薄い両側の底と側面をハサミで幅2.5センチ、縦横1.5センチずつ切る。

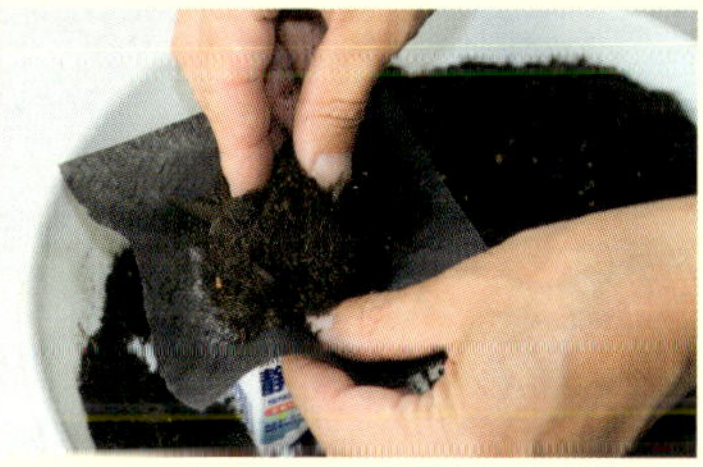

③13センチ四方の不織布を口にのせ、その上に用土を盛る。

④指で不織布がずれないように指で用土ごと押しこみ、用土を縁までつめる。

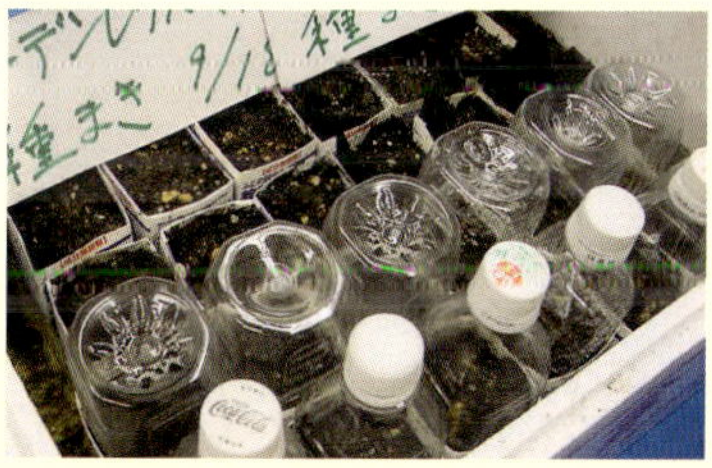

⑤種をまき、発泡スチロール箱の中に入れ、水をそそいで底面給水（手前は保温のためのペットボトル温室）。

野菜の命と語ろう!

おもしろ観察・実験

スケッチやデジカメで生育・栽培記録をつけよう

野菜には口がないので、どうして欲しいかは生育の姿から読み取るほかありません。よく観察してスケッチしたり、デジカメに撮ったり、パソコンも利用たりしてマイ野菜の成長過程を記録しましょう。

日付などのメモを書いて1週間に1回くらいデジカメで撮影しておこう。

図鑑なども参考にスケッチ。友たちのものとも比べてみよう。

パソコンの練習を兼ねて、データをパソコンに取りこもう。

なぜ、こんなに生育が違ってくるのだろう?

班ごとに育てた苗を高さの目盛り線を入れた紙の前に置き撮影。

前の鉢はたくさんなっているのに、奥の鉢いはなっていないのはなぜ?

元気があるか、なしかは先端部の姿で判断

元気が良いミニトマト：茎が太く葉が厚くて大きい。花も大きくて多く、花から先端までが長い。

元気がないミニトマト：茎も葉も花も少なく弱々しく、花から先端までが短い。すぐ追肥が必要。

保温効果を最高最低温度計で測定してみよう

MILK

牛乳パック鉢にまいたサンチュ。ペットボトル温室のほうが、確かに大きくなっている。

デジタル最高最低温度計で昼間測ると確かに保温効果あり、しかし夜中の最低温度は逆転した（P60参照）。

緑のカーテンの温度・湿度・照度効果を測定しよう

キュウリの緑のカーテン。

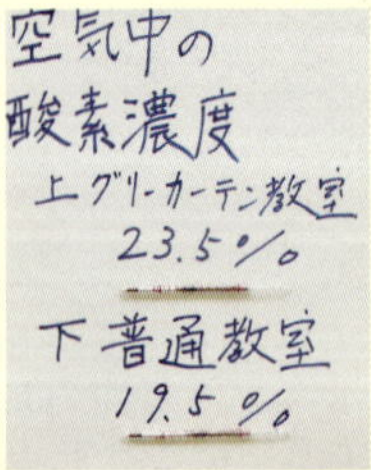
空気中の
酸素濃度
上グリーンカーテン教室
23.5%
下普通教室
19.5%

学校保健会から借りた酸素濃度計で量ると、確かに酸素は多く頭の回転が良くなってくる。温度も低く、照度はなんと普通の教室より明るかった。

対比栽培試験をしてみよう

●育苗用土を変えてみよう

畑の土（上）と育苗用土（下）：市販の種まき用の育苗用土は、発芽しなかったものがあるが順調に生育。畑の土は水はけが悪く、発芽したものがわずかで、しかも生育が大変悪い。

●日あたりのよしあしを比べてみよう

セルトレイ&タマゴパック温室を窓辺の日あたりの良い所に置いた苗：子葉までの茎（胚軸）が短く太く、本葉も伸び始めている。

セルトレイを発泡スチロール箱に入れフタをして真っ暗にして発芽させた苗：胚軸がヒョロヒョロと伸び、子葉の色も淡い。

●水やりの回数を変えてみよう

毎日水やり：生育が速く花も咲いているが、茎が間延びし葉が垂れぎみで、下葉が黄色くなっている。水のやりすぎで根が弱っている証拠。

３日に１度の水やり：生育は遅れているが茎葉がしっかりしていて、葉が立っている。下葉の色も濃い。

●ミニトマトを放任栽培すると…

放任管理：わき芽が無数に伸びて倒れ、日あたりも悪く花が咲いても実が落ちてしまう。糖度も低い。

適正管理：支柱に誘引し、わき芽かきをしたミニトマト。日あたりも良くどの果房も大きく、糖度も高い。

ミニトマトの甘さアップのマル秘作戦

子どもたちが考えた甘さアップのマル秘作戦。糖度計で測って何が一番効果があったか確かめよう。

デジタル糖度計で糖度を測定。

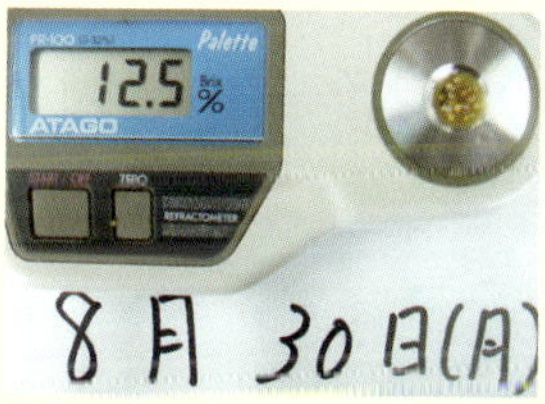

作戦別に糖度を調べる。最高は 12.5 だった。

日中にしおれても与えず、水を少量ずつ朝夕与える。

果実をつみ、１果房１果にする。

音楽を聞かせ鏡で光を反射させる。

果房をビニール袋に入れて温度と湿度をアップ。

さあ、楽しいゴールをめざしてスタート

栽培の最後は、愛情こめてつくったマイ野菜を収穫し、取れたてを〝食べる〟パーティーがゴールです。最初の栽培計画のときから、どんな料理をつくるか、みんなで決めておくと、楽しいゴールが励みになってやる気が出てきます。身近な人への感謝をこめたプレゼントも忘れずに。

●とれたて野菜プレゼント

袋にリボンをつけてミニトマトをプレゼント。

メッセージもそえてキュウリをプレゼント。

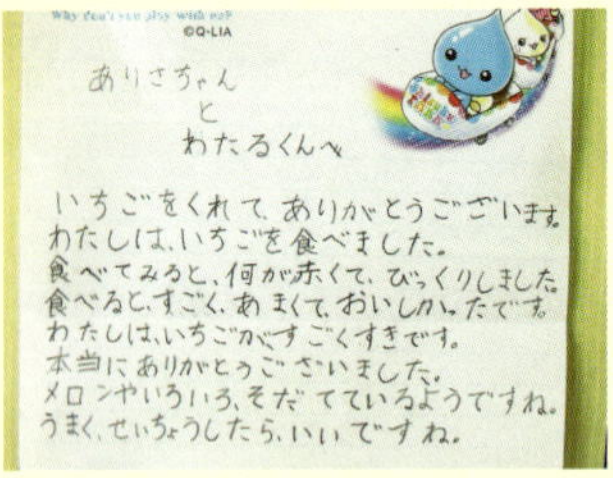

イチゴをプレゼントした友だちからの感謝のお手紙。

●イチゴショートケーキパーティー

①ホットケーキミックスを電気炊飯器で炊いてつくったスポンジケーキ

②できあがったスポンジケーキ

③イチゴ煮つめてジャムをつくる。

④スポンジケーキを半分に切り、ジャムをぬる。

⑤クリームをぬっていろんな果物をトッピング。

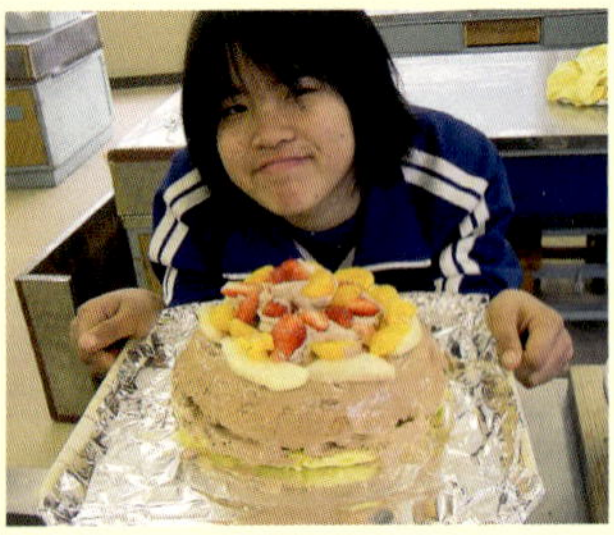

⑥イチゴショートケーキの完成

●ミニトマトパーティー

ミニトマトを煮つめて裏ごししてコショウなどで味つけしてトマトソースをつくる。

トマトソースを使いナポリタンをつくる。

ジューサーでトマトジュースをつくる。

トマトジュースに牛乳とシロップを入れ冷凍したトマトシャーベット。

いろいろなトマト料理。

まえがき

私は、静岡県浜松市の中学校で技術科の教員をしてきました。技術科の指導領域に「栽培分野」があり、二〇年ほど前から栽培の授業に取り組んでいます。パソコンやテレビゲームなど、バーチャルな世界があたり前になっている現代。そういう時代にこそ、子どもたちにとって、いのちの大切さや生きていることのうれしさ、不思議さを感じることが大切になっていると思います。

「栽培をとおして子どもは変わる」ということを確信していた私は、栽培のおもしろさを、まわりの先生や子どもたちに伝えたいと思いました。

作物を育てるために一番大切なことは何か。農業高校に赴任したときに、何も勝手がわからず、農家に聞いてみました。その答えは明快でした。

「先生、大丈夫。野菜は育ててくれる人の足音を聞いて大きくなるから」と、毎日畑に通って育てることの大切さを教えてくれました。しかし、子どもたちに「さあ、畑に行こう」といっても、なかなかその気になってくれません。また、街に住む人に「畑を用意して下さい」といっても、簡単にできる話ではありません。忙しい先生方や保護者に、「場所も道具もないよ」と言われると、栽培のおもしろさを伝えるきっかけすらつかめずにいました。

そこで私は発想を一八〇度転換しました。「畑に行くのがむずかしいなら、野菜のほうから学校に来てもらえばいい！」と。毎日目につく場所で作物を育てる方法、それも、できるだけお金のかからない、身近にあるものを使ってやれる方法を考え始めました。

失敗せずに作物を育てる一番のコツは、作物を種から育てること。「作物づくりは苗づくりが七割」という農家もいるくらいです。良い種を買って自分で育てれば、苗を買うよりも確実に、しかもお金をかけずにおいしい野菜を育てることができ、予備苗も用意できます。苗を購入すると高価なため一人一苗が限界です。その苗を枯らしたり、病気や折れてしまったりすれば、そこで終わりになってしまいます。種からつくると一苗つくるのも、六苗つくるのも同じ作業です。一つの苗がダメになれば次の苗を使えるし、余った苗を互いに分け合えるので全員が最後まで栽培を続けられます。そして何より、作物が大きくなっていく様子を芽が出るところから見つめることができます。

私はこれまでに、葉菜類のじかまき栽培に適した牛乳パック鉢、その保温と苗を守る発泡スチロール箱温室、ペットボトル温室、果菜類の育苗に適したセルトレイ&タマゴパック育苗、排水性抜群の発泡スチロール箱コンテナ＝マイ畑、一番身近な場所や室内でイチゴなどを栽培する二重底のペットボトル鉢などを工夫・創作してきました。また失敗の多い水やりも、底面給水法なら、どんな子どもも失敗なくできることがわかりました。また、子どもたちのやる気を引き出すには、育てるだけでなく、収穫後の料理・加工を目標にして栽培をスタートさせることが大切であることなどを提案してきました。

　マイ畑なら畑がなくとも軒下やベランダ、室内で栽培できます。毎日目にふれる身近な所なので、観察や管理が行き届き、だんだんと「野菜づくりにはこんな苦労があるんだ」と理解が深まってきます。そして何より自分のマイ畑で育てている自分の野菜だからこそ、「いとおしい、かわいい、生きているんだ」という気持ちがつのってきます。ある子は、自分が育てている野菜に名前をつけて、机に置いて話しかけたりしていたそうです。毎日世話しているうちに、自分の気持ちがまるで野菜と一体化してくるようになります。私はこれを「野菜のペット化」と呼んでいます。野菜嫌いだったある子は、自分で野菜を育てることで、少しずつ野菜を食べるようになりました。

　この子ども菜園は、小学校の生活科や中学校の技術家庭科（生物育成）での私の実践をもとにまとめましたが、この方法なら一般のご家庭でも親子で野菜づくりを楽しめます。材料はリサイクルを基本とし、近くのホームセンターや一〇〇円ショップなど簡単に手に入る安価なものばかりなので、無理なく経費をかけず、安全でおいしい無農薬野菜ができます。是非、自分の部屋やベランダ、軒下に「マイ畑」をつくって「マイ野菜」を育ててみませんか？そしていのちの不思議さを身近で感じてみませんか？

　本書は雑誌「食農教育」（農文協）に長年連載した記事がベースとなっていますが、当初からわかりやすくほのぼのとしたタッチのイラストをていねいに描いていただいた橋本洋子さんのお力なしにはできませんでした。発刊にあたり改めて感謝を申し上げます。また、文部科学省初等中等教育局教育課程科教科調査官、上野耕史先生には強い励ましの言葉を賜り、厚く御礼申し上げます。本書が小中学校の先生方や子どもさんをもつ多くの方々の、いのちといのちの会話を楽しむ野菜づくりのお役に立てていただけることを切に願っています。

二〇〇九年二月五日

竹村久生

おもしろ子ども菜園 もくじ

第一章 これならできる、学校・家庭で子ども菜園

イチゴのペットボトル鉢つくり

いのちを感じたこの一瞬

真夏のある日――
水やりを忘れていたらしおれちゃった…水をあげてるのに枯れたのかなぁ～
ぐったり
①
こうして鉢ごと水につけておくと元気になるよ
先生、ほんと？
水をはった容器
②
2・3時間後――
ピーン
わ～元気になった！本当に生きているんだ！
③

1.先生の悩みを解消できるコンテナ・マイ畑菜園

「作物は人の足音を聞いて育つ」といわれるように、子どもたちが育てる作物にマイ・ペットのように愛着を感じられるようになることが大事です。

それには、資材や苗などをできるだけ手づくりすることをおすすめします。

【先生の4つの嘆き】

1. 場所（畑や花壇）がない
2. 用具（クワや消毒機械など）がない
3. 知識がない
4. 時間がない

→ **コンテナ栽培なら可能！**

・どこの学校・家庭にもある軒下やベランダで栽培できる
・大きな道具がいらない

【生徒たちのやる気を引き出すコンテナ・マイ畑】

「マイ畑」とは？

自分でつくった
自分だけの畑
↳畑のオーナーになれる

竹村久生
竹村久生

プラスチック板などに子どもたちの名前を書いて土にさしておくとよい

子どもたちが責任をもたされる →

責任！

栽培が自由自在にできる

・好きな野菜を自由に選択できる
・管理しやすく、栽培が簡単
・1年間の作付け計画が容易

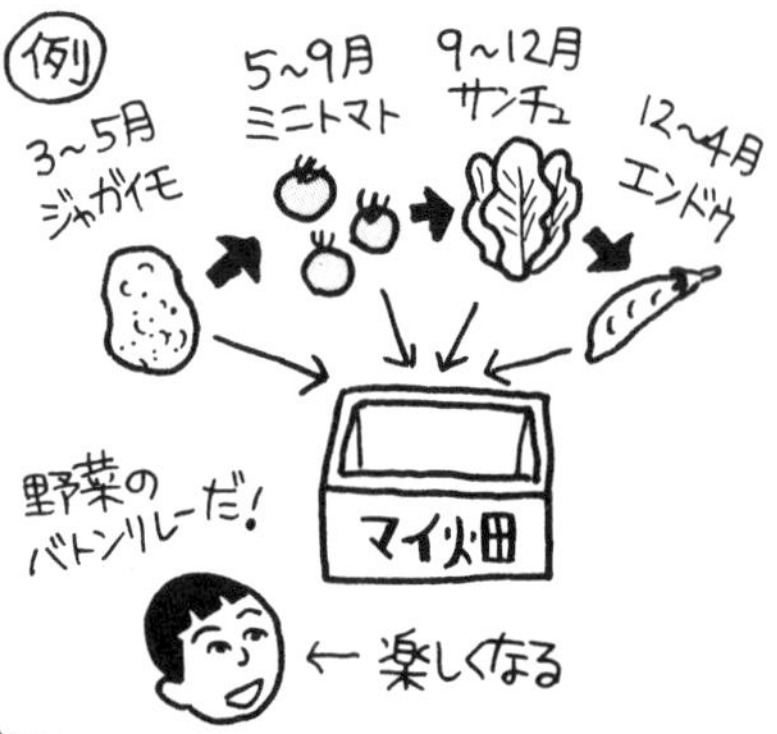

例
3〜5月 ジャガイモ
5〜9月 ミニトマト
9〜12月 サンチュ
12〜4月 エンドウ
マイ畑
野菜のバトンリレーだ！
← 楽しくなる

マイ畑

野菜のペット化ができる

生活する場所が同じ→愛着が生まれる

犬小屋
種から収穫までを過ごすマイ畑的存在

犬
育てる野菜的存在

マイ畑

【オリジナル・マイ畑づくりから始めよう】

自分が好きなデザインや物を飾りつけて、他の人に自慢したくなるマイ畑をつくろう

屋外に置く時は、雨にぬれても大丈夫なものを飾りましょう
アクリル絵の具（乾くと耐水性）や油絵の具、油性マジックなどで描く
絵を描く 色をつける
リボンや造花をつける
紙ねんどで好きな形をつくってつける
流行のカントリー調をとり入れる
板をまわりにつける
金具などでとめる
ねんど
レースやチロリアンテープを貼る
穴をあけないように表面をカッターで彫刻する
間伐材を利用した“焼き杉”を使ってもおもしろい！
ステンシルで絵を描いてみよう
バーナーやコンロで板の表面を焼き、ワイヤーブラシをかけて仕上げる
ステンシルの型は市販のものでもよいし、厚紙を切ってオリジナルをつくってもよい
タンポン状の筆で型の上から絵の具をたたきつける
型さえあれば複雑な模様も簡単にできる
竹を使って和調にする
カッコイイ！
竹をコンテナの高さに合わせて切りまわりにつける
ひもやなわ、針金で結びつける
竹や板はホームセンターなどで入手

2. 教室の軒下、ベランダは最高のマイ畑菜園

【教室の軒下栽培】

- 全国どこの学校にも（家庭にも）ある
- 毎日行き来する場所なので、日常的に観察、管理ができる
- 日あたりが良い、暖かい、水の便も良く作業がしやすい
- 人の近くなので、害虫や害鳥があまり飛んで来ない

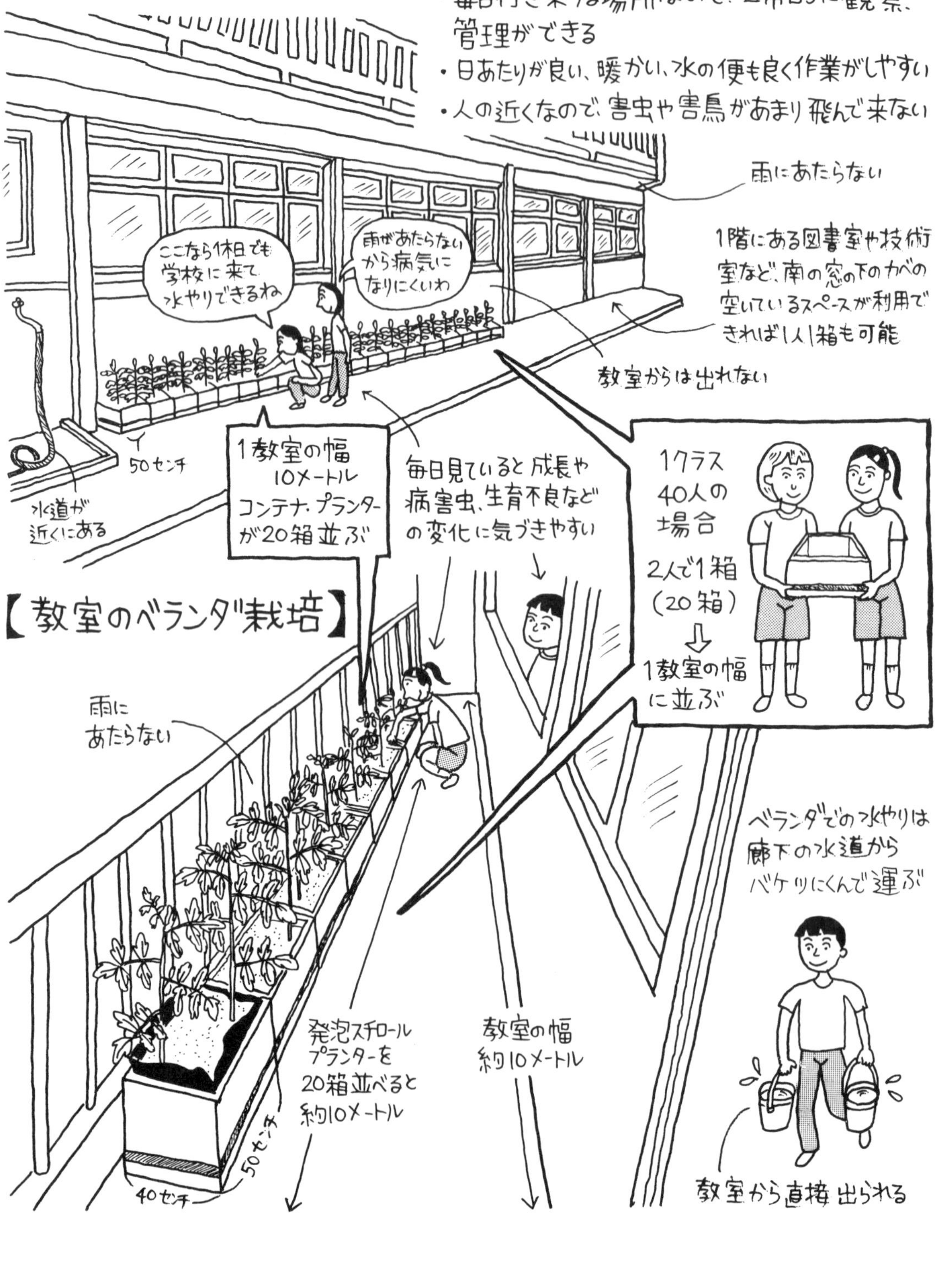

雨にあたらない
1階にある図書室や技術室など、南の窓の下のカベの空いているスペースが利用できれば1人1箱も可能
ここなら休日でも学校に来て水やりできるね
雨があたらないから病気になりにくいわ
教室からは出れない
50センチ
水道が近くにある
1教室の幅 10メートル コンテナ・プランターが20箱並ぶ
毎日見ていると成長や病害虫、生育不良などの変化に気づきやすい
1クラス40人の場合 2人で1箱（20箱） ⇩ 1教室の幅に並ぶ
【教室のベランダ栽培】
雨にあたらない
ベランダでの水やりは廊下の水道からバケツにくんで運ぶ
発泡スチロールプランターを20箱並べると約10メートル
教室の幅 約10メートル
50センチ
40センチ
教室から直接出られる

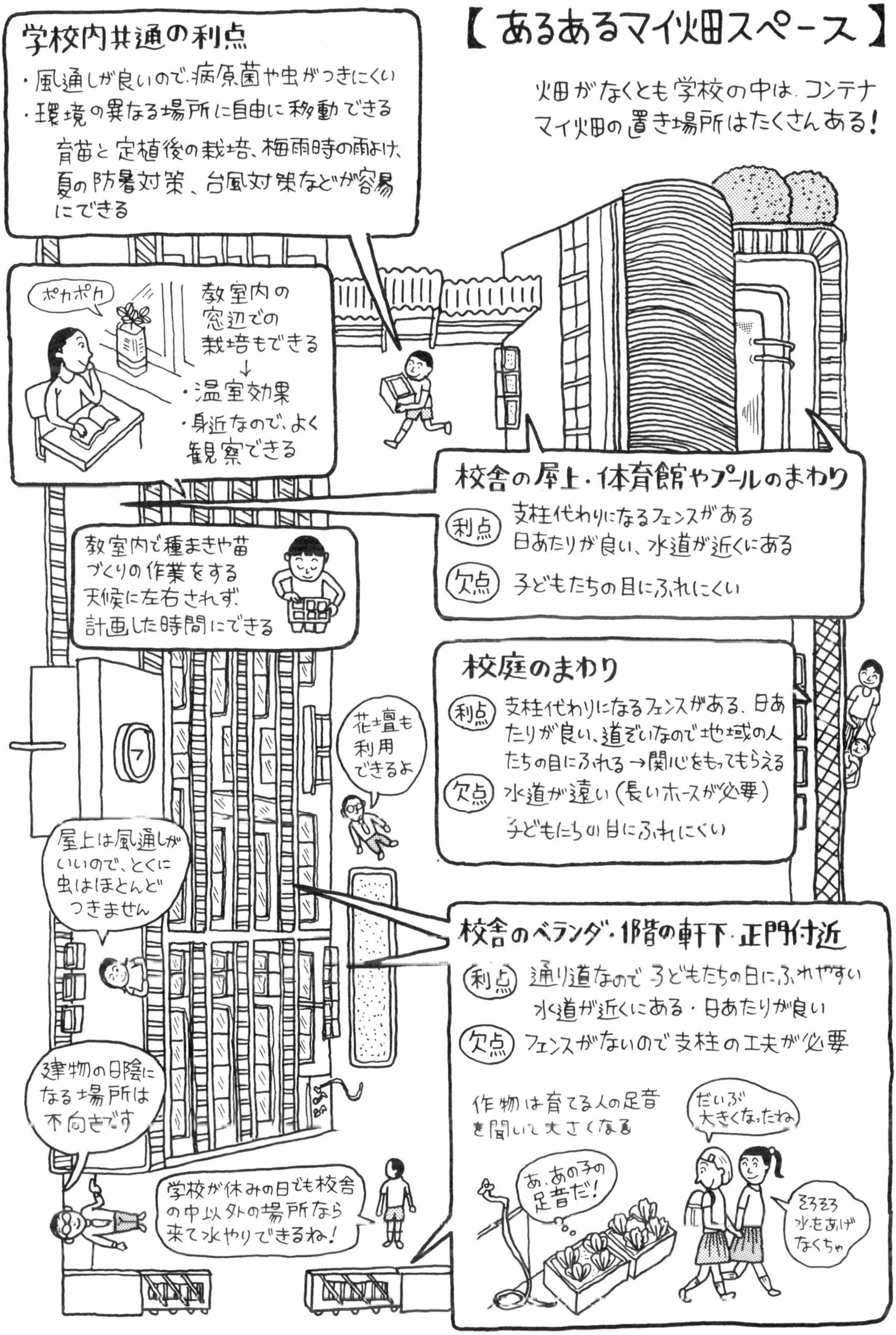
【あるあるマイ畑スペース】
畑がなくとも学校の中は、コンテナマイ畑の置き場所はたくさんある！
学校内共通の利点
・風通しが良いので、病原菌や虫がつきにくい
・環境の異なる場所に自由に移動できる
育苗と定植後の栽培、梅雨時の雨よけ、夏の防暑対策、台風対策などが容易にできる
ポカポカ
教室内の窓辺での栽培もできる
↓
・温室効果
・身近なので、よく観察できる
教室内で種まきや苗づくりの作業をする
天候に左右されず、計画した時間にできる
校舎の屋上・体育館やプールのまわり
利点 支柱代わりになるフェンスがある
日あたりが良い、水道が近くにある
欠点 子どもたちの目にふれにくい
校庭のまわり
利点 支柱代わりになるフェンスがある、日あたりが良い、道ぞいなので地域の人たちの目にふれる→関心をもってもらえる
欠点 水道が遠い（長いホースが必要）
子どもたちの目にふれにくい
花壇も利用できるよ
屋上は風通しがいいので、とくに虫はほとんどつきません
校舎のベランダ・1階の軒下・正門付近
利点 通り道なので子どもたちの目にふれやすい
水道が近くにある・日あたりが良い
欠点 フェンスがないので支柱の工夫が必要
建物の日陰になる場所は不向きです
作物は育てる人の足音を聞いて大きくなる
だいぶ大きくなったね
あ、あの子の足音だ！
そろそろ水をあげなくちゃ
学校が休みの日でも校舎の中以外の場所なら来て水やりできるね！

3. 手づくりコンテナ＝マイ畑のすすめ

【おすすめは手づくり発泡スチロールプランターと収穫コンテナ】

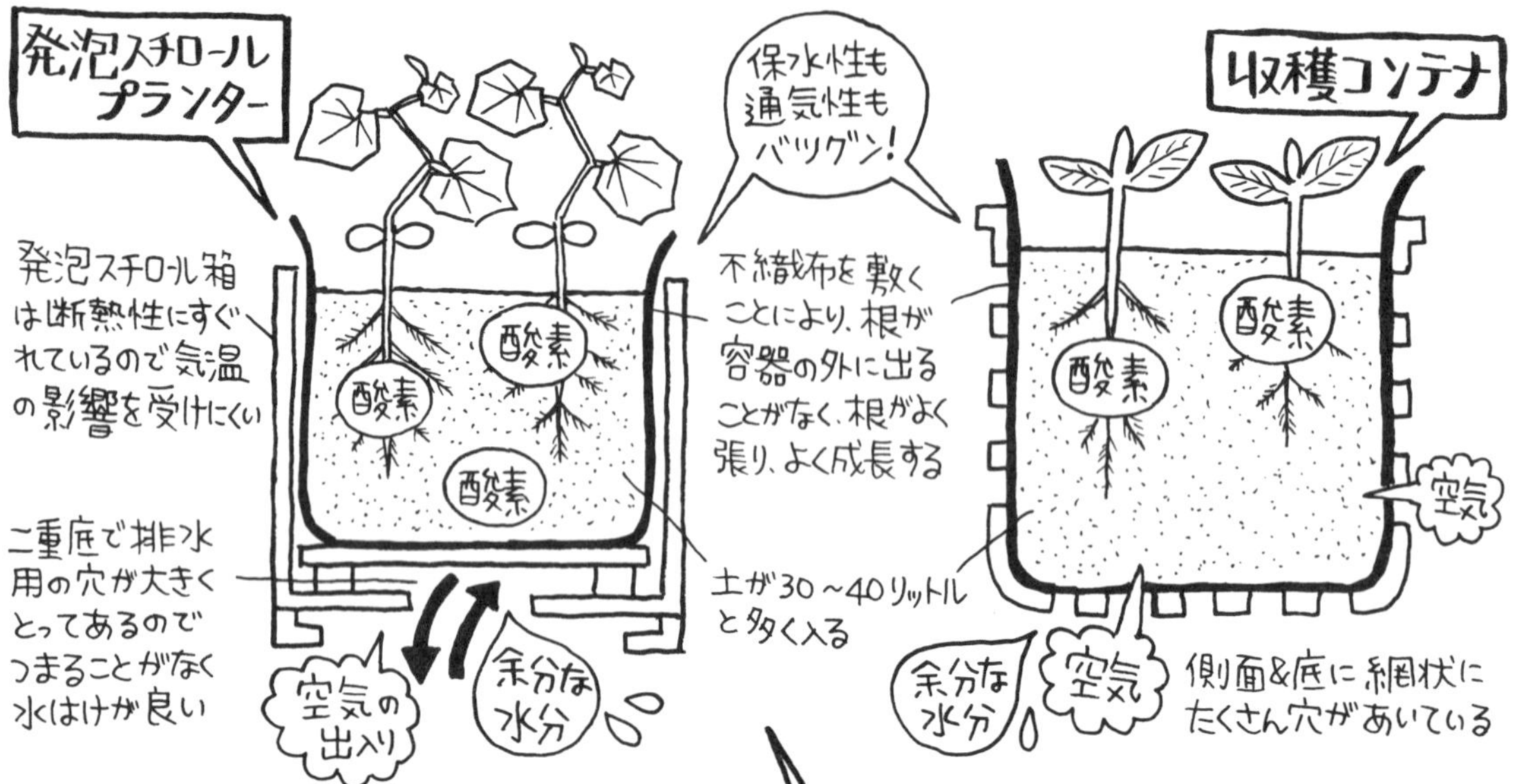

発泡スチロールプランター
保水性も通気性もバツグン！
収穫コンテナ
発泡スチロール箱は断熱性にすぐれているので気温の影響を受けにくい
酸素
酸素
酸素
不織布を敷くことにより、根が容器の外に出ることがなく、根がよく張り、よく成長する
酸素
酸素
空気
二重底で排水用の穴が大きくとってあるのでつまることがなく水はけが良い
土が30～40リットルと多く入る
空気の出入り
余分な水分
余分な水分
空気
側面&底に網状にたくさん穴があいている

30リットル
15リットル
全体の土の量が少ないと保水性や保肥力が劣り
果菜などは根づまりして大きく育たない

【市販標準プランターの欠点】

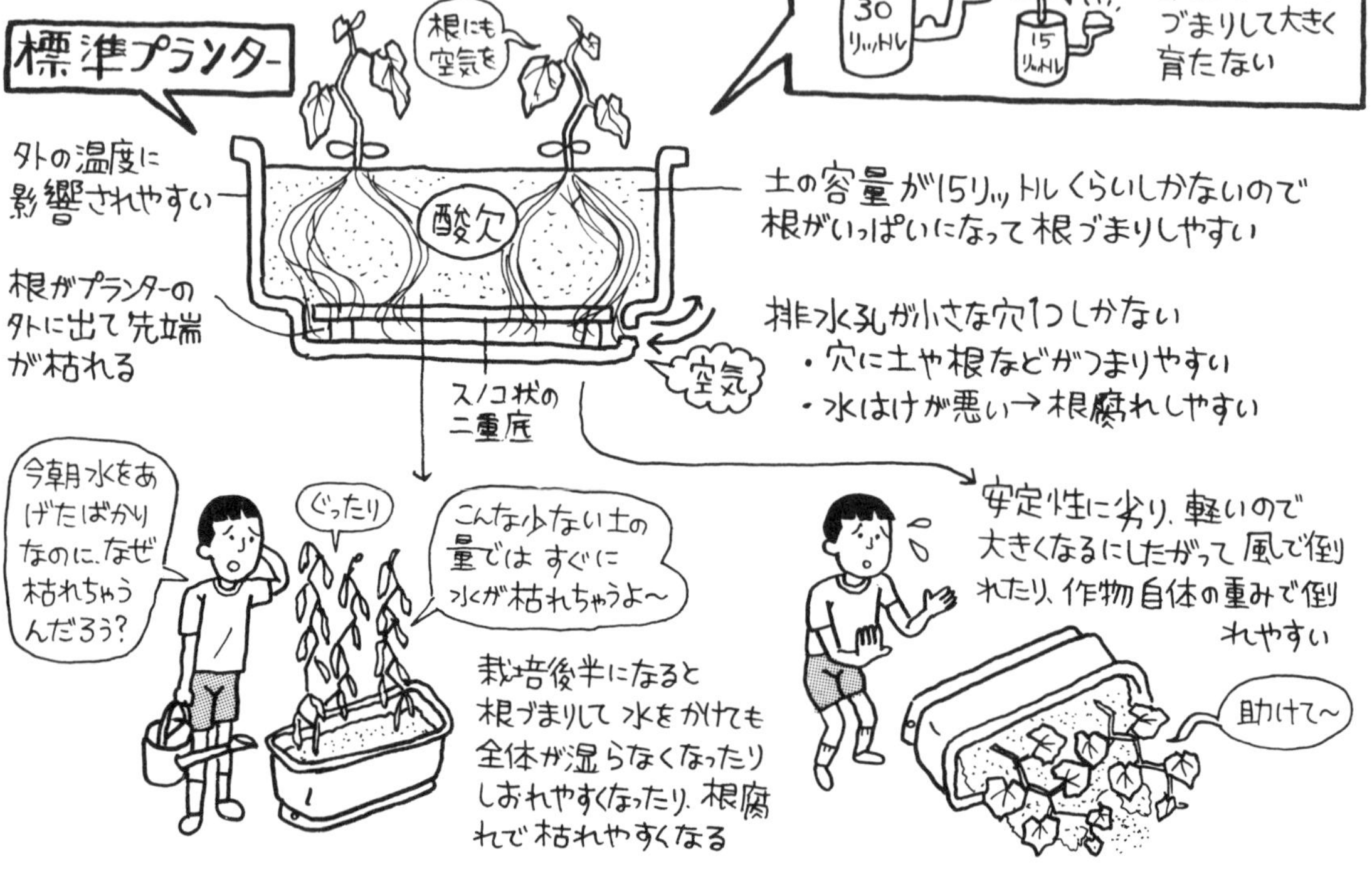

標準プランター
根にも空気を
外の温度に影響されやすい
酸欠
土の容量が15リットルくらいしかないので根がいっぱいになって根づまりしやすい
根がプランターの外に出て先端が枯れる
排水孔が小さな穴1つしかない
・穴に土や根などがつまりやすい
・水はけが悪い→根腐れしやすい
空気
スノコ状の二重底
今朝水をあげたばかりなのに、なぜ枯れちゃうんだろう？
ぐったり
こんな少ない土の量では すぐに水が枯れちゃうよ～
栽培後半になると根づまりして水をかけても全体が湿らなくなったりしおれやすくなったり、根腐れで枯れやすくなる
安定性に劣り、軽いので大きくなるにしたがって風で倒れたり、作物自体の重みで倒れやすい
助けて～

【マイ畑の種類と適した野菜】

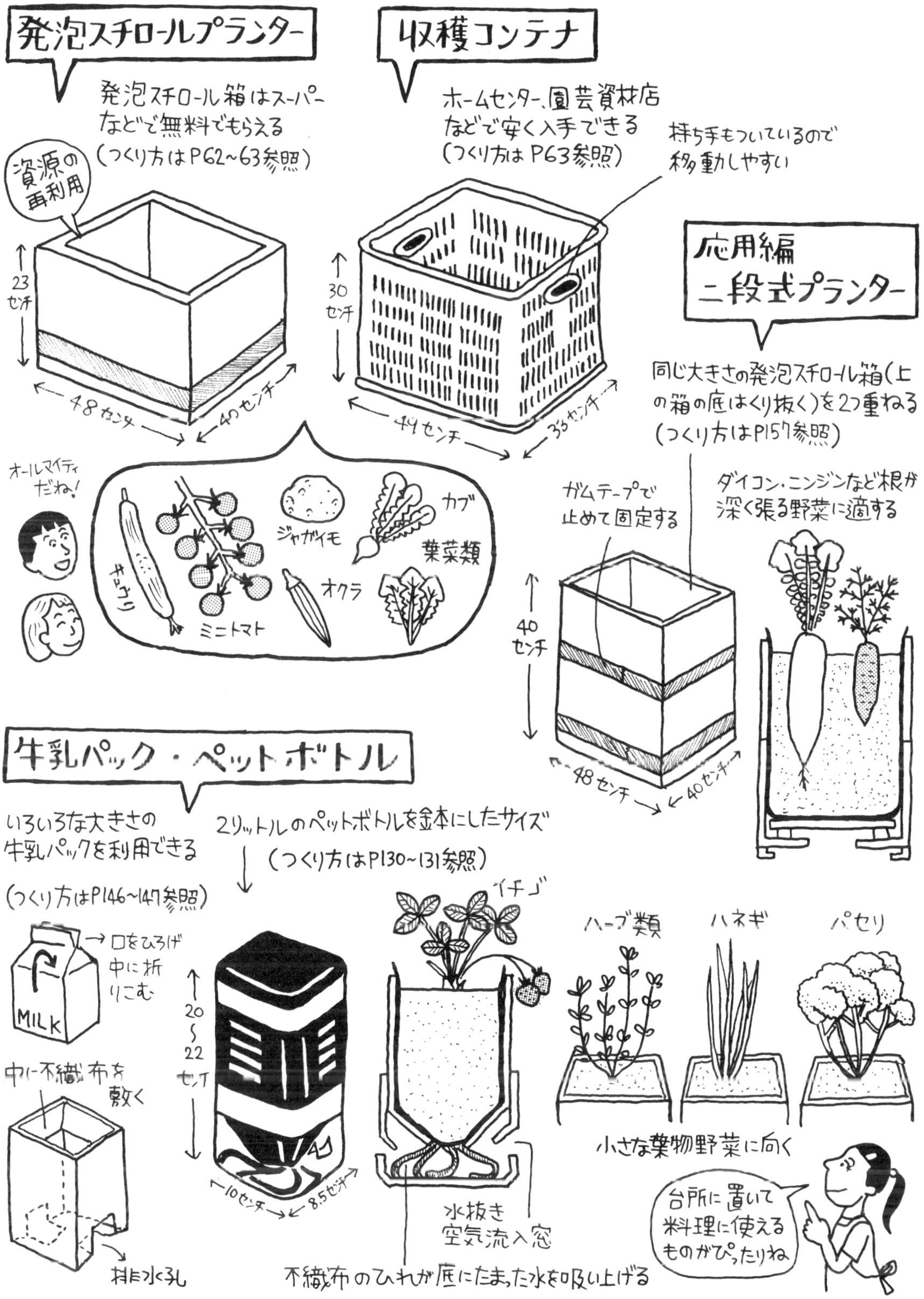

4. 種まきから始めよう

【発芽の瞬間が一番子どもたちを感動させる】

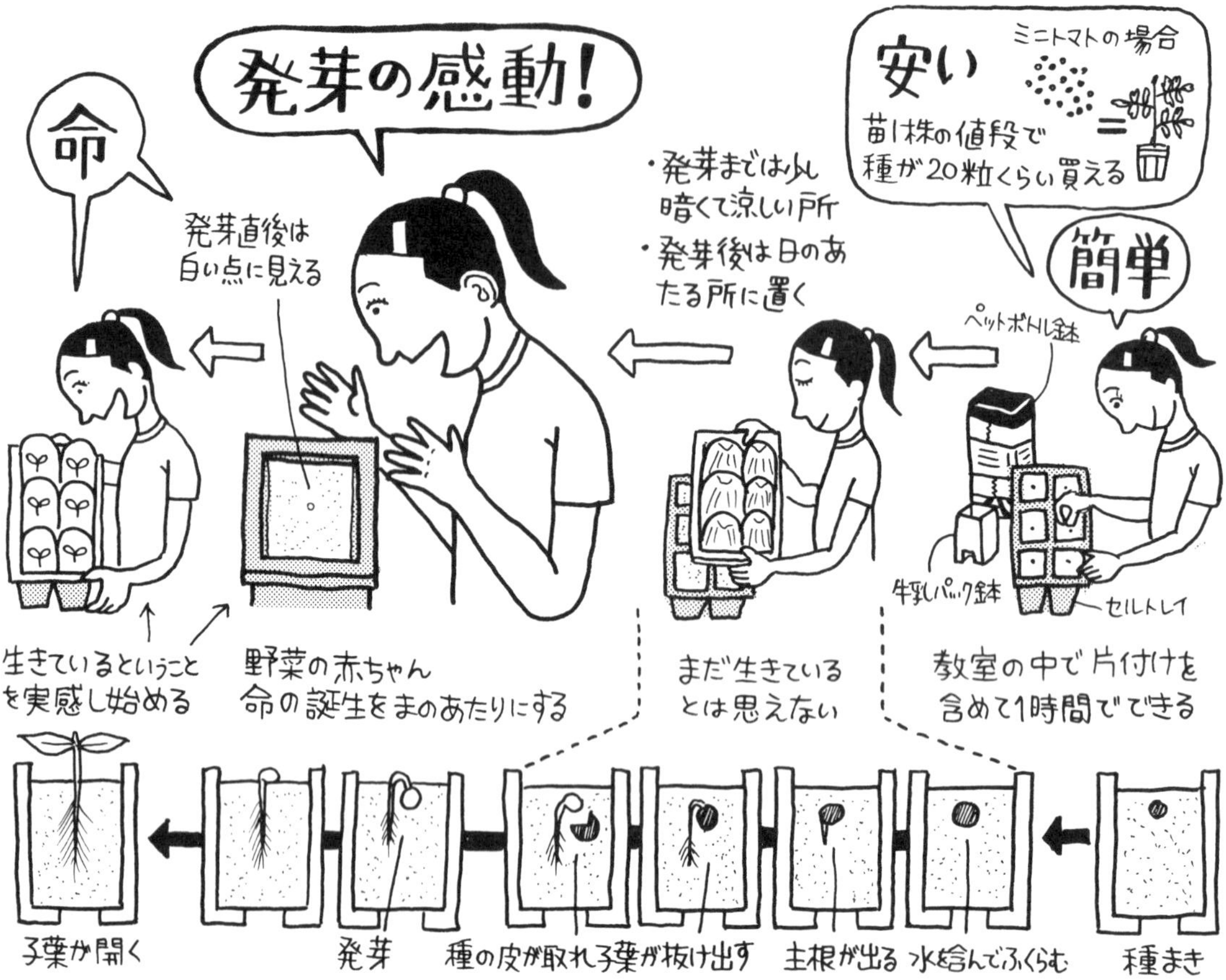

コンテナにじかまきする野菜

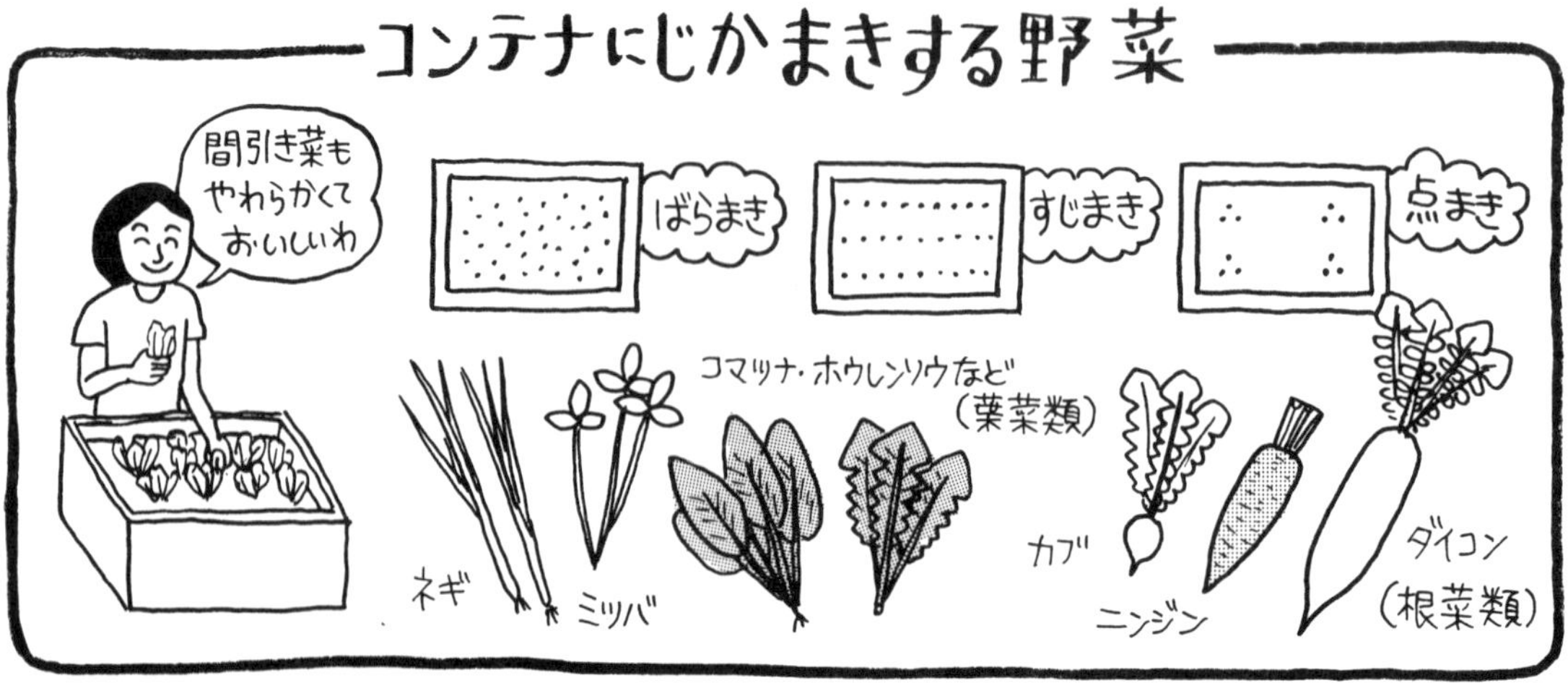

【種まきから始める重要性】

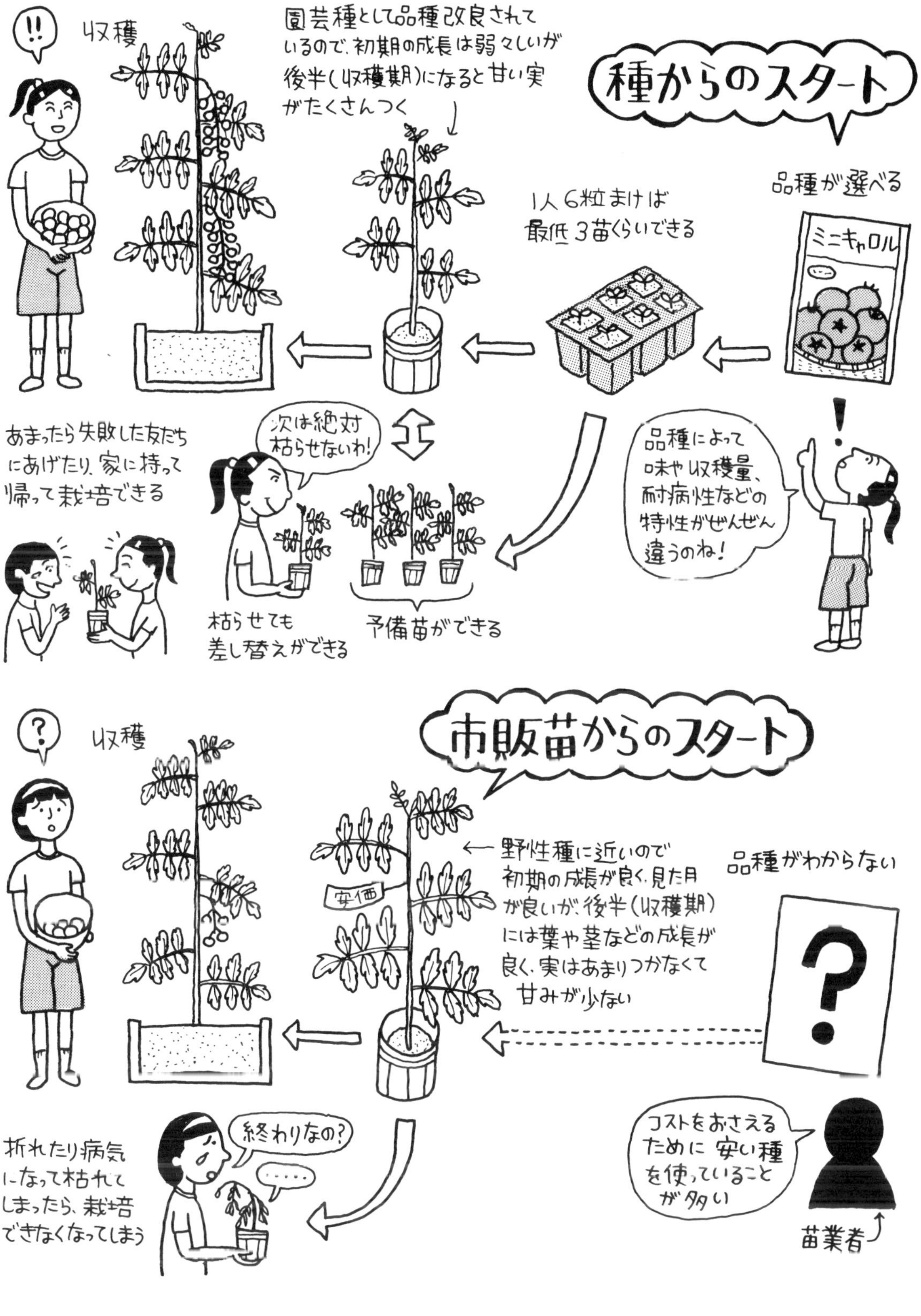

種からのスタート
!!
収穫
園芸種として品種改良されているので、初期の成長は弱々しいが後半(収穫期)になると甘い実がたくさんつく
1人6粒まけば最低3苗くらいできる
品種が選べる
ミニキャロル
あまったら失敗した友だちにあげたり、家に持って帰って栽培できる
次は絶対枯らせないわ!
品種によって味や収穫量、耐病性などの特性がぜんぜん違うのね!
!
枯らせても差し替えができる
予備苗ができる
市販苗からのスタート
?
収穫
安価
←野性種に近いので初期の成長が良く見た目が良いが、後半(収穫期)には葉や茎などの成長が良く、実はあまりつかなくて甘みが少ない
品種がわからない
?
終わりなの?
……
折れたり病気になって枯れてしまったら、栽培できなくなってしまう
コストをおさえるために安い種を使っていることが多い
苗業者

5. 創意工夫のマイ育苗セット＆システム

【発芽するための条件】

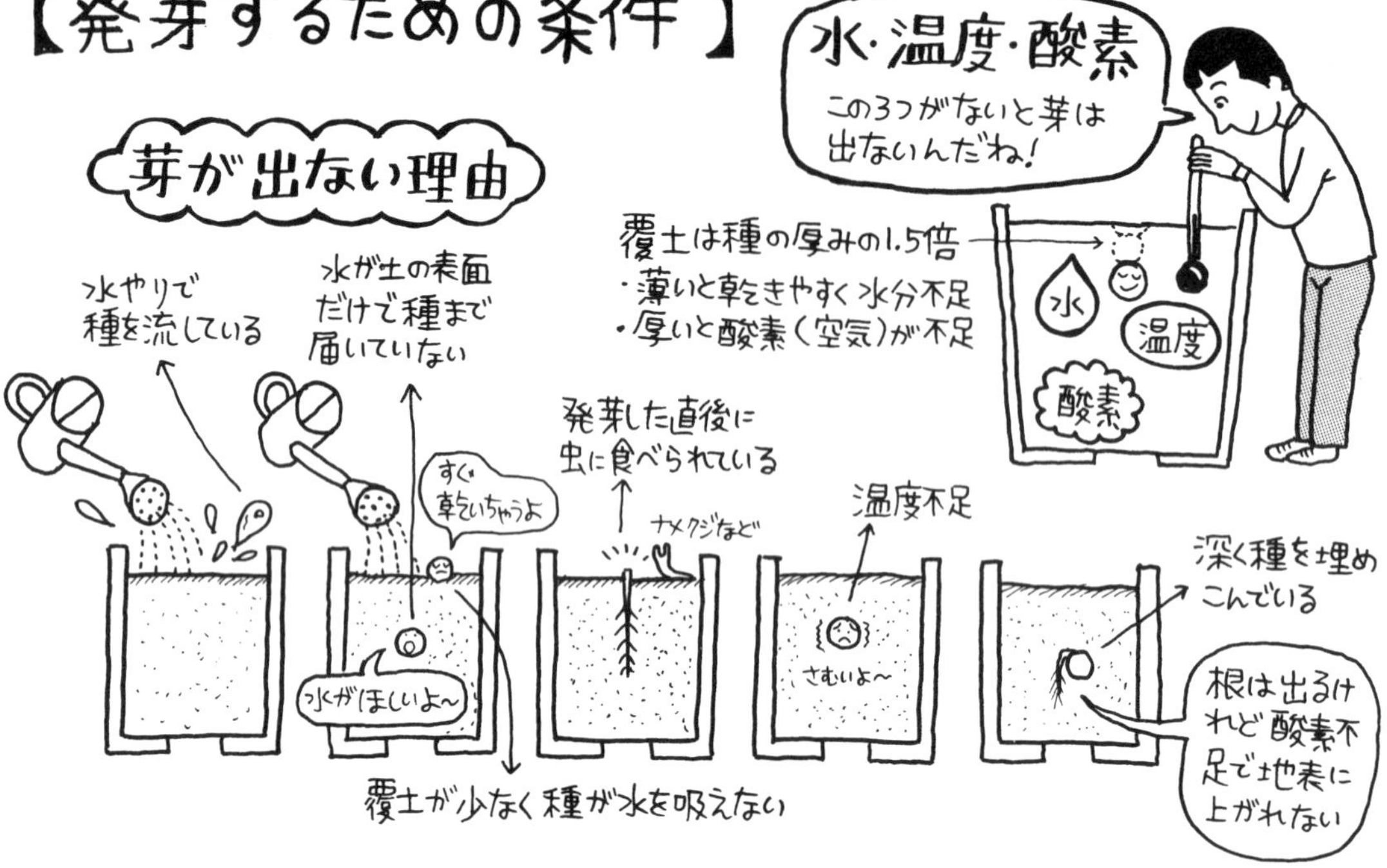

水・温度・酸素
この3つがないと芽は出ないんだね！
覆土は種の厚みの1.5倍
・薄いと乾きやすく水分不足
・厚いと酸素（空気）が不足
水
温度
酸素
芽が出ない理由
水やりで種を流している
水が土の表面だけで種まで届いていない
すぐ乾いちゃうよ
水がほしいよ～
覆土が少なく種が水を吸えない
発芽した直後に虫に食べられている
ナメクジなど
温度不足
さむいよ～
深く種を埋めこんでいる
根は出るけれど酸素不足で地表に上がれない

【セルトレイ＆タマゴパック育苗】

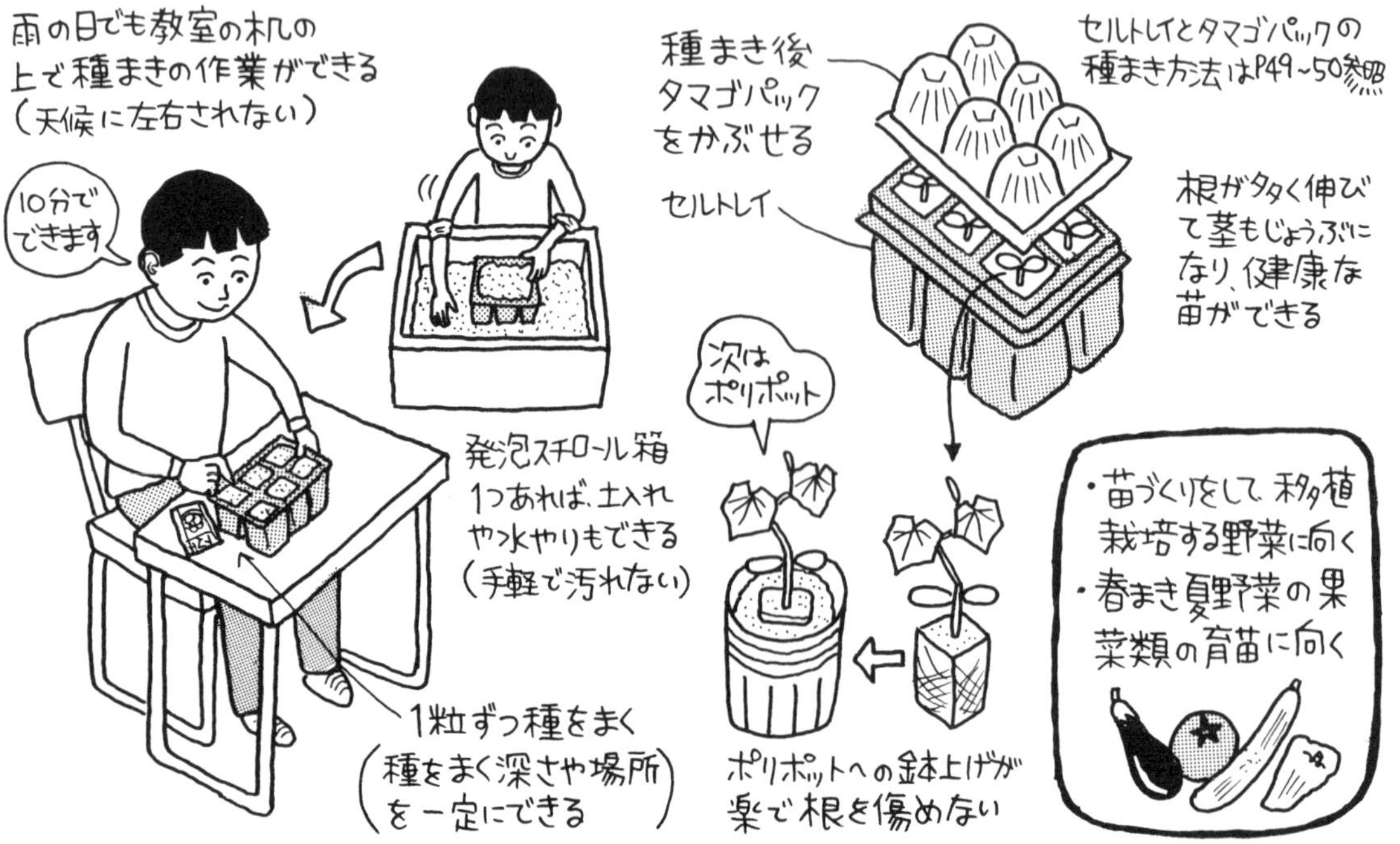

雨の日でも教室の机の上で種まきの作業ができる（天候に左右されない）
10分でできます
発泡スチロール箱1つあれば、土入れや水やりもできる（手軽で汚れない）
1粒ずつ種をまく（種をまく深さや場所を一定にできる）
種まき後タマゴパックをかぶせる
セルトレイ
セルトレイとタマゴパックの種まき方法はP49～50参照
根が多く伸びて茎もじょうぶになり、健康な苗ができる
次はポリポット
ポリポットへの鉢上げが楽で根を傷めない
・苗づくりをして移植栽培する野菜に向く
・春まき夏野菜の果菜類の育苗に向く

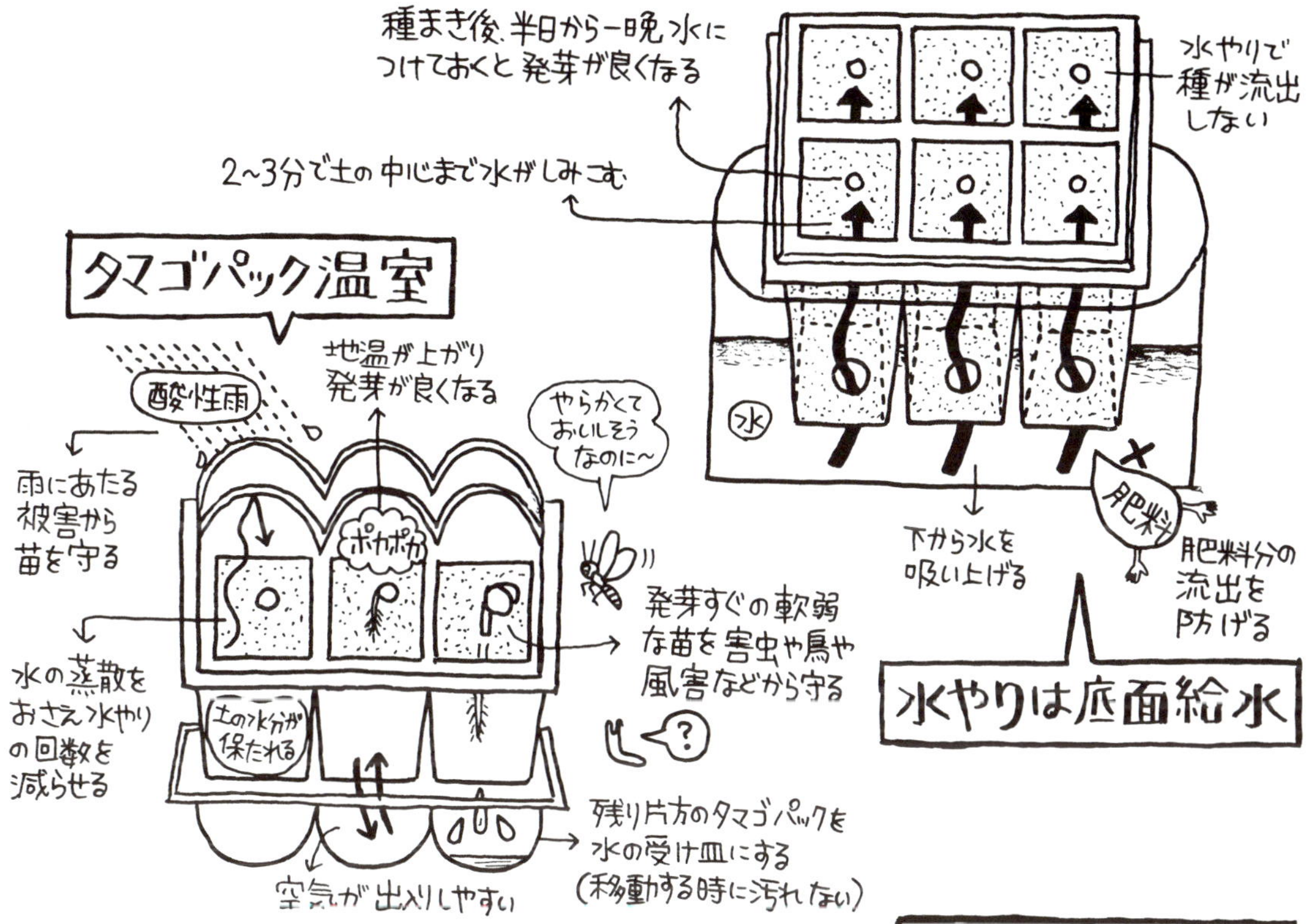

【牛乳パック育苗】

詳しいつくり方と
栽培方法は
P146~P149参照

発泡スチロール温室

定植せずそのまま収穫できる野菜に向く

※この温室栽培は春の種まき（3~4月）に行なうやり方。秋の種まき（8~9月）は温度が高いので逆に涼しい場所に置く

ペットボトル温室

葉菜類でプランター・マイ畑への定植も可能

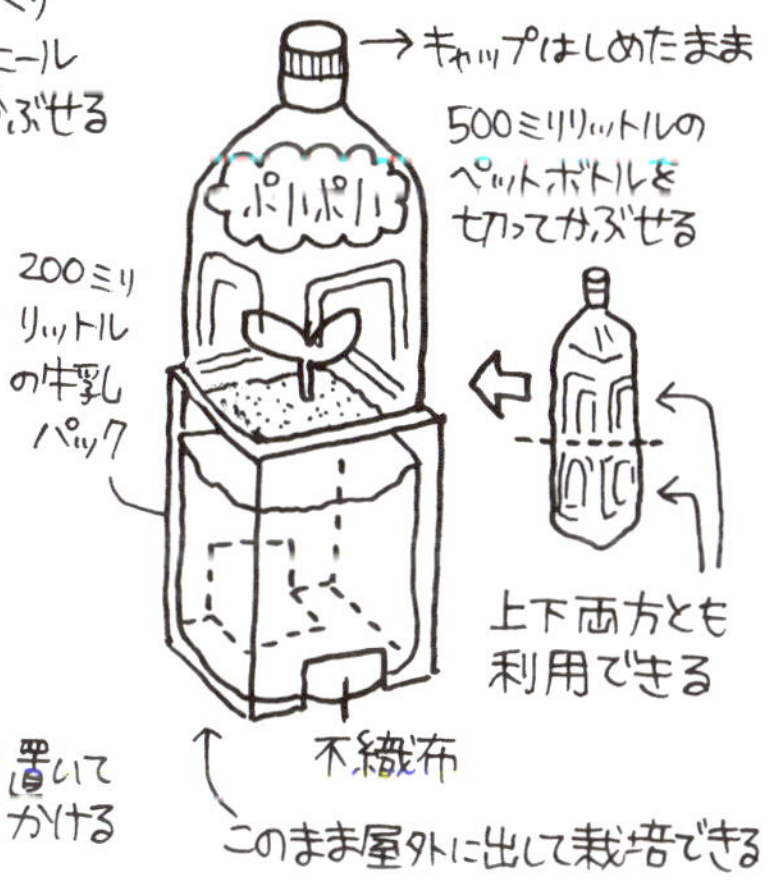

※日中はペットボトルをあけ、夜はかぶせるなど温度調節すると良い

基本の牛乳パックトレイ

給食に出た200ミリリットルの牛乳パックは口を開いて折り目の部分から内側に折りこむ

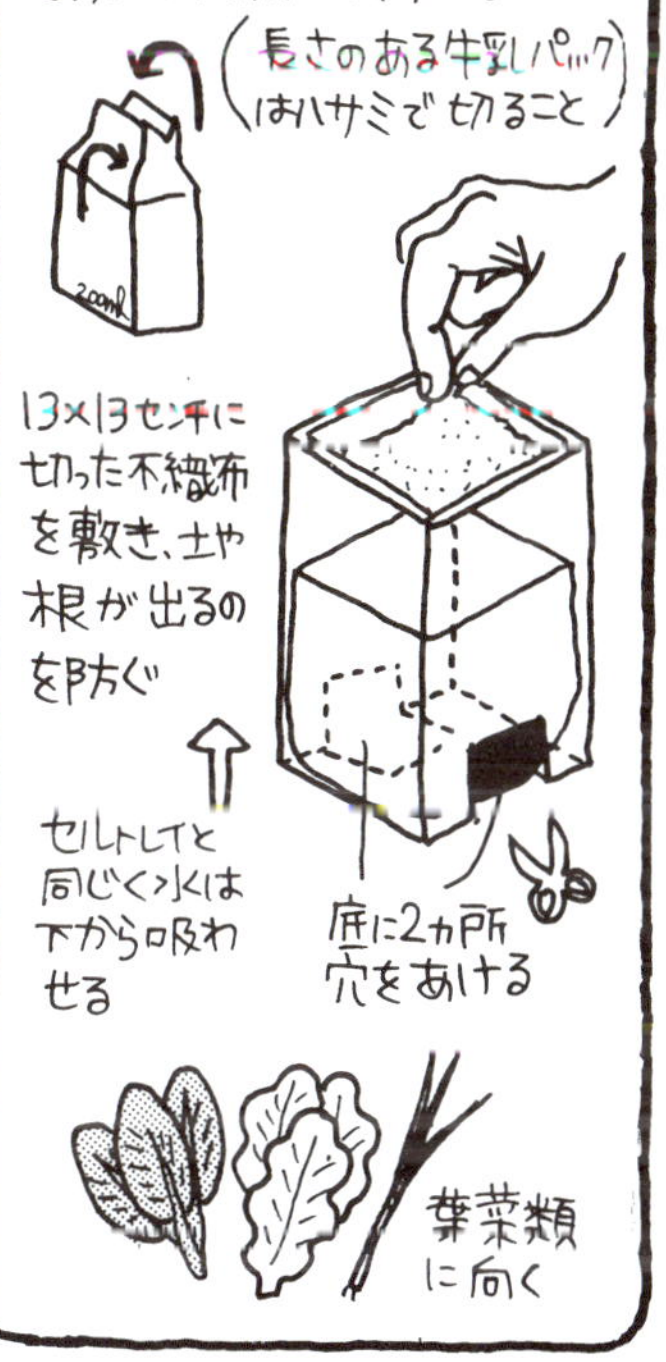

6. 楽しいゴール設定と野菜選び

【楽しいゴールが子どもの栽培意欲を引き立てる】

- 子どもたちが食べたい料理や加工を目標にして栽培をスタートさせる

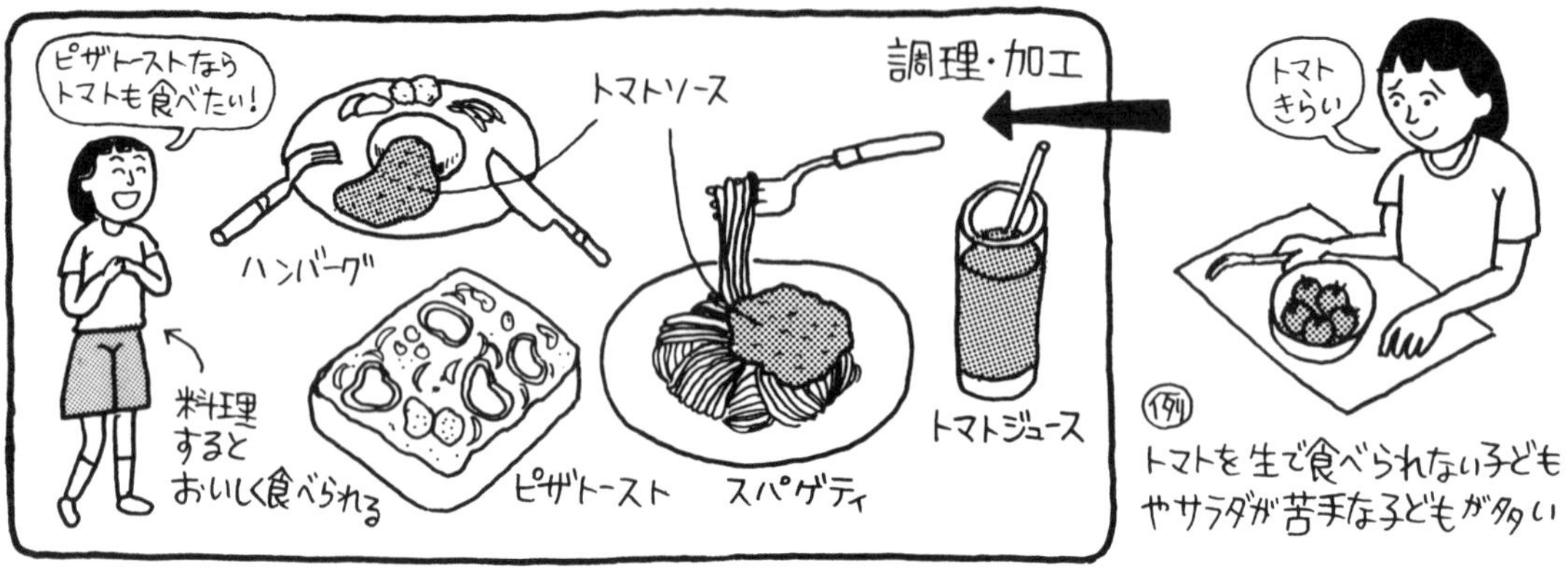

- 家庭科や総合や特別活動の授業の中で利用できる作物

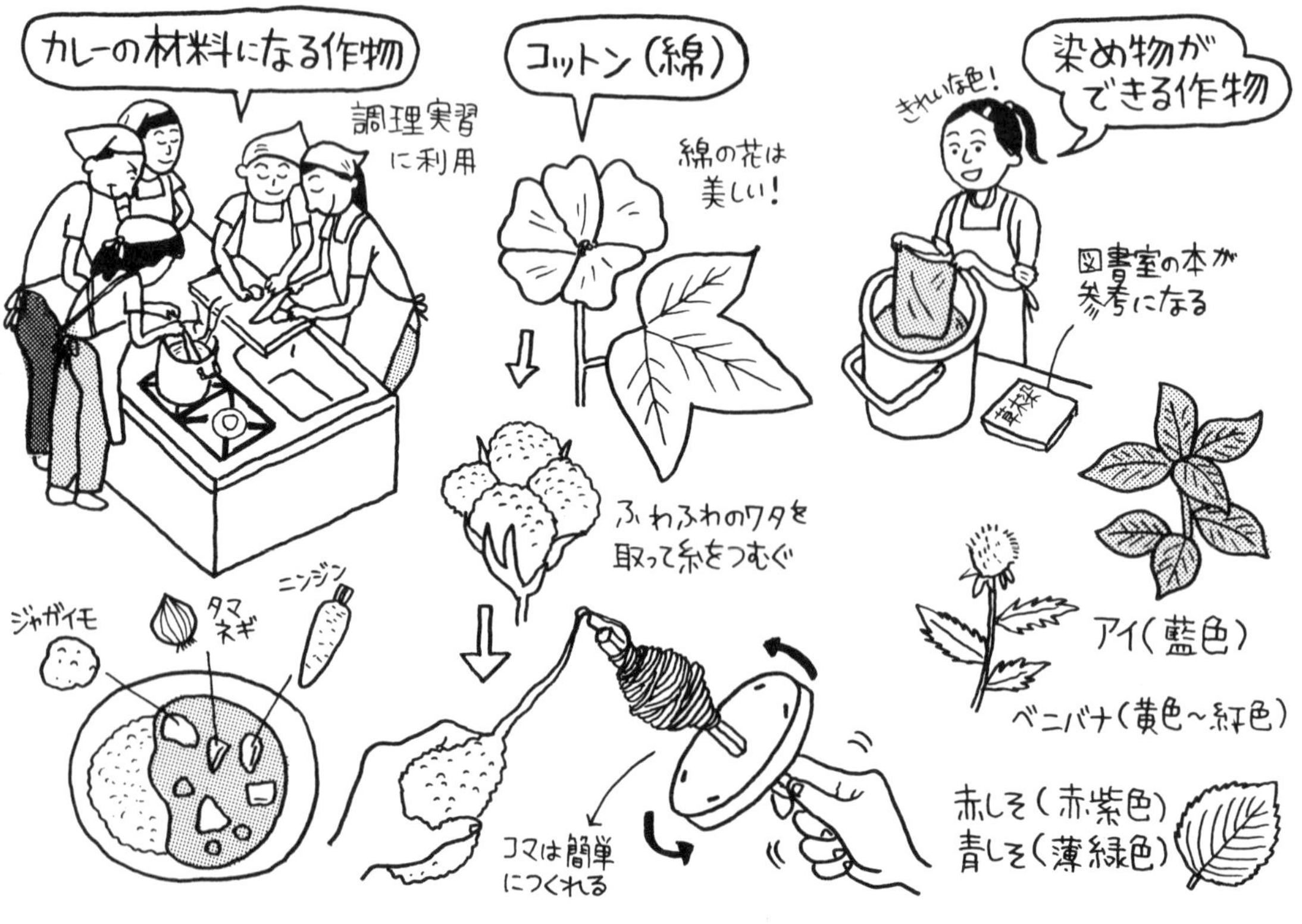

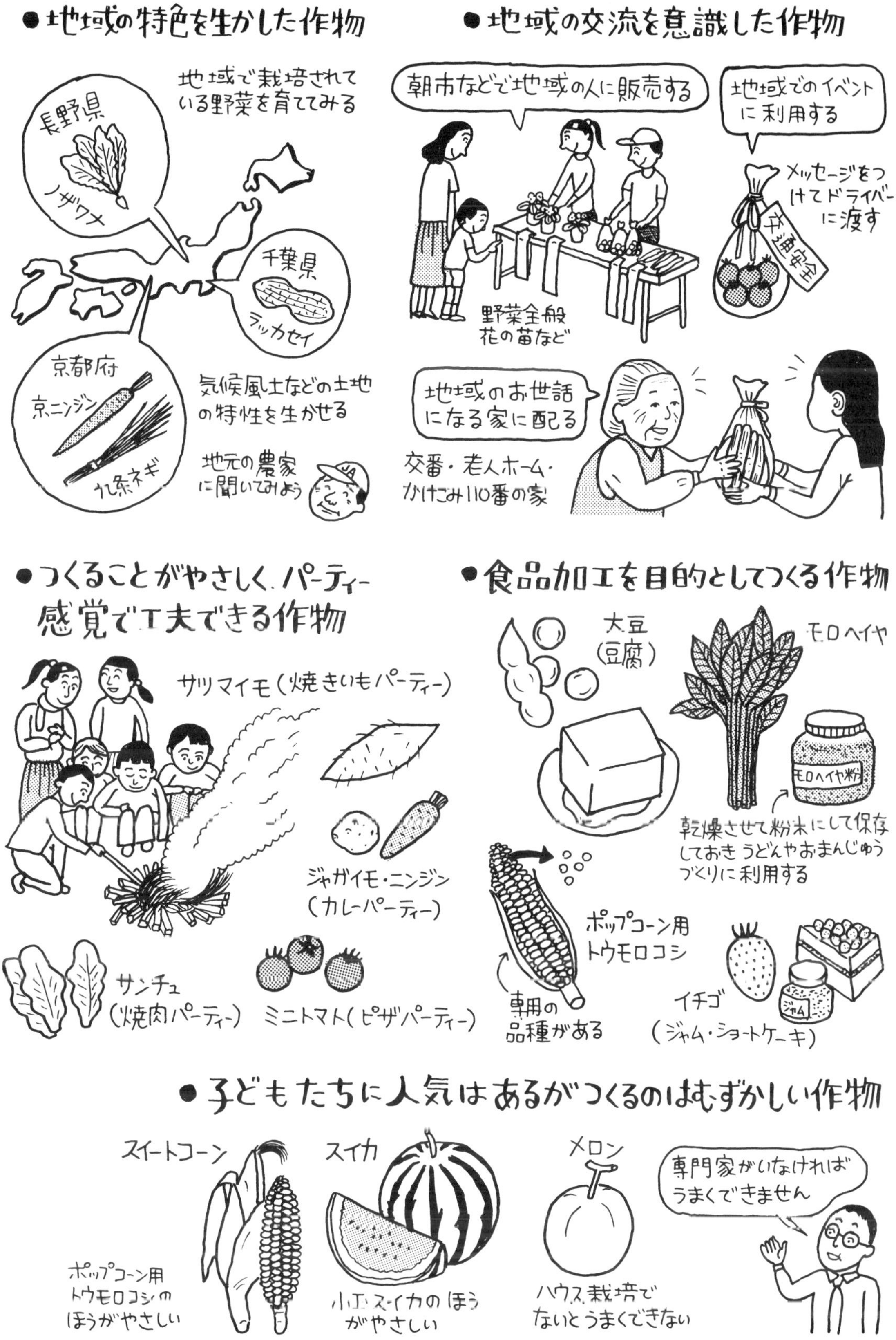
●地域の特色を生かした作物
地域で栽培されている野菜を育ててみる
長野県
ノザワナ
千葉県
ラッカセイ
京都府
京ニンジン
九条ネギ
気候風土などの土地の特性を生かせる
地元の農家に聞いてみよう
JA
●地域の交流を意識した作物
朝市などで地域の人に販売する
野菜全般
花の苗など
地域でのイベントに利用する
メッセージをつけてドライバーに渡す
交通安全
地域のお世話になる家に配る
交番・老人ホーム・かけこみ110番の家
●つくることがやさしく、パーティー感覚で工夫できる作物
サツマイモ（焼きいもパーティー）
ジャガイモ・ニンジン
（カレーパーティー）
サンチュ
（焼肉パーティー）
ミニトマト（ピザパーティー）
●食品加工を目的としてつくる作物
大豆
（豆腐）
モロヘイヤ
モロヘイヤ粉
乾燥させて粉末にして保存しておき うどんやおまんじゅうづくりに利用する
ポップコーン用
トウモロコシ
専用の
品種がある
イチゴ
（ジャム・ショートケーキ）
ジャム
●子どもたちに人気はあるがつくるのはむずかしい作物
スイートコーン
ポップコーン用
トウモロコシの
ほうがやさしい
スイカ
小玉スイカのほう
がやさしい
メロン
ハウス栽培で
ないとうまくできない
専門家がいなければ
うまくできません

●料理が簡単で家に持ち帰って喜ばれる作物

【栽培しやすさから選ぶ】

●病気や害虫に強い野菜

●簡単でつくりやすい野菜

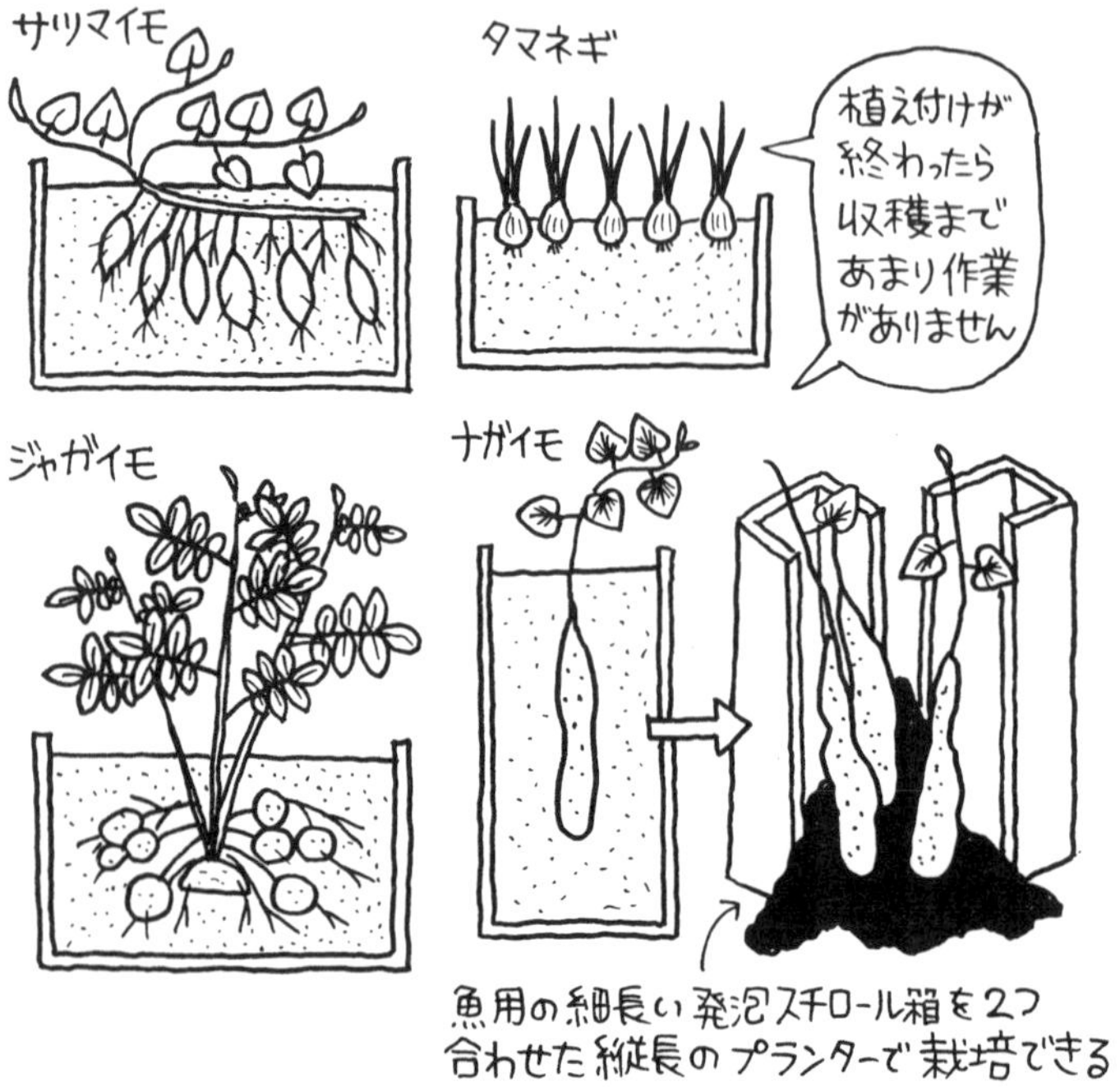

●種が大きくまきやすい野菜

栽培したことないし不安だわ．失敗したらどうしようかしら…
そうだ！地元の農家の方に来ていただこう
○○農協 営業課
イチゴだったら熱心なAさんがいいよ苗も分けてもらえるよ！
ラッキー
Aさんのイチゴハウスで――
こういうスケジュールなんです
まかせてください！
教室で
イチゴ博士↘
プロの農家のイチゴ博士に聞きたいことを書いてください
イチゴはどんな木になるの？
白衣↓
これがイチゴの苗です．どこが葉でどこが茎かわかるかい？
？
？
？
葉をむしると短い茎が出てくるよ．ここからイチゴも伸びてきます
茎
だから茎を半分埋めるくらいに植えるんだ！
へぇー！すごく良くわかる!!
収穫期――
見て見て！わたしのイチゴ！
ぼくのは葉ばかりで実が少ないよ～
お答えします！原因はこの中にあります
・9～10月に屋外の寒さにあてなかった
・筆で人工授粉しなかった
・水道の冷たい水を直接あげた
生きものはだませません
……
人工授粉さぼってしまいました
ハッピー ハッピー
イチゴパーティーに招いてくれてありがとう

●地域の農家先生に教わろう

作物を育てるプロは農家です。最近では、子どもたちの食育教育に応援してくれる熱心な農家が増えています。また、行政や農協（JA）でも、食育教育を補助事業として推しすすめています。役場の農林課や農協に相談すれば、農家先生を紹介してくれたり必要な資材や苗なども分けてもらえたりします。子どもたちにとっても、地域の専門家に教えてもらうことは新鮮です。作業のお手本を実演していただきながら手をとって指導してもらうと、安心して自信を持って栽培できます。

相談する際には、できるだけ栽培する作物や栽培スケジュール、授業計画などを決めておき、日程を調整しましょう。また学校に来ていただく日が決まったら、子どもたちに事前に知らせ、何をお聞きしたいか、質問事項を書いてまとめ、農家先生に伝えておくとスムーズに授業が展開できます。

生育途中では、一人ひとりのマイ畑の生育状況が違い不安ですが、これで良いのか、何が悪かったのか、どうしたら良いかなど、それぞれにアドバイスしてもらうと、いっそうやる気も高まってきます。お礼の手紙を書き、ゴールのパーティーにはお招きしましょう。

7. 授業に合わせたカリキュラム計画

【授業カリキュラムに合わせた作物を考える】

子どもたちが学校に来ない長期休暇（夏・冬・春休み）に重要な作業があたるのをさける

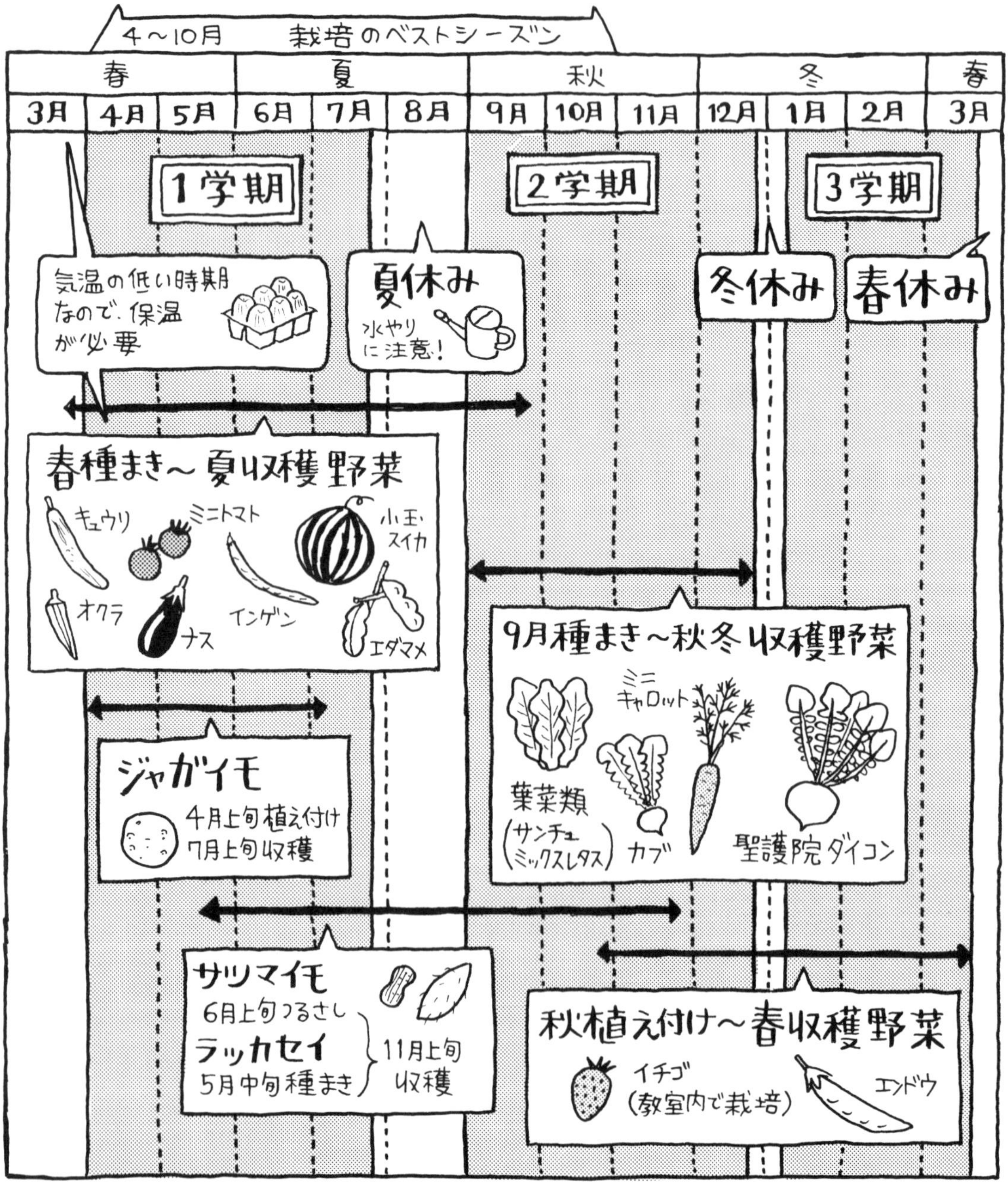

【野菜栽培学習のおすすめ作付け計画】

※授業時間を全体で10時間程度と考え計画しました

ミニトマトを題材とする

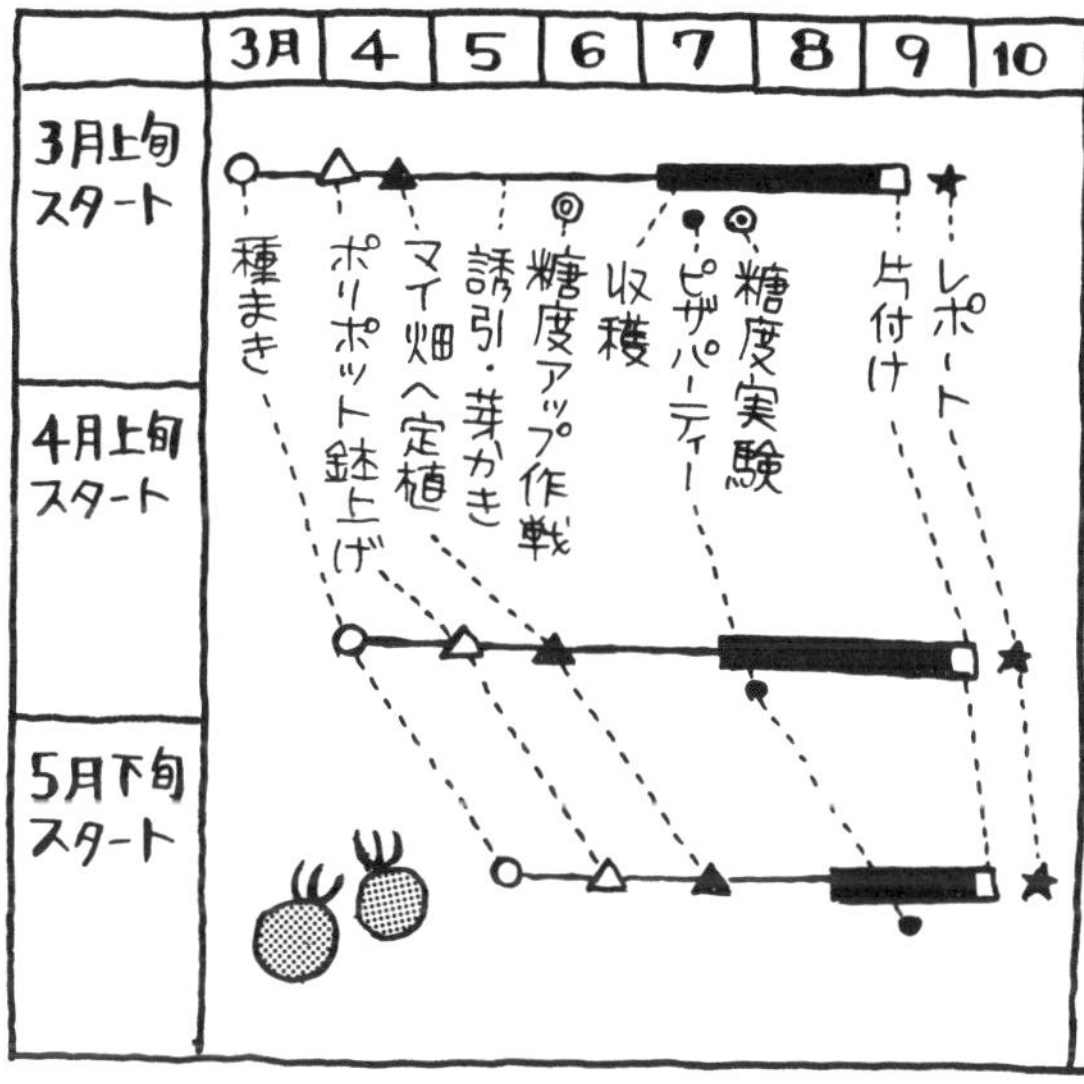

3月
4
5
6
7
8
9
10
3月上旬スタート
4月上旬スタート
5月下旬スタート
種まき
ポリポット鉢上げ
マイ畑へ定植
誘引・芽かき
糖度アップ作戦
収穫
ピザパーティー
糖度実験
片付け
レポート

	良い点	悪い点
3月上旬スタート	・夏休み前にたくさん収穫できる ・甘いトマトがたくさん収穫できる	・3月の種まきなので前の学年になる ・温度が低い時期なので発芽しにくい
4月上旬スタート	・新学期からのスタート ・夏休み前にも収穫できる ・1学期に種まきから収穫までギリギリ入る	・収穫のピークが夏休み中になる
5月下旬スタート	・余裕をもって種まきできる ・発芽が良く成長が速い ・夏休み明けが収穫のピークになる	・夏休み中の管理をしっかりやる必要がある

キュウリを題材とする

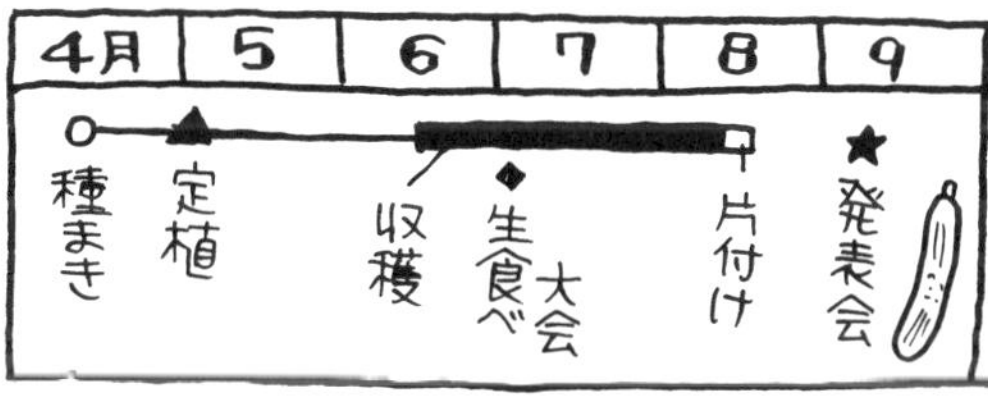

4月
5
6
7
8
9
種まき
定植
収穫
生食べ大会
片付け
発表会

セールスポイント

- 緑のカーテンをつくれ、環境に良い
- 成長が速く、種まきから栽培まで3ヵ月でできる
- 生で手軽に食べることができ 料理も簡単にできる

牛乳パックで葉菜類栽培

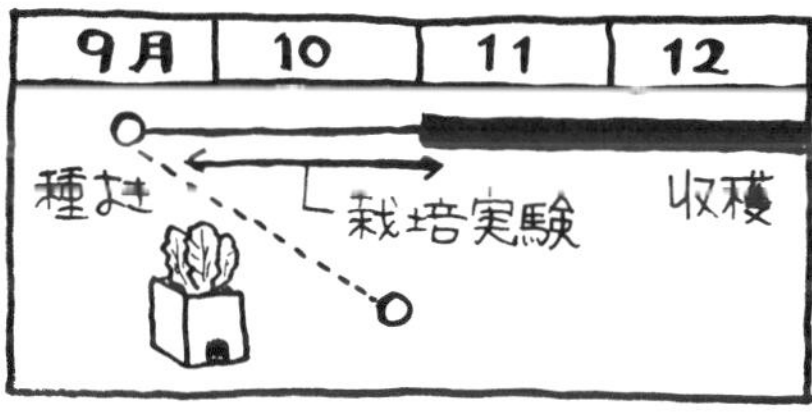

9月
10
11
12
種まき
栽培実験
収穫

セールス ポイント

- 栽培期間が短く（約2ヵ月）すべての作業が室内でできるので天候に左右されない＝病害虫の心配もない
- 収穫が牛乳パックのまま、家にも持ち帰れる
- 種まき可能な時期が長い（9月〜10月末まで）

ペットボトル鉢によるイチゴ栽培

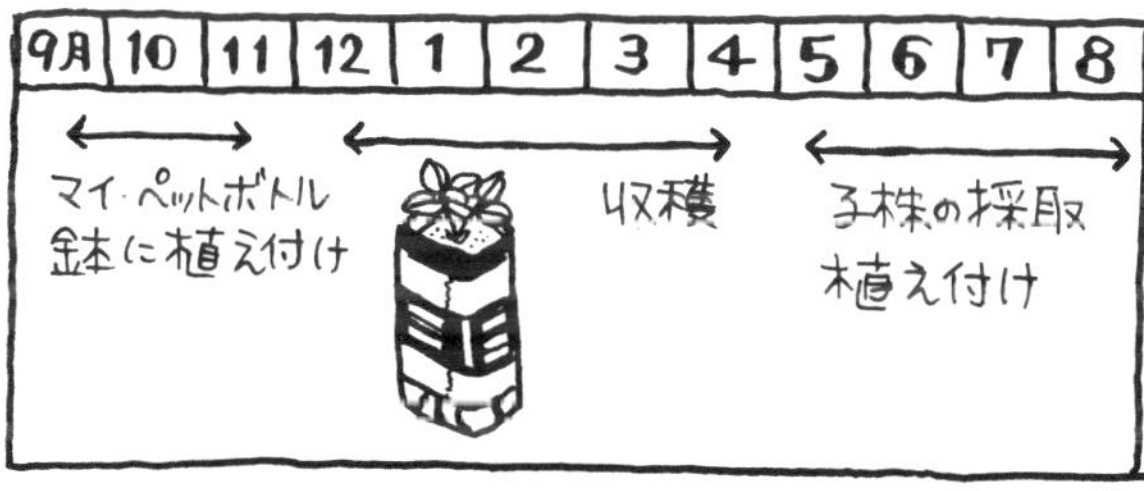

9月
10
11
12
1
2
3
4
5
6
7
8
マイ・ペットボトル鉢に植え付け
収穫
子株の採取植え付け

セールスポイント

- 他の作物栽培が少ない冬に栽培できる
- 栽培期間は長いが基本的な作業が少ない
- 収穫期には教室が甘い香りでつつまれる
- 鉢をペットボトルで自作でき、冬休み・4月以降は家に持って帰れる

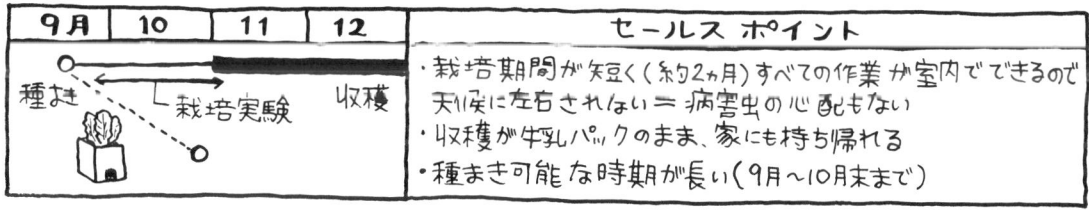

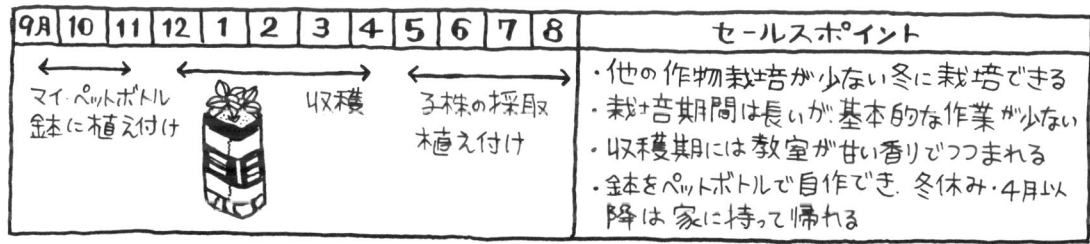

家庭でつくるマイ畑おすすめ作付け計画

収穫コンテナ・発泡スチロールプランターを空かさない1年の作付け計画を立てよう！

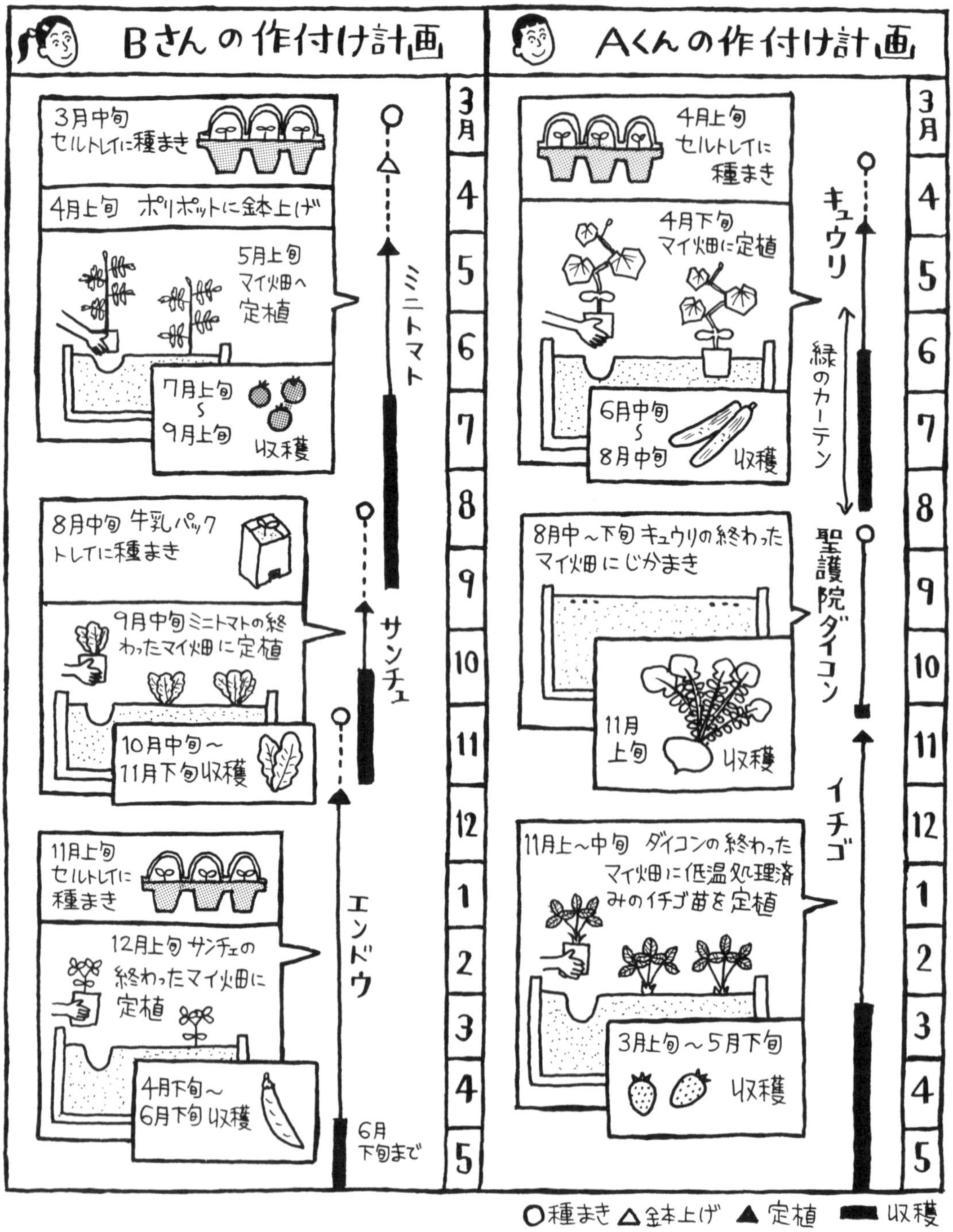

前作を収穫した後すぐに後作を定植できるように期間を逆算して後作の苗をつくれば、その分マイ畑をフル回転でき利用効率が高まる

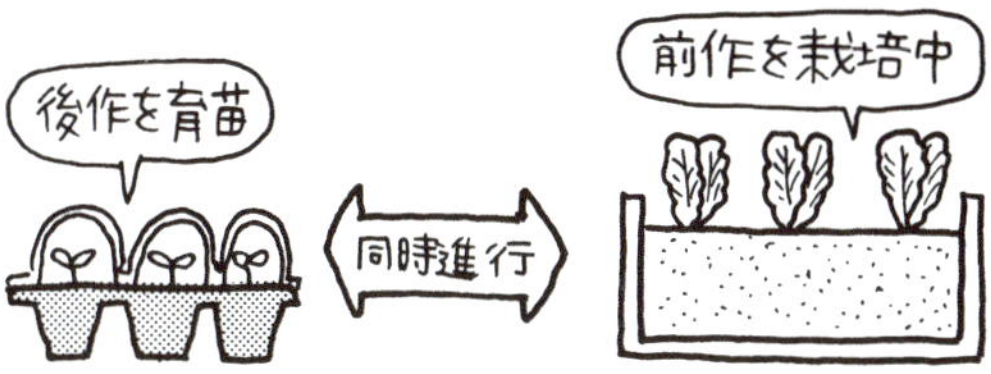

後作を育苗
同時進行
前作を栽培中

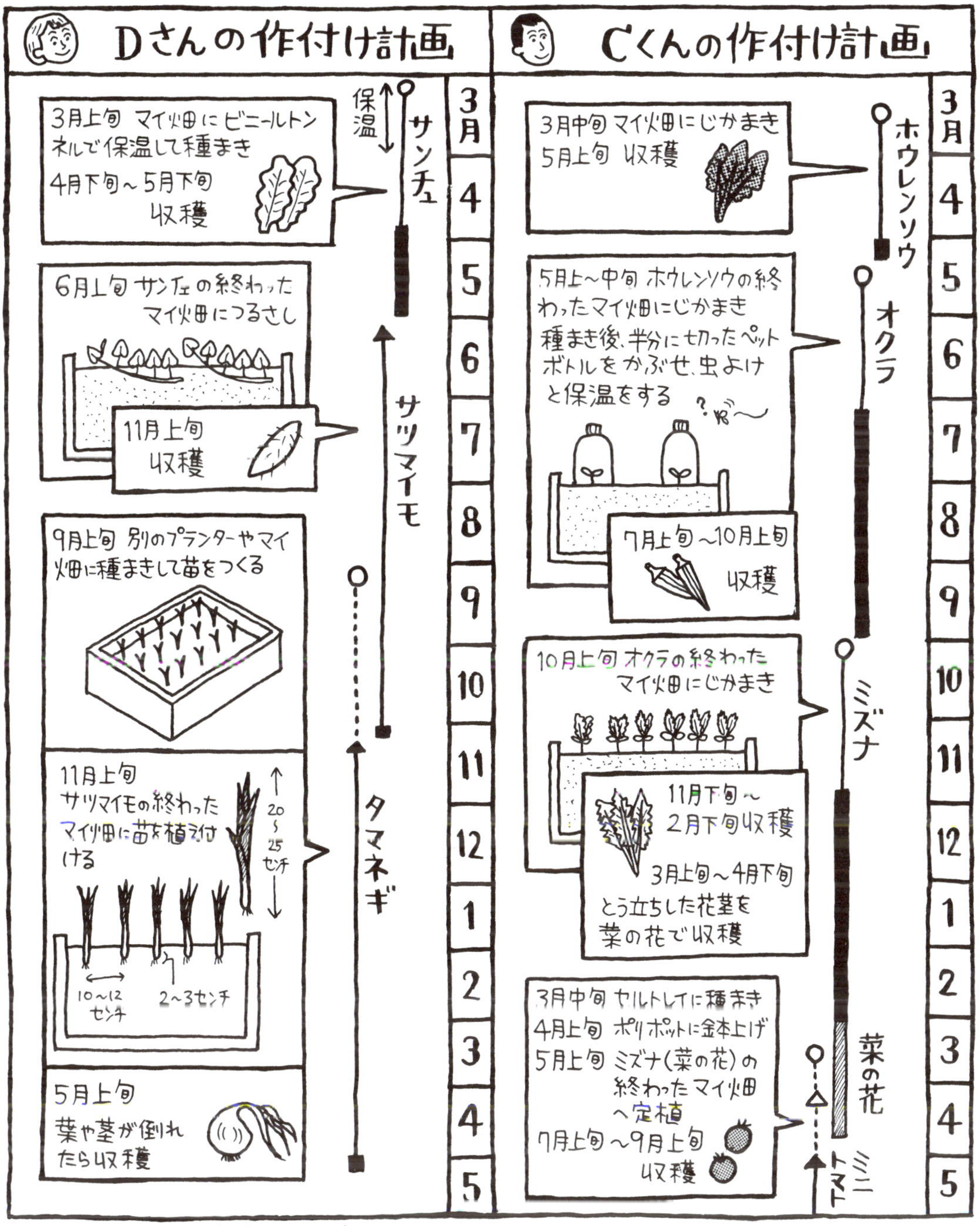

Dさんの作付け計画
3月上旬 マイ畑にビニールトンネルで保温して種まき
4月下旬～5月下旬 収穫
保温
サンチュ
6月上旬 サンチュの終わったマイ畑につるさし
11月上旬 収穫
サツマイモ
9月上旬 別のプランターやマイ畑に種まきして苗をつくる
11月上旬 サツマイモの終わったマイ畑に苗を植え付ける
20～25センチ
10～12センチ
2～3センチ
5月上旬 葉や茎が倒れたら収穫
タマネギ
Cくんの作付け計画
3月中旬 マイ畑にじかまき
5月上旬 収穫
ホウレンソウ
5月上～中旬 ホウレンソウの終わったマイ畑にじかまき
種まき後、半分に切ったペットボトルをかぶせ、虫よけと保温をする
7月上旬～10月上旬 収穫
オクラ
10月上旬 オクラの終わったマイ畑にじかまき
11月下旬～2月下旬収穫
3月上旬～4月下旬 とう立ちした花茎を菜の花で収穫
ミズナ
菜の花
3月中旬 セルトレイに種まき
4月上旬 ポリポットに鉢上げ
5月上旬 ミズナ(菜の花)の終わったマイ畑へ定植
7月上旬～9月上旬 収穫
ミニトマト
3月
4
5
6
7
8
9
10
11
12
1
2
3
4
5

この作付け例は関東以西を対象にしたものです

8. パソコンとデジカメを栽培に活用しよう

【栽培ブログをつくろう】

毎日の成長の様子をデジカメで撮り、ワードなどで画像を取りこみ、センス良く並べ、おしゃれなタイトルをつけ感じたことを打ちこむ

子どもたちが好きで得意な作業

ノートに栽培日誌を書くのは苦手だけれどブログなら夢中になれる!

栽培教育だけでなく、情報教育でも生かせる

デジカメ撮影のポイント

デジカメ写真のデータはパソコンで簡単にやりとりができ、互いにほしいデータを共有できる

●全体とアップ写真の両方を撮る

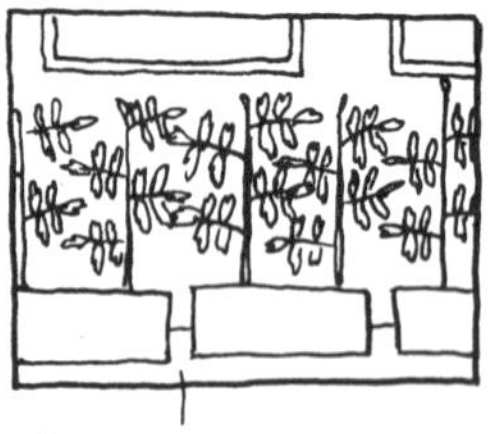

育てている場所がわかるように全体を撮影

アップは実・花・葉などを部品として撮影（デジカメのマクロ撮影機能を使用する）

●撮影する場所を工夫する

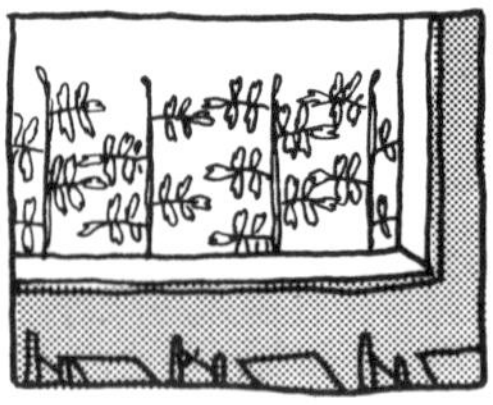

←教室の中から撮る

・ふだんの生活でどのように見られていたかがわかる

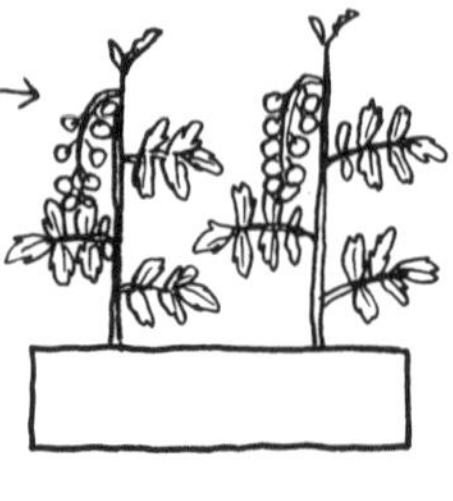

植物の後ろから、上から、下から、横から撮る

・方向によって、光の具合などで違って写る

・生活にないアングル

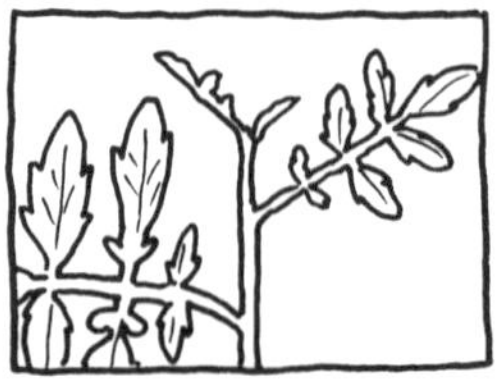

● その時の苗の成長の様子を記録するためには成長点（苗の先端部）を撮影しておく

● 見やすくするために後ろに画用紙などをあてると良い

● 苗の身長測定を記録する

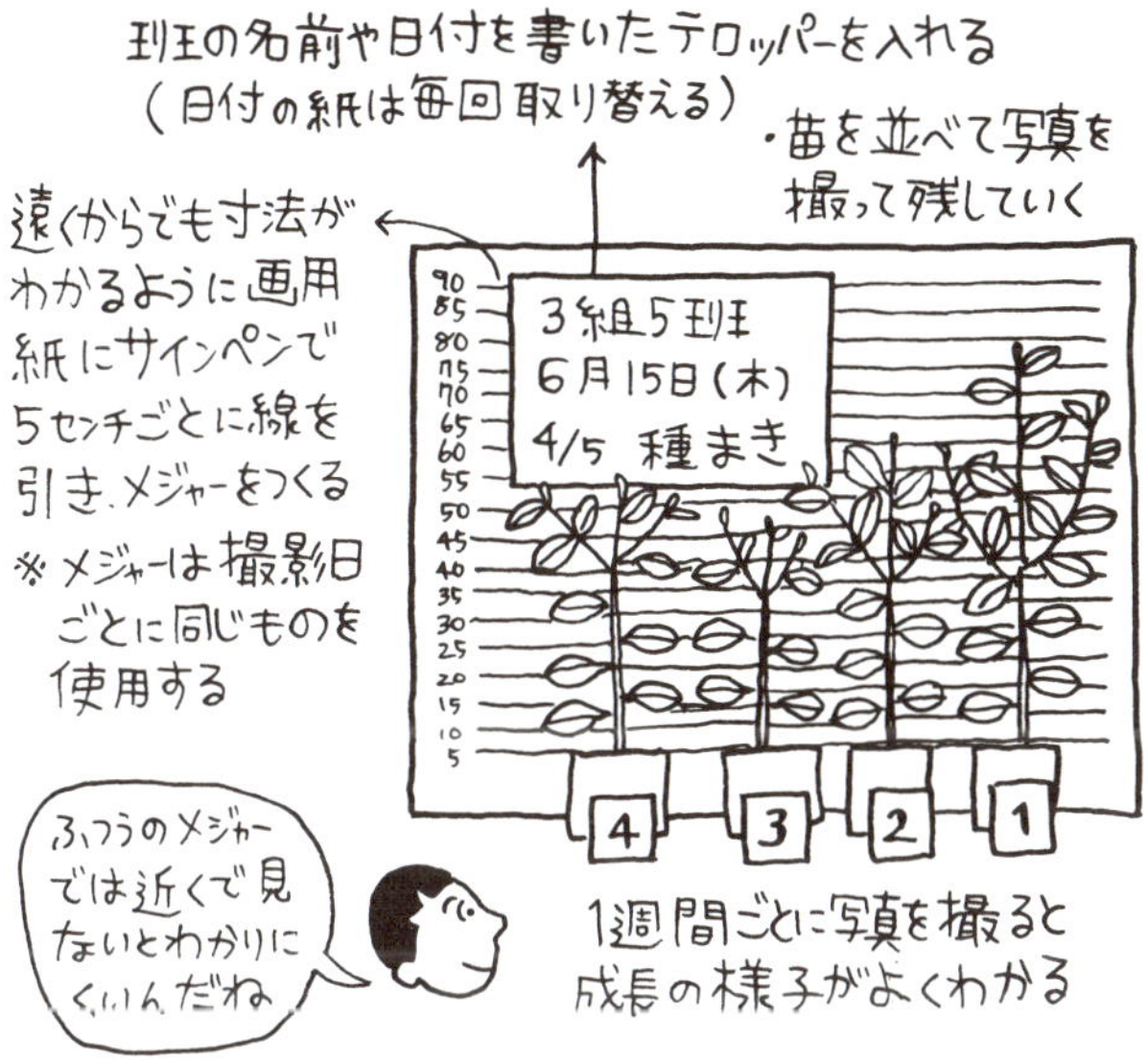
班の名前や日付を書いたテロッパーを入れる
（日付の紙は毎回取り替える）
・苗を並べて写真を撮って残していく
遠くからでも寸法がわかるように画用紙にサインペンで5センチごとに線を引き、メジャーをつくる
※メジャーは撮影日ごとに同じものを使用する
3組5班
6月15日（木）
4/5 種まき
90 85 80 75 70 65 60 55 50 45 40 35 30 25 20 15 10 5
4 3 2 1
ふつうのメジャーでは近くで見ないとわかりにくいんだね
1週間ごとに写真を撮ると成長の様子がよくわかる

● テロッパーを入れる

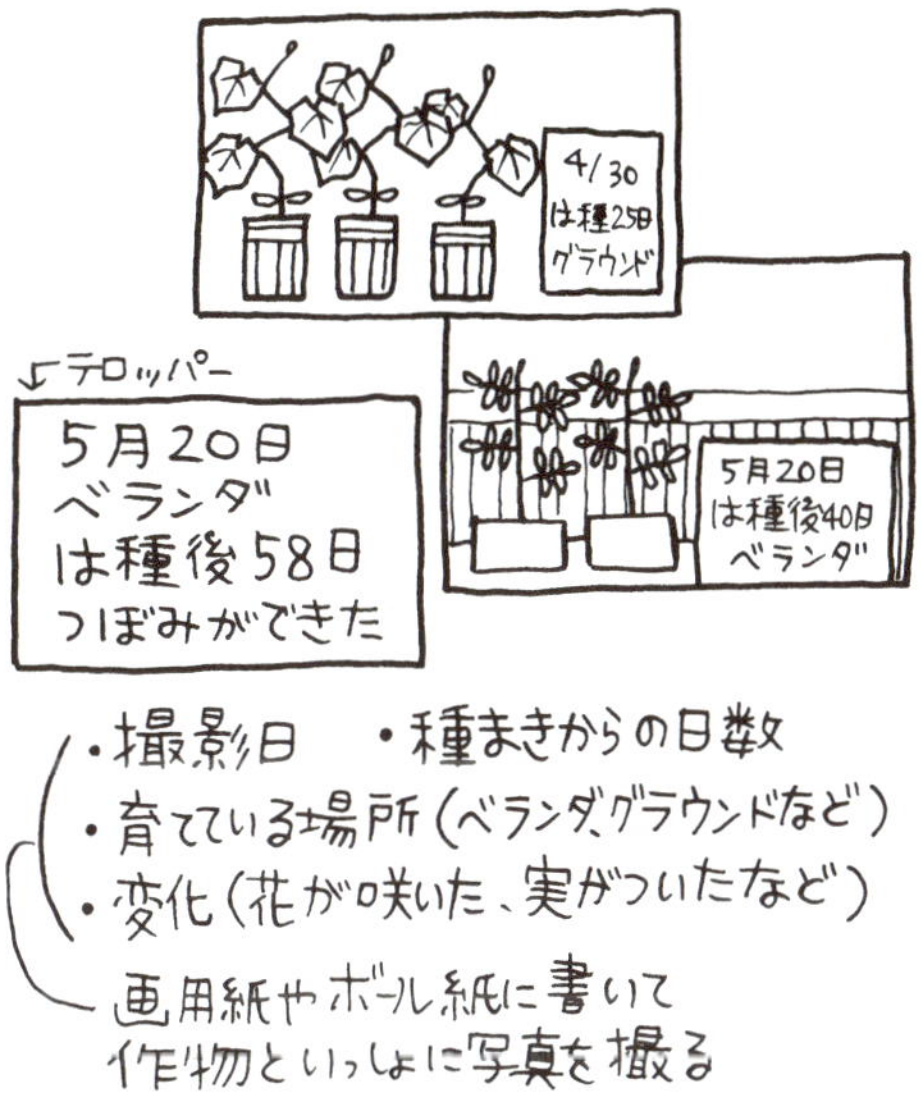
4/30
は種25日
グラウンド
テロッパー
5月20日
ベランダ
は種後58日
つぼみができた
5月20日
は種後40日
ベランダ
・撮影日 ・種まきからの日数
・育てている場所（ベランダ、グラウンドなど）
・変化（花が咲いた、実がついたなど）
画用紙やボール紙に書いて作物といっしょに写真を撮る

【情報データとしての活用法】

● 全国に発信し、E-mailを活用する

こちらではもう花が咲いています
ホームページをつくって全国の人々に発信し、交流もできる
きょうトマトの種をまきました
南北に長い日本の気候の違いを実感できる
←疑問点やわからないことがあったら E-mailで問い合わせができる

● ライブカメラで植物の様子を見る

遠くにいても、育てている作物の様子が見れます
WEBカメラやビデオカメラを作物の前に設置してパソコンとつないでインターネットで24時間流す

● グラフ・データの処理が簡単にできる

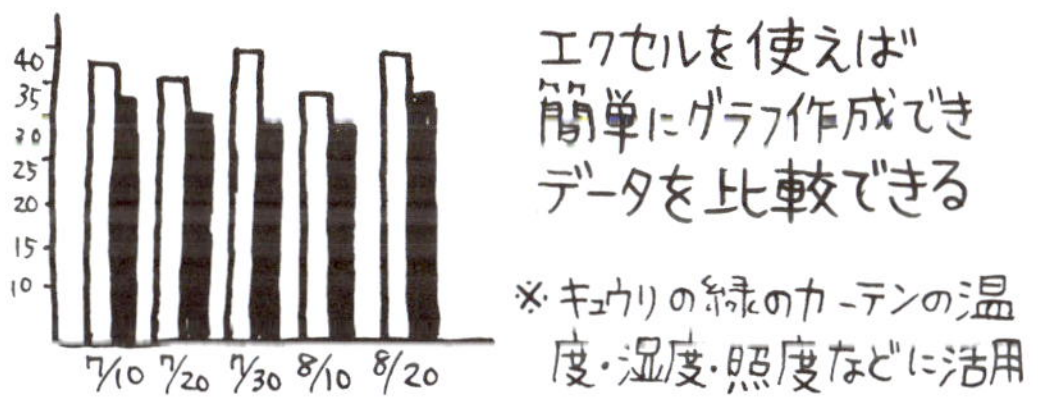
40 35 30 25 20 15 10
7/10 7/20 7/30 8/10 8/20
エクセルを使えば簡単にグラフ作成できデータを比較できる
※キュウリの緑のカーテンの温度・湿度・照度などに活用

● プレゼンで学習の成果を発表する

パワーポイントでのプレゼンテーションや、ワードでのレポートづくりなど
データの保存や提出もパソコンだと簡単だね！

9.「つまずき」こそが成功のもと

【つまずいた時が学習するチャンス】

つまずきがあるから正しい答えが生きてくる。
つまずきは野菜の無言のメッセージ、
子どもたちが変わる契機です。
教師はするどい目でその契機を
見のがさず、「つまずき」を失敗
にさせない手段を持つことが
大切な仕事です。

※ 一連の栽培活動を子どもたちの
つまずきから見直してみることが
栽培を知る一番の近道になる

発見＝喜び
原因を考える
悪い生育＝つまずき
水不足
安い種
徒長
とう立ち
病害虫
肥料不足
水過剰
つまずき

「つまずき」とは？

種まきから始まるさまざまな栽培過程の中で起きやすい失敗

栽培スタート

「苗を購入して枯れたら捨てる」の栽培活動では、命の大切さを実感できないつまずきになる

種まきから

↓

つまずき

育てている作物が枯れたりしおれたら困る、悲しくなる

…

↓

原因を考える

どうしてつまずいたのかを自分で考える場をつくる

？

↓

発見！

子どもたちが困った時に教師がその瞬間をとらえてアドバイスすると正解を導き出しやすくなる

そうか！

↓ ↓

予備苗をつくっておいて良かった！

枯れてしまったら、教師が預かっておいた子どもの予備苗を渡して栽培を再スタートさせる

生きかえった！

回復した時に大きな喜びになる

【つまずき例とその解決法】

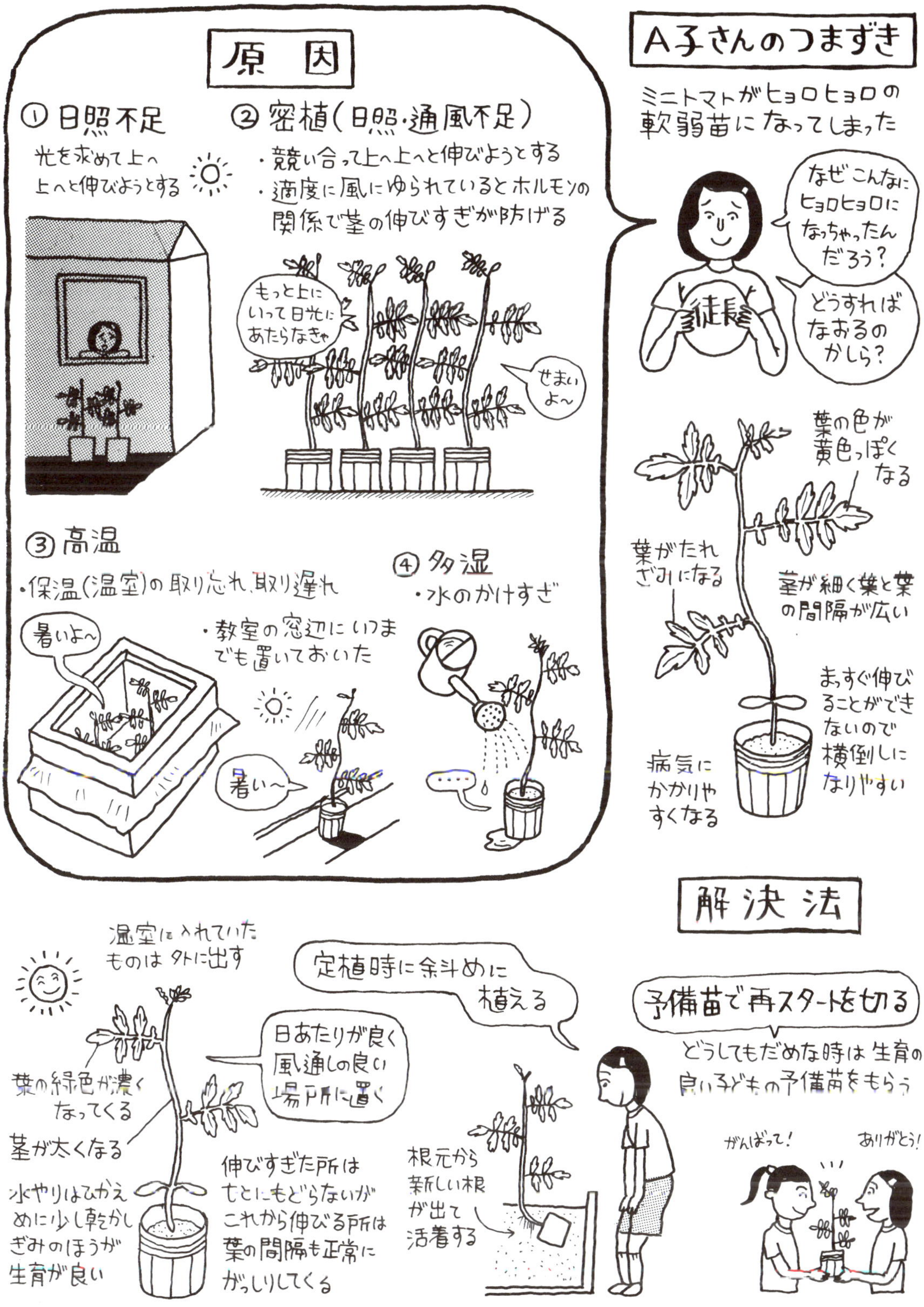
原因
① 日照不足
光を求めて上へ上へと伸びようとする
② 密植（日照・通風不足）
・競い合って上へ上へと伸びようとする
・適度に風にゆられているとホルモンの関係で茎の伸びすぎが防げる
もっと上にいって日光にあたらなきゃ
せまいよ～
③ 高温
・保温（温室）の取り忘れ、取り遅れ
暑いよ～
・教室の窓辺にいつまでも置いておいた
暑い～
④ 多湿
・水のかけすぎ
A子さんのつまずき
ミニトマトがヒョロヒョロの軟弱苗になってしまった
なぜこんなにヒョロヒョロになっちゃったんだろう？
どうすればなおるのかしら？
徒長
葉の色が黄色っぽくなる
葉がたれぎみになる
茎が細く葉と葉の間隔が広い
まっすぐ伸びることができないので横倒しになりやすい
病気にかかりやすくなる
解決法
温室に入れていたものは外に出す
定植時に斜めに植える
日あたりが良く風通しの良い場所に置く
葉の緑色が濃くなってくる
茎が太くなる
水やりはひかえめに少し乾かしぎみのほうが生育が良い
伸びすぎた所はもとにもどらないがこれから伸びる所は葉の間隔も正常にがっしりしてくる
根元から新しい根が出て活着する
予備苗で再スタートを切る
どうしてもだめな時は生育の良い子どもの予備苗をもらう
がんばって！
ありがとう！

10. 用土と肥料・土もマイ土をつくろう

【用土の選び方】

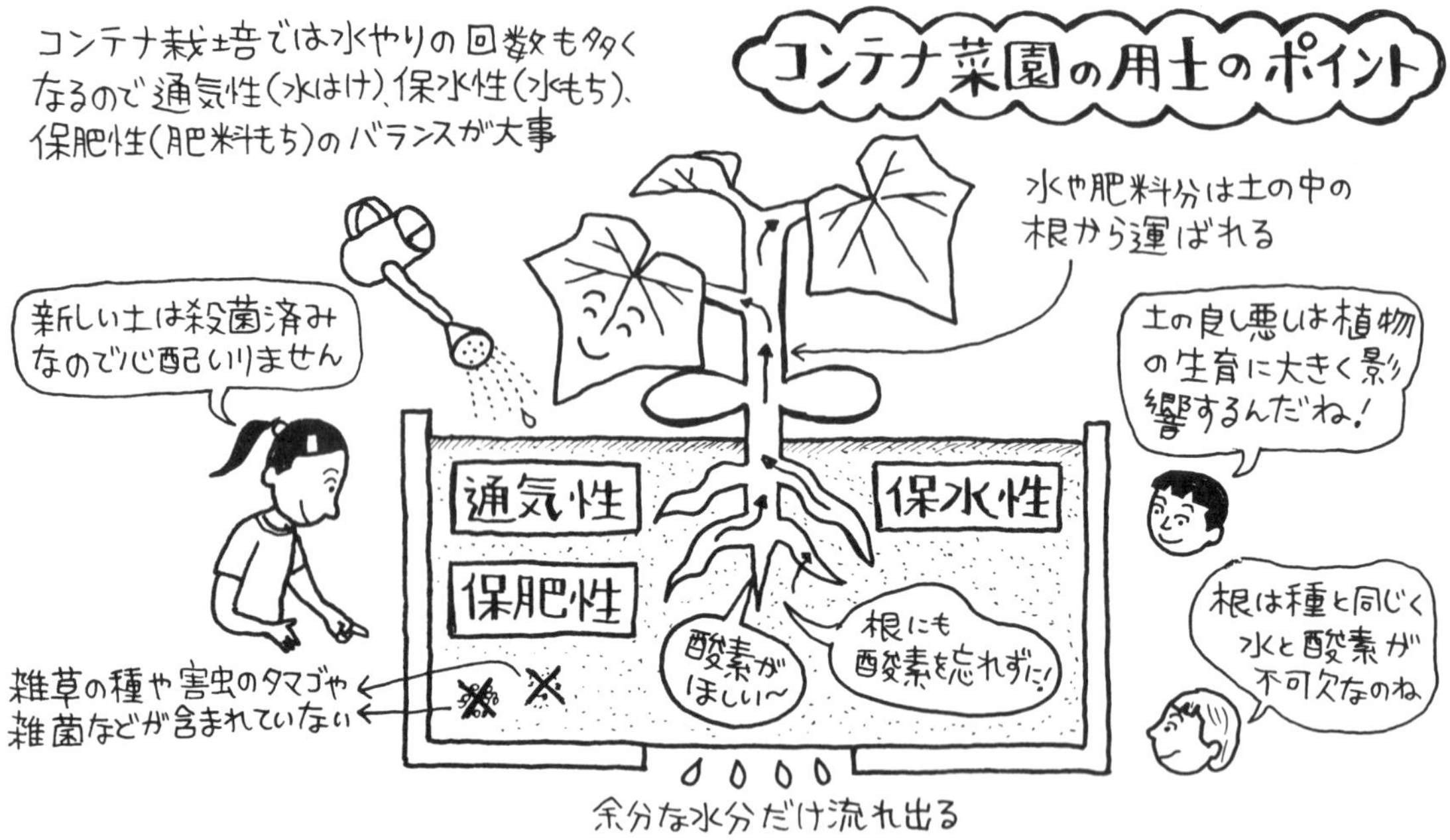

コンテナ栽培では水やりの回数も多くなるので通気性(水はけ)、保水性(水もち)、保肥性(肥料もち)のバランスが大事
コンテナ菜園の用土のポイント
水や肥料分は土の中の根から運ばれる
新しい土は殺菌済みなので心配いりません
土の良し悪しは植物の生育に大きく影響するんだね!
通気性
保水性
保肥性
酸素がほしい~
根にも酸素を忘れずに!
根は種と同じく水と酸素が不可欠なのね
雑草の種や害虫のタマゴや雑菌などが含まれていない
余分な水分だけ流れ出る

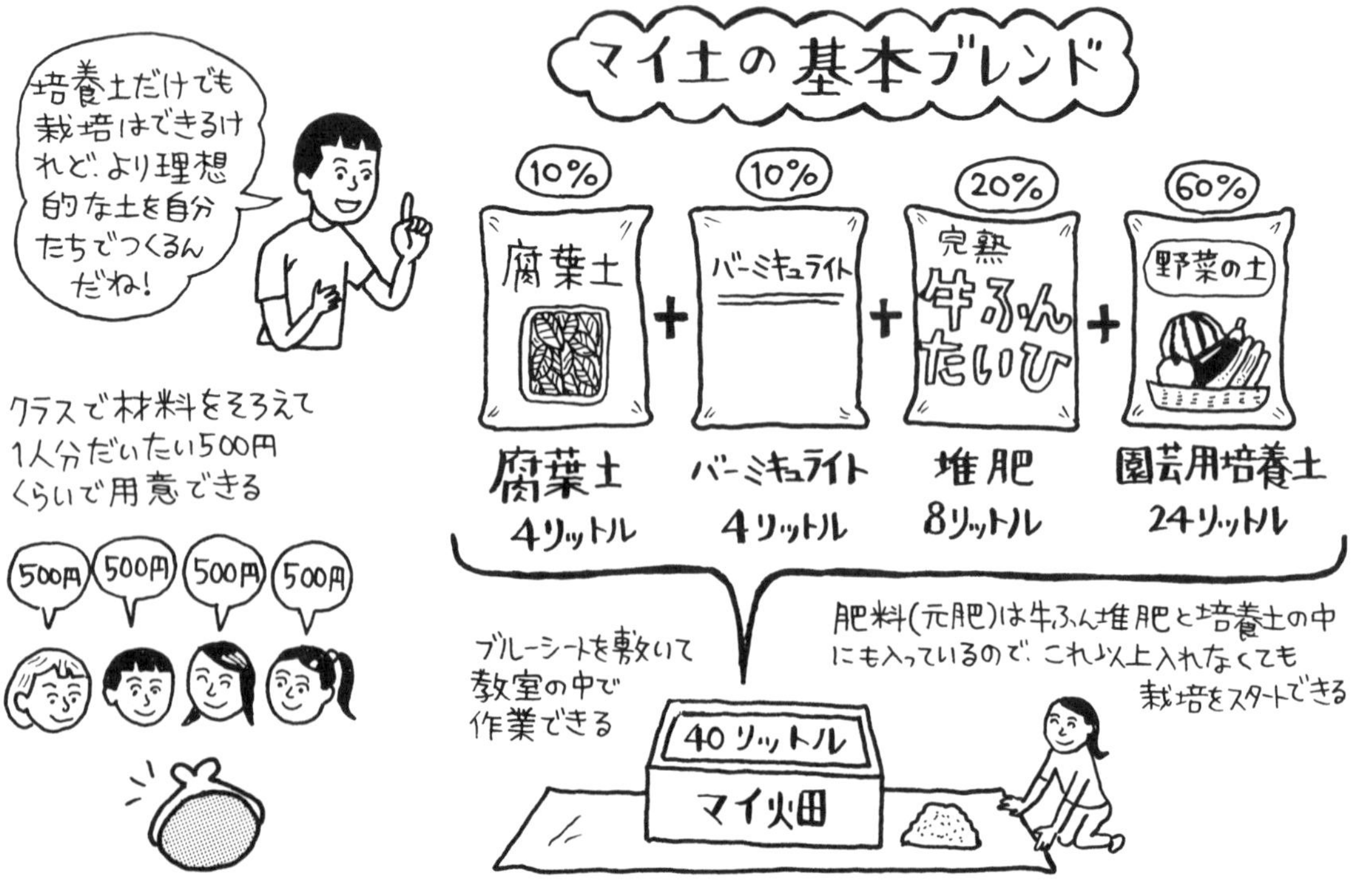

マイ土の基本ブレンド
培養土だけでも栽培はできるけれど、より理想的な土を自分たちでつくるんだね!
10%
腐葉土
10%
バーミキュライト
20%
完熟 牛ふんたいひ
60%
野菜の土
腐葉土 4リットル
バーミキュライト 4リットル
堆肥 8リットル
園芸用培養土 24リットル
クラスで材料をそろえて1人分だいたい500円くらいで用意できる
500円
500円
500円
500円
ブルーシートを敷いて教室の中で作業できる
肥料(元肥)は牛ふん堆肥と培養土の中にも入っているので、これ以上入れなくても栽培をスタートできる
40リットル
マイ畑

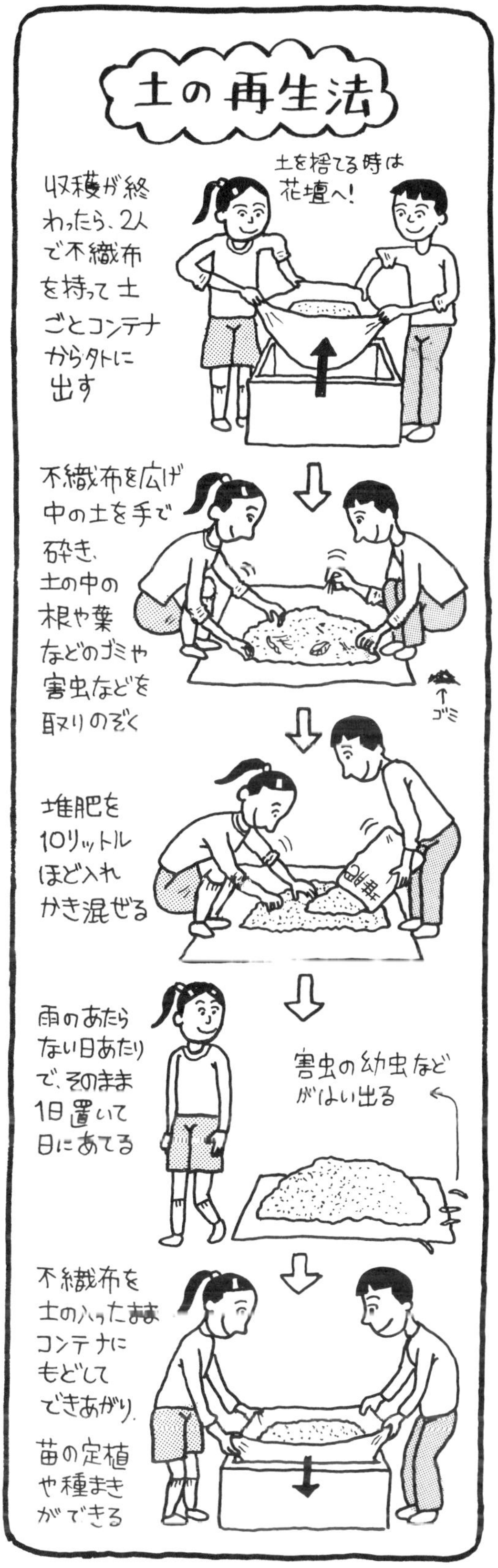
土の再生法
収穫が終わったら、2人で不織布を持って土ごとコンテナから外に出す
土を捨てる時は花壇へ!
不織布を広げ中の土を手で砕き、土の中の根や葉などのゴミや害虫などを取りのぞく
ゴミ
堆肥を10リットルほど入れかき混ぜる
堆肥
雨のあたらない日あたりで、そのまま1日置いて日にあてる
害虫の幼虫などがはい出る
不織布を土の入ったままコンテナにもどしてできあがり。
苗の定植や種まきができる

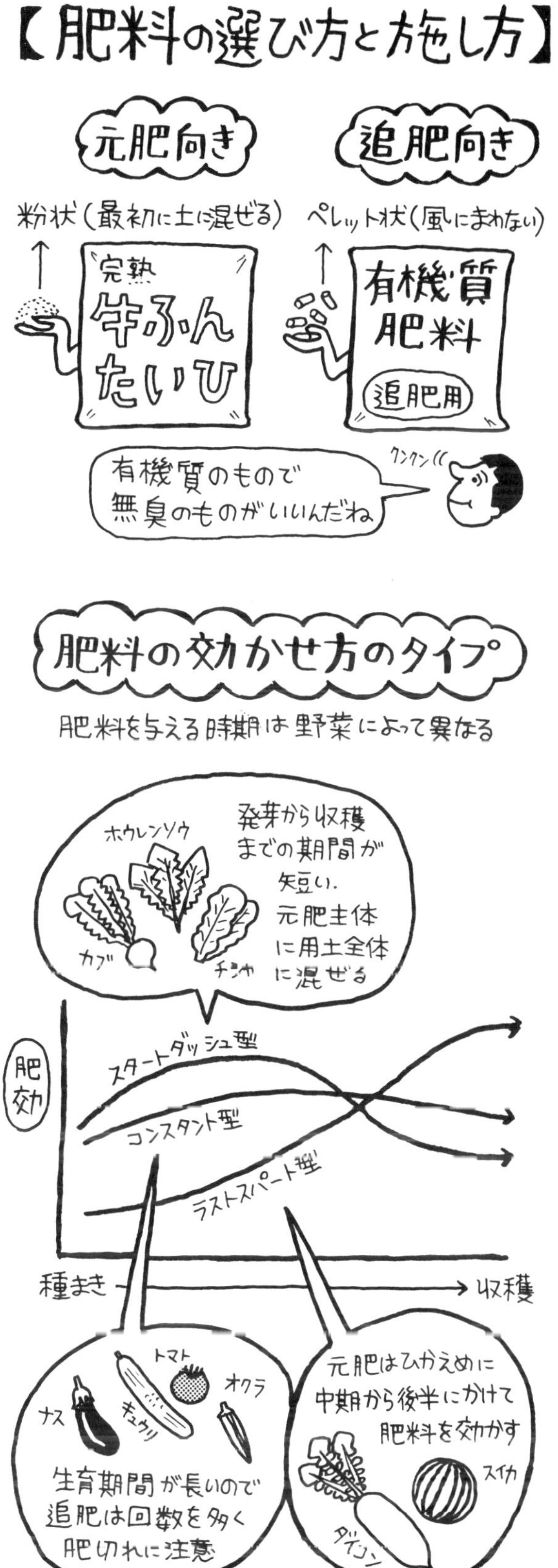
【肥料の選び方と施し方】
元肥向き
追肥向き
粉状(最初に土に混ぜる)
ペレット状(風にまわない)
完熟
牛ふんたいひ
有機質肥料
追肥用
クンクン
有機質のもので無臭のものがいいんだね
肥料の効かせ方のタイプ
肥料を与える時期は野菜によって異なる
ホウレンソウ
カブ
チシャ
発芽から収穫までの期間が短い。元肥主体に用土全体に混ぜる
肥効
スタートダッシュ型
コンスタント型
ラストスパート型
種まき
収穫
トマト
オクラ
ナス
キュウリ
生育期間が長いので追肥は回数を多く肥切れに注意
元肥はひかえめに中期から後半にかけて肥料を効かす
スイカ
ダイコン

11. 水やりのコツ

【根には乾湿のサイクルが必要】

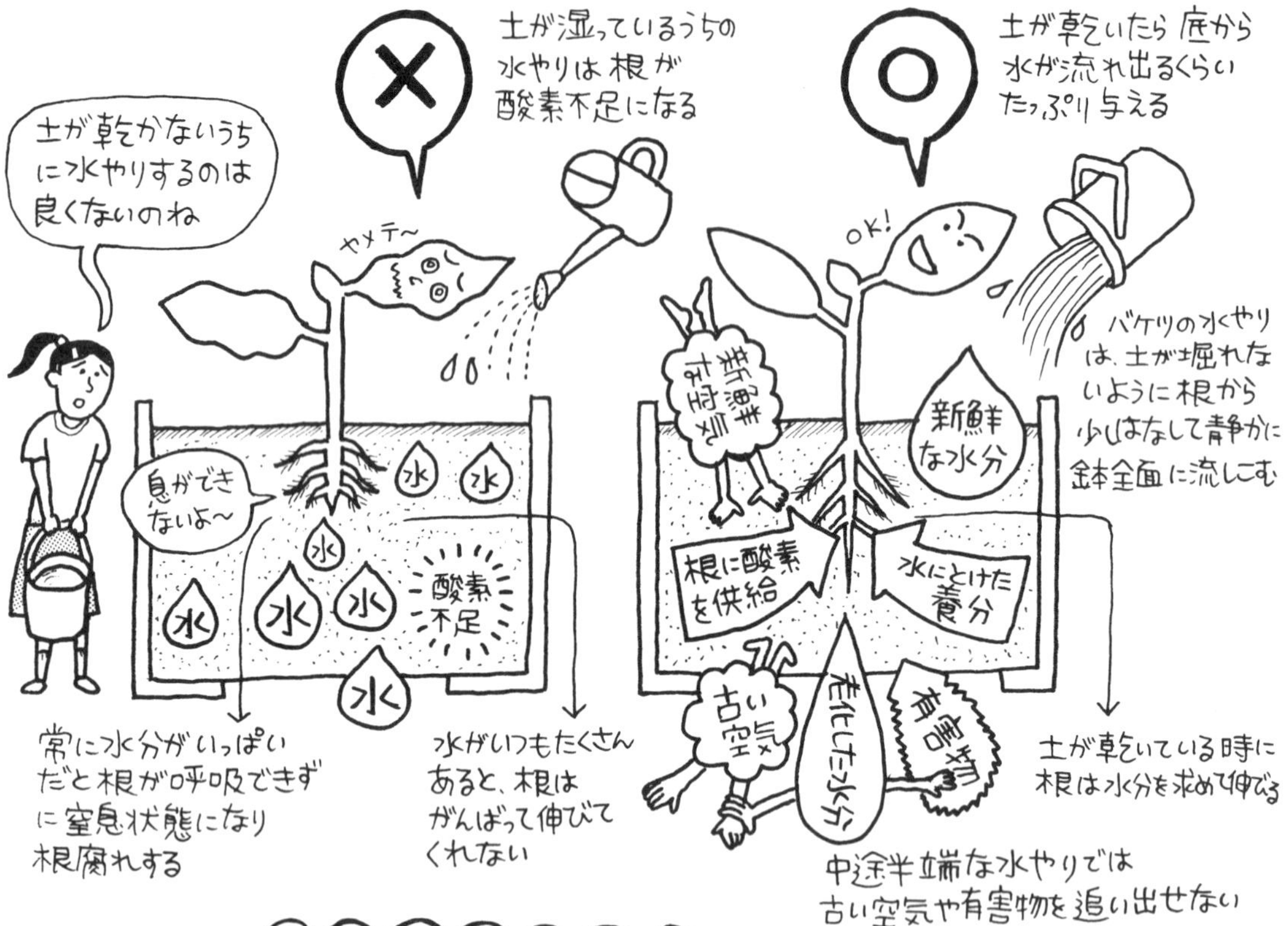

土が湿っているうちの
水やりは根が
酸素不足になる
土が乾いたら底から
水が流れ出るくらい
たっぷり与える
土が乾かないうちに水やりするのは良くないのね
ヤメテ〜
OK!
息ができないよ〜
水
酸素不足
新鮮な空気
新鮮な水分
根に酸素を供給
水にとけた養分
バケツの水やりは、土が掘れないように根から少しはなして静かに鉢全面に流しこむ
古い空気
老化した水分
有害物
常に水分がいっぱいだと根が呼吸できずに窒息状態になり根腐れする
水がいつもたくさんあると、根はがんばって伸びてくれない
土が乾いている時に根は水分を求めて伸びる
中途半端な水やりでは
古い空気や有害物を追い出せない

水やりのタイミング

毎日見ることが一番のポイント
目で見て、土の表面が白っぽくなってきた時
※土は水を吸うと黒っぽくなり、乾くと白っぽくなる
乾燥
吸水
水が不足すると葉の先が下がってくる
病気予防のため葉や花にはかけないようにする
水やりはたっぷりと
約40リットルの土が入ったマイ畑には一度に10リットルくらいの水を与える(目安)
※午前中がベスト
10リットル
できれば汲み置いて1日くらいたった水のほうがカルキ分がとぶので良い
葉がしげって見えなくなって判断できない時は、土をさわってたしかめる
下から水が流れ出るまで

【育苗中の底面給水法について】

早くサッカーしようよー
育てるのはおもしろいけど、水やり当番はちょっぴりめんどくさいなぁ
♪
1
土がぬれたからきょうは終わり！
・・・・
2
―翌朝―
水をあげてたのにどうして枯れちゃうんだろう？
ぐったり…
HELP
3
ゴメンね
水の量が少ないから表面しかぬれていなかったんだよ。中のほうまで水が届かないとだめだよ
4
底面給水法で回復

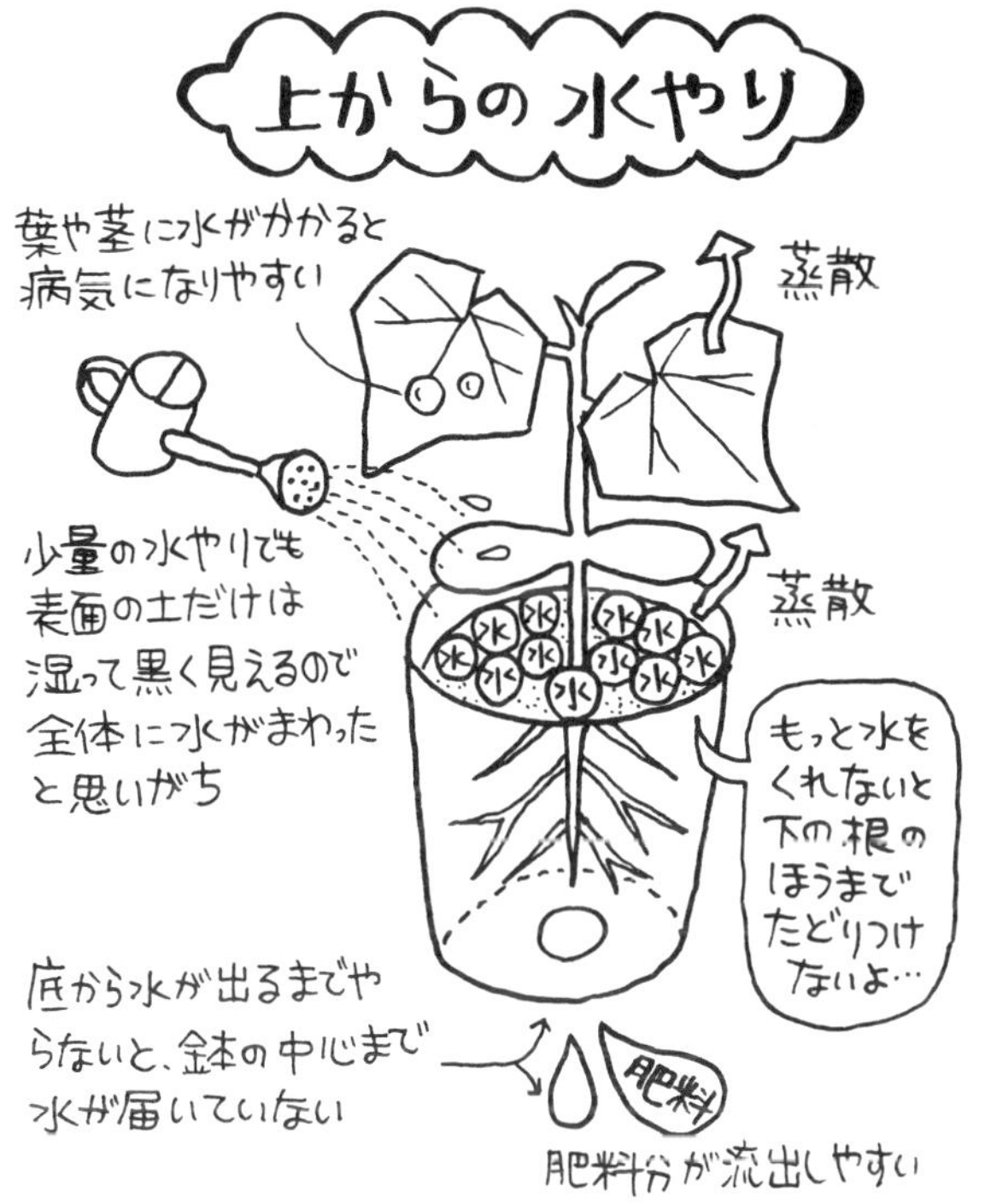
上からの水やり
葉や茎に水がかかると病気になりやすい
蒸散
蒸散
少量の水やりでも表面の土だけは湿って黒く見えるので全体に水がまわったと思いがち
水
もっと水をくれないと下の根のほうまでたどりつけないよ…
底から水が出るまでやらないと、鉢の中心まで水が届いていない
肥料
肥料分が流出しやすい

下からの水やり
発泡スチロール箱や大きな入れ物に苗を置いてから水を入れ、下から吸わせる
水が上がってきたんだね！
葉や茎に水がかからないので病気予防になる
表面の土が湿って黒っぽくなるのを目で確認できる
水
肥料分が余分に流出しない
注意
2～3分したらポットトレイに置いて余分な水は流し出すこと。長くつけたままだったり、水はけが悪いと根腐れする

12. 病害虫の防ぎ方

【病気の予防と対策】

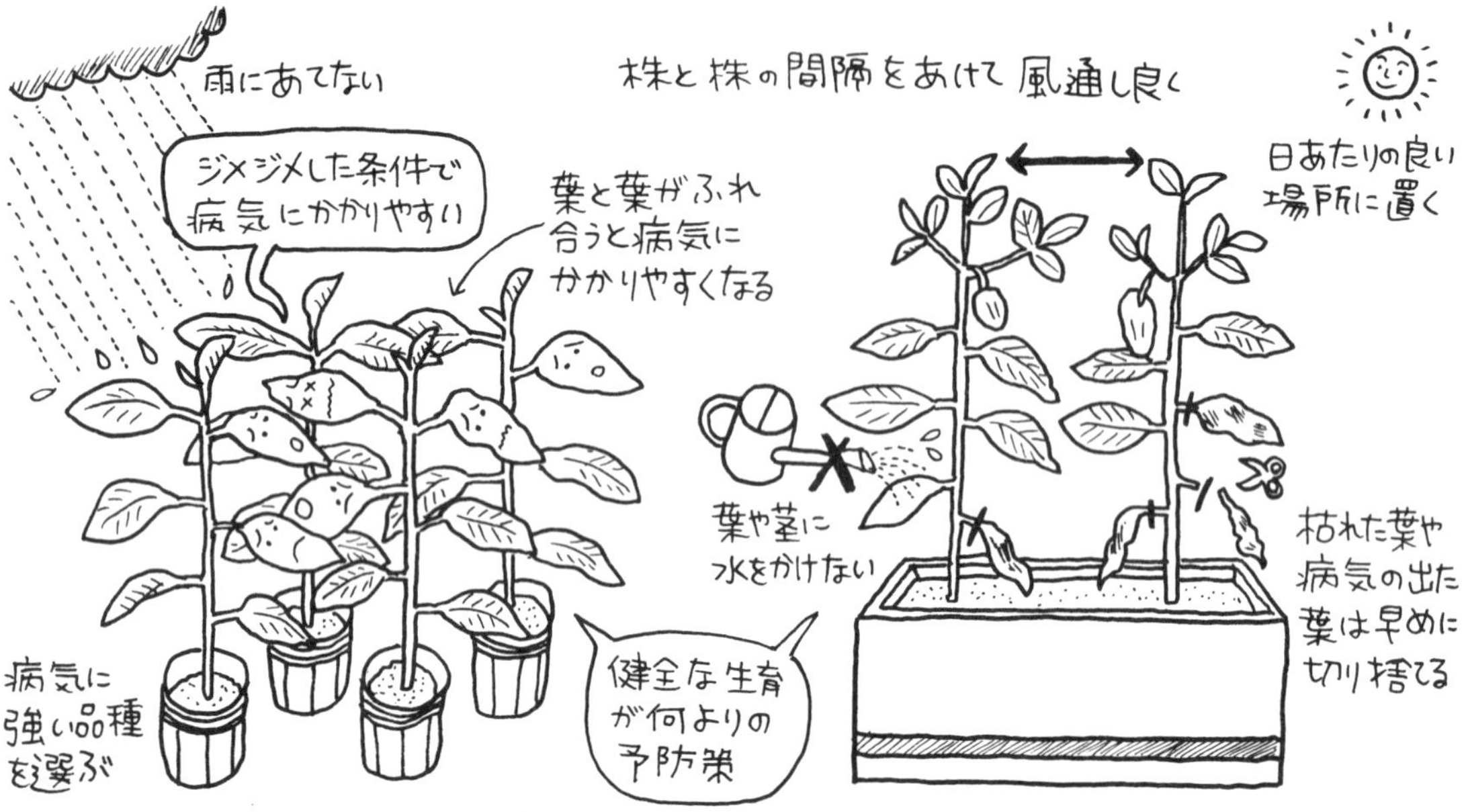

雨にあてない
株と株の間隔をあけて風通し良く
ジメジメした条件で病気にかかりやすい
葉と葉がふれ合うと病気にかかりやすくなる
日あたりの良い場所に置く
葉や茎に水をかけない
枯れた葉や病気の出た葉は早めに切り捨てる
病気に強い品種を選ぶ
健全な生育が何よりの予防策

【害虫の予防と対策】

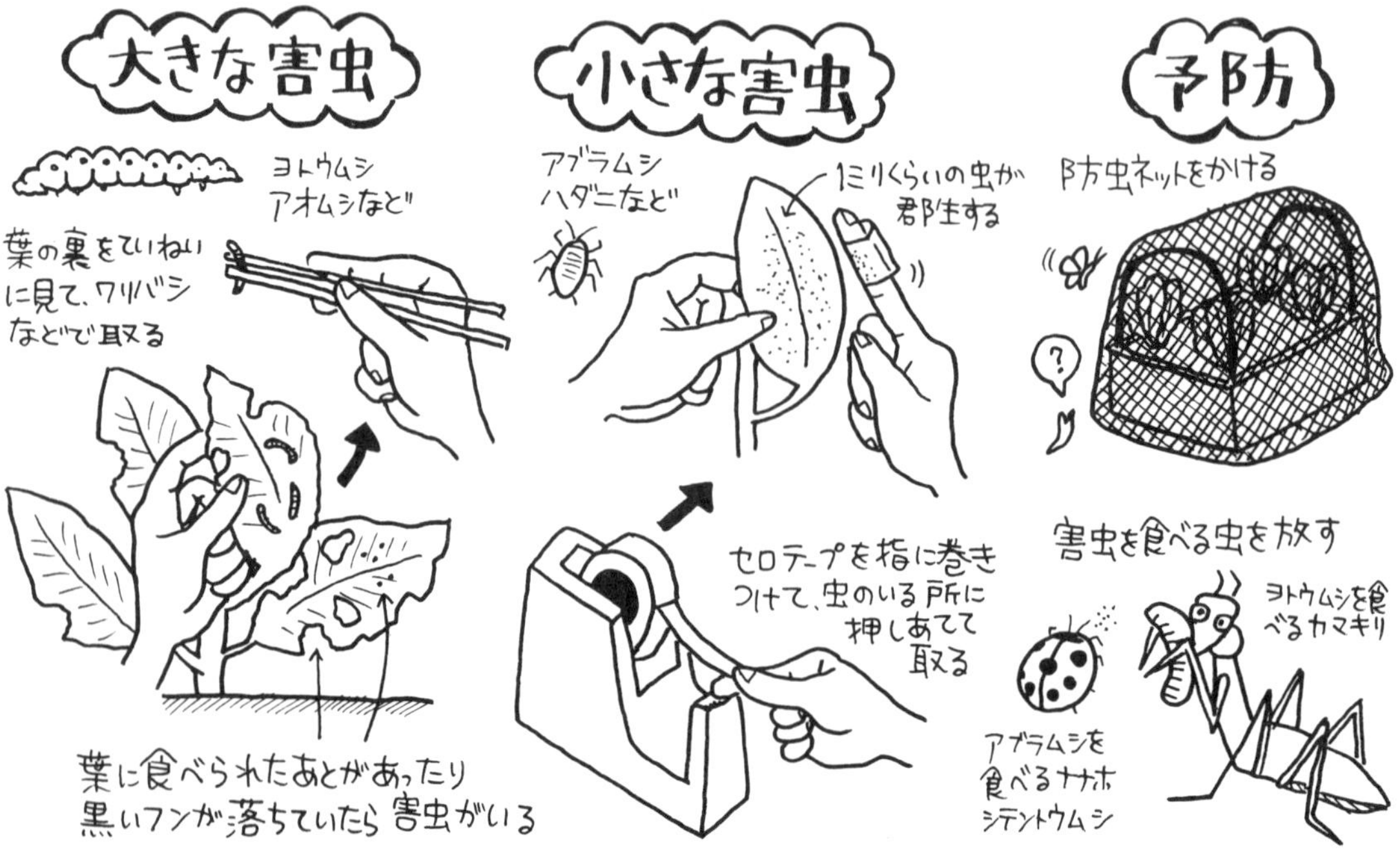

大きな害虫
ヨトウムシ アオムシなど
葉の裏をていねいに見て、ワリバシなどで取る
葉に食べられたあとがあったり黒いフンが落ちていたら害虫がいる
小さな害虫
アブラムシ ハダニなど
1ミリくらいの虫が群生する
セロテープを指に巻きつけて、虫のいる所に押しあてて取る
予防
防虫ネットをかける
害虫を食べる虫を放す
ヨトウムシを食べるカマキリ
アブラムシを食べるナナホシテントウムシ

身近なこんなもので病害虫や鳥害防除

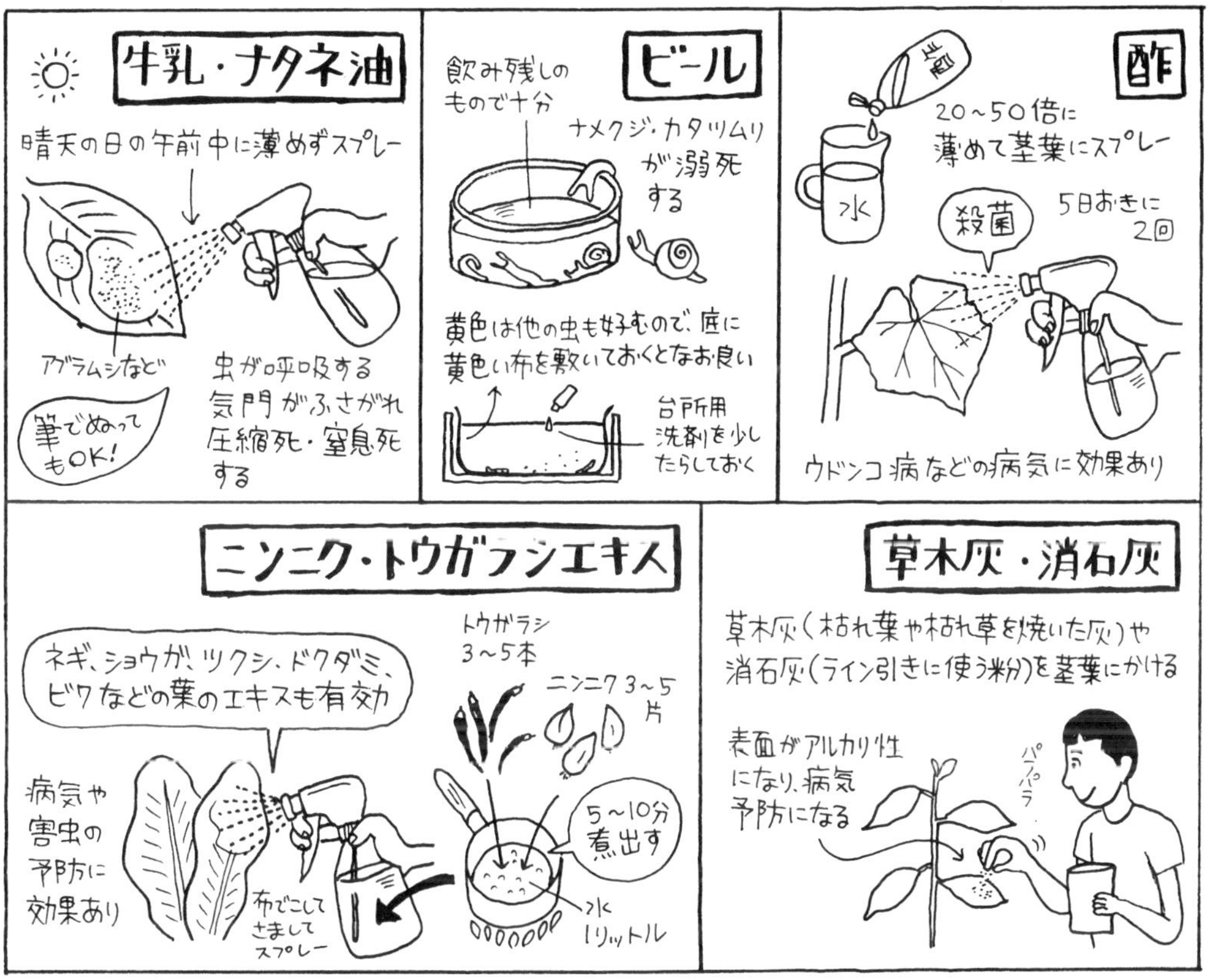

牛乳・ナタネ油
晴天の日の午前中に薄めずスプレー
アブラムシなど
筆でぬってもOK!
虫が呼吸する気門がふさがれ圧縮死・窒息死する
ビール
飲み残しのもので十分
ナメクジ・カタツムリが溺死する
黄色は他の虫も好むので、底に黄色い布を敷いておくとなお良い
台所用洗剤を少したらしておく
酢
20～50倍に薄めて茎葉にスプレー
水
殺菌
5日おきに2回
ウドンコ病などの病気に効果あり
ニンニク・トウガラシエキス
ネギ、ショウガ、ツクシ、ドクダミ、ビワなどの葉のエキスも有効
トウガラシ3～5本
ニンニク3～5片
病気や害虫の予防に効果あり
5～10分煮出す
布でこしてさましてスプレー
水1リットル
草木灰・消石灰
草木灰（枯れ葉や枯れ草を焼いた灰）や消石灰（ライン引きに使う粉）を茎葉にかける
表面がアルカリ性になり、病気予防になる
パラパラ

子ども菜園では無農薬栽培が原則ですが、こんなものも効果があるので試してみよう。

酢　酢は殺菌作用があり、二〇～五〇倍に薄めて、五日おきに二回、茎葉にスプレーするとウドンコ病などの病気に効果があります。

ニンニク・トウガラシエキス　水一リットルにニンニク三～五片、トウガラシ三～五個を入れ、五～一〇分煮てエキスを出し、さましてから布でこしてスプレーします。病気や害虫の予防に効果があります。

牛乳・ナタネ油・濃いノリ　アブラムシなどの害虫に、スプレーしたり筆でぬってやります。害虫は気門がふさがれるため死にます。

草木灰・消石灰　茎葉にパラパラとうっすらとかけてやると、茎葉の表面がアルカリ性になるため、病気が予防できます。

飲み残しビール　虫は黄色の色が好きなので、黄色の紙を敷いたお皿などに、ビールを入れ、少し台所洗剤をたらしておくと、ナメクジや害虫がよってきておぼれ死にます。

古CDや目玉模様　ハトやカラスなどの鳥はキラキラ光るものや、タカの大きな目に似ている大きな目玉の模様が苦手です。古CDや目玉風船、目玉模様を書いたダンボールなどを近くにつるしておくとよってきません。

コーヒーブレーク❶
―子どものやる気を刺激するワンポイント講座―

授業を始める前に話したら、子どもたちが「へぇーおもしろい！」とか、「そんなことあるんだ」といって栽培に興味をしめしてくれるあんな話、こんな話、ちょっとひと休みのコーヒーブレイク。

君たちは三五億年、死んだことがない！種まきをする前に話してやろう。

「君たちはこの世に生をうけて、何年たったかい、何年間生きているかい？」

「先生、そんなことわかりきっているじゃん、今一三歳だから一三年、誕生日から数えて一三年四ヵ月です。」

「本当にそうかな。じゃあ、今日まくトマトは発芽した日が誕生日かい、トマトの命は、発芽する前の種では死んでいたのかい？」

「この種を割ってみると、なかに小さな葉の元が見えるよね。種は成長を休んでいるだけで、いつまでも生き続けるために親が自分の分身としてつくったもので、生きているんだ。だから、種をまくとすぐにめざめて、親と同じように大きくなるんだ、わかるかい！」

「先生、トマトはそうでも、人間は違うんじゃないの。だって種なんかできないし…」

「君たち、動物も人間も、みんなそうだろう。お父さんの精子とお母さんの卵子が合体して君たちが誕生したわけだけど、精子も卵子もお父さんやお母さんの分身として、生きているわけだから、まだ君たちが生まれる前も、命は生きたまま君たちに引きつがれているんだ。」

「そう考えるとどうだい、お母さんはそのまたお母さん、そのお母さんはそのまたお母さんと、どんどんさかのぼっていけば、結局、君たちの命はいつ誕生したことになるんだ。」

「縄文時代かな、人間の祖先は猿だっていうから猿の祖先が誕生したころか…わからなくなってきた？」

「雲をつかむような話になってきたけど、ビッグバンの大爆発が一五〇億年前、地球が誕生したのが四六億年前、地球に最初の生命が誕生したのが三五億年前といわれているんだ。それからさまざまな植物や動物が進化して生まれてきて、類人猿が誕生したのは二〇〇〇～一五〇〇万年前といわれている。今、生きているということは、三五億年前に生まれた命が、一度も死ぬことなく引きつがれてきたからじゃないか。そう、君たちの命は三五億年生きている、君たちの命の年齢は三五億年、これが正解だ。それに、このトマトの命だって三五億年だよ。だから、大切に育ててやろうよ。」

ほとんどの野菜は外国がふるさとの渡来野菜

野菜を育てるには原産地を知り、原産地の気候や土質などの環境条件を調べることが大切です。野菜の適した環境は、原産地の環境条件だからです。原産地では原種が野生しています。

ここでクイズです。以下の野菜の中で日本原産の野菜を四つ上げてください。

> ゴボウ、ツケナ、ミツバ、ワケギ、シソ、ナス、ヤマノイモ、セリ、ダイコン、カブ、フキ、ナス、ミョウガ、サトイモ

答えは、ミツバ、セリ、フキ、ミョウガです。このほか、ウド、オカヒジキ、サンショウ、ジネンジョ、ジュンサイ、ハマボウフウ、ヤマゴボウ、ワサビも日本原産です。

現在、私たちが食べている野菜の種類は約一五〇種類だといわれていますが、そのうち日本原産の野菜は、この一〇数種しかありません。あとの約一四〇種は、すべて外国が原産地です。トマト、ジャガイモ、キャベツ、イチゴ、メロン、レタス、ピーマン、アスパラガスなどの人気野菜は、明治以降、とくに戦後に広まった野菜です。

いずれも、日本の高温多湿の気候条件に合うよう、長年かけて品種改良されてきましたが、ふるさとの環境が一番適していることに変わりありません。

第二章 春から秋の野菜つくり（1〜2学期）

さあ！ やってみよう

いのちを感じたこの一瞬

①
先生、葉の色が黄色っぽいんですけど
どこに置いておいたんだ？
②
あの棚の横に置いておきました
あそこは日光があたらないからだよ
暗いよ〜
③
窓の近くに置いてあげよう
日光にあててあげると緑色が濃くなるんだよ
④
数日後——
！
♪
緑色になった！葉の色も日光で変わるんだ！

1. ミニトマトの栽培計画

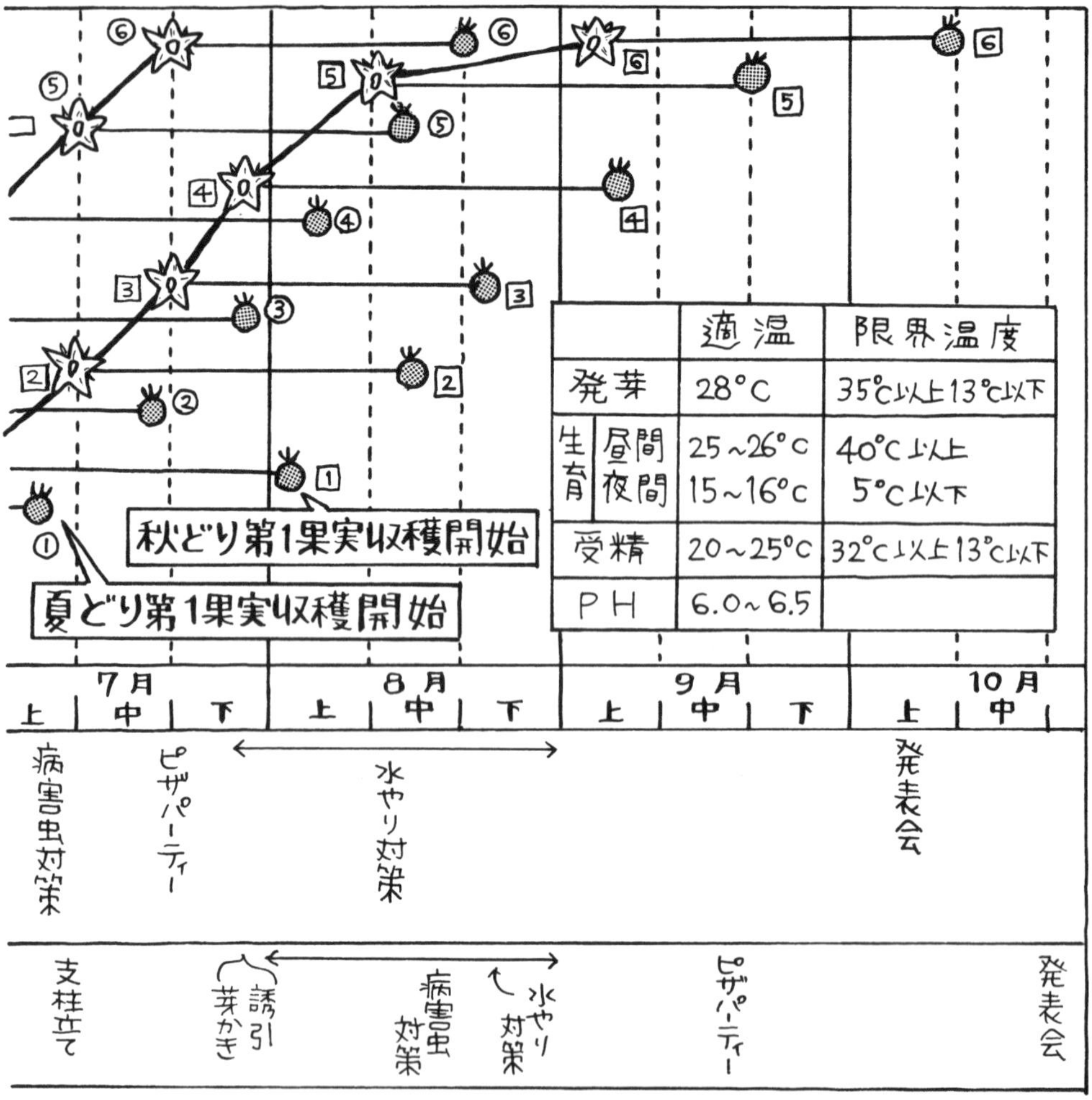

秋どり第1果実収穫開始
夏どり第1果実収穫開始
7月
8月
9月
10月
上
中
下
病害虫対策
ピザパーティー
水やり対策
発表会
支柱立て
誘引
芽かき
病害虫対策
水やり対策
ピザパーティー
発表会

		適温	限界温度
発芽		28°C	35°C以上13°C以下
生育	昼間	25～26°C	40°C以上
	夜間	15～16°C	5°C以下
受精		20～25°C	32°C以上13°C以下
PH		6.0～6.5	

●栽培教育で一番のおすすめの基本作物

学校菜園で一番のおすすめ作物はミニトマトです。ミニトマトは、種まきからスタートして、花を咲かせ果実を完熟させて種を取ることができるので、栽培を通じて作物の命の営み、命の連続性を学ぶことができます。植物の生育の全過程が含まれているので、いろいろな野菜を栽培する基本として、栽培のテクニックを身につけることができます。

普通の大玉トマトは気むずかしく栽培はややむずかしいですが、ミニトマトはじょうぶで栽培も容易で、放任栽培でも収穫皆無になることはありません。しかも栽培場所をあまり多く取らず、教室の軒下やベランダで栽培できます。発泡スチロール箱や野菜コンテナの「マイ畑」に二～四本栽培でき、一人一～二株、二人で一マイ畑にすれば、三〇人クラスでも一五個ほどですみます。

高さも子どもの背の高さくらいで、作業・観察・収穫がしやすいです。給食でもよく出され嫌いな子も少なく、完熟させると糖度が上がり、栽培にどのように取り組んできたか、収量や糖度の結果・成果をデジタル糖度計などを使い数字で表わすと客観的に比べられます。

また、生食のほかピューレなどの加工食品、トマトピザなどの料理と利用法が多様で、子どもた

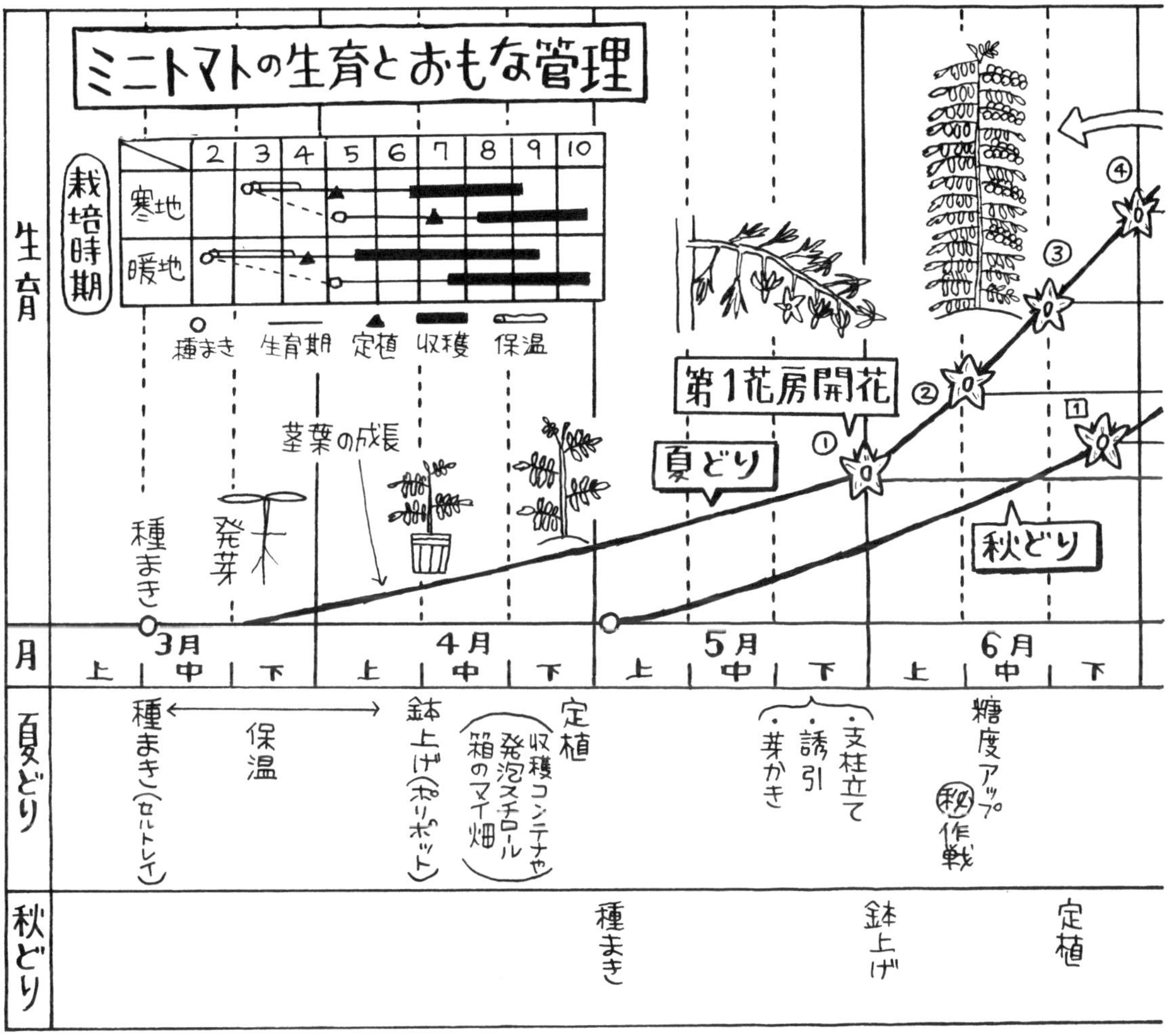

ミニトマトの生育とおもな管理
生育
栽培時期
2 3 4 5 6 7 8 9 10
寒地
暖地
種まき 生育期 定植 収穫 保温
茎葉の成長
種まき
発芽
第1花房開花
夏どり
秋どり
① ② ③ ④
1
月
3月 4月 5月 6月
上 中 下 上 中 下 上 中 下 上 中 下
夏どり
種まき(セルトレイ)
保温
鉢上げ(ポリポット)
定植
収穫コンテナや発泡スチロール箱のマイ畑
支柱立て
誘引
芽かき
糖度アップ㊙作戦
秋どり
種まき
鉢上げ
定植

ちのやる気を引き出す魅力的なゴールも設定できます。プレゼントにも喜ばれます。

●早くまいて夏休み前に収穫

トマトはアンデス高地が原産で、寒さや乾燥、病気に強いですが、暑さはやや苦手で、三二℃以上の高温になると生育も鈍化し受精しにくくなります。

種まきから収穫終了までの栽培期間は五ヵ月くらいですが、第一花房が開花するまでに二ヵ月以上、開花から収穫開始までが四〇日前後かかります。上手に育てれば六、七段花房まで、約二ヵ月間、連続して収穫できます。収穫が夏休みに集中しないようにするには、上図のように三月上中旬まき・五月初旬定植・七月上旬収穫開始の夏どりがおすすめです。夏休み後に収穫する場合は、五月上旬以降に種まきをする秋どりがおすすめです。

いずれも夏休み中の管理が重要ですが、とくに秋どりは夏休みの水やりを怠ると失敗します。栽培適期は地域によって異なりますが、一学期主体で行なう場合は、三月にできるだけ早くまいて保温して育てましょう。収穫適期期間が比較的長いので、ある程度まとまった量が一度に収穫できます。

2. 育苗セットつくりと種まき

道具と材料をそろえる
野菜・花用
播種専用培養土
50リットル
種まき専用の土
・雑菌もなく、水はけの良い土
・肥料分は少ない土
・園芸専門店で入手
タマゴパック
先のとがったほうをセルトレイにかぶせる温室に使う
底の平らなほうは水受け皿に使う
セロテープ
セルトレイ（育苗用トレイ）
・やわらかくじょうぶな合成樹脂製
・園芸専門店で1枚50穴のものを購入
ハサミで簡単に切りわけられる
底には排水孔があいている
ハサミ
ラベルシール
発泡スチロール箱
移植後の畑としても使用するならW48×D40×H23センチくらいのリンゴ箱を。育苗の作業や水やりだけなら浅いものでも良い
ミニトマト
底アミ
切って使う大判のものが便利
種

●セルトレイとタマゴパックでつくるマイ育苗セット

「苗を買って育てても失敗したのに、種から育てるなんてぜったい無理！」なんて思っていませんか？ でも、野菜栽培で子どもたちが一番感動するのは、自分の手でまいた種が、土を押しのけて芽を出した瞬間です。購入した苗から育てたのでは味わえない「いのちの尊さ」を実感でき、マイミニトマトに愛着がわいてきます。子どもたちはその後の毎日の成長が気がかりになり、よく見守るようになります。

種まきは、育苗箱にまいて鉢上げ（ポットに植え替えること）することもできますが、農協や園芸店、ホームセンターで売られているセルトレイと呼ばれる合成樹脂のトレイにまいて本葉三、四枚まで育ててから、ポットに　鉢上げする方法が、おすすめです。子どもたちでも根を傷めずに鉢上げができるからです。

●育苗セットの材料の準備

セルトレイ　セルトレイの大きさは二七八×五四二ミリがほとんどですが、まき穴の大きさや数が違ういくつかの種類があります。ミニトマトを本葉三、四枚まで育てるには、穴の数が五〇個

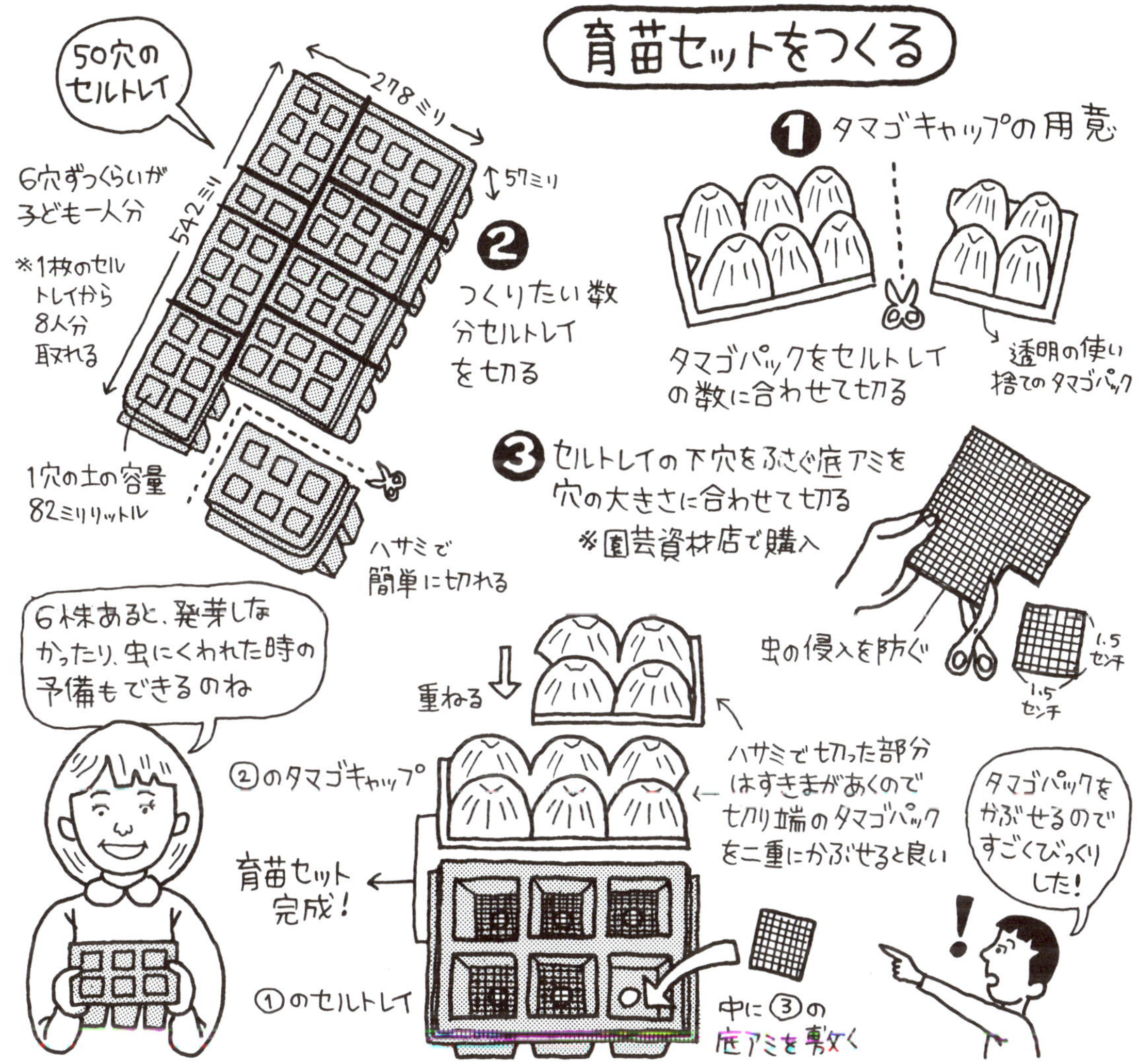
育苗セットをつくる
50穴のセルトレイ
278ミリ
57ミリ
542ミリ
6穴ずつくらいが子ども一人分
※1枚のセルトレイから8人分取れる
2 つくりたい数分セルトレイを切る
1穴の土の容量82ミリリットル
ハサミで簡単に切れる
1 タマゴキャップの用意
タマゴパックをセルトレイの数に合わせて切る
透明の使い捨てのタマゴパック
3 セルトレイの下穴をふさぐ底アミを穴の大きさに合わせて切る
※園芸資材店で購入
虫の侵入を防ぐ
1.5センチ
1.5センチ
6株あると、発芽しなかったり、虫にくわれた時の予備もできるのね
重ねる
②のタマゴキャップ
ハサミで切った部分はすきまがあくので切り端のタマゴパックを二重にかぶせると良い
タマゴパックをかぶせるのですごくぴっくりした！
育苗セット完成！
①のセルトレイ
中に③の底アミを敷く

（五×一〇列）の大きな穴のものを選びます。一穴に八二ccの土が入ります。穴が小さいとすぐに根が穴いっぱいになって根づまりしてしまうからです。　枚約一七〇〜二〇〇円です。予備苗を含めて一人で四〜六株育てるようにします。一人六株の場合は、上図のように切ると、一枚で八人分のトレイができます。

タマゴキャップ　五〇穴のセルトレイにタマゴパックのケースをかぶせると穴にぴったりと合い、保温が簡単にできます。一〇個入りのタマゴパックのケースを切ったトレイに合わせてふたと底を切り離し、上を保温ふた、下を水受けに利用します。

底アミ（鉢底ネット）　鉢底ネット（二〇×三〇センチが五枚入り約四〇〇円）をセルトレイの底穴の大きさに合わせて切って敷き、底面給水の際に穴から土が出るのを防ぎます。

培養土　培養土は育苗用培土、できたらセルトレイ用育苗培土（成型育苗用培土）を購入します。私はプライムミックススーパーA（二七六〇円、五〇リットル）を使っています。軽くて通気性や保水性に優れ、肥料分は少なく、雑菌や雑草種が無く、適度な水分を含んでいます。四〇人が六本ずつ育てる場合の必要な量は約二〇リットル余なので、一袋あれば十分です。

そのほか　セロテープ、ラベルシール。

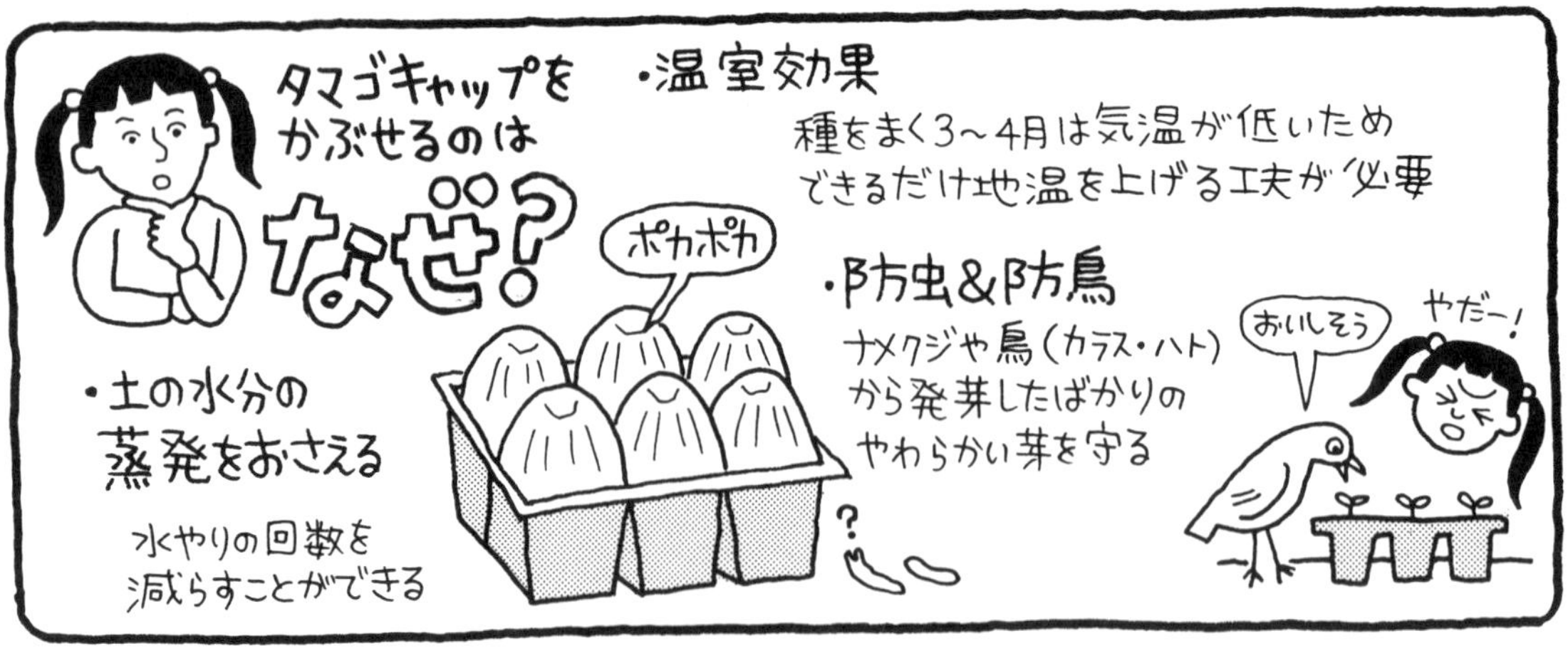
タマゴキャップをかぶせるのはなぜ?
・温室効果
種をまく3～4月は気温が低いため
できるだけ地温を上げる工夫が必要
ポカポカ
・防虫&防鳥
ナメクジや鳥（カラス・ハト）
から発芽したばかりの
やわらかい芽を守る
おいしそう
やだー!
・土の水分の
蒸発をおさえる
水やりの回数を
減らすことができる
?

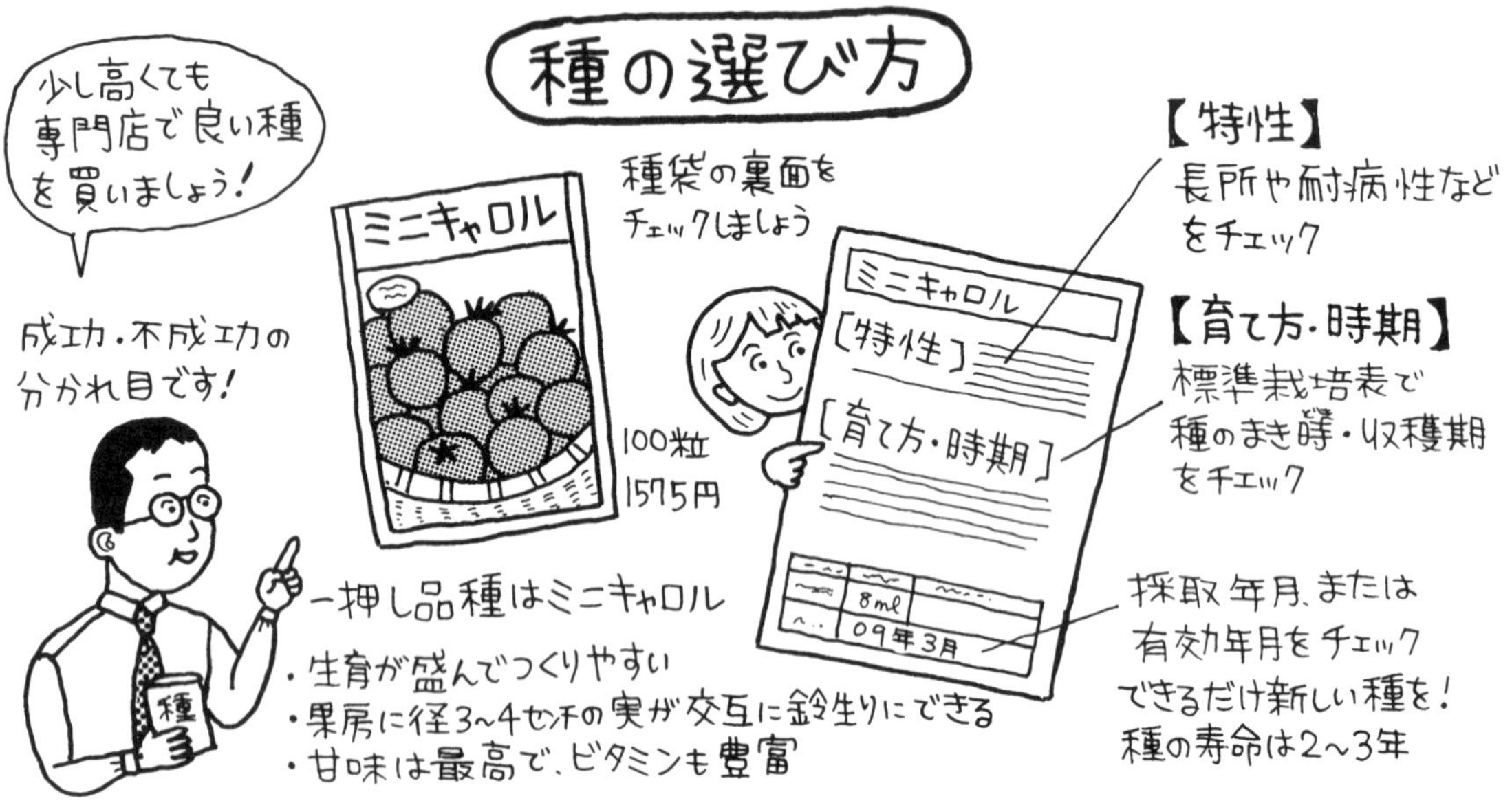
種の選び方
少し高くても
専門店で良い種
を買いましょう!
成功・不成功の
分かれ目です!
ミニキャロル
100粒
1575円
種袋の裏面を
チェックしましょう
ミニキャロル
[特性]
[育て方・時期]
8ml
09年3月
【特性】
長所や耐病性など
をチェック
【育て方・時期】
標準栽培表で
種のまき時・収穫期
をチェック
採取年月、または
有効年月をチェック
できるだけ新しい種を!
種の寿命は2～3年
一押し品種はミニキャロル
・生育が盛んでつくりやすい
・果房に径3～4センチの実が交互に鈴生りにできる
・甘味は最高で、ビタミンも豊富
種

●ミニトマトの品種の選び方

「苗八分作」といって、栽培のポイントの八割は苗づくりにあるといわれます。培養土や栽培管理のよしあしも重要ですが、種も重要です。ミニトマトだけで三〇～四〇種類ぐらいの品種があり、園芸専門店の店先には、シュガーポット、ティンカーベル、ペペ、ピッコ、千果、ココ、ミニキャロルなど、いろいろな品種が並んでいます。

見た目は変わりませんが、一粒あたりの値段を調べると、一円三〇銭から一五円と約一〇倍の差がありました。私はいろいろな品種を試してみましたが、高い種も安い種も苗の状態まではあまり変わらない、いや逆に初期の成長は安い種のほうが良いくらいです。しかし最終的な収穫時期になると、実のつき方や糖度に大きな違いが出てきました。

店の方に相談したり、種袋の裏面に書かれている特性や育て方、有効年月などをよく読み、値段が高くても良い種を選びましょう。ちなみに私のおすすめの種は、生育が盛んでつくりやすく、甘味は最高でビタミンも豊富なミニキャロルです。良い種なら発芽率が良いので、一穴一粒まきで十分です。一人六本、四〇人なら二四〇粒あれば足ります。

種のまき方
かならず播種専用の土を使いましょう
❶発泡スチロール箱に土を入れる
播種用土
浅いものでも良い
❷セルトレイの穴に底アミを敷き、発泡スチロール箱の中で土を入れる
セルトレイも傾けずに土を入れられます
①入れた直後の土はフワフワ
③水を吸わせると80%くらいになる
②やさしく押さえる
底アミ
❸土の量はやや多めに入れ上から軽く押さえてセルトレイすりきり一杯まで入れる
❹種をセルトレイの穴に1つずつまく
まき忘れがないのを確認するため1粒ずつのせましょう
種
1つの穴に1粒ずつ
間引く必要がない
芽が出たらワシの出番じゃ
※発芽するために日光は必要ない
少し暗くするために上をかぶせる
ミニトマトの種は小さいので、ほんの軽く指で押しこむ(かくす)くらいで良い
覆土は種の厚みの1.5倍が目安

●培養土を均一につめてごく浅く種まき

セルトレイへの培養土づめ、種まき、種まき後の水やりは、浅めの発泡スチロール箱の中で行ないます。

底アミを敷いたセルトレイに培養土を多めに入れ、すきまがないように一穴ごとに指先で押さえつけます。しっかり均一につまっていないと生育にバラつきが出ます。水をかけると土は沈むので、やや固くつめ、余った土はすりきり一杯にして除きます。

次は種まきとなりますが、トマトの種は小さいのでつかみにくいですが、一穴一粒ずつ置き、軽く指先で押しこみ（三～五ミリ）、種をかくす程度に覆土します。

セルトレイ育苗にはいくつかの長所があります。

①一人ひとりのマイ苗を育苗しやすい。
②小さな容器で四～六株も育苗できるので、失敗したときの予備苗や持ち帰って家庭で育てる苗もできる。
③根がよくからまった根鉢がよくできるので、鉢上げの際に子どもでも根を傷めにくい。
④一穴一粒まきができ、間引きの必要がない。
⑤水はけが良いので、太くてじょうぶな根（苗）が伸び、良い苗を育てやすい。

水やりを下からやるのはなぜ?
種をまいたら十分に水をやるようにいわれているけれど…
下から水を吸わせると表面の土が黒くなっていくのがわかった!
!
上から水をやると水といっしょに種が流れてしまう
じわじわ～
土がふかふかなほどスポンジのように土の中心まで水がしみにくい

⑤タマゴキャップをかぶせセロテープやホチキスで止める
保温
ポカポカ
ホチキス
セロテープ
テープがつきやすいように、まわりの土や水はふいておきましょう
⑥浅い発泡スチロール箱に水をはり、⑤のセルトレイをつける
ミニトマトは種まき後一晩水につけておくと発芽が良くなります
タマゴキャップ
水
深さは2～3センチくらい
下から水を吸い上げさせる

●タマゴキャップ保温でいっせい発芽

眠っている種がめざめて発芽するには、水と温度と酸素が必要です（光が必要な植物もあります）。三～四月の種まきで不足するのは温度（地温）です。トマトの種が発芽する最適温度は二八℃といわれていますが、最低一三℃以上必要です（逆に三五℃以上だと発芽しにくい）。

この発芽温度を確保するために、セルトレイの上にタマゴキャップをかぶせ、縁をセロテープやホッチキスで止めて外気が入らないようにします。セロテープをつきやすくするために、先にセルトレイの周りの水分をふき取っておくと良いでしょう。

日中は日あたりが良く温度が上がる場所に置き、地域や種まき時期によっては、発芽するまで室内の暖房機のそばに置く、コタツに入れる、発泡スチロール箱などに入れビニールでおおう、夜間は暖かい室内に入れ毛布をかぶせるなどの工夫も必要です。条件が良ければ、四～一〇日後には発芽してきます。

●底面給水で水やり

水やりは上からジョウロでかけるのがふつうのやり方ですが、私は下から、底穴から水やりをすることをおすすめします。ジョウロで上か

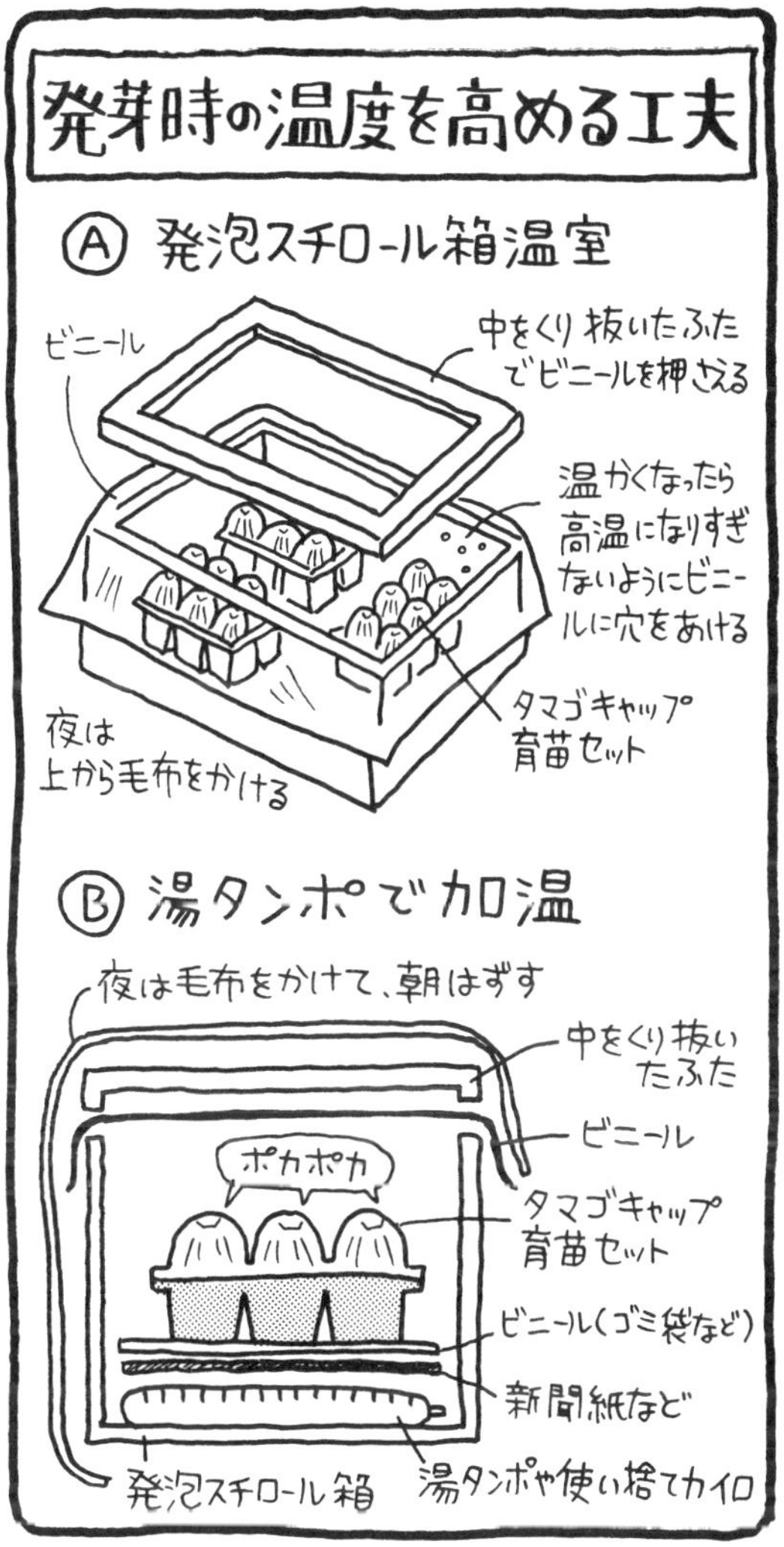
発芽時の温度を高める工夫
Ⓐ 発泡スチロール箱温室
ビニール
中をくり抜いたふたでビニールを押さえる
温かくなったら高温になりすぎないようにビニールに穴をあける
タマゴキャップ育苗セット
夜は上から毛布をかける
Ⓑ 湯タンポで加温
夜は毛布をかけて、朝はずす
中をくり抜いたふた
ビニール
ポカポカ
タマゴキャップ育苗セット
ビニール(ゴミ袋など)
新聞紙など
発泡スチロール箱
湯タンポや使い捨てカイロ

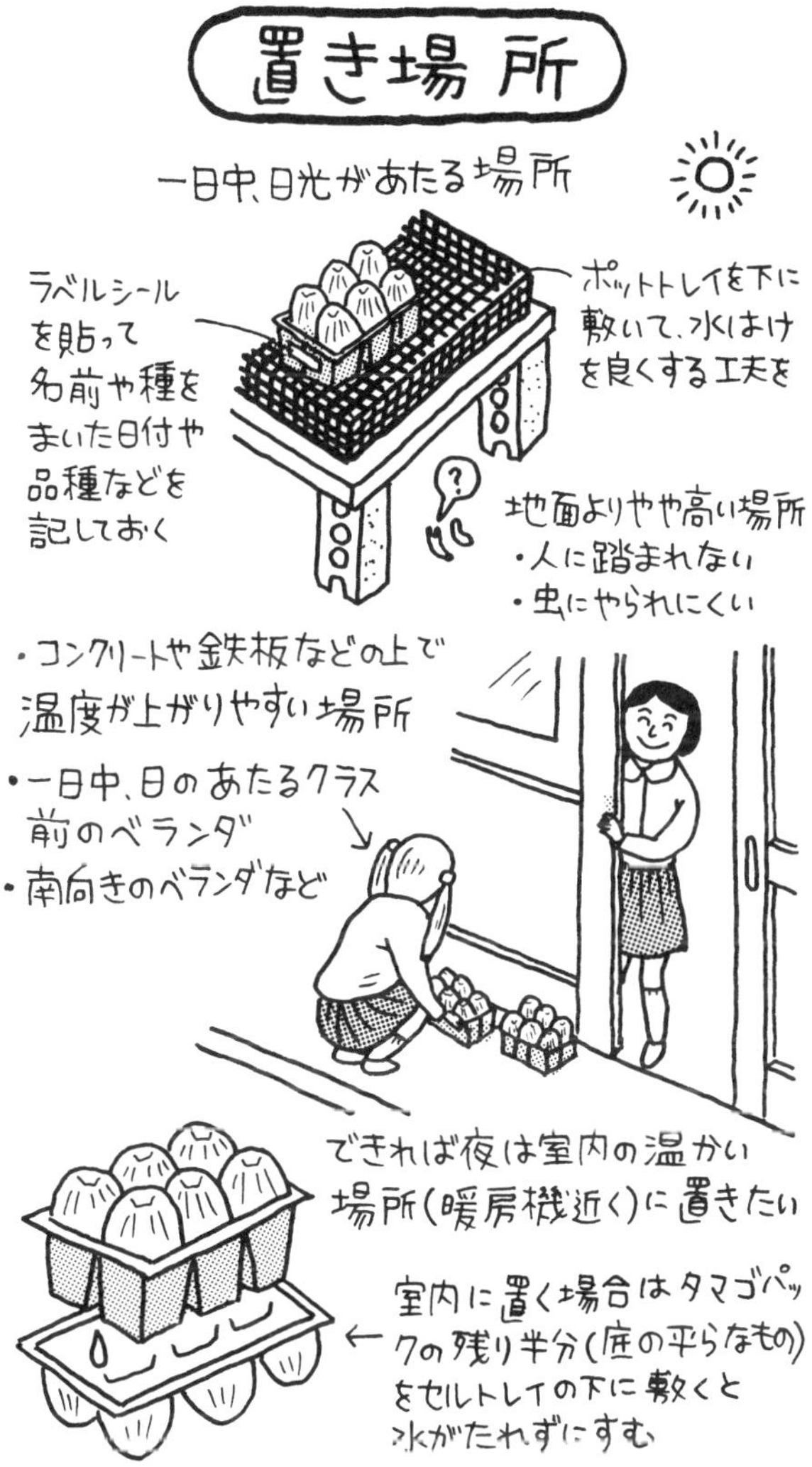
置き場所
一日中、日光があたる場所
ラベルシールを貼って名前や種をまいた日付や品種などを記しておく
ポットトレイを下に敷いて、水はけを良くする工夫を
地面よりやや高い場所
・人に踏まれない
・虫にやられにくい
・コンクリートや鉄板などの上で温度が上がりやすい場所
・一日中、日のあたるクラス前のベランダ
・南向きのベランダなど
できれば夜は室内の温かい場所(暖房機近く)に置きたい
室内に置く場合はタマゴパックの残り半分(底の平らなもの)をセルトレイの下に敷くと水がたれずにすむ

らかけると、土といっしょに種が流れてしまったり、十分に湿らせられないで失敗しやすいからです。種はまず水を十分に吸わないと発芽できません。種まき前日に種を水につけてまくか、種まき後一晩底面給水するとその失敗が少ないです。

底面給水は種をまいてタマゴキャップをかぶせたあとに行ないます（かぶせる前だとぬれてキャップが接着しにくい）。土を入れるときに使った浅い発泡スチロール箱に、二〜三センチ水をはり、セルトレイごと静かにつけます。その際セルトレイの高さよりも水面が高くなると、種が浮いて流れてしまうことがあるので注意してください。数分後には下から水を毛細管現象で吸い上げ、土の色が黒く変わってきます。

底面給水後は水から上げて、余分な水を排水します。上図のようにタマゴパックの下ケースや逆さにした収穫コンテナなどの上に置くと水はけが良くなります。根には水とともに酸素が必要だからです。水が抜けると新しい空気が培養土の中に入りこみます。培養土が常に水で一杯の状態だと酸素不足になってしまいます。また、底穴が空気にさらされると、セル穴の中に根がよく張ります。

3. 発芽からポリポットへの鉢上げ

毎日の観察と水やり

【水やり観察】
② 上から軽くたたいて水滴を落とす
水滴
水蒸気
① 水蒸気でタマゴキャップが白くにごる
③ タマゴキャップの水滴を落とすと中の土がよく見える
土の色を見て水やりのタイミングを判断するのね！
・黒っぽい土の色 → 水分あり
・茶色っぽい土の色 → 乾燥ぎみ
水をやる
水やりは2日に一度くらいが目安です
逆さにした収穫コンテナ
天候や置き場所によって土の乾き方が違います
できるだけ一日中日があたる所に置く
水やりは水を張ったバケツや発泡スチロール箱にセルトレイをつける
じわじわ〜
地面よりやや高い所に置く（収穫コンテナやポットトレイの上など）
下からじっくり吸わせる

●水やりは土の乾きぐあいを見てから

種をまいてから発芽までの四〜一〇日間は、変化のない状態が続きますが、種は水分を吸ってふくらみ、幼根、幼芽は伸ばし始めています。ここで欠かせないのが、水やりです。めざめて伸び出した幼根や幼芽は水不足で一度乾いて枯れてしまうと、もう発芽はできなくなります。

種まき直後と同じで、浅い発泡スチロール箱にセルトレイを入れ、セルトレイの高さの半分から三分の二くらいまで水をはり、二〜三分間つけて下からじっくり吸水させます。

水やりは、乾きぐあいを見ながら二日に一回、気温が高くなる前の朝行なうことが原則です。苗が小さいうちや天候の悪いときは二〜三日に一度で良いです。日中に水やりをすると水が湯のようになって苗が蒸れてしまう心配があります。夕方でもかまいませんが、夜間水分が多いと徒長しやすいです。

水やりのタイミングは、土の色が黒っぽい色から茶色っぽくなる、セルトレイを持って軽くなったと感じる、タマゴキャップにつく水滴が少なくなるなどで判断します。タマゴキャップに中が見えないくらいに水滴がついていれば、水やりはまだ必要ありません。

【発芽の瞬間を目の前で見る】
この第一歩を見逃さない!
軽くたたいてタマゴキャップのくもりを取って見ましょう
種まき後10日くらい
天候などによっても差が出ます
毎朝かならず見て発芽の瞬間を目にしよう!
黒い土に白い点があらわれる
=
発芽の瞬間

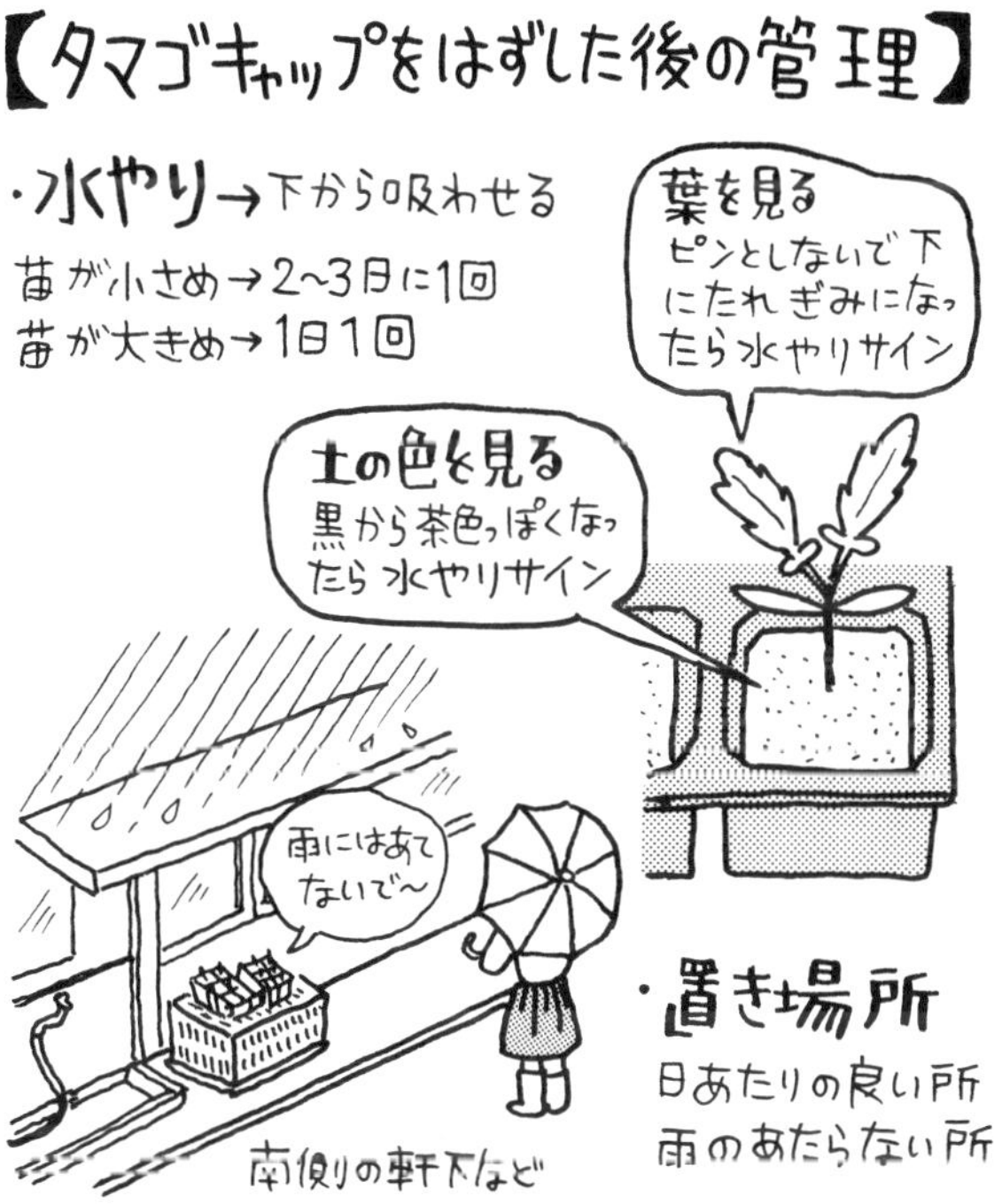
【タマゴキャップをはずした後の管理】
・水やり→下から吸わせる
苗が小さめ→2～3日に1回
苗が大きめ→1日1回
葉を見る
ピンとしないで下にたれぎみになったら水やりサイン
土の色を見る
黒から茶色っぽくなったら水やりサイン
雨にはあてないで～
・置き場所
日あたりの良い所
雨のあたらない所
南側の軒下など

【タマゴキャップをはずすタイミング】
※小さい苗を守るためにできるだけタマゴキャップはつけておきたい
一番大きい苗の本葉がタマゴキャップにふれるようになったら、タマゴキャップをはずす
せまいよ～
発芽率は8割くらい
タマゴキャップ
セルトレイ
発芽の日やその後の成長も違うので苗の大きさにはバラつきが出る

●発芽後からはよく日にあてる

黒い土の中から白い点が見え、自分のまいた種の命が誕生する瞬間は、子どもたちを感動させます。細長い子葉を広げ発芽が無事完了すれば、栽培の半分以上成功したといってもいいでしょう。植物は日中よりも夜間に伸びやすいので、この瞬間を見逃さないためにも、毎朝観察することです。

発芽後からは、屋外の一日中日光があたる場所に移動し、逆さにした収穫コンテナなどの台の上に置いて育てます。目につきやすく、踏まれたり蹴られたりする心配もありません。夜間に一五℃以下になる心配あるときは、夜間だけ室内に入れると良いでしょう。

●タマゴキャップをはずすタイミング

子葉が開くと、葉縁にキザキザのある本葉が次に伸びてきます。タマゴキャップをはずすタイミングは、一番大きい苗の本葉が二枚開きキャップにふれるようになったときです。本葉三枚目伸びるころからは、だんだん低温にも強くなり、逆にあまりに高温になるとヒョロヒョロとした徒長苗となってしまいます。およそ発芽後二〇日くらいです。キャップ除去後は、日あたりが良く、できるだけ雨のあたらない屋外で育てます。

苗を雨にあてないほうがいいのはなぜ？
雨がふれば水やりもラクなのに…
雨にあたると病気になりやすいんだよ
葉に水はかけないほうが良い
↳雨に限らず病気の元になる
根元に泥がかかると病気になりやすい
やめて〜
酸性雨
病原菌
こわいよ〜
泥ハネで茎や葉に土がつく
栄養
少ない土の場合肥料分が流れ出てしまう

追肥
こうなってきたら追肥をあげましょう
だいたい発芽後2〜3週間目くらい
本葉2〜3枚
全体の緑色が薄くなってきた
下葉が黄色くなってきた
おなかがすいたよ〜
有機質肥料は野菜本来のおいしさが出る
有機質肥料
ペレット状
・肥料＝かならず有機質のものを使う
★おすすめはペレット状の有機質肥料
小さい円柱形に固めたもの
においがない
風でとび散らない
園芸専門店・ホームセンターで入手可
なかったら粉状の有機質肥料を使おう
粉状の肥料なら5本の指でひとつまみ
パラパラ
ペレット状なら1株5〜6粒を土の上にまく
根のまわり全体にまく
追肥後下からじっくり水を吸わせる
肥料
3〜4日くらいで状況が良くなってくる
水
肥料は水にとけて根から吸収される

●本葉二〜三枚ころに追肥

育苗培土にはほとんど肥料が含まれていないので、発芽後二〜三週間目くらいの本葉二〜三枚目ころに、苗の状態を見て追肥を施します。全体の葉色が淡くなってきて、子葉が黄色身を帯びてきたら追肥が必要です。

追肥の肥料は、いろいろな成分が含まれジワジワと効いてくる有機肥料がおすすめです。普通の化学肥料は速効性なので、根が肥料焼けしてしまいます。有機質肥料は長さ七、八ミリ、径三、四ミリの円柱状のペレット状のものがおすすめです。ペレット状（粒状）なら与えやすく、量もわかり、においも少なく風に舞いません。セルトレイの一穴ごとに、苗のまわりに五〜六粒まいて、指で埋まる程度に押しつけておきます。底面吸水させると、肥料は徐々に水にとけて根から吸収されます（乾いたままだと吸収されません）。

逆に湿ったままだと酸素不足で根腐れを起こすので、吸水させたあとはよく排水します。このころからは水やりをだんだん少なくしていったほうが、根をよく張ります。

追肥を施してから三〜四日くらいすると葉の色が濃くなり勢いが出てきます。出てこない場合は、根が障害を受けている証拠です。追肥・水やりよりも、過湿ぎみの土を乾かして根に酸素を

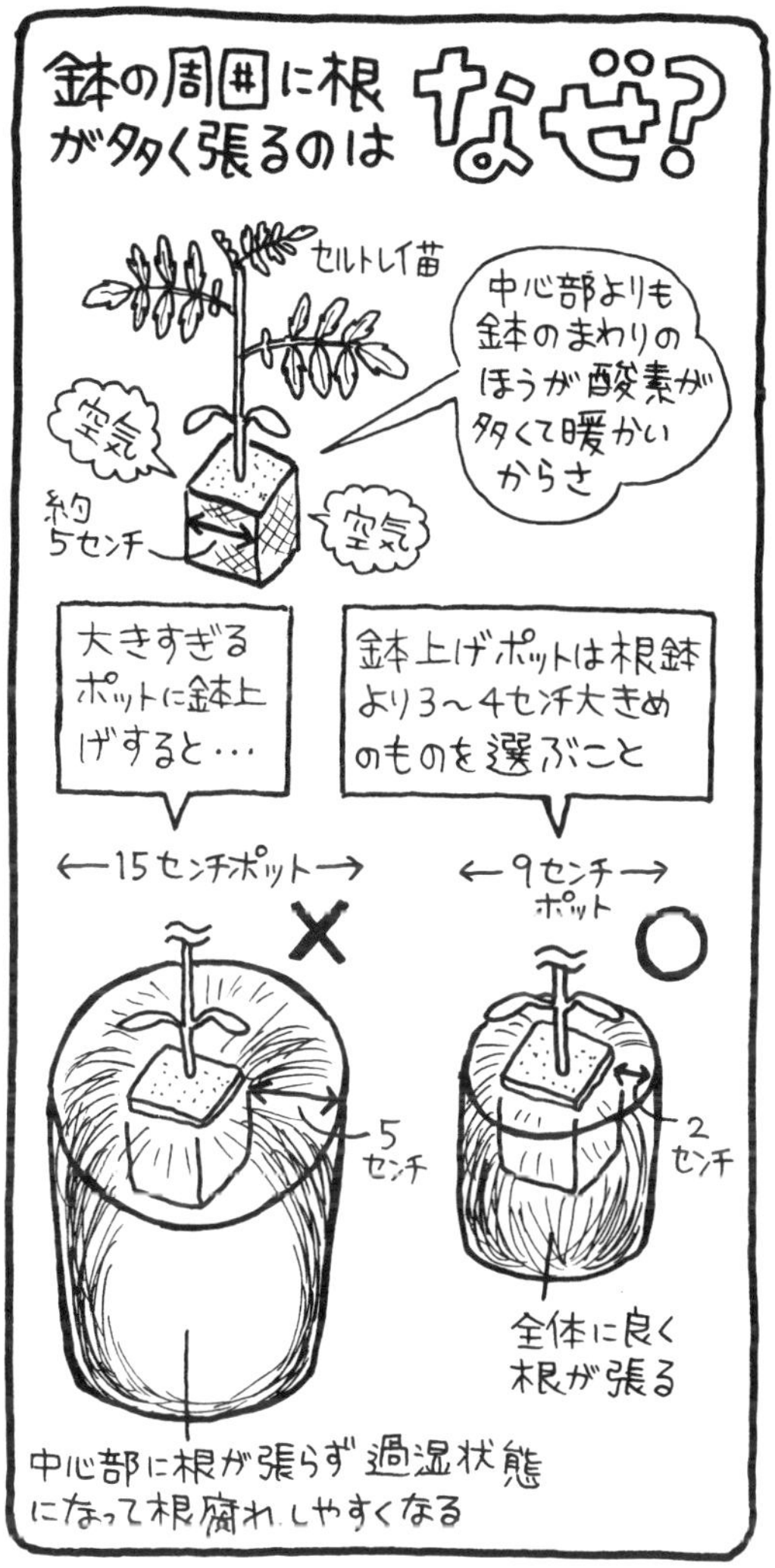
鉢の周囲に根が多く張るのは なぜ?
セルトレイ苗
中心部よりも鉢のまわりのほうが酸素が多くて暖かいからさ
空気
空気
約5センチ
大きすぎるポットに鉢上げすると…
鉢上げポットは根鉢より3〜4センチ大きめのものを選ぶこと
←15センチポット→
×
←9センチ→ポット
○
5センチ
2センチ
全体に良く根が張る
中心部に根が張らず過湿状態になって根腐れしやすくなる

鉢上げのタイミングの見極め
根がいっぱいになった苗を少し大きめの鉢に植え替えよう
これが鉢上げ
こうなったら鉢上げしましょう
本葉3〜4枚開いたころ
鉢上げしてくれないと新しい根が張れないよ〜
根鉢がきれいにできている
鉢の形にびっしり根がまわっているんだ!
根鉢とは?
鉢をはずしてもセルトレイぞいに根がきれいに張りつめており土全体が持ち上がる状態
お先に鉢上げしてくるよ〜
すぐに追いつくからね
生育には差が出てくるので、成長の早い苗から順に行なう

送ってやることが先決です。

●本葉三〜四枚、根鉢ができたら鉢上げ

種まき後三〇日前後には、本葉三〜四枚に成長します。このころになるとセル穴全体に白い根がマット状に張りめぐり、底穴から指を入れて押すと穴の形をした状態で抜けてきます。これを根鉢といいます。

これ以上育てると、新しい根が張るスペースがないため、白い根が老化して茶褐色から黒っぽくなってきます。そうなると地上部の成長も止まり、移植しても新根の伸長が悪い老化苗となってしまいます。根鉢ができたら、根鉢より少し大きなポットに鉢上げ（植え替え）する必要があります。ミニトマトは本葉五〜六枚目が開き、小さな七、八枚目の葉が見えるころに定植したいので、直径九センチポリポット（三号ポット）に鉢上げします。

鉢上げのタイミングは、本葉三〜四枚ころにルトレイの底穴を指で押してみて、白い根鉢がとび出てくるようになったときです。根鉢ができると抜き取っても土が崩れないので、子どもたちでも根を傷めずに移植できます。六株の生育がそろっていない場合は、根鉢ができた株から順に鉢上げします。

ポリポットへの鉢上げ方法
❶ポリポット（3号）に底アミを入れる
←9センチ→
水受けのための横線
虫が入らないように底アミを敷く
❷ポリポットに半分くらい土を入れる
何かをつくった後の土を使う場合は腐葉土や堆肥を少し混ぜて使いましょう
ポリポットの半分くらいの量
土は市販の培養土
野菜用培養土
肥料分が入っている
❸セルトレイからミニトマト苗を抜き取る
Ⓑ上がってきた苗の土部分を持って苗を抜く
茎は弱いので持たない
根鉢ができていればすんなり上がる
Ⓐ底穴に指を入れて苗を押し上げる
Ⓒ根鉢ができているのを確認する
Ⓓ底についている底アミを取る
❹ポリポットの土のまん中にくぼみをつくり苗を置く
苗
穴の深さの調節をしましょう
中央をくぼませる
半分くらい土を入れておいたポリポット
❺苗を浅植えにする
空いている所にポリポットをまわしながら土を入れていく
根鉢の上部が少し上に出るくらいに浅く植える
新しくポリポットに入れる土の高さ

●水受けスペースをとって浅植え

黒ポット（三号）への鉢上げ方法は次のとおりです。

①黒ポットに底アミを入れる

②黒ポットに半分くらいまで土を入れる

土は市販されている培養土で良い。前作の土を使う場合には腐葉土か堆肥を二〜三割入れて混ぜておきます。

③セルトレイからミニトマト苗を抜き取る

セルトレイの底穴に中指を差しこみ、下から少し押し上げてみる。ポッコと持ち上がってくれば根鉢ができていますが、持ち上がってこない株はまだできていないので、元に戻して栽培を続けます。上がってきた根鉢を逆の手で取り、根鉢の下についている底アミを取ります。

④黒ポットのまん中に根鉢を置く

半分くらい土が入ったポットの中央部にくぼみをつくり、根鉢のできた苗を置き、根鉢の上面がポット縁より一センチくらい下になるよう、くぼみの深さの調整をします。

⑤根鉢の周囲に培養土をつめる

あいている根鉢の周囲に黒ポットをまわしながら培養土をつめます。培養土は根鉢の上面の少し下まで入れて浅植えします。浅植えすると根鉢に空気が入りやすくなり、じょうぶな根が張りま

土を入れる時のコツを覚えよう！
空気が含まれている
水受けの横線
空気が抜かれる
水
水受けの横線よりも多めに土を入れる
水を吸わせると土はしずみ、水受けの横線の下くらいになる
土の量こそが今後の生育に大きく影響します！
ちょうど良い
水受けスペース
水受けスペースに水がたまり、それが下にしみこんでいくと鉢全体に水がいきわたる
多すぎる
少なすぎる
苗が大きくなると不安定で倒れやすい（枯れる原因になる）
水受けスペースが少なすぎて水がたまらず表面だけがぬれる状態になり枯れやすい
水受けスペースが多すぎて水の量が多くなり根腐れしやすい

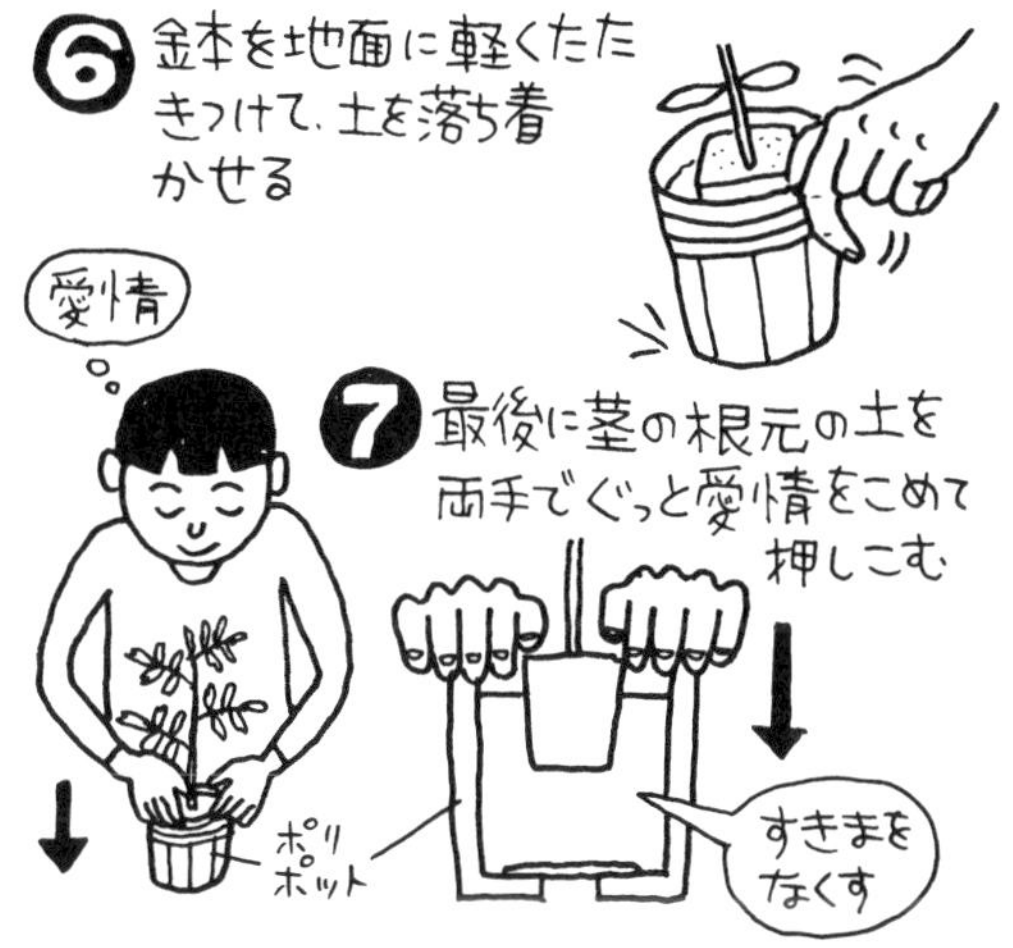
⑥ 鉢を地面に軽くたたきつけて、土を落ち着かせる
愛情
⑦ 最後に茎の根元の土を両手でぐっと愛情をこめて押しこむ
ポリポット
すきまをなくす

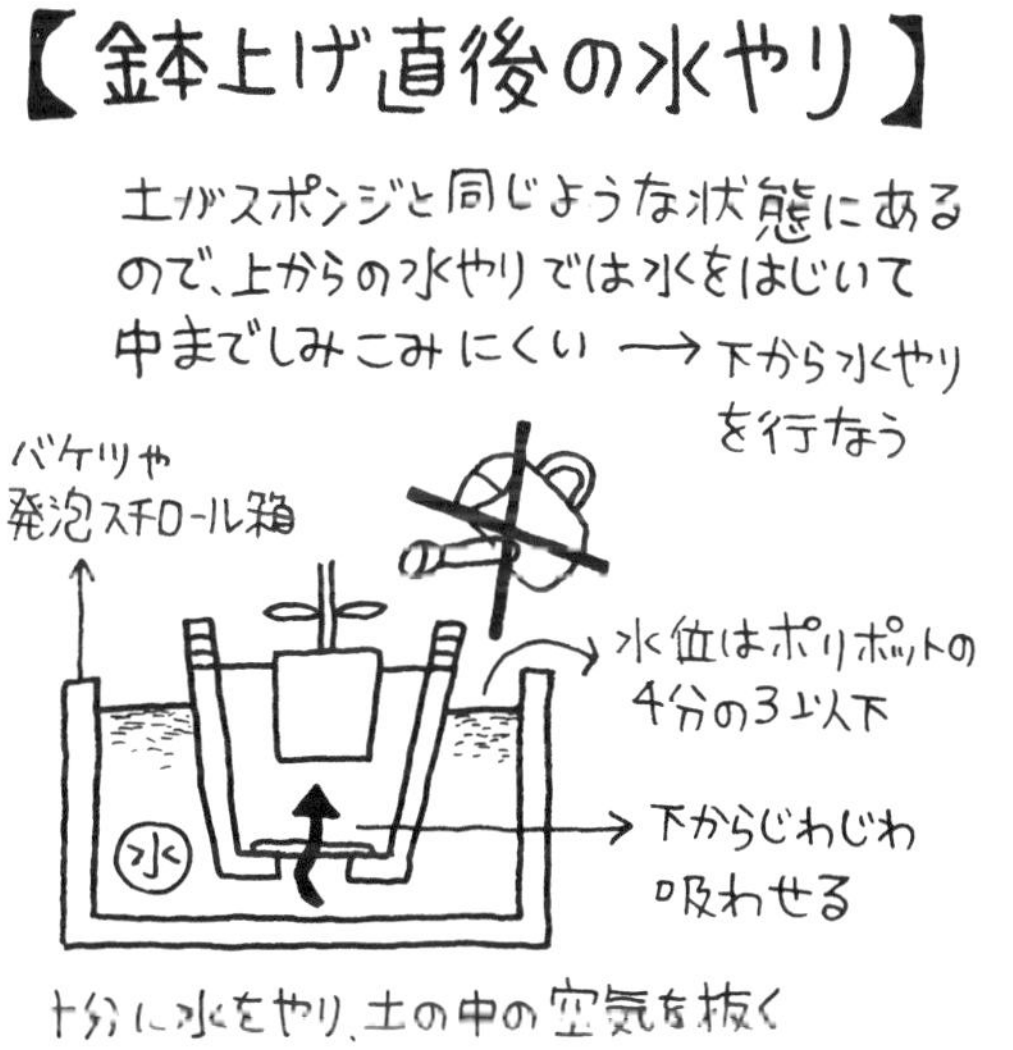
【鉢上げ直後の水やり】
土がスポンジと同じような状態にあるので、上からの水やりでは水をはじいて中までしみこみにくい → 下から水やりを行なう
バケツや発泡スチロール箱
水位はポリポットの4分の3以下
水
下からじわじわ吸わせる
十分に水をやり、土の中の空気を抜く

す。また、立枯れ病などの病原菌が株元から浸入しにくくなります。

⑥鉢を地面に軽くたたき土を落ち着かせる

ポットに中にすきまがあると、水やり後にしずんで土の量が少なくなってしまいます。土が少なくなると以後の成長に大きく影響します。軽くトントンと打ちつけたり指で押したりしてすきまをなくします。土が少なくなったら、左の図のように、黒ポットの上部にある一番下の波の線まで培養土を加えます。

⑦根鉢とその周囲を押しこむ

最後に茎の根元を両手の人指し指と中指で根鉢全体を愛情をこめてぐっと押しこみます。こうすると根鉢と新しい土が密着し、新しい根が伸びやすくなります。

⑧底面給水

植え替え終わったら、発泡スチロール箱にポットを入れてから、水をポットの高さの四分の三くらいまで入れて、底面吸水で水やりをします。ポットの縁まで水を入れると、ポットが浮いたり、倒れたりするので注意しましょう。

底面給水したら、網目のポットトレイなどにポットを入れ、新しい根が伸びて活着するまで、あまり強い風のあたらない場所に置いて育てます。

4. 鉢上げ苗の管理と観察・記録

ポリポットでの毎日の管理
【水やり】
今までどおり下から吸わせる→2日に一度くらい（土を見て判断する）
発泡スチロール箱やバケツに先にポリポットを並べてから水を入れて水位を調節しましょう
じわじわ〜
注 水をはってからポリポットを入れるとしだいに水位が高くなり、水に浮いたり中の土が出てしまったりする
ヘルプ！
土が外に出ちゃうよ〜
プカプカ
浮いちゃうよ〜
ゴメンね〜
ピュ〜
・風に注意する
風通しの良すぎる場所
強風の日など
苗が大きくなるとだんだん安定が悪くなるんだね
葉と葉がふれ合わないくらい
【置き場所】
・日あたりの良い所
・雨のあたらない所
ポットトレイ
苗と苗の間隔をしっかりあけて置く
※近すぎると日あたりが悪くなり、徒長したり生育が悪くなる

●鉢上げ後は水のやりすぎに注意

鉢上げしたポットは、逆さにした収穫コンテナの上か、園芸店などから分けてもらえる格子状のポットトレイなどの上に、葉がふれ合わないくらいに間隔をあけて置きます。

鉢上げ後の水やりはジョウロでもできますが、どうしても表面だけぬらしただけですませて枯らしてしまう子が少なくありません。鉢上げ後も底面給水がおすすめです。

まずポット苗を発泡スチロール箱に並べておき、水をあとから加えます。水を先にはってから黒ポットを入れると水位が上がり、ポットが浮いてひっくり返ってしまいます。

水やりは、必ず鉢の上面の土が乾いて白っぽくなってから行ないます。とくに鉢上げ後活着するまでは、常時湿ったままだと新根が新しい培養土に伸びにくく、活着が遅れます。晴天続きでも二日に一回ほどで良いでしょう。また、四月に種まきした場合、この時期は梅雨時にあたるのでとくに注意します。

鉢上げ後の追肥は、野菜育苗培土の中に肥料分が多く含まれているので、二〜三週間に一度くらいを目安に、苗の様子を見てひかえめに施します（一度もやらなくても良い年もある）。前述したペレット状の有機質肥料なら、一ポットに一〇粒

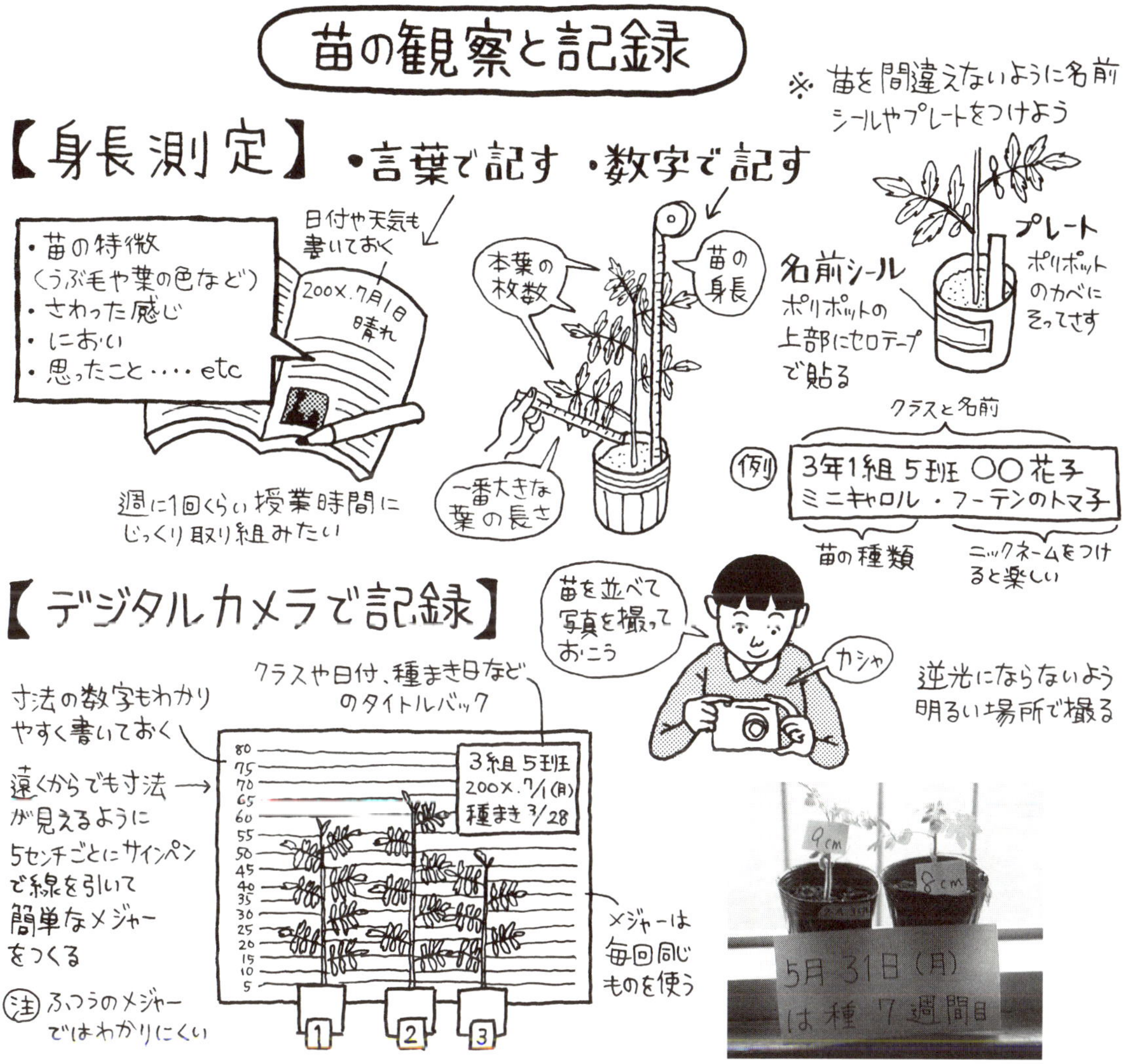
苗の観察と記録
※ 苗を間違えないように名前シールやプレートをつけよう
【身長測定】
・言葉で記す ・数字で記す
日付や天気も書いておく
・苗の特徴（うぶ毛や葉の色など）
・さわった感じ
・におい
・思ったこと‥‥etc
200X.7月1日 晴れ
本葉の枚数
苗の身長
一番大きな葉の長さ
週に1回くらい授業時間にじっくり取り組みたい
プレート
ポリポットのカベにそってさす
名前シール
ポリポットの上部にセロテープで貼る
クラスと名前
例
3年1組 5班 〇〇花子
ミニキャロル・フーテンのトマ子
苗の種類
ニックネームをつけると楽しい
【デジタルカメラで記録】
苗を並べて写真を撮っておこう
カシャ
逆光にならないよう明るい場所で撮る
クラスや日付、種まき日などのタイトルバック
寸法の数字もわかりやすく書いておく
遠くからでも寸法が見えるように5センチごとにサインペンで線を引いて簡単なメジャーをつくる
注 ふつうのメジャーではわかりにくい
3組 5班
200X.7/1(月)
種まき 3/28
メジャーは毎回同じものを使う
5月31日（月）は種 7週間目

くらいにします。

大きくなって葉がふれ合うようになったら、ポットとポットの間隔を広げてやります。

●デジカメで成長を記録しよう

鉢上げ後はマイ・ミニトマトがわかるよう、ポットに名前シールを貼るか、プレートを立てておきます（区別栽培）。そのうえで水やりなどの管理や観察は、班ごとに当番制で行なう（共同管理）と失敗も少なくなります。

定植はしっかり根鉢ができたころが適期です。本葉六枚目が大きく伸び、七、八枚目の小さな葉が見えるころまで、二〜三週間ポットで育てます。この時期は作業が少ないので、観察や記録に適しています。週に一度くらい、授業の時間を使ってじっくり取り組みましょう。デジタルカメラで記録するときはメジャーを背景に入れたり、目的に応じて撮影のしかたを工夫しましょう。

・遠くから一株の苗の全体を定期的に撮影
最後に並べてみると成長過程がわかる。

・近くから苗の各部分をアップで撮影
茎・葉・成長点・実のつき方・花・色など、トマトの育つしくみがわかる。

・いくつかの苗を並べて撮影
環境や管理による成長の違いがわかる。

最高最低温度計で保温効果を測定しよう

① 学校の窓際に置いた発泡スチロール温室の最高・最低温度
※ 外気温は浜松測候所発表数値

日（天気）	場所	最高℃	最低℃	
12/10（晴れ）	外気温	18.0	11.0	
	室内窓際温度	31.0	10.4	逆転現象
	発泡スチロール温室	36.8	10.3	
12/12（晴れ）	外気温	16.0	8.0	
	室内窓際温度	32.7	10.4	逆転現象
	発泡スチロール温室	36.7	10.3	
12/14（雨）	外気温	17.0	6.0	
	室内窓際温度	27.5	6.4	
	発泡スチロール温室	40.3	8.6	
12/22（くもり）	外気温	14.0	12.0	
	室内窓際温度	26.3	8.9	
	発泡スチロール温室	28.2	9.4	

② 屋外の軒下に置いた発泡スチロール温室の最高・最低温度

日（天気）	場所	最高℃	最低℃	
12/15（晴れ）	外気温	26.4	−0.9	逆転現象
	発泡スチロール温室	32.1	−3.7	
12/16（晴れ）	外気温	24.7	0.3	逆転現象
	発泡スチロール温室	39.1	−4.7	
12/17（雨）	外気温	10.3	3.5	逆転現象
	発泡スチロール温室	10.7	2.6	
12/18（晴れ）	外気温	22.7	−1.3	逆転現象
	発泡スチロール温室	27.4	−4.7	

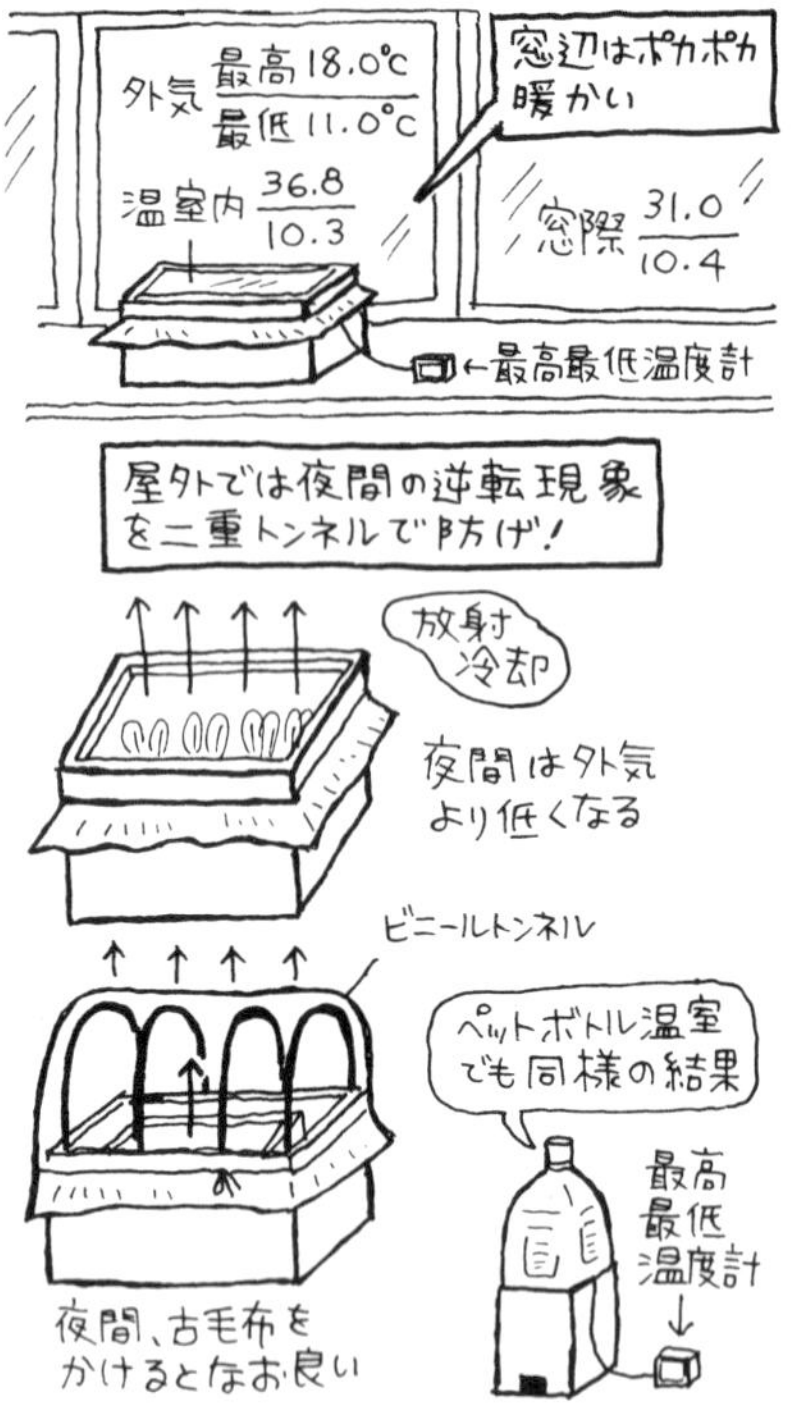
窓辺はポカポカ暖かい
外気 最高18.0℃ 最低11.0℃
温室内 36.8 10.3
窓際 31.0 10.4
←最高最低温度計
屋外では夜間の逆転現象を二重トンネルで防げ！
放射冷却
夜間は外気より低くなる
ビニールトンネル
ペットボトル温室でも同様の結果
最高最低温度計
夜間、古毛布をかけるとなお良い

●室内の窓辺は意外と暖かいが…

発芽には温度が重要です。トマトの発芽適温（地温）二八℃前後なら四日で発芽します。それよりも低かったり高かったりすると発芽に日数がかかり、一三℃以下（または三五℃以上）になると発芽しにくくなります。

上の表は、デジタル最高最低温度計で、発泡スチロール箱温室の最高最低温度を調べたものです。①の窓際に置いた発泡スチロール温室の結果からは、日あたりの良い教室の窓際は、非常に暖かいということがわかります。ところが、夜間の最低温度を見てみると、曇雨天の日は保温効果が見られますが、晴天の日はやや低くなっています。これはなぜでしょう。

●屋外では二重被覆して逆転現象を防ぐ

②の屋外に置いた発泡スチロール箱温室の最低温度は、外気の最低温度よりもすべて低く、とくに晴れた夜は三℃くらい低くなっていました。これは温室内は空気の対流がないので放射冷却効果が大きいためと考えられています。曇雨天の夜は放射冷却が雲でさえぎられるためにこの逆転差が少ないのです。

育苗中の保温は、昼間の最高温度を上げることよりも、夜間の最低温度を上げる工夫がより重要です。屋外の場合は、発泡スチロール箱温室にトンネルをかけて二重被覆すると効果があります。また、夜間は室内に入れたり古毛布をかけたりすると良いでしょう。逆に、晴天の日は三五℃以上にならないよう、ふたを少し開けたりして換気する必要があります。

育苗中のよくあるつまずき

①
同じにまいたのに、おれのは1本も出てこない、なぜだ？
見て見てわたしのミニトマト、みんな発芽したよ！
さとる
まゆみ
②
さとるくん、サッカーばかりやって水をあげないんだもの
・・・・
さとるご主人様発芽しかけたのに水切れで枯れてしまったのよ～～～
まゆみ
さとる
ミニトマトの種
③
わたしは水切れさせないようにずっと水につけておいたのに、ぜんぜん発芽しないよ・・・
けいこ
④
けいこご主人様水ぜめにあって息ができずおぼれ死にました・・・
・・・・
水
⑤
ぼくのミニトマト、まばらな発芽なのはなぜ？
のぼる
⑥
種まきの時種を深く埋めすぎているから上に上がれないよ～
のぼるご主人様ふたがあいていて寒くて遅れています
タマゴパック
芽は出るが酸素不足で発芽できない
⑦
窓に向かってなぜヒョロヒョロ伸びるの？
発芽2週間後
まゆみ
窓
⑧
早めにタマゴパックは取って屋外に出して光によくあててよ!!
発芽したら光がいっぱい必要なのさ！
⑨
セルトレイの中が根がいっぱいで苦しいんだ・・・
このごろわたしのミニトマト、元気ないわ
けいこ
⑩
本葉3～4枚のころ鉢上げしてくれたから新しい根も葉も元気だ！
鉢上げしたら急にまたたのもしくなったわ
まゆみ
ポリポット
⑪
あっ！根鉢がくずれて根が切れた！
のぼる
セルトレイ
⑫
あまり心配しないで！ぼくたちトマトは根の再生力が強いからすぐ元気になるよ！
ポリポットに鉢上げ

5. マイ畑つくりと定植

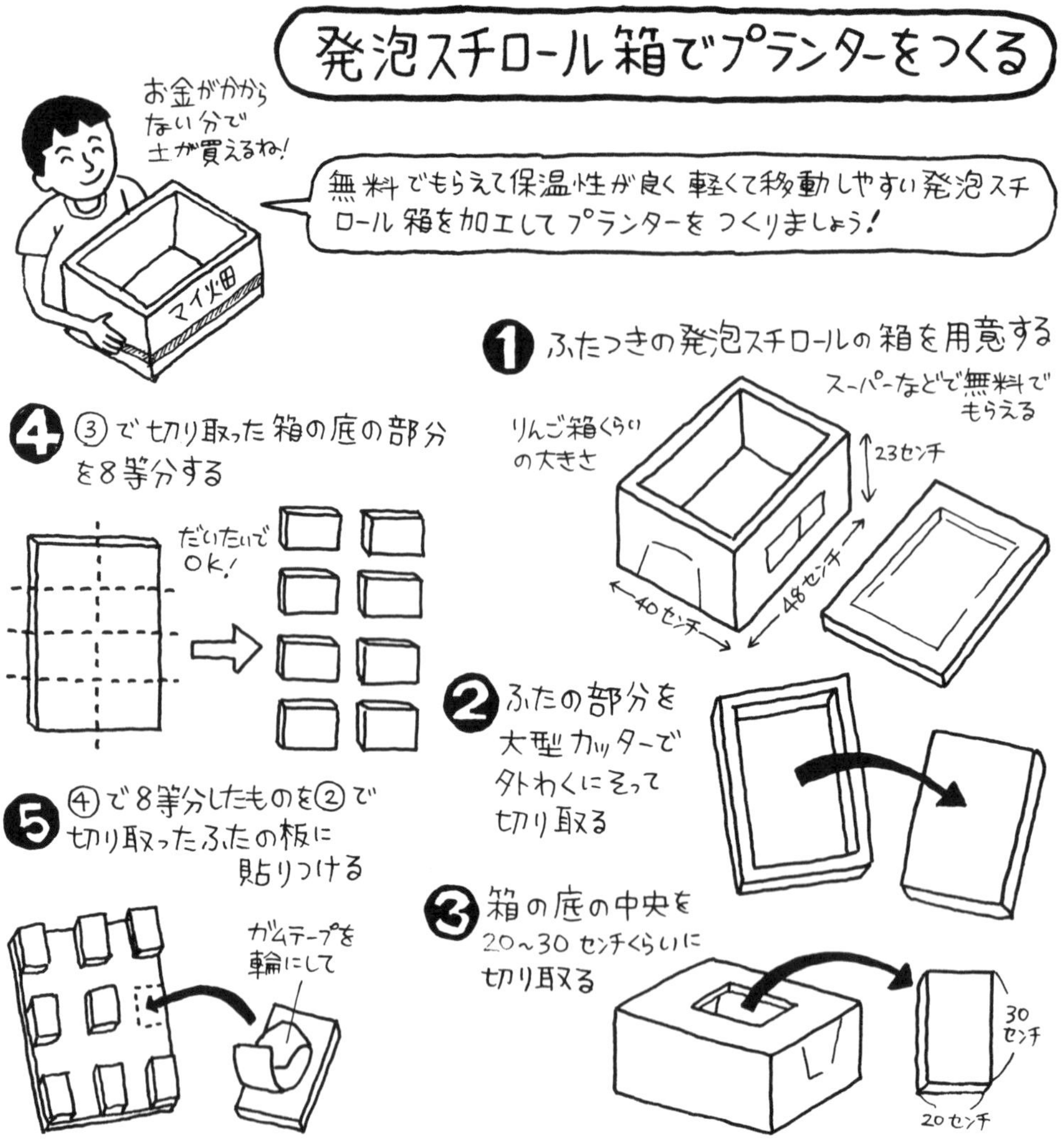
発泡スチロール箱でプランターをつくる
お金がかからない分で土が買えるね！
無料でもらえて保温性が良く軽くて移動しやすい発泡スチロール箱を加工してプランターをつくりましょう！
マイ畑
❶ ふたつきの発泡スチロールの箱を用意する
スーパーなどで無料でもらえる
りんご箱くらいの大きさ
23センチ
40センチ
48センチ
❷ ふたの部分を大型カッターで外わくにそって切り取る
❸ 箱の底の中央を20～30センチくらいに切り取る
30センチ
20センチ
❹ ③で切り取った箱の底の部分を8等分する
だいたいでOK！
❺ ④で8等分したものを②で切り取ったふたの板に貼りつける
ガムテープを輪にして

●水はけ抜群の発泡スチロール箱マイ畑

ミニトマトは生育期間が長いので、培養土が四〇リットル以上入る大きなコンテナが必要です。収穫コンテナか、上図のような大きさの発泡スチロール箱（リンゴ箱など）で手づくりするマイ畑がおすすめです。発泡スチロール箱はスーパーなどに頼むと、ゴミとして処分するものなので無料で分けてもらえます。事前にサイズと必要数を言って取っておいていただくと良いでしょう。

　発泡スチロール箱マイ畑のつくり方は上図のとおりです。ふたを利用して二重底と足を設け、排水穴を大きくしているため、水はけ抜群です。市販のプランターも二重底になっていますが、排水穴が小さいためつまりやすく、空気も流入しにくいです。排水穴が大きくても、不織布（ラブシートなど）を敷いているので、根が底から出ることはありません。

　材料が無料、土を入れても軽くて持ち運びや移動が容易、培養土が多く入りほとんどの野菜が栽培できる、水切り操作が容易にできるので糖度が増す、冬は保温効果、夏は防暑効果があるなど、いろいろな長所があります。

　野菜収穫コンテナ（参考価格四〇〇円／個）のマイ畑も同様の長所があり、コンテナに不織布を

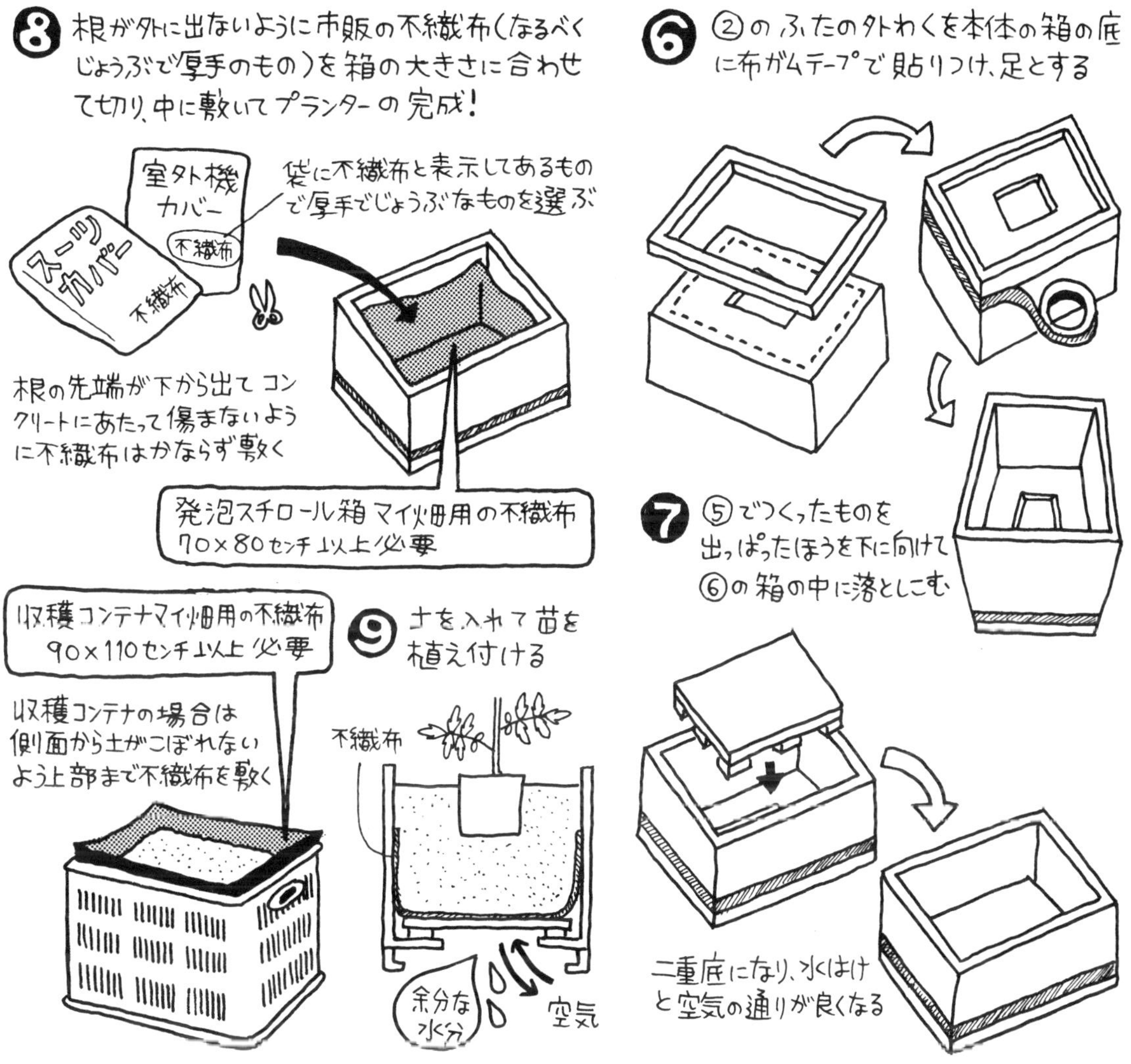

8 根が外に出ないように市販の不織布(なるべくじょうぶで厚手のもの)を箱の大きさに合わせて切り、中に敷いてプランターの完成!
室外機カバー
不織布
スーツカバー
不織布
袋に不織布と表示してあるもので厚手でじょうぶなものを選ぶ
根の先端が下から出てコンクリートにあたって傷まないように不織布はかならず敷く
発泡スチロール箱マイ畑用の不織布 70×80センチ以上必要
収穫コンテナマイ畑用の不織布 90×110センチ以上必要
収穫コンテナの場合は側面から土がこぼれないよう上部まで不織布を敷く
9 土を入れて苗を植え付ける
不織布
余分な水分
空気
6 ②のふたの外わくを本体の箱の底に布ガムテープで貼りつけ、足とする
7 ⑤でつくったものを出っぱったほうを下に向けて⑥の箱の中に落としこむ
二重底になり、水はけと空気の通りが良くなる

敷くだけなので、つくる手間が省けます。また耐久性があり何年間も使えます。

●発泡スチロール箱マイ畑は経費七〇〇円

発泡スチロール箱マイ畑と培養土の経費を試算してみました。あくまで参考価格ですが、一個あたり七〇〇円足らずです。肥料代や支柱代などを含めても一〇〇〇円足らずです。前年に使った培養土にバーク堆肥や腐葉土、バーミキュライトを三割くらい混ぜて再利用すればもっと安くなります。

発泡スチロール箱マイ畑の経費

資材	参考価格	1箱あたり
発泡スチロール箱	0	0
不織布(ラブシート) (1巻100メートル)	1100円	100円 (90センチ)
培養土 (1袋18リットル)	550円	370円 (12リットル)
バーク堆肥 (1袋40リットル)	700円	70円 (4リットル)
腐葉土 (1袋20リットル)	800円	80円 (2リットル)
バーミキュライト (1袋30リットル)	1100円	70円 (2リットル)
計		690円

マイ畑への定植
【土を準備する】
・全体に軽くする
・通気性や保水性を高める
・養分をやや多めにする
培養土
たいひ
堆肥
腐葉土
バーミキュライト
60%（3/5）
20%（1/5）
10%（1/10）
10%（1/10）
よく混ぜ合わせる
【定植のやり方】
① 植える場所にポリポット苗を置く
※ マイ畑に2〜4苗
・2苗がベスト
・4苗までならOK
2苗の場合
4苗の場合
千鳥に植える
② 植える所の土を軽くどかしくぼみをつくる
③ ポリポットを置いて深さを見る浅植えにする
本葉5〜6枚以上
背丈 20〜30センチ
④ ポリポットから苗を抜く
中指と薬指の間にミニトマトの茎をはさむ
指をはさんだままポリポット苗を逆さにして水はけの穴からもう一方の手の指で押し出す
根鉢ができているのを確認する
根にはなるべくさわらないで

●市販培養土の通気・保水性をさらにアップ

発泡スチロール箱や収穫コンテナで「マイ畑」ができたら、いよいよ、ポット苗を定植します。

培養土は市販の培養土だけでもかまいませんが、堆肥（二〇％）と腐葉土（一〇％）、バーミキュライト（一〇％）をブルーシートの上で加えて混合すると、さらに軽くなり、通気性や排水性、保水性が良くなります。肥料分は培養土や加えた堆肥（牛糞バーク堆肥）含まれているので、あえて肥料を混ぜる必要はありません。市販培養土に手を加えることによって、手づくりのマイ培養土となり、子どもたちの取り組むやる気も増します。

マイ畑にまず不織布をハサミで切って、縁まで敷いてから、マイ培養土を上部に三センチくらいの水受けをあけて入れ、手で軽く押しつけてすきまのないようにします。

●一株植えか、二株植えか、四株植えか

五〇×四〇センチの大きさのマイ畑には、四株まで植えられますが、株数が多くなるほど、早くに根がマイ畑いっぱいになり、長く収穫することができなくなります。遅くまで勢い良く育ててたくさん収穫するには、二株植えがおすすめです。マイ畑の数や置き場所に余裕があれば、一株植え

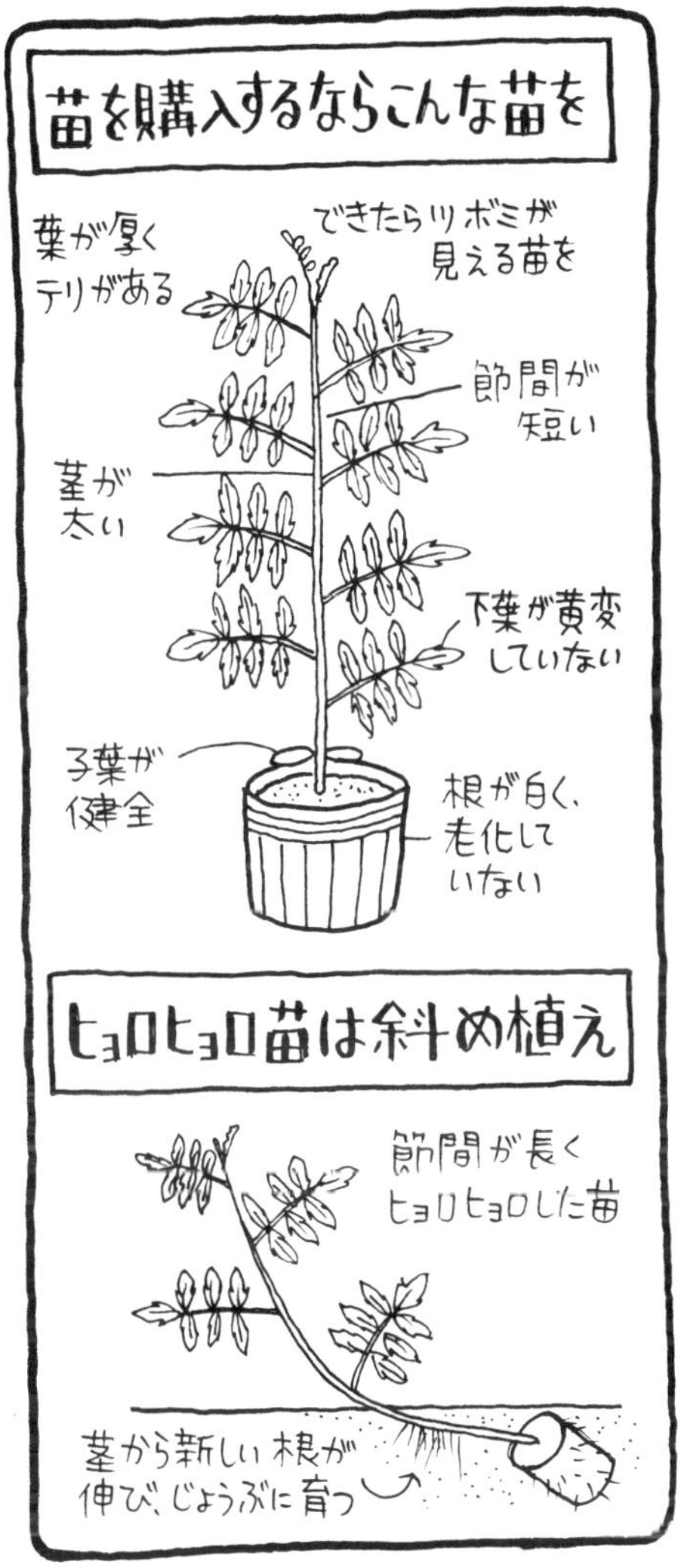

苗を購入するならこんな苗を
葉が厚くテリがある
できたらツボミが見える苗を
節間が短い
茎が太い
下葉が黄変していない
子葉が健全
根が白く、老化していない
ヒョロヒョロ苗は斜め植え
節間が長くヒョロヒョロした苗
茎から新しい根が伸び、じょうぶに育つ

5 逆さのまま根鉢についている底アミを取る
6 根鉢をくずさないように植えるくぼみに入れ、まわりの土を寄せる
かぶせるのではなく、寄せる
新しい土が茎部分にかからないようにする
浅植え
愛情
7 愛情をこめて根鉢全体をギュッと押しこむ
ギュッ
すきまをなくす
8 すべて植え終わったら根もとにたっぷりと水をやる
やさしくね
なるべく苗には水をかけない
下から水がしみ出るまでやる

が最高です。

多少の予備苗をとって余った苗は、子どもたちに分けて、家庭の庭やベランダで育てるようにします。家族との会話も広がり、子どもたちのやる気も高まります。

●定植の要領は鉢上げと同じ

定植のやり方は、鉢上げのやり方と同じです。まず、苗のバランスや太陽のあたり具合を見て植える場所を決めます。辺に沿うよりも対角線に沿って千鳥植えにします。

植え位置が決まったら、ポットよりやや浅い植穴を掘って、抜き取った根鉢の上部がやや外に出るくらいに浅植えをします。そして根鉢の茎元に新しい土がかからないように注意して、根鉢のまわりに土を寄せます。最後に愛情をこめて、根鉢全体を上からギュッと押しこみ、根鉢の部分を中心に、ジョウロでやさしく、たっぷりと下からしみ出るくらい水をやります。

先端の芽が伸び始めて活着するまでは、やや水やりをひかえたほうが、新しい根がよく伸び早く活着します。表面に腐葉土を一センチくらいの厚さに敷いておくと、水やりで土が固くなることがなく、根も保護されるのでおすすめします。

6. マイ畑の置き場所と水やり

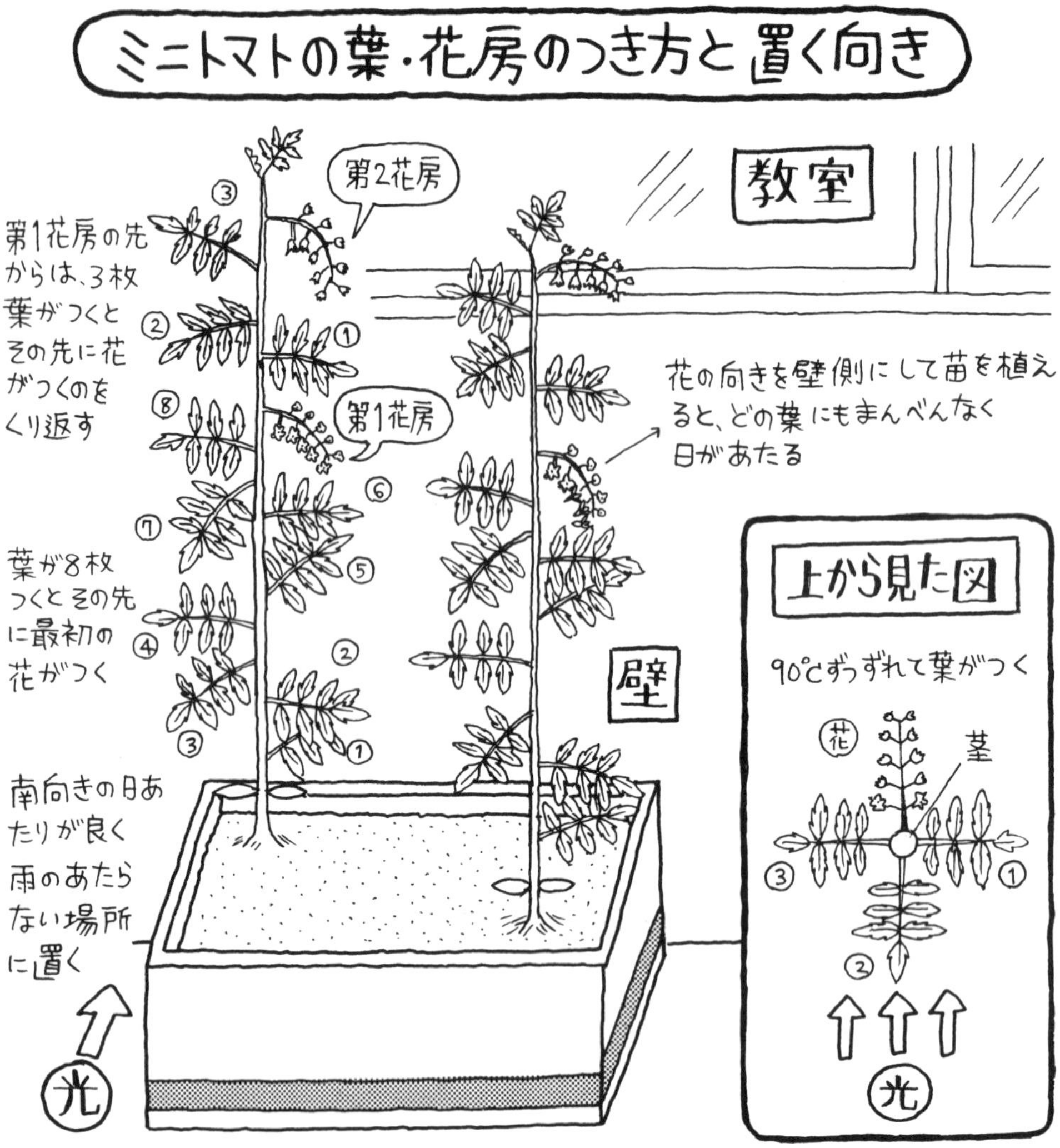

ミニトマトの葉・花房のつき方と置く向き
教室
第2花房
第1花房
第1花房の先からは、3枚葉がつくとその先に花がつくのをくり返す
葉が8枚つくとその先に最初の花がつく
花の向きを壁側にして苗を植えると、どの葉にもまんべんなく日があたる
壁
南向きの日あたりが良く雨のあたらない場所に置く
光
上から見た図
90°ずつずれて葉がつく
花
茎
光

●雨のあたらぬ場所に花を壁に向けて置く

発泡スチロール箱などのマイ畑の置き場所は、①日あたりが良い、②できるだけ雨があたらない、③草や害虫が侵入しにくい（コンクリートの軒下、二・三階のベランダなど）、④毎日自然に目がいく、この四つの条件にかなった所を選びます。前述したように南向きの教室の軒先やベランダが最適です。雨があたると病気が出やすくなったり、収穫前の果実が割れたり（裂果）、根が過湿になって弱ったりするからです。

マイ畑を置く向きですが、つぼみが見えたら、できるだけつぼみを教室の壁側に向けて置くとベターです。というのは、トマトは三枚の葉が伸びると、次はたいてい花がつきます。葉―葉―葉―花―葉―葉―葉―花―葉…と繰り返していきます。葉と次の葉ないし花は茎のまわりを九〇度ずつ回転するようにつきます。そのため、花は皆同じ向きにつきます。南向きの教室の軒先（ベランダ）ではできるだけ葉に光をあてたいので、葉を前と左右に配置するとベターだからです。つぼみが見える苗を定植する場合は、この置き方を考えて、植える向きを壁向きにしておきましょう。

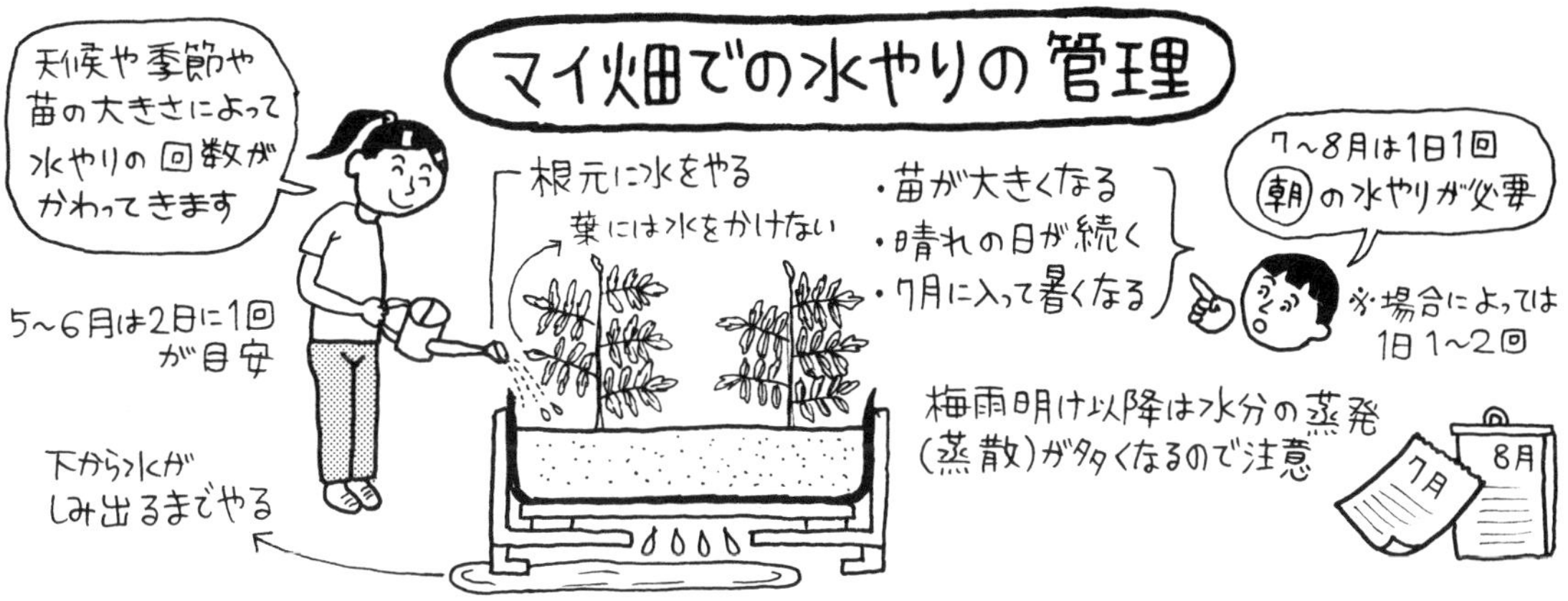
マイ畑での水やりの管理
天候や季節や苗の大きさによって水やりの回数がかわってきます
根元に水をやる
葉には水をかけない
・苗が大きくなる
・晴れの日が続く
・7月に入って暑くなる
7～8月は1日1回 朝 の水やりが必要
※場合によっては1日1～2回
5～6月は2日に1回が目安
梅雨明け以降は水分の蒸発(蒸散)が多くなるので注意
下から水がしみ出るまでやる
7月
8月

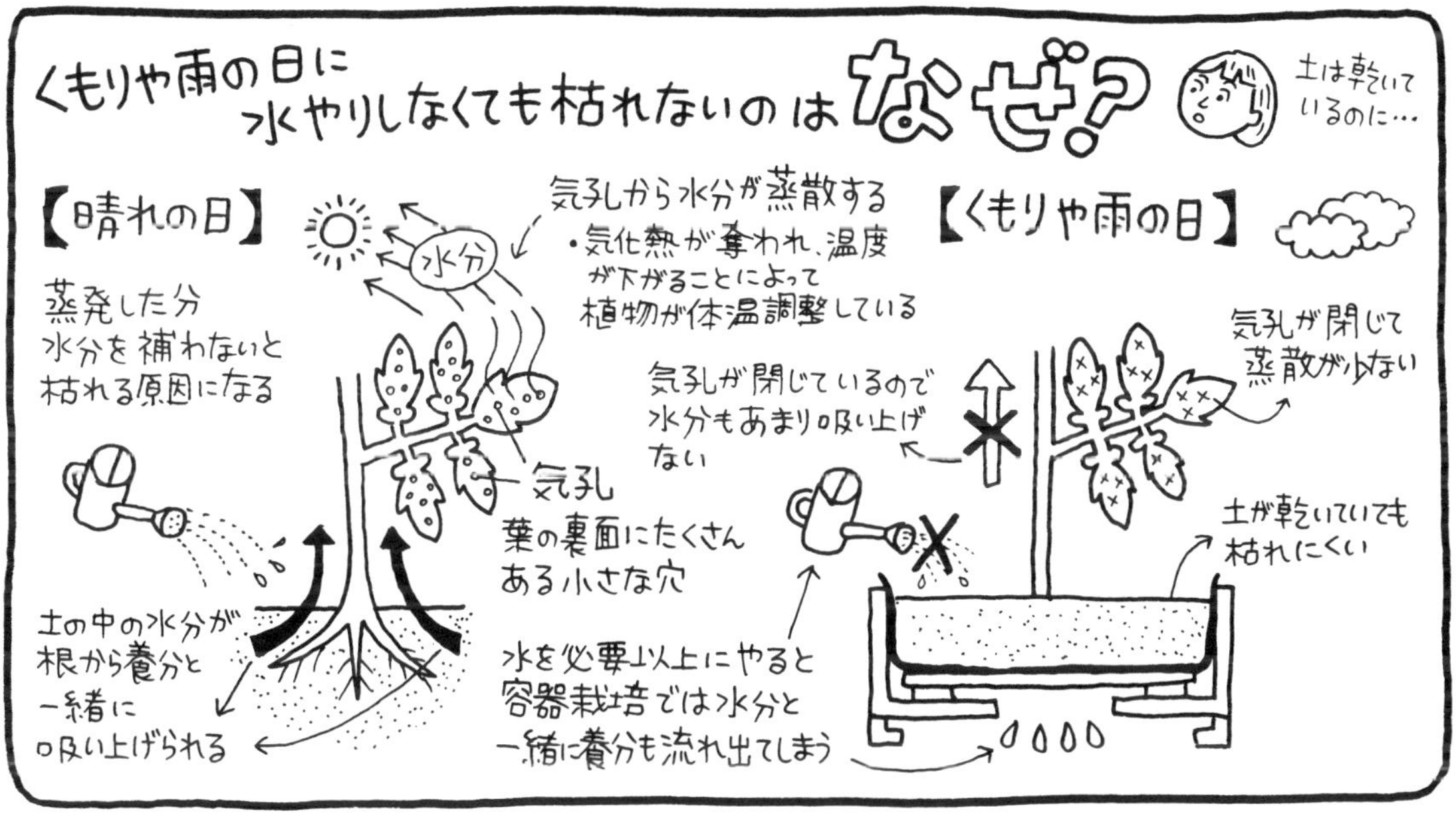
くもりや雨の日に水やりしなくても枯れないのは なぜ?
土は乾いているのに…
【晴れの日】
【くもりや雨の日】
気孔から水分が蒸散する
・気化熱が奪われ、温度が下がることによって植物が体温調整している
水分
蒸発した分水分を補わないと枯れる原因になる
気孔が閉じていて蒸散が少ない
気孔が閉じているので水分もあまり吸い上げない
気孔
葉の裏面にたくさんある小さな穴
土が乾いていても枯れにくい
土の中の水分が根から養分と一緒に吸い上げられる
水を必要以上にやると容器栽培では水分と一緒に養分も流れ出てしまう

●水やりは一日に一回を目安にひかえめに

水やりは基本的に一日に一度ぐらいで良いです。基本的には、土が白っぽく乾いていたり、手で触って乾いてくるのを待って、かけるときはたっぷりかけます。とくに定植後から活着するまでは、根のある株元を中心にひかえめにかけます。苗がかわいそうだと思って毎日全体に水やりをしていると、根が酸素不足になって新根が伸びにくくなり活着も遅れてしまいます。

マイ畑はふつうのプランターに比べて土の量が多いので、土に含まれる水分量も多くなるからです。土日の連休前の金曜日に十分水をやっておけば、連休中は心配いりません。トマトは比較的乾燥に強く、乾かしぎみに節水栽培すると、果実は小玉になりますが、糖度の高い甘いトマトになります。一回にかける水やりの量を少なくして、日中、上部の葉が多少しおれてくるくらいにすると、糖度が高くなります。

一日に一回といっても、曇雨天の日は蒸散量も少なく土が乾きにくいので、水やりを延ばします。逆に茎葉が大きくなるほど、晴天が続くほど蒸散量が多くなるので、一日一回、一日二回必要になってきます。

7. 育ち方とわき芽かき

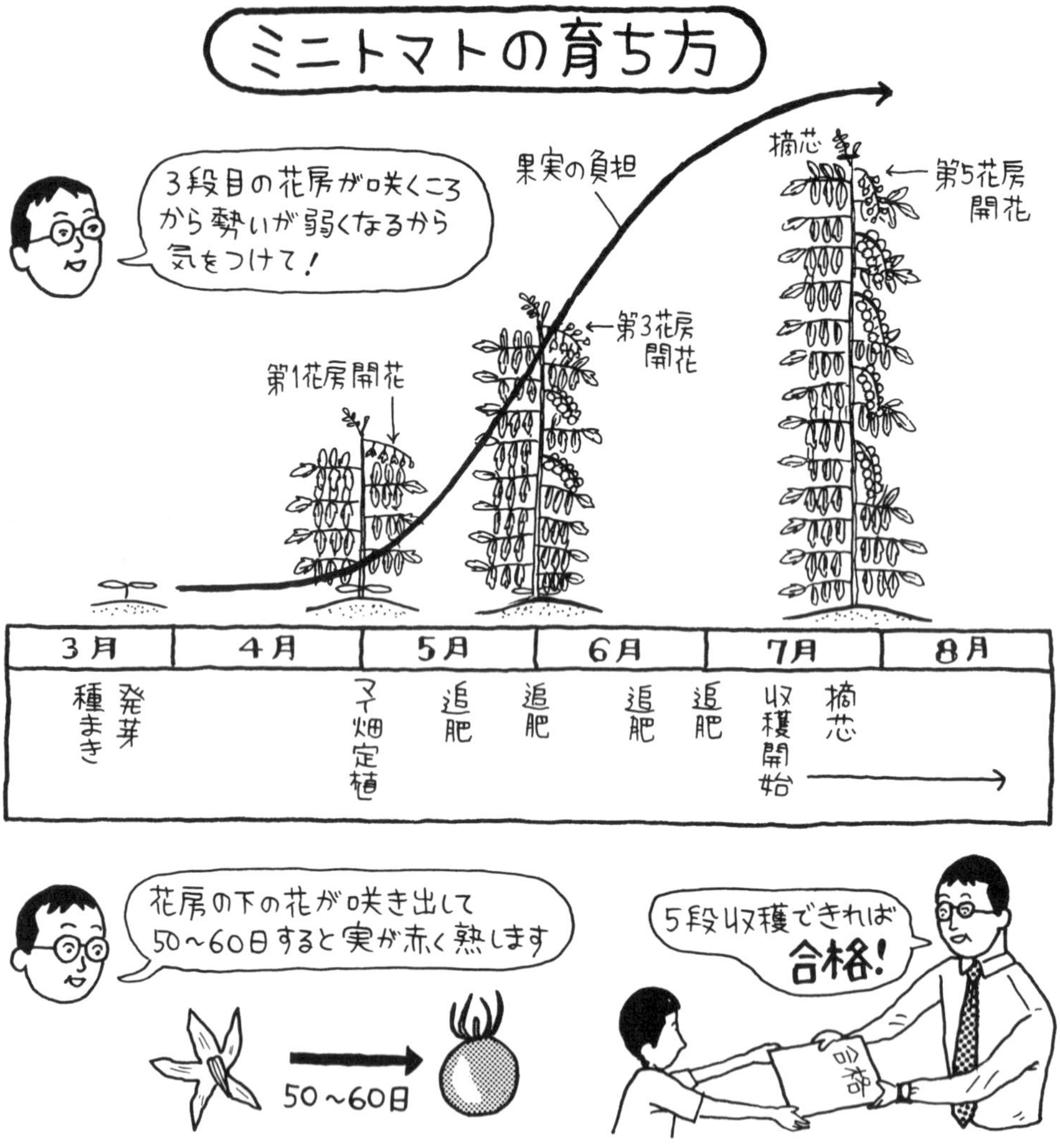
ミニトマトの育ち方
3段目の花房が咲くころから勢いが弱くなるから気をつけて！
果実の負担
摘芯
第5花房開花
第3花房開花
第1花房開花
3月
4月
5月
6月
7月
8月
発芽
種まき
マイ畑定植
追肥
追肥
追肥
追肥
収穫開始
摘芯
花房の下の花が咲き出して50〜60日すると実が赤く熟します
50〜60日
5段収穫できれば合格！
合格

一〇日おきくらいに花房が次々咲く

最初の花房が咲き始めるころから、新しい葉もどんどん伸びて、葉が三枚伸びるたびに新しい花房ができて、花房の先のつぼみから次々と咲いてきます。およそ一〇日ごとに次の花房の花が咲き始めます。

花が咲いてオシベの花粉が柱頭について受粉すると、花びらが落ちて果実がふくらんできます。気温にもよりますが、開花してから五〇〜六〇日すると赤くなって収穫できます。果実がふくらんでくるようになると、ミニトマトは、新しい葉や茎を伸ばしながら次の花房も咲かせ、果実も肥大させねばなりません。根がそれにこたえて、どんどん養水分を吸収しないと弱ってきてしまいます。だから、最初の果房がふくらんでくるころからは、肥料切れにならないように半月おきくらいに追肥して元気いっぱいの姿に育てます。

三月中旬に種まきしたものは、七月上中旬には収穫が始まりますが、そのころには五段目の花房が開花します。ミニトマトはじょうぶなので、上手に育てれば一〇段以上収穫できますが、夏休み明けに五段目まで収穫できれば上出来です。

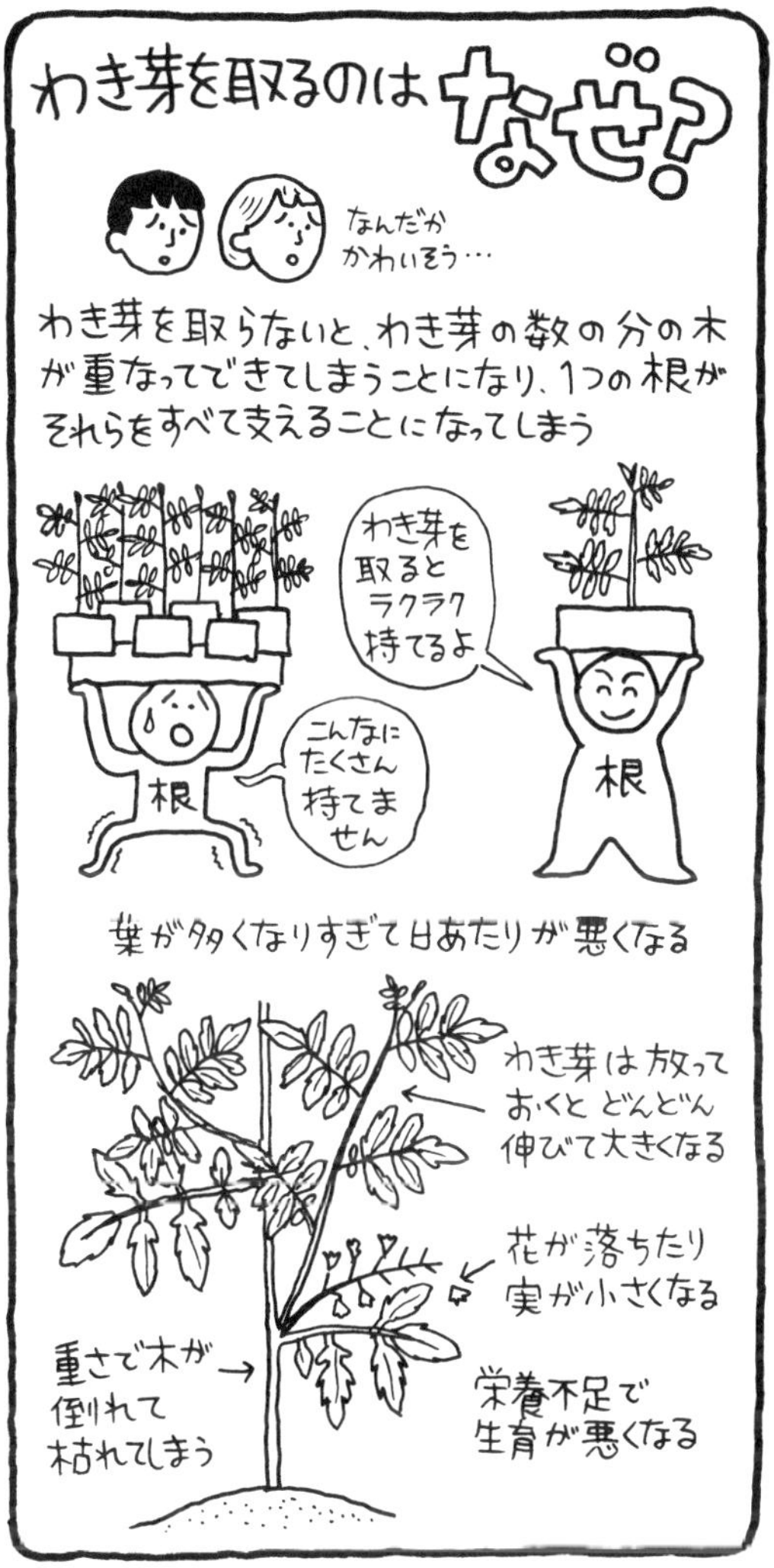
わき芽を取るのはなぜ?
なんだかかわいそう…
わき芽を取らないと、わき芽の数の分の木が重なってできてしまうことになり、1つの根がそれらをすべて支えることになってしまう
わき芽を取るとラクラク持てるよ
こんなにたくさん持てません
根
根
葉が多くなりすぎて日あたりが悪くなる
わき芽は放っておくとどんどん伸びて大きくなる
花が落ちたり実が小さくなる
重さで木が倒れて枯れてしまう
栄養不足で生育が悪くなる

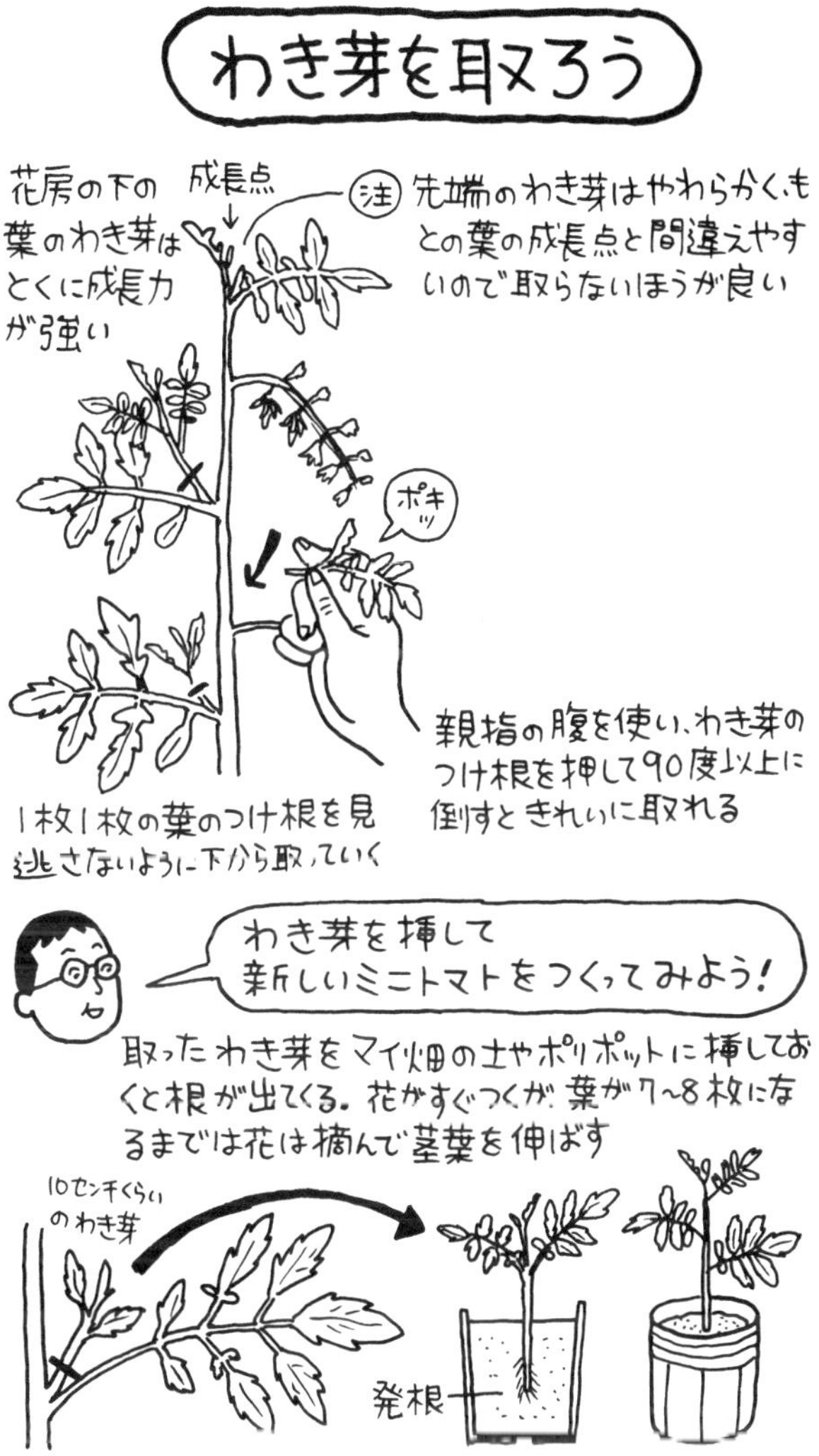
わき芽を取ろう
花房の下の葉のわき芽はとくに成長力が強い
成長点
注 先端のわき芽はやわらかく、もとの葉の成長点と間違えやすいので取らないほうが良い
ポキッ
親指の腹を使い、わき芽のつけ根を押して90度以上に倒すときれいに取れる
1枚1枚の葉のつけ根を見逃さないように下から取っていく
わき芽を挿して新しいミニトマトをつくってみよう!
取ったわき芽をマイ畑の土やポリポットに挿しておくと根が出てくる。花がすぐつくが、葉が7~8枚になるまでは花は摘んで茎葉を伸ばす
10センチくらいのわき芽
発根

●わき芽は早めにかいて一本仕立てに

わき芽とは、茎と葉のつけ根から出る新しい芽のことです。弱っていなければ、どの葉からも出てきます。トマトの場合は、花房のすぐ下の葉のわき芽がとくに勢いよく伸びてきます。わき芽かきをしないと枝が混み合って日あたりが悪くなるばかりか、大切な花や実に栄養が集中しなくなってしまいます。

わき芽かきがちょっと遅れると、主茎と同じくらいの太さとなって、どちらが主茎かわからないくらいになってしまいます。わき芽かきは、指でつまめる大きさになったら早めに、一週間に一回わき芽かきを行ないます。

子どもにとっては主茎や葉と間違えやすい、ちょっとむずかしい作業です。葉の陰に隠れているものを見逃さないよう、株元から茎をたどって、葉ごとにつけ根をていねいにチェックします。主茎と同じくらい太く長くなったものは、葉に近いものがわき芽なので間違わないように。また、葉の葉柄も太いので葉をかいてしまうこともあります。

大きめのわき芽は、ポットかマイ畑にさし芽しておくと、よく発根してさし芽苗が簡単にできます。葉が七枚くらいになるまでは花は摘み取って育てれば、果実を収穫できます。

8.支柱立てと誘引

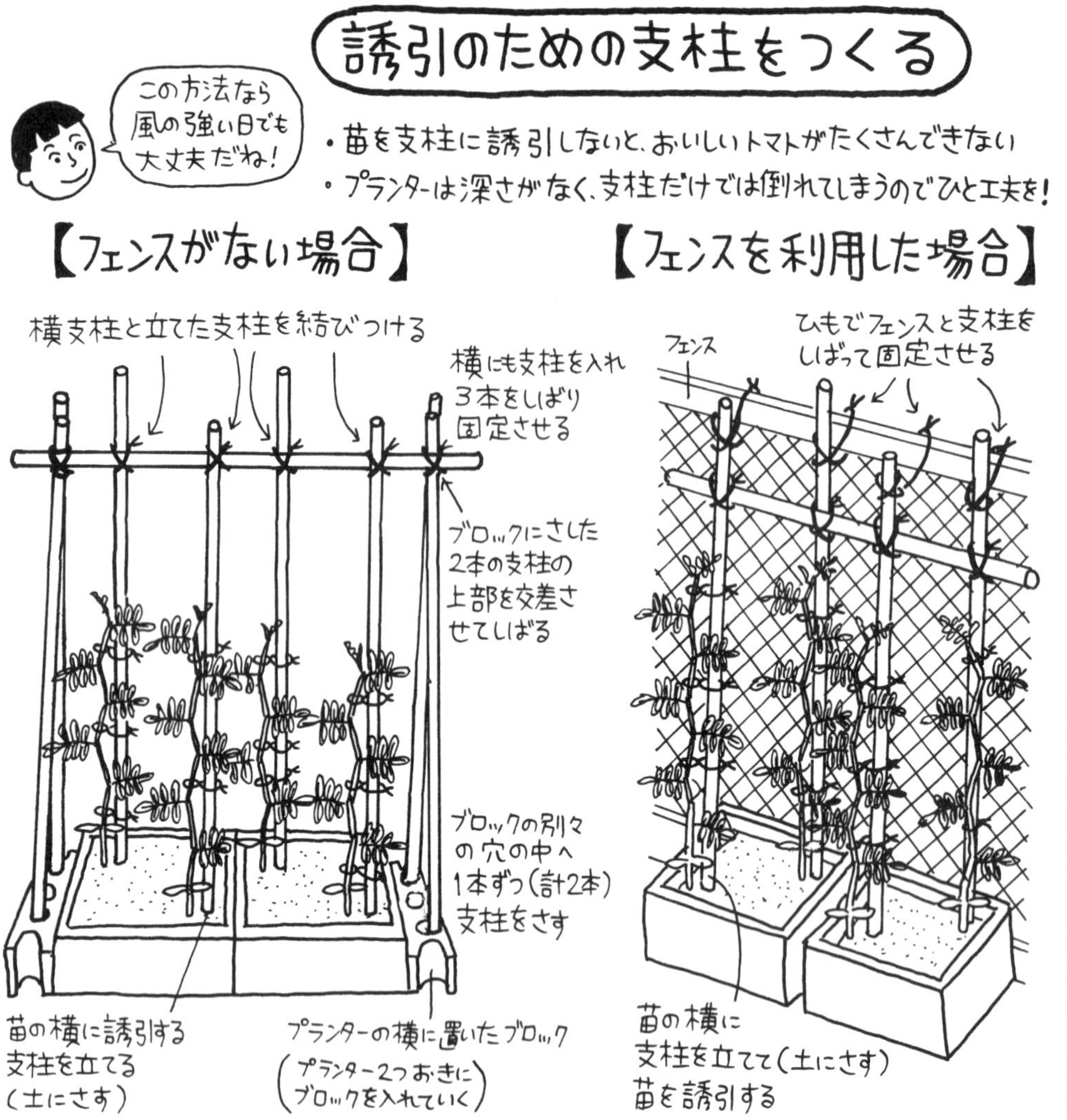
誘引のための支柱をつくる
この方法なら風の強い日でも大丈夫だね！
・苗を支柱に誘引しないと、おいしいトマトがたくさんできない
・プランターは深さがなく、支柱だけでは倒れてしまうのでひと工夫を！
【フェンスがない場合】
横支柱と立てた支柱を結びつける
横にも支柱を入れ3本をしばり固定させる
ブロックにさした2本の支柱の上部を交差させてしばる
ブロックの別々の穴の中へ1本ずつ（計2本）支柱をさす
苗の横に誘引する支柱を立てる（土にさす）
プランターの横に置いたブロック
（プランター2つおきにブロックを入れていく）
【フェンスを利用した場合】
フェンス
ひもでフェンスと支柱をしばって固定させる
苗の横に支柱を立てて（土にさす）苗を誘引する

●支柱を垂直に立て、茎を支柱に誘引

ミニトマトは五段目の花が咲くころには、人間の身長を以上に伸びます。支柱を早めに立てて誘引（支柱に結わえること）しないと、葉や実の重みで茎が倒れてはってしまいます。はって伸びても実はつきますが勢いが弱くなったり、プランターの外に出て汚れたり風で折れてしまったりします。

それを防ぐために、支柱を立てて茎を支柱に誘引し支えます。期間中に台風も三、四回来るのでしっかりこしらえる必要があります。支柱は長さ二メートル前後の細竹や市販の支柱を利用します。上図にベランダなどのフェンスを利用する場合と、フェンスがない場合の二例を示しました。

一株に一本、少し株元から離してさし、先端に横棒（同じ支柱）を渡して支柱を結束して固定します。フェンスがあればフェンスにしばれば良いですが、ない軒下などでは、マイコンテナ二つごとにブロックを置き、その穴に二本の支柱を図のようにさして横棒を結束して支柱が倒れないようにします。

茎は花房がつくごとに図のように8の字に麻ひもかビニールひも、ないしは誘引テープでゆるめに結わえます。きつくしばると、茎がだんだん太くなるので、ひもが茎にくいこんでしまいます。

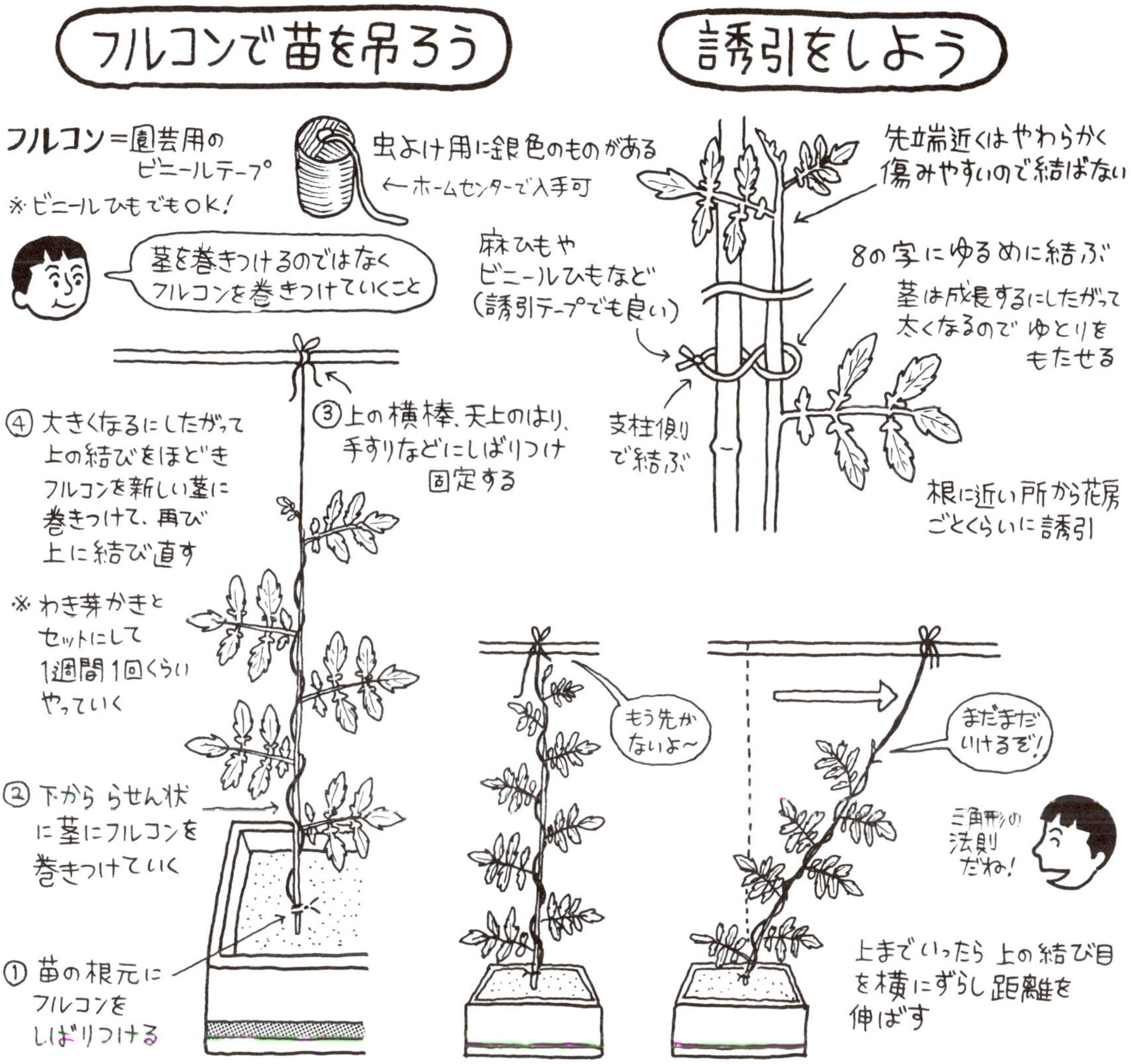
フルコンで苗を吊ろう
フルコン＝園芸用のビニールテープ
※ビニールひもでもOK！
虫よけ用に銀色のものがある
←ホームセンターで入手可
茎を巻きつけるのではなくフルコンを巻きつけていくこと
③上の横棒、天上のはり、手すりなどにしばりつけ固定する
④大きくなるにしたがって上の結びをほどきフルコンを新しい茎に巻きつけて、再び上に結び直す
※わき芽かきとセットにして1週間1回くらいやっていく
②下からうらせん状に茎にフルコンを巻きつけていく
①苗の根元にフルコンをしばりつける
もう先がないよ〜
まだまだいけるぞ！
三角形の法則だね！
上までいったら上の結び目を横にずらし距離を伸ばす
誘引をしよう
先端近くはやわらかく傷みやすいので結ばない
麻ひもやビニールひもなど（誘引テープでも良い）
8の字にゆるめに結ぶ
茎は成長するにしたがって太くなるのでゆとりをもたせる
支柱側で結ぶ
根に近い所から花房ごとくらいに誘引

●支柱の高さまで伸びたら摘芯

茎が支柱の高さ以上に大きくなると、上部の重みで支柱ごと倒れてしまう心配があります。誘引しなおして茎を下げる方法もありますが、四、五段収穫すれば十分なので、最上段の花房が咲いたら、その上に二〜三枚の葉をつけて、先端の成長点を指で摘んで伸びを止めます（摘芯という）。

●フルコン吊りなら、斜めにずらせばOK

遅くまで収穫できる誘引方法があります。図のように、手の届く高さに横棒（あるいは針金）をしっかり渡し、フルコン（園芸用のビニールテープ）を図のように茎に巻きつけて横棒に吊り上げておく方法です。茎が伸びてたれてきたら、横棒の結束をほどいて先端まで巻いて再度吊っておきます。この方法なら横棒の高さまで伸びたら、図のように斜めにずらしていけば、さらに伸ばすことができます。摘芯しなくても良いので、一〇月いっぱいまで収穫可能です。その後も実はできますが、温度や日照不足のため、赤くならなかったり、甘くならなかったりするので、収穫を切り上げます。

9.健康診断と追肥

ミニトマトの健康診断
【果実の負担にまけて弱った姿】
成長点は勢いが弱く肉薄
新葉がカップ状になる
花房は上部の
伸長不十分で開花
花が白っぽく小さい
葉が肉薄で
淡緑色、小型
で上向きになる
わき芽の伸びが
かたく小細
伸長が遅い
茎が剛直で細い
【健全な勢いのある姿】
わき芽がよく伸びる
先端部の葉が内側
にカールするくらいの
強めの勢いが良い
葉が厚く
葉色が濃い
花房が大きく
花が濃黄色
成長点
までが長い
茎がかたく
がっしりしている

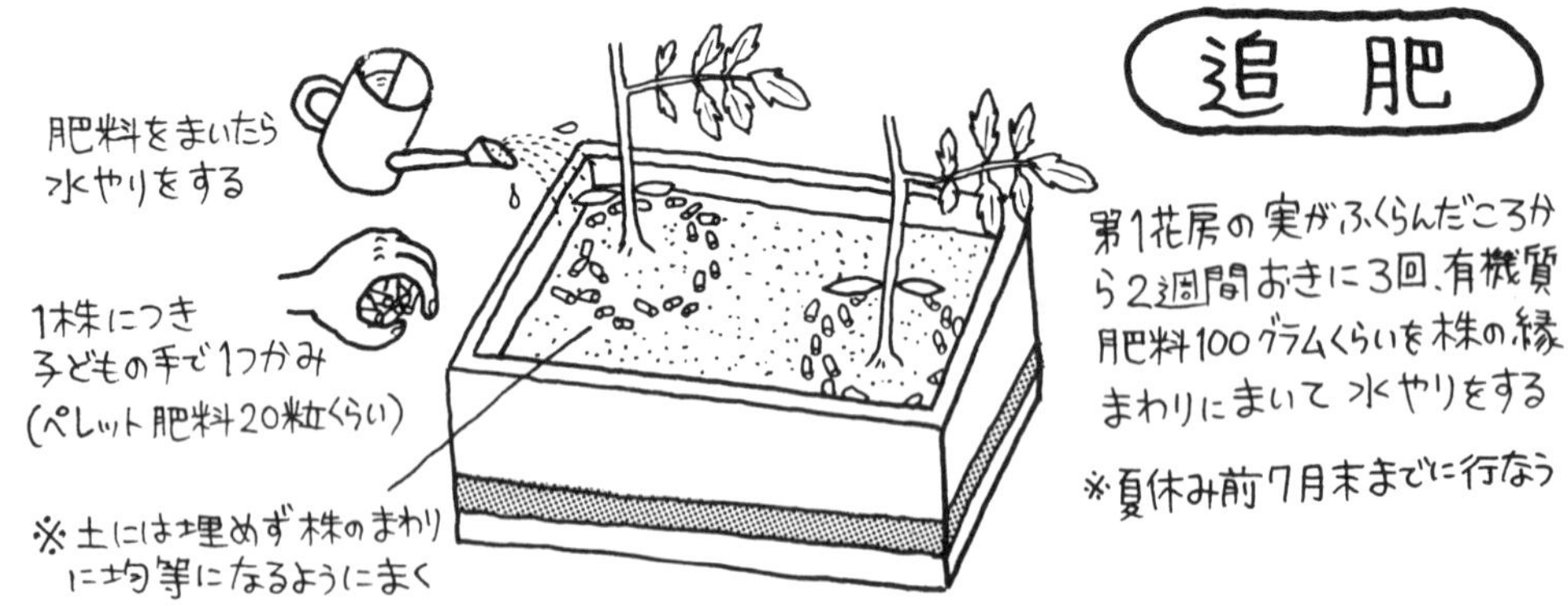
追肥
肥料をまいたら
水やりをする
1株につき
子どもの手で1つかみ
(ペレット肥料20粒くらい)
※土には埋めず株のまわり
に均等になるようにまく
第1花房の実がふくらんだころか
ら2週間おきに3回、有機質
肥料100グラムくらいを株の縁
まわりにまいて水やりをする
※夏休み前7月末までに行なう

●ミニトマトは肥料を切らさず旺盛に

一段果房の果実が大きくふくらみ、三段花房の花が咲き始めるころ、急に先端部の茎が細くなり、葉も花房も小さく薄く、葉色も花色も淡く、葉が上向きで伸びも鈍化してくることが少なくありません。これは、果実への栄養供給が多くなり、茎葉が栄養不足になった表情です。

ミニトマトは、普通のトマトと違い、肥料をやり過ぎても茎葉があばれて花がつかなかったり落ちてしまうようなことはあまりありません。むしろ栄養不足になって花が落ちて実がつかないことが多いです。

トマトは茎葉の勢いが強いと、上図のように新しい葉が内側に曲がる性質があります。新葉がこのようにカールするくらいの勢いが、ミニトマトには必要です。咲き始めた一番上の花房と成長点までの長さが短いほど、栄養不足、肥料不足です。

●追肥は早めに二週間おきに

茎葉の伸びる勢いを強めに維持していくには、定植してから二週間くらいして一段目果房がふくらみ始め、二段花房が咲き始めるころから二週間おきくらいに追肥します。夏休み前の七月末まで三、四回施します。

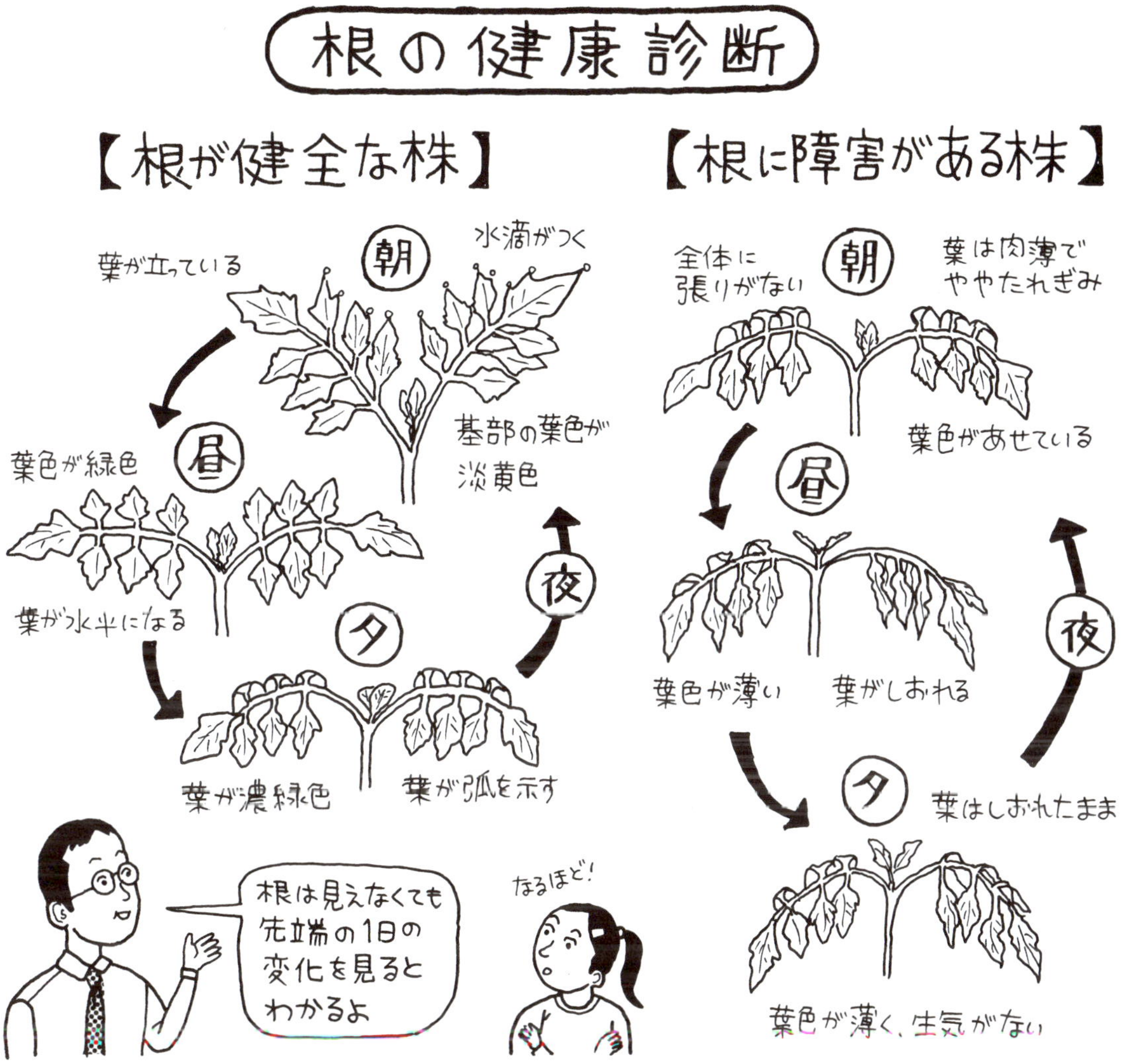
根の健康診断
【根が健全な株】
朝
葉が立っている
水滴がつく
基部の葉色が
淡黄色
昼
葉色が緑色
葉が水平になる
夕
葉が濃緑色
葉が弧を示す
夜
【根に障害がある株】
朝
全体に
張りがない
葉は肉薄で
ややたれぎみ
葉色があせている
昼
葉色が薄い
葉がしおれる
夕
葉はしおれたまま
葉色が薄く、生気がない
夜
根は見えなくても
先端の1日の
変化を見ると
わかるよ
なるほど！

ポット苗のときに使ったペレット状の有機質肥料を、一株に一〇〇グラムくらい（一つかみくらい）を縁にまいて、水やりをしておきます。一度勢いがおとろえると回復しにくいので、先端部を観察して勢いが落ちないうちにやっておくことです。

●先端部の一日の変化から根の健康診断

いくら追肥をしても、根が弱ったり根腐れを起こしていたりすると、勢いが回復しないばかりか、逆にますます弱ってきます。根は見えないので健康診断がむずかしいですが、上図のように先端部の一日の変化を観察すると診断できます。

根が健全な株は朝は葉が立ち水滴をもち、葉色はやや淡いです。日中から夕方にかけて、立った葉がだんだんたれてくるとともに葉色が濃くなってきます。

一方、根が弱っている株は、朝も葉がたれぎみで葉色はあせており、日中になるとしおれぎみにたれ下がり、夕方になってもしおれたまま、翌朝になっても立ってきません。

根が弱る原因は病害の場合もありますが、たいていは水のかけすぎによる酸素不足です。回復するまでは水やりをひかえ、葉面散布の液肥や活力剤をかけてやりましょう。

10. 病害虫対策

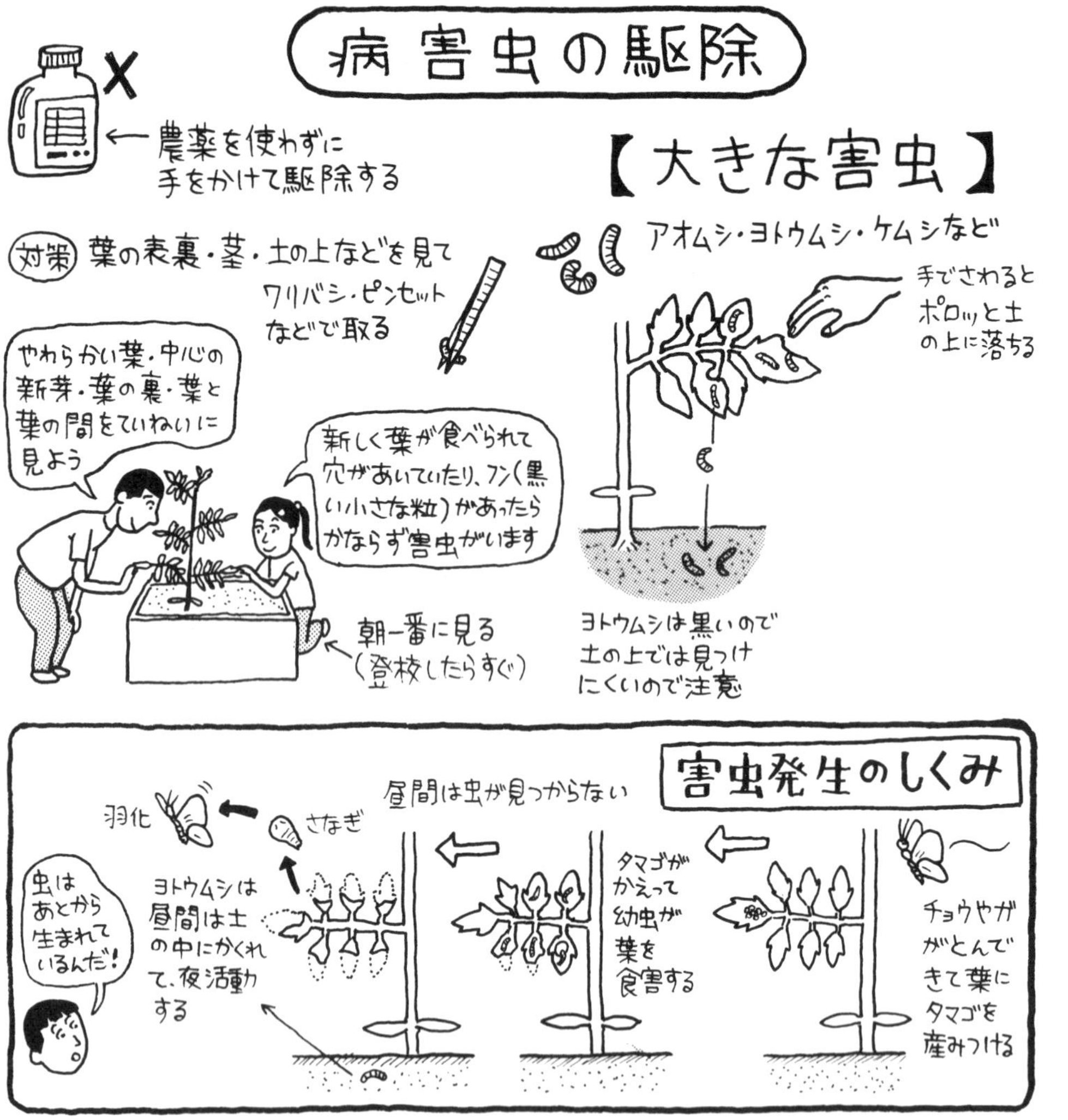

病害虫の駆除
農薬を使わずに手をかけて駆除する
対策 葉の表裏・茎・土の上などを見てワリバシ・ピンセットなどで取る
やわらかい葉・中心の新芽・葉の裏・葉と葉の間をていねいに見よう
新しく葉が食べられて穴があいていたり、フン（黒い小さな粒）があったらかならず害虫がいます
朝一番に見る（登校したらすぐ）
【大きな害虫】
アオムシ・ヨトウムシ・ケムシなど
手でさわるとポロッと土の上に落ちる
ヨトウムシは黒いので土の上では見つけにくいので注意
害虫発生のしくみ
昼間は虫が見つからない
羽化
さなぎ
ヨトウムシは昼間は土の中にかくれて、夜活動する
タマゴがかえって幼虫が葉を食害する
チョウやガがとんできて葉にタマゴを産みつける
虫はあとから生まれているんだ！

●食害する幼虫は朝早く見つけて捕殺

トマトがだんだん育ってくると、病害虫をどう防ぐかが問題となります。ベランダなど教室のそばで栽培するわけですから、農薬は絶対使用しないことを大前提とします。

葉を食べるアオムシやヨトウムシなどや、果実に穴をあけて食べるタバコガの幼虫は、割り箸やピンセット、ビニール手袋などを使って取ります。最初はこわがっていた女の子も、害虫退治に夢中になります。そのポイントは三点です。

①登校したらすぐ見る

多くの虫は夜活動して、昼間は隠れています。とくにヨトウムシは夜盗虫と書き、昼間は土にもぐって寝ているので、被害のあった株の株元を掘ってみると発見できます。観察をかねて夜にかいちゅう電灯をてらして見つけるとおもしろいです。

②見る方向を変えて二～三回見直す

やわらかい葉、成長点の新芽、葉の裏、葉と葉の間など、見つけにくい所にいるので、見る方向を変えて探しましょう。

③新しい葉が食べられていたら、徹底捜索

新しい葉に食害のあとがあったり、糞があったら、必ずその葉かその近くに害虫がいます。徹底的に調べて退治しましょう。

【小さな害虫】
アブラムシ
1ミリくらいの小さな虫
対策
指先にセロテープをまきつけて害虫のいる部分に押しあてる
粘着面に虫を貼りつけて取る
ペタペタ
葉の裏や茎に多く群生する
黒い小さな点（アブラムシ）が見られる所を中心にする
昼間の明るい時にやると良い
下の大きな葉を中心に見る
あまり多く虫がついていたら葉ごと切って捨てる
【病気の対策と予防】
病気は放っておくと伝染するので早めに対処する

・モザイク病
・うどんこ病
・疫病など
健康な葉に広がる前に対処する
対策
病気が出た葉はつけ根からハサミで切って捨てる
下の枯れた葉はハサミでも切って捨てる
※枯れた古い葉は病気や害虫のすみかになりやすい
アブラムシがウィルスを媒介することもあるので注意！

セロテープでアブラムシ退治

●いろいろ試そうアブラムシ防除作戦

アブラムシやダニのような小さな害虫は人海戦術で、指先にセロテープを巻きつけ、害虫のいる部分に押し当てて捕殺します。

また、アブラムシなど小さな害虫には身近にあるこんなものを害虫の体にぬる方法も有効です。①牛乳やのりを水で溶いたもの、②食用油をせっけん水で薄めたもの、②木酢液の三〇〇倍液、③グリーンウエーブなどの虫のつかないトウガラシやニンニクなどの野菜やドクダミやハーブの煮汁などが効きます（P四一参照）。ナメクジには飲み残しのビールを浅めの容器に入れておくと、においに誘われて入っておぼれ死にます。

●病気にかかった葉は切除し、モザイク病株は引き抜いて除去

病気にかかった場合は、早めにその葉のつけ根からハリミで切り取ります。とくに、成長点付近の葉の色が濃淡になり、萎縮したモザイク症状が現われたら、ウイルスによるモザイク病が考えられます。防除は困難で伝染するおそれがありますので、早めに株ごと抜き取って植え替えましょう。

11. 甘さアップのマル秘作戦

ミニトマト㊙作戦を考える
・世界一甘いミニトマトをつくるための栽培の工夫を考えよう
・甘くなる方法だと考えた理由もつけてレポートにまとめよう
㊙作戦
グループで発表しよう！
【鏡やミラーボールで光を反射させる】
陰の葉や葉の裏に光をあてて光合成を2倍にするため
アルミホイル
虫めがねで光を集めた
アルミホイルをくちゃくちゃに丸めてミラーボールをつくって吊り下げる
鏡を土の上に置いた
【音楽や歌を聞かせる】
海の近くのトマトが甘いと聞いたので海の音を聞かせる
クラシックがいいって聞いた
歌をうたう
【お米のとぎ汁をあげる】
栄養があると聞いたので追肥のかわりになると思うから
とぎ汁
塩水
【塩水をかける】
先生の話で海の近くのトマトの実が甘くなるというのを聞いたから

●デジタル糖度計で糖度を比べてみよう

支柱立て・誘引、最初の追肥が終わったら、子どもたちのやる気を高めるためには、共通の課題学習（プロジェクト）に取り組みましょう。私が実践した「世界一甘いミニトマトをつくる方法を考えよう」というプロジェクト活動を紹介します。

まず動機づけを行なうプレゼンテーションで、甘さの味覚は個人差が多いですが、デジタル糖度計を使うと、客観的な糖度が数字で計測できることを理解させます。そして甘いミニトマトをつくるにはどんな作戦を立てたら良いかを話し合います。

最初に、スイカとモモ、ブドウのなかで一番甘い、糖度の高いものを予想させました。子どもたちの予想では、スイカやモモに手が多くあがりました。実際に糖度計で計ると、スイカ九度、モモ一一度、ブドウ二一度くらいで、ブドウが一番甘い結果となりました。

デジタル糖度計は、あいまいさの残る屈折糖度計に比べて、液を数滴落とすだけで、小数第一位まで数字で表われ一目瞭然、説得力があります。教材提示装置やプロジェクターなどを使って数字を大きく画面に映し出し、数字が出てくる瞬間を見せたりするとより効果的です。正答者にボーナ

【話しかけたり、息をふきかける】
大きくなれ～
CO_2
二酸化炭素(CO_2)をふきかけて光合成をさかんにするため
【いろいろなものを土に入れる】
使用済のホッカイロの粉を入れる
(炭の粉で土を良くするから)
シャープペンの芯をさす
(亜鉛なので必要な養分だから)
竹炭を入れる
ミミズを入れる
(フンが栄養になって、土がやわらかくなるから)
タマゴのカラを細かくして入れる
(カルシウムで茎をじょうぶにするから)
チョークをこなごなにして入れる
(アルカリ性だから)
【夜、懐中電灯でてらす】
夜も日をあてて光合成を2倍にするため
【実にいろいろなものを貼ったり、実をマッサージする】
ピップエレキバンを実に直接貼る
(磁気をつけるとホルモンの活動が活発になると思うから)
シップを貼る
軽くもんでマッサージする
(トマトが気持ち良くなると思うから)
【水やりを少なくして育てる】
もうちょっとガマン
土を乾かしぎみのほうがトマトが甘くなると先生に聞いたから

スポイントを与えるとさらに盛り上がります。

●班ごとに糖度アップマル秘作戦を立てる

この盛り上がりをミニトマトにつなげるために、産地や大きさなどの違う三種類のミニトマトの糖度を測定しました。トマトも品種やつくり方によって糖度が変わることがわかり、子どもたちは目を丸くして見ています。

山梨県のブドウ農家が糖度を上げるために実践している工夫例などを紹介したあと、世界一甘いミニトマトをつくるための栽培の工夫、マル秘作戦を、個人で考え、栽培グループごとに話し合ってまとめます。なぜ甘くなると考えたか、科学的な根拠をあげさせることも大切です。

夏休み前にその成果を糖度計で調べ、糖度コンクールをすることを告げると、子どもたちの関心はいよいよ高まります。上図がその過程で出された糖度を上げるマル秘作戦です。そしてまとまったマル秘作戦の実行計画をつくり実行に移ります。

これらの中で、水やりをひかえて水ぶとりを防ぎ中身の濃い果実にする作戦は、コンテナ栽培のマイ畑だからこそできる作戦です。水やりの加減で水分調整ができるからです。

12. 収穫とトマトパーティー

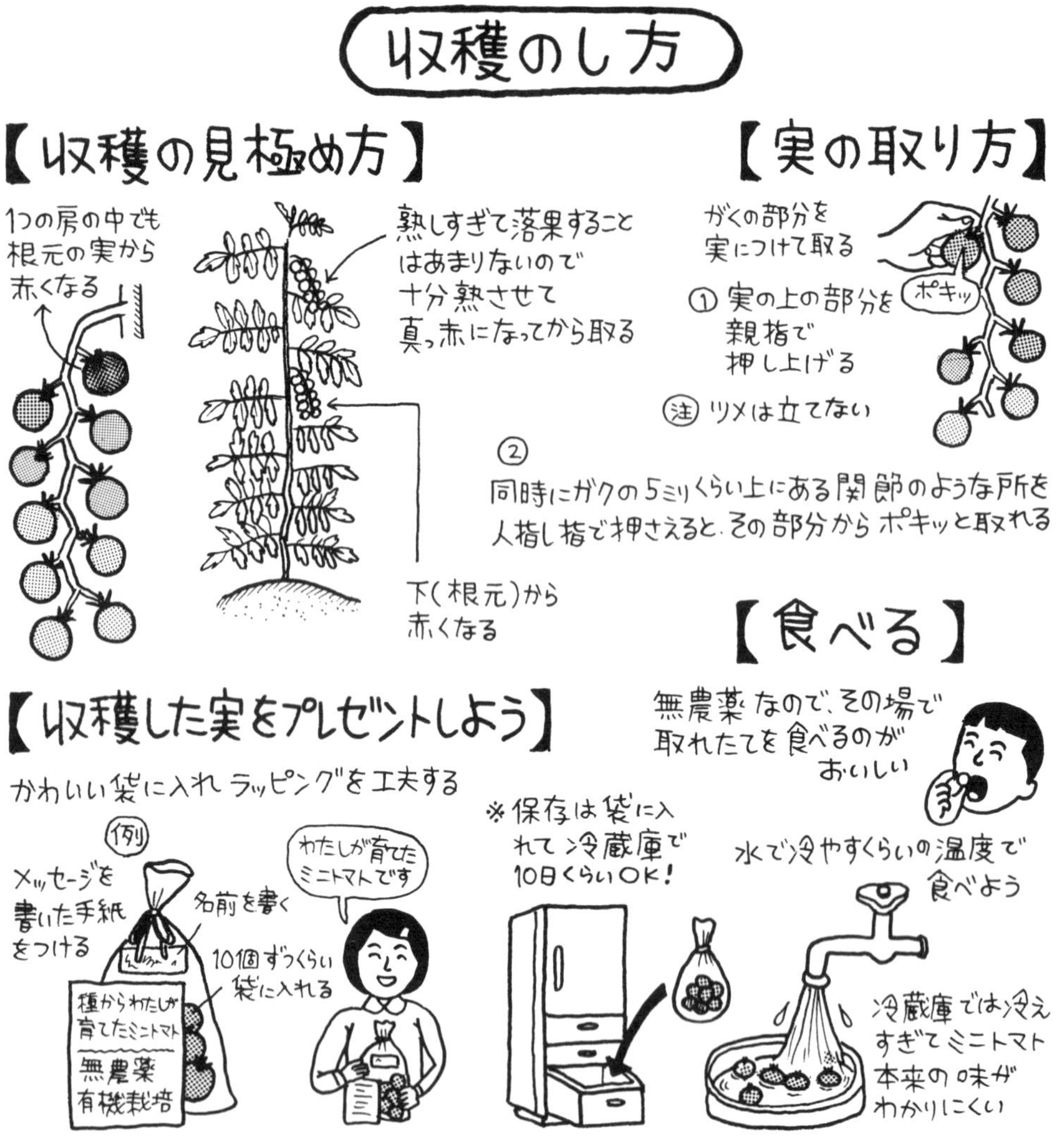

収穫のし方
【収穫の見極め方】
1つの房の中でも根元の実から赤くなる
熟しすぎて落果することはあまりないので十分熟させて真っ赤になってから取る
下(根元)から赤くなる
【実の取り方】
がくの部分を実につけて取る
① 実の上の部分を親指で押し上げる
ポキッ
注 ツメは立てない
② 同時にガクの5ミリくらい上にある関節のような所を人指し指で押さえると、その部分からポキッと取れる
【食べる】
無農薬なので、その場で取れたてを食べるのがおいしい
水で冷やすくらいの温度で食べよう
冷蔵庫では冷えすぎてミニトマト本来の味がわかりにくい
【収穫した実をプレゼントしよう】
かわいい袋に入れラッピングを工夫する
例
メッセージを書いた手紙をつける
名前を書く
10個ずつくらい袋に入れる
種からわたしが育てたミニトマト
無農薬
有機栽培
わたしが育てたミニトマトです
※保存は袋に入れて冷蔵庫で10日くらいOK!

●真っ赤に熟れたものから順次収穫

三月中旬に種まきしたものは、七月上旬から次々と実が赤くなり収穫が開始します（五月初めにまいたものは七月末から）。マイ・ミニトマトを食べることによって、トマトと子どもたちの距離がもっとも接近します。買ったトマトとはまったく違い、その美味しさは一生涯忘れられないでしょう。

ミニトマトは、花が咲いた順、下の果房の先端の実から赤く熟していきます。熟しすぎて落果することはありませんが、割れたり（裂果）、虫害や鳥害にあったりする心配があるので、熟したものから順次収穫しましょう。また、早めに収穫することによって、ミニトマトの負担も軽くなり、次の花房が充実します。ミニトマトは赤くなりだすと、いっきに赤くなり収穫が集中します。

無農薬なので、その場で取れたてを食べることができます。冷やして食べる場合は、水につけておくくらいが良く、冷蔵庫では冷えすぎです。かわいい袋にラッピングを工夫して入れ、手紙をつけて親しい人にプレゼントすることもいいでしょう。自分で種から無農薬・有機栽培で育てた思いや、甘さをアップするマル秘作戦と糖度など、栽培の工夫や苦労を手紙に書くと、感謝の返事が返ってきて、楽しい交流も生まれます。

ミニトマトを料理して食べよう
【ピザトーストをつくる】
①食パンを4分の1に切る
②ケチャップ（ピザソース）をぬる
ぼくはウィンナーが好き
ハム サラミ
ウィンナー
タマネギ
ピーマン
ピクルス
コーン
③自分の好きなものをトッピングする
とろけるチーズ
ミニトマト
チン
④ミニトマトを半分に切って2～3個のせ、とろけるチーズものせてオーブントースターで焼いて完成！
インターネットで調べると簡単おもしろレシピがたくさん出てきます
これおいしそう～
【野菜スープをつくる】
①水に好みの野菜を入れ、ゆでる
タマネギ
ジャガイモ
ニンジン
ブロッコリーなど
水
②野菜がやわらかくなったらコンソメを入れ塩こしょうで味を整え、ミニトマトを入れて煮こむ
ミニトマトは半分に切って入れる
【トマトソースをつくる】
ミニトマトをミキサーにかけ、こし器でこす
フライパンへ移して弱火で20分加熱する
弱火
ヘラで字が書けるくらいになったら完成！

●トマトパーティーの開催

ミニトマト栽培のゴールとしてもっとも楽しみにしていたトマトパーティーを、夏休み前に開催しましょう。生で食べるだけでなく、調理をしてトマトが嫌いな人でもおいしく食べられるように工夫しましょう。どんな料理をつくるかを、最初の計画段階で話し合って決めておくと、四～五ヵ月間に及ぶ子どもたちの栽培活動のやる気も違ってきます。

トマト料理では、ピザトーストがおすすめです。好きなものをトッピングしてチーズをのせてオーブントースターで焼くだけなので、子どもでも簡単にできます。トマトにはうまみ成分の各種アミノ酸などが多いので、野菜スープやスパゲッティーナポリタンにかけるトマトソースなど、インターネットで調べると簡単でおもしろいレシピがたくさん出てきます。トマトソースは冷凍しておけば、いつでも利用できます。

また、栽培を切り上げる際に、まだ青いミニトマトは捨てずに、ピクルス（酢漬け）にすると、美味しく食べられます（つくり方はインターネットで調べましょう）。

13. 夏休み中の水やり対策

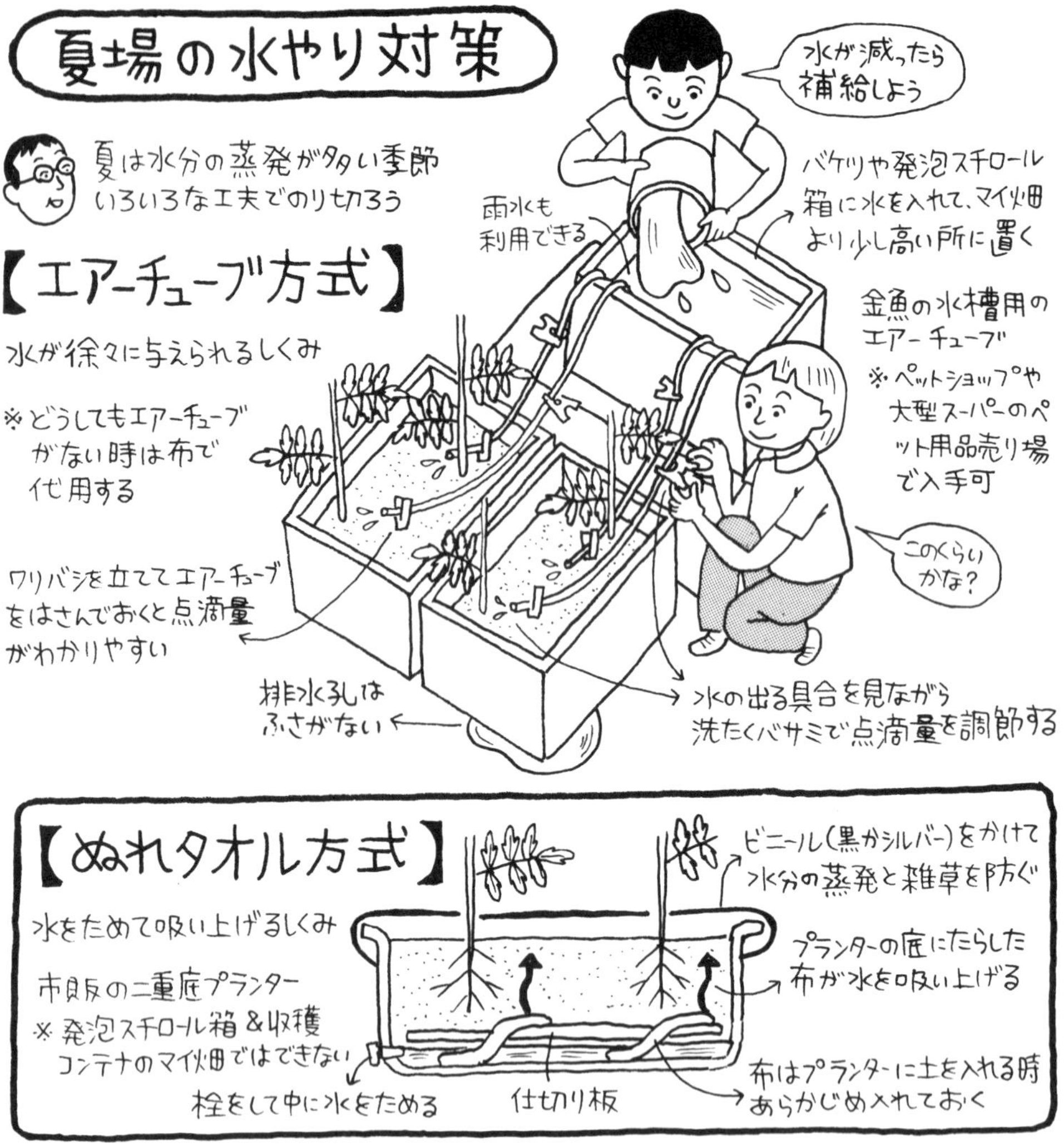
夏場の水やり対策
夏は水分の蒸発が多い季節
いろいろな工夫でのり切ろう
水が減ったら
補給しよう
雨水も
利用できる
バケツや発泡スチロール
箱に水を入れて、マイ畑
より少し高い所に置く
【エアーチューブ方式】
水が徐々に与えられるしくみ
※どうしてもエアーチューブ
がない時は布で
代用する
金魚の水槽用の
エアーチューブ
※ペットショップや
大型スーパーのペ
ット用品売り場
で入手可
このくらい
かな？
ワリバシを立ててエアーチューブ
をはさんでおくと点滴量
がわかりやすい
排水孔は
ふさがない
水の出る具合を見ながら
洗たくバサミで点滴量を調節する
【ぬれタオル方式】
水をためて吸い上げるしくみ
市販の二重底プランター
※発泡スチロール箱＆収穫
コンテナのマイ畑ではできない
ビニール（黒かシルバー）をかけて
水分の蒸発と雑草を防ぐ
プランターの底にたらした
布が水を吸い上げる
布はプランターに土を入れる時
あらかじめ入れておく
栓をして中に水をためる
仕切り板

●夏休み中も当番制で管理

七月下旬から八月下旬までの夏休み中に、三月中旬まきの夏どりは四、五、六段果房が五月初旬まきの秋どりは一、二、三段果房が収穫となります。トマトは南米高地が原産なので、暑さには比較的弱く、日本の夏は正念場となります。夏休み中といえども、暑さに負けずに頑張っているミニトマトのお世話は休めません。班ごとの当番制で水やり、追肥、収穫などの作業を行なう必要があります。追肥や収穫は毎日は必要ありませんが、水やりは毎日、とくに夏場は朝夕必要です。

また、夏休み中は人がほとんど出入りしないので、野鳥が赤く熟れた果実をついばむ被害にあう心配もあります。支柱の横棒から防虫ネットで両サイドをおおっておくと安心です。

収穫したミニトマトは株ごとに記録したうえで、当番の報酬とすると励みになります。

●簡易自動かん水装置で水やり負担を軽減

できるだけ子どもたちの負担を少なくし水切れ枯れを防ぐには、上図のような簡易自動かん水装置を導入しましょう。二重底にためた水をタオルにしみこませて培土を湿らせる「ぬれタオル方式」と「かん水チューブ方式」は、苗の定植時に

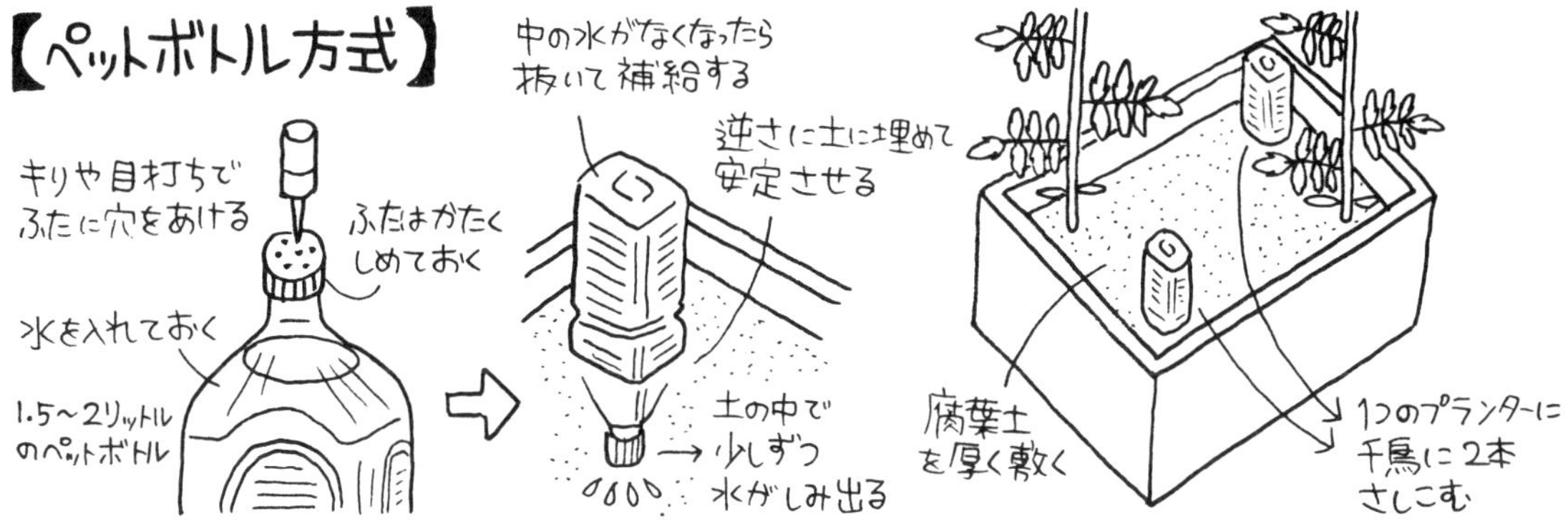
【ペットボトル方式】
キリや目打ちでふたに穴をあける
ふたはかたくしめておく
水を入れておく
1.5～2リットルのペットボトル
中の水がなくなったら抜いて補給する
逆さに土に埋めて安定させる
土の中で少しずつ水がしみ出る
腐葉土を厚く敷く
1つのプランターに千鳥に2本さしこむ

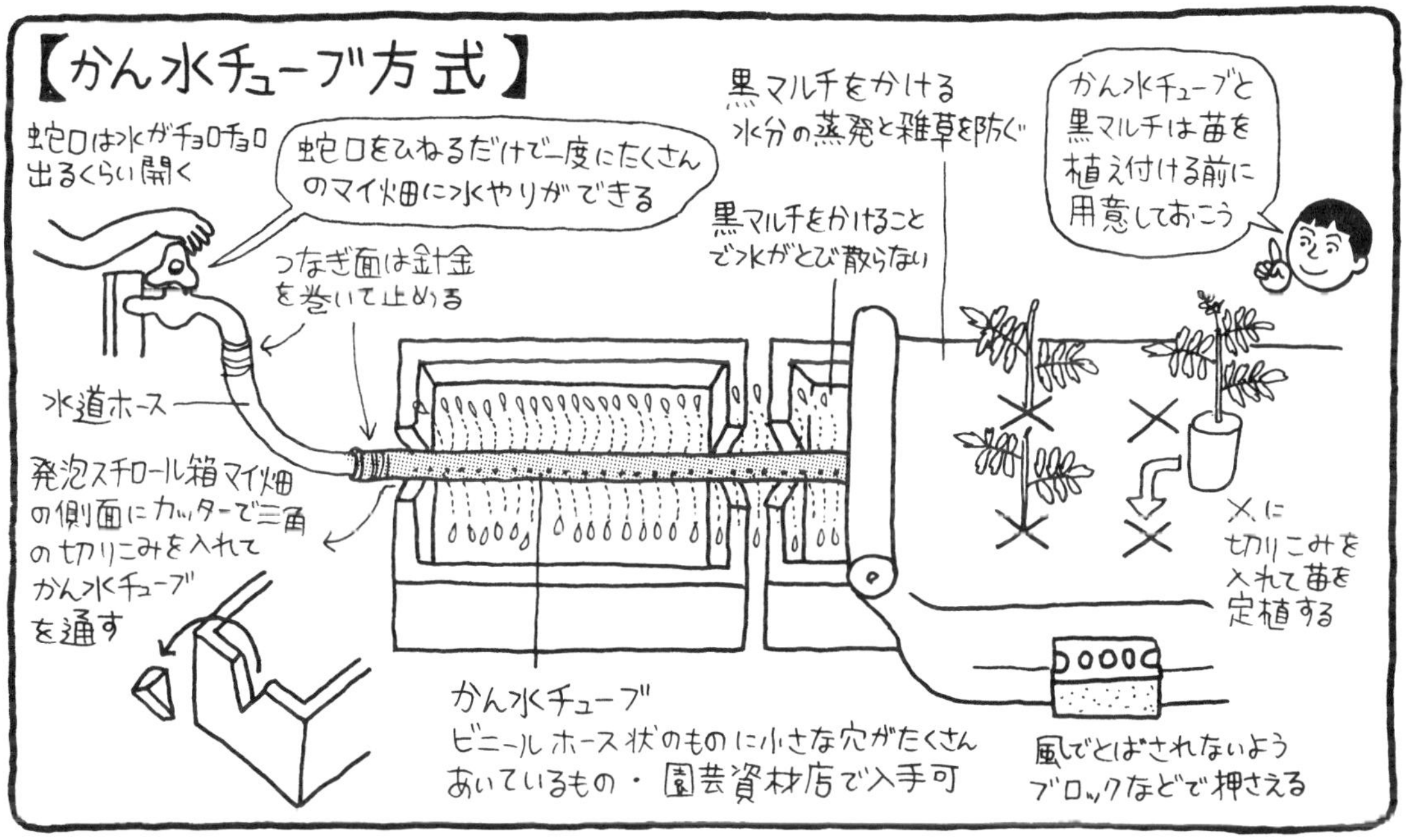
【かん水チューブ方式】
蛇口は水がチョロチョロ出るくらい開く
蛇口をひねるだけで一度にたくさんのマイ畑に水やりができる
つなぎ面は針金を巻いて止める
水道ホース
発泡スチロール箱マイ畑の側面にカッターで三角の切りこみを入れてかん水チューブを通す
黒マルチをかける 水分の蒸発と雑草を防ぐ
黒マルチをかけることで水がとび散らない
かん水チューブと黒マルチは苗を植え付ける前に用意しておこう
×に切りこみを入れて苗を定植する
かん水チューブ
ビニールホース状のものに小さな穴がたくさんあいているもの・園芸資材店で入手可
風でとばされないようブロックなどで押さえる

セットしておく必要があります。

おすすめは、簡単で経費もかからない「エアーチューブ方式」とペットボトル方式です。エアーチューブは金魚や熱帯魚の水槽に空気を送る細いチューブです。ペットショップで五メートル五〇〇円前後で売られています。マイ畑より高い位置に水タンクを置き、エアーチューブを入れ、最初はチューブの口を吸って水を導きます。一つのマイ畑に二、三本を全体が湿るよう離してワリバシにはさんで固定します。そして洗濯バサミなどで水量を調節すれば、夏休み中も糖度アップの節水管理ができます。

ペットボトル方式は、キリでふたに小さな穴をあけたペットボトルを二本、逆さにして差しこんでおくだけです。ジワジワと土に浸透します。二リットルのペットボトルなら、二日間くらいでなくなるように穴数を調整しておけば、水やりが二日に一回ですみます。

いずれの場合もマイ畑の表面に、腐葉土を厚く敷きつめておくと、土からの蒸散や地温上昇もおさえられて根が保護されます。

14. 糖度測定会と発表会

糖度測定会で㊙作戦の成果を知る
収穫期（7月中下旬〜10月上旬）になったら1〜2週間に1回授業で行なう
※結果をもとに㊙作戦の見直しをする
【具体的な授業の流れ】
❶ 教室で、小封筒に班の名前と収穫日を書く
5班 8/10
❷ 自分たちの木から甘そうな実を選ばせ3つ以内で①の封筒に入れる
❸ 教室にもどり封筒を提出する
❹ 1班ごとにミニトマトを1つずつデジタル糖度計で測定する
ピピッ
一瞬に表示する
果汁を1〜2滴たらす
小数第1位まで正確に測定する
13.5
❺ テレビやプロジェクターで大きくモニターし黒板の表に結果を書き入れる
1班 12.0
2班 11.5
3班 13.5
4班
5班
6
3班の糖度は13.5でした！
ビデオカメラで糖度計を写しモニターに表示
13.5
おぉーっ
すごーい！

●数字になって表れる糖度に感嘆！

最初の果房がふくらみ始める五月下旬ころから実践してきた「糖度アップのマル秘作戦」の成果を、糖度測定会で確かめましょう。収穫が始まったら、一、二週間に一回、授業の中で上図の手順で行ないます。七月中下旬から夏休み明けの九月から一〇月上旬に行ないます。早めに行なえば、結果が思わしくなかった班は作戦変更が可能になります。

糖度計のデータをテレビモニターやプロジェクターで大写しにし、ドラマチックに演出します。ベスト三が決まったら模造紙に貼り出し、みんなで大いに賞賛し、成功したマル秘作戦を公開してもらおう。今までの最高は一三・五度でメロンと同じくらいの甘さでした。どの班もだいたいスイカ並みの一〇度以上になりました（市販トマトは三〜四度）。

成功したマル秘作戦は節水栽培でした。普通、水やりは底穴から流れ出るまでたっぷりかけますが、節水栽培では毎朝一株に一〜二リットルを全面にかけます。日中は葉がしおれぎみになりますが我慢し、夕方に様子を見て、再度一株に一〜二リットルを全面にかけます。水を少量ずつ回数を多くし、土の水分量の変化を少なくして乾きぎみの状態を維持していくことがコツです。水分の急

売ってるミニトマトよりも甘いのよ
コンテナ・発泡スチロール箱を使った栽培は水がよく切れるので、どの班も10度を超えてとても甘いミニトマトができる
市販のミニトマトは→糖度3～4度しかない
おめでと～
9/14のベスト3
1 3班 13.5
2 1班 12.0
3 2班 11.5
9/7のベスト3
1 1班 12.8
11.0
10.5
⑥測定会ごとにベスト3を決め、模造紙に書いて残していく
←みんなでベスト3の班を賞揚する

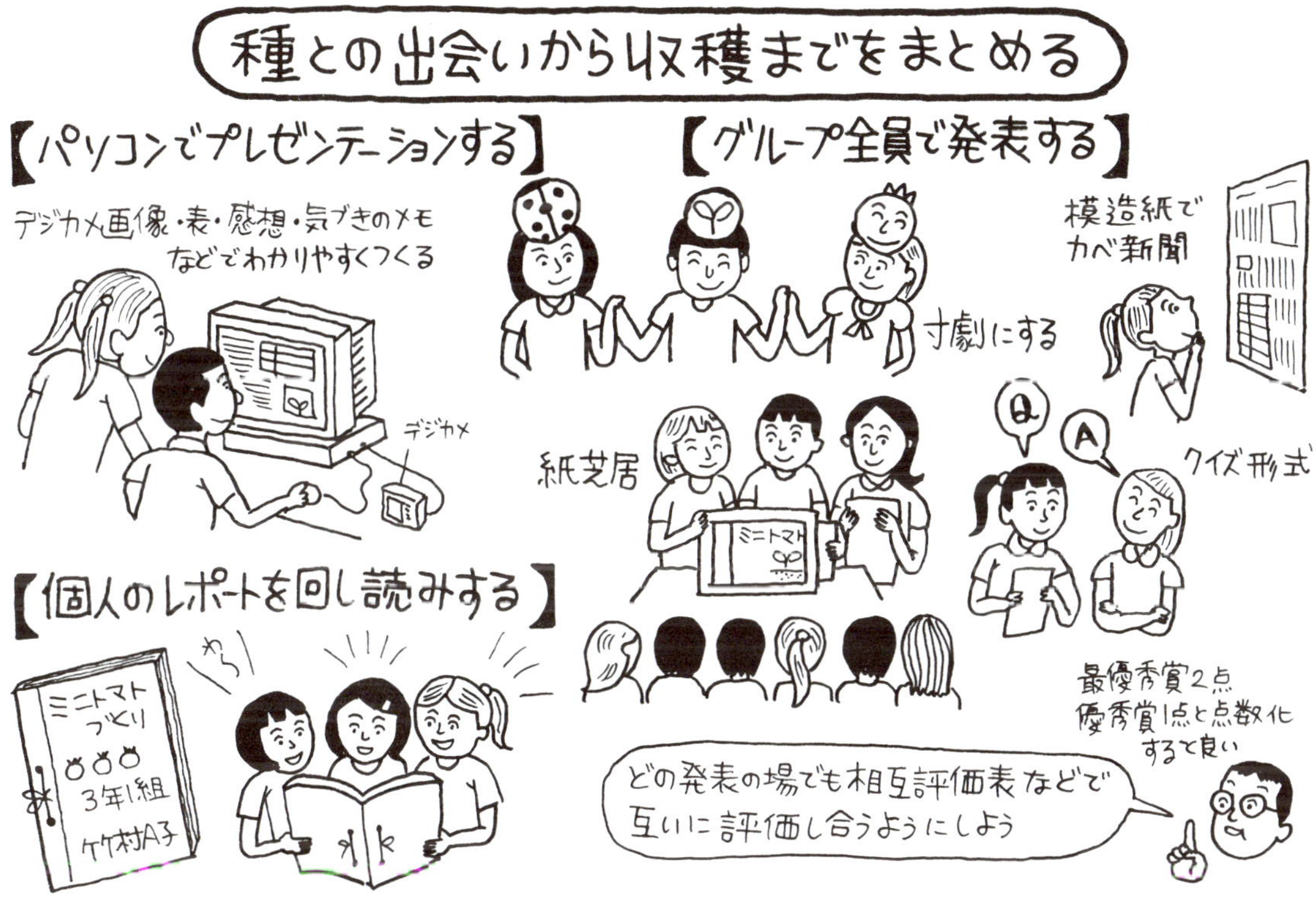
種との出会いから収穫までをまとめる
【パソコンでプレゼンテーションする】
デジカメ画像・表・感想・気づきのメモなどでわかりやすくつくる
デジカメ
【グループ全員で発表する】
模造紙でカベ新聞
寸劇にする
紙芝居
ミニトマト
Q
A
クイズ形式
【個人のレポートを回し読みする】
ミニトマトづくり
3年1組
竹村A子
最優秀賞2点 優秀賞1点と点数化すると良い
どの発表の場でも相互評価表などで互いに評価し合うようにしよう

激な変動は、裂果や落花、根腐れ、尻ぐされなどを引き起こします。節水栽培すると茎葉は細く小柄になり、果実も皮が厚くなり小粒になりましたが、糖度が上がっていました。

　塩水かけも糖度が高くなりましたが、濃度が濃すぎたためか、下葉が枯れ、果実の先端が腐る尻腐れの果実が多くなりました。糖度を上げるトマトも命がけです。

●気持ちの変化や感動を発表し合う

　栽培学習のまとめとして、種との出会いから収穫までのマイ・ミニトマトの成長とのかかわりの中で、自分の気持ちの変化や感動をふりかえってまとめ、発表会を開きます。他者に伝えたり、他者の話を聞いたりすると、共感が得られ、その思いも深まり、次の活動へのやる気が出てきます。

　発表形式は上図のようにいろいろありますが、質問や意見の時間も取り、さらに発表者にコメントを書き渡すなど、互いに評価し合います。最後に、最優秀と優秀の二点を各自が選び、最優秀二点、優秀一点と点数化してそのトータルで決定します。評価は人の見方・考え方によって違うので、多くの目で評価するのが望ましいです。

15. 片付けと来年への準備

片付けと来年へ向けての準備
【土や鉢の処理】
1 かたくつまった土を耕す
移植ゴテや素手で掘り返して、土をやわらかくする
手軽な方法としてはマイ畑の中の不織布を土ごと持ち上げ、軽くゆさぶると良い
かたい部分があれば手でほぐしましょう
2 大きなゴミを取り除く
土の中に残っている葉や実や大きな根などを手で取り除く
3 堆肥を両手で2つかみくらい入れよくかき混ぜる
両手で2つかみ
堆肥
4 すぐに秋作の種まきや苗の定植ができる
種まき
定植

●古土は堆肥や腐葉土を加えて再利用

目標とする段数まで収穫が終わったら、片付けと後作や来年度の準備を行ないます。マイ畑に使った土は、秋作や来年度の用土に再利用できます。

まず茎葉を支柱の誘引を切って茎葉をはずし、支柱を抜き取ります。次に株元を持って根ごと抜き取ります。古土はかたくしまっていますが、マイ畑の周囲に敷いた不織布（ラブシート）の四隅を二人で持って持ち上げて軽くゆさぶると簡単にほぐれます。塊は手でほぐし、大きな根や茎葉を取り除きます。

ほぐした古土は再びマイ畑に入れ、堆肥を両手で二つかみ以上入れてよくかき混ぜれば、秋作の用土としてすぐ再利用できます。秋作を休む場合は、堆肥と腐葉土を一割くらいずつ加えて混ぜ、肥料や培養土の袋に入れて貯蔵しておきます。

●種採りにも挑戦

種採り（自家採種）にも是非挑戦しましょう。取り残しの果実を落果するくらいまで残しておき（熟れて落果したものでも良い）、ザルに入れてつぶして果肉を水で流し去り、種をきれいに洗います。小さな黄色の種をタオルや手ぬぐいの上に広げ、二～三日陰干しします。種がよく乾いたら、

【種を採取してみよう】

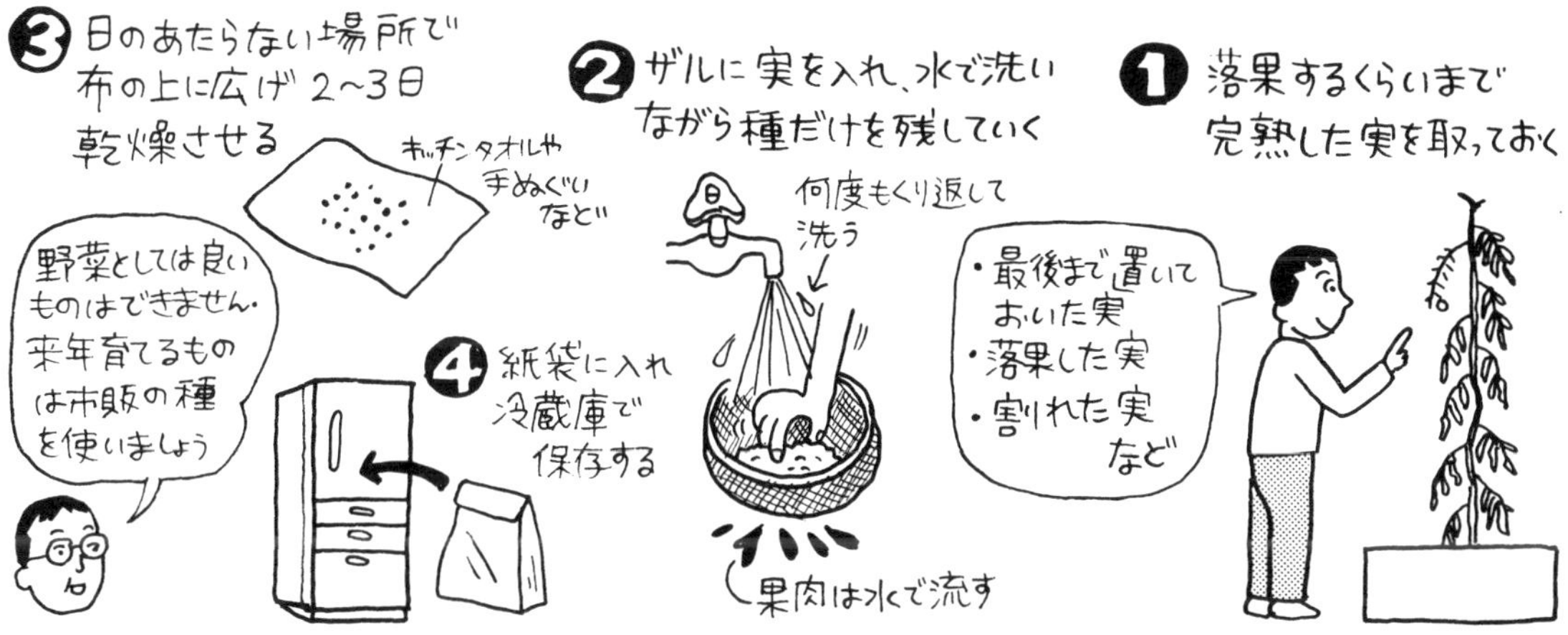
❶落果するくらいまで完熟した実を取っておく
・最後まで置いておいた実
・落果した実
・割れた実
など
❷ザルに実を入れ、水で洗いながら種だけを残していく
何度もくり返して洗う
果肉は水で流す
❸日のあたらない場所で布の上に広げ2〜3日乾燥させる
キッチンタオルや手ぬぐいなど
❹紙袋に入れ冷蔵庫で保存する
野菜としては良いものはできません。来年育てるものは市販の種を使いましょう

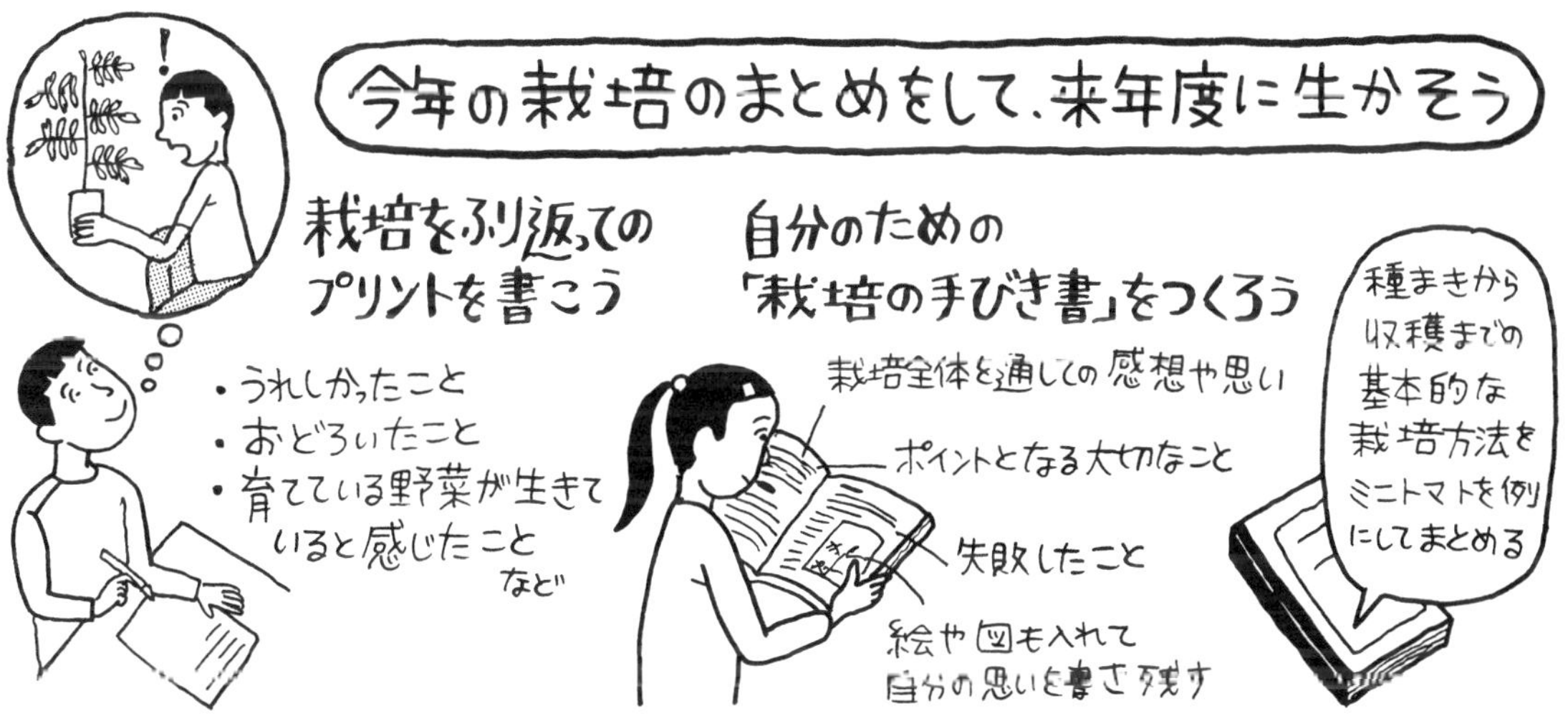
今年の栽培のまとめをして、来年度に生かそう
栽培をふり返ってのプリントを書こう
・うれしかったこと
・おどろいたこと
・育てている野菜が生きていると感じたこと
など
自分のための「栽培の手びき書」をつくろう
栽培全体を通しての感想や思い
ポイントとなる大切なこと
失敗したこと
絵や図も入れて自分の思いを書き残す
種まきから収穫までの基本的な栽培方法をミニトマトを例にしてまとめる

紙袋に入れて冷蔵庫で貯蔵します。

種をナイフで割ってルーペで見ると、幼芽や幼根が見えます。たくさんの実をならせたのは、翌年に命をつなぐ種を残すためだったのです。それは、人間を含めたすべての生きものに共通しており、命の引きつぐことの大変さや大切さを、子どもたちも実感します。

トマトの品種のほとんどは、一代交配（F_1）なので、自家採種した種をまくと、いろいろな形や性質のミニトマトが芽生えてきます。おもしろさはありますが、来年用の種はまた購入したほうが無難です。

●「ミニトマト・マイ栽培マニュアル」づくり

最後に、それぞれの今年の実践をまとめて、自分の栽培手引書をつくりましょう。タイトルは「甘いあーまいミニトマトのつくり方」「種から育てるミニトマト」など、それぞれの子どもたちがつけます。

書く際には、以下の点がポイントです。

①自分が撮った写真や絵を入れる。
②種から収穫までの時期別に、栽培ポイントを自分の思った言葉で書く。
③自分の工夫や失敗したことを書く。
④栽培全体を通じ自分の思いや感想を書く。

定植後のよくあるつまずき

まゆみ
わたしのミニトマトちゃんすくすく育ってね毎日水やりしてあげるからね
雨の日でも水やりするまゆみ
けいこ
……
わき芽
そうよ、愛情かけてやらなくちゃ。わき芽だって伸びたいんだから摘まないでおこうっと
さとる
さとるくんのミニトマトしおれてるよ～水あげなきゃ！
さとる
先生も作物は育ててくれる人の足音を聞いて大きくなるっていってたのに
男の子って愛情ないのね
……
さとる
体はきたえなきゃだめなんだ。少しくらいの水切れに耐えるように育ててるんだ！
ブツブツ
♪
さとる
ポキッ
甘やかしちゃだめ！余分なわき芽は取って少数精鋭でいくんだ！
まゆみ
下葉が少し黄色くなってきたわ
肥料がなくなったのねたっぷりあげるよ
まゆみ
まゆみご主人様、肥料じゃないよ。水が多すぎて根が弱って死にそうなんだ～！肥料なんてくれても吸えないよ～
水
けいこ
光がほしい！
重い！
わき芽も伸ばしたからすごい！これなら大豊作よ
けいこ
収穫期ー
花も小さい
なぜ？なぜ！わたしのミニトマト、花が咲いたのに実がならないよ～
さとる
おれのミニトマトちゃんよく耐えたね。やればできるんだ!!
ミニトマトの気持ち勉強しなくっちゃ
育てる愛ってむずかしいね…
けいこ
まゆみ
栽培

コーヒーブレーク②
—子どものやる気を刺激するワンポイント講座—

市販トマトより手づくりトマトはなぜ美味しいの?

「トマトが赤くなれば医者が青くなる」とか、西洋では「トマトの収穫時期になると、どんな人でも料理が上手になる」ということわざがあります。それは、トマトにはビタミンCやミネラル類だけでなく、うまさの成分の糖、アミノ酸、さらに健康に良いカロテンやリコピンというカロチノイドが豊富に含まれているからです。とくにミニトマトは豊富です。西洋ではトマトピューレにして、いろいろな料理に加えてうまみをアップしています。

これらの成分、とくに健康に良いリコピン、カロテンは、右下図のように緑の葉緑素が少なくなって赤くなる、つまり完熟する最後に急増します。最後まで太陽の光を浴びて完熟したトマトは美味しいのです。ところが、スーパーなどで売られている普通のトマトは、スーパーに並ぶころに赤くなるよう、まだ少し青いうちに収穫して市場に出荷します。味に差が出るのはこのためです。

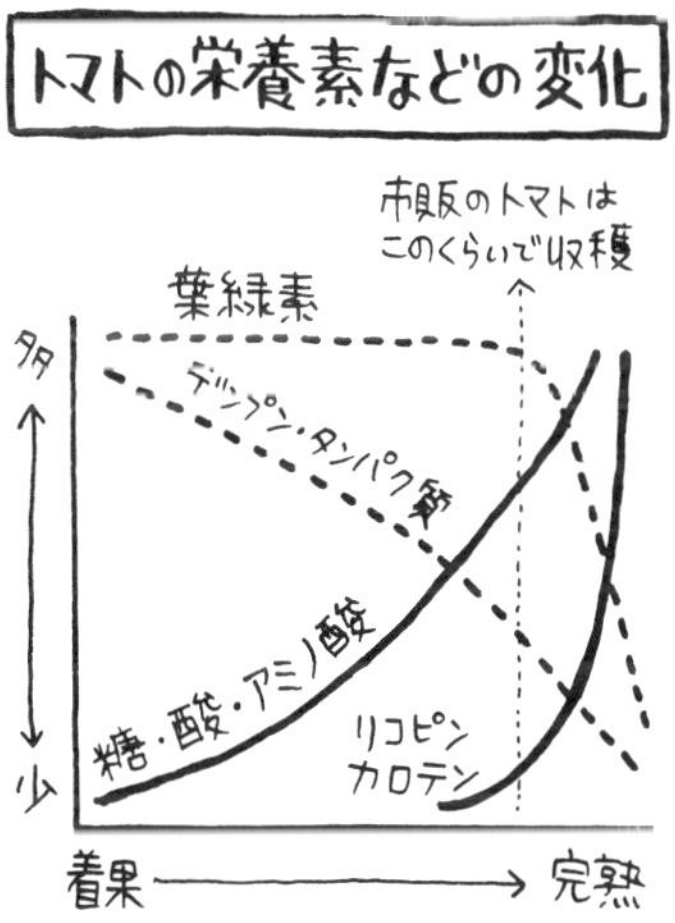
トマトの栄養素などの変化
市販のトマトは
このくらいで収穫
葉緑素
デンプン・タンパク質
糖・酸・アミノ酸
リコピン
カロテン
多
少
着果
完熟

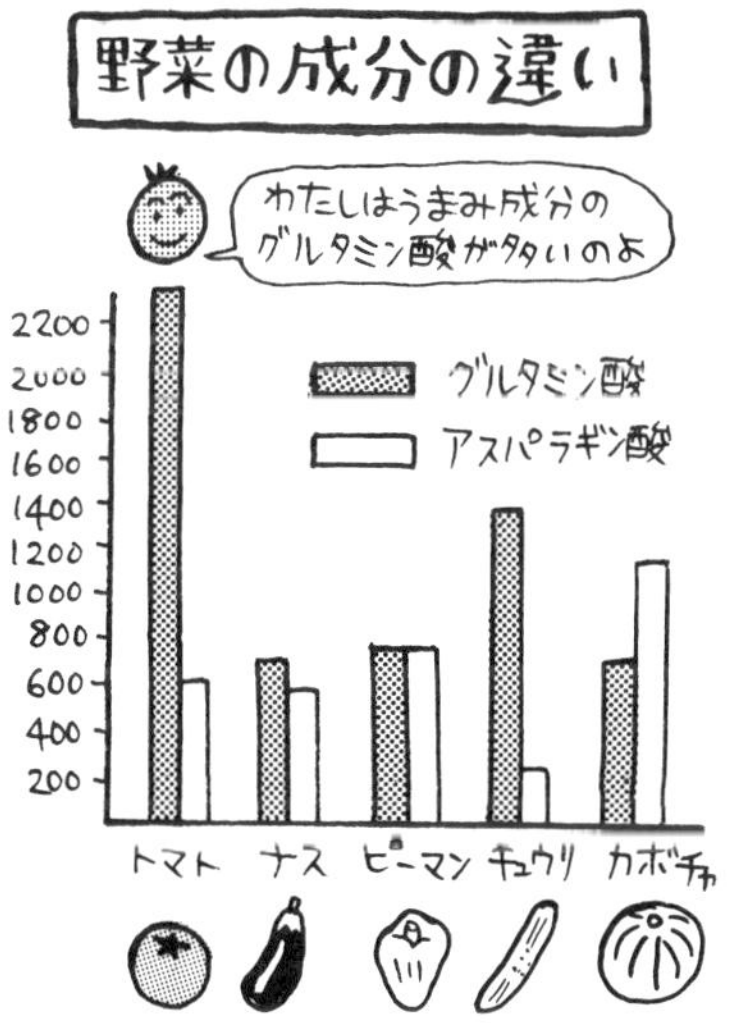
野菜の成分の違い
わたしはうまみ成分の
グルタミン酸が多いのよ
2200
2000
1800
1600
1400
1200
1000
800
600
400
200
グルタミン酸
アスパラギン酸
トマト
ナス
ピーマン
キュウリ
カボチャ

レストランのメロンには、なぜ切り口が入っているの?

レストランなどではデザートに三日月型に切ったメロンがよく出てきます。必ず三日月型の左右どちらか一方の果肉と皮との間に切れ目が入っています。

なぜメロンには切り口が入っているのでしょう。食べやすくするためということもありますが、同じ三日月型でもスイカには、このような切り口は入っていません。

ヒントを差し上げます。メロンは、メロンの先端（おしりの部分）を触ってやわらかくなっていたり、良い匂いがしたりするかどうかで収穫適期を判断します。メロンは先端の部分から熟していくからです。つまり、メロンは先端部のほうが甘くておいしいのです。三日月型に切った場合、頭の部分とおしりの部分が両端にくることになります。最初に食べ始めてほしい側に切れ目を入れているのです。

では先端部と頭部分、どちらに切れ目が入っているでしょうか。答えは頭部です。充分に熟れてない頭部から食べれば、最後に一番熟れて甘い先端部分（おしりの部分）を食べることになり、美味しいメロンだったと感じられるからです。

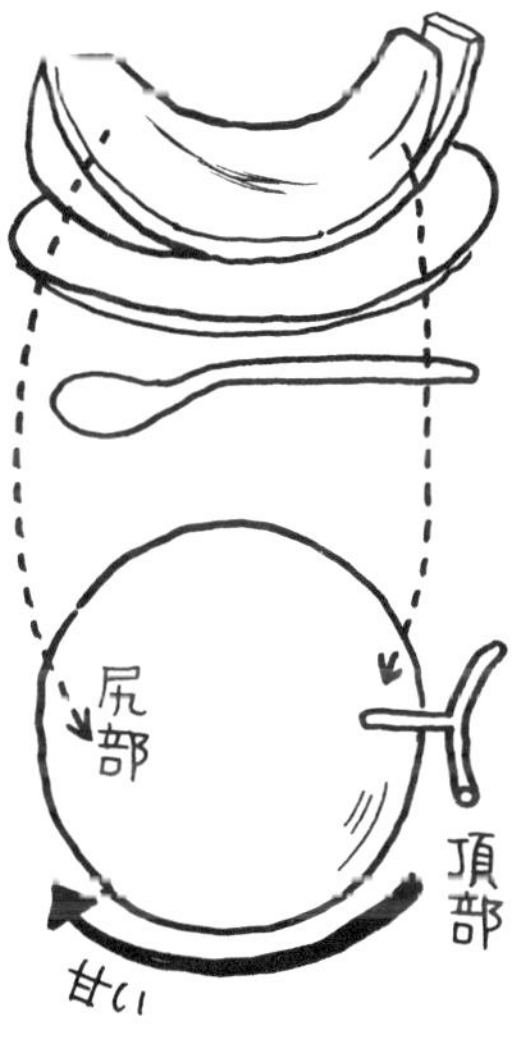
尻部
頂部
甘い

1. キュウリの栽培計画

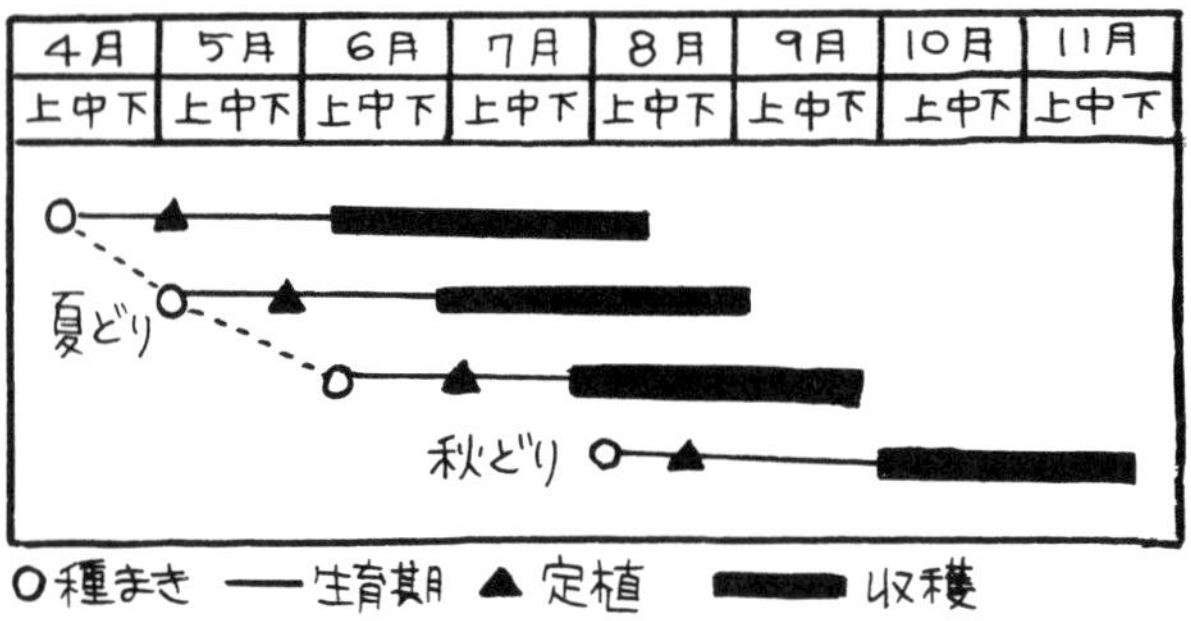
4月 5月 6月 7月 8月 9月 10月 11月
上中下
夏どり
秋どり
○種まき —生育期 ▲定植 ■収穫

●生育に適した環境

		適温	限界温度
発芽		25～30℃	10℃以下
生育	昼間	23～28℃	35℃以上
	夜間	10～15℃	10℃以下
pH		5.5～6.5	

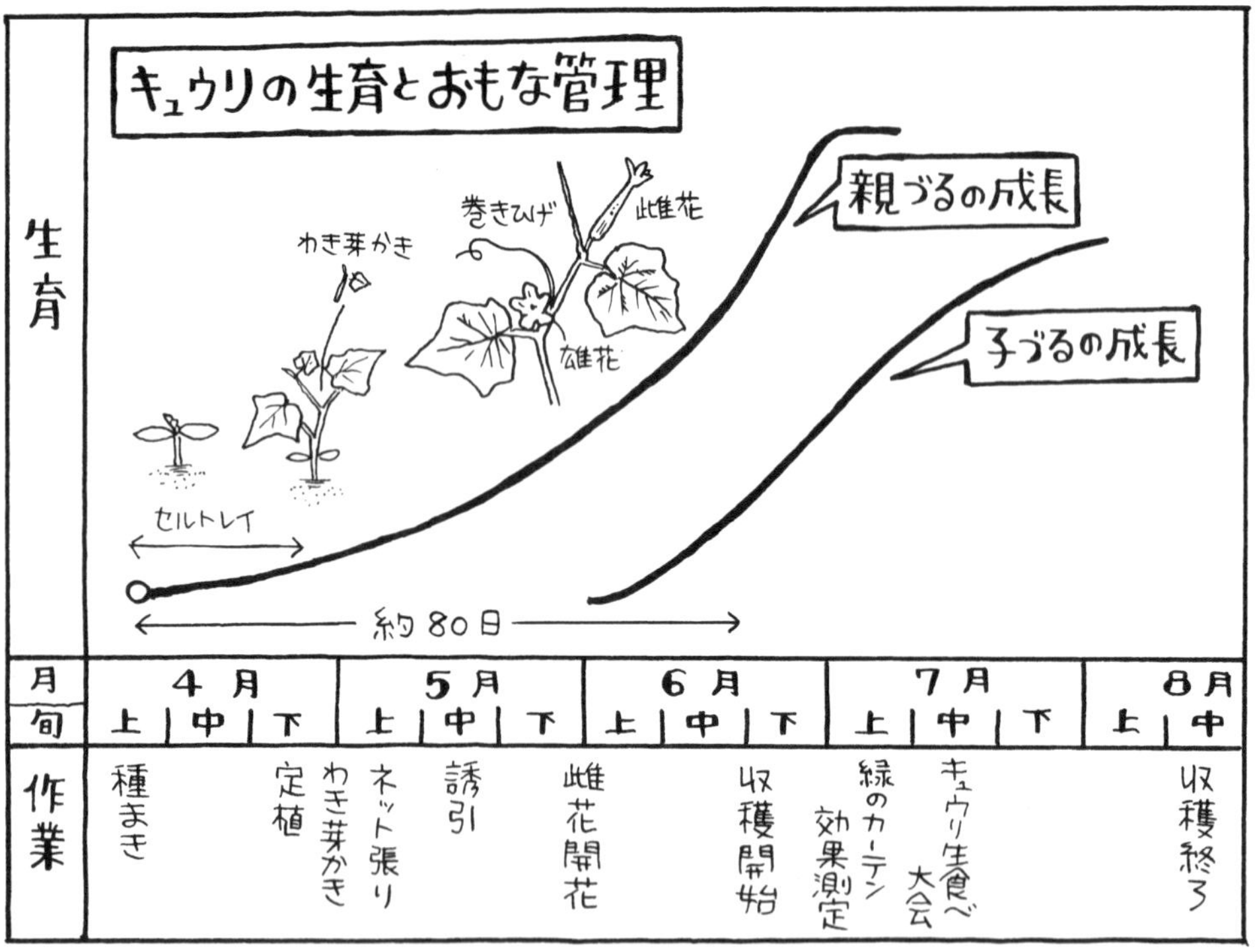
キュウリの生育とおもな管理
生育
親づるの成長
子づるの成長
巻きひげ
雌花
わき芽かき
雄花
セルトレイ
約80日
月 旬
4月 上 中 下
5月 上 中 下
6月 上 中 下
7月 上 中 下
8月 上 中
作業
種まき
定植
わき芽かき
ネット張り
誘引
雌花開花
収穫開始
緑のカーテン効果測定
キュウリ生食べ大会
収穫終了

●キュウリで緑のカーテンをつくろう

日本には、涼を呼ぶ夏の風物詩として、葦簀（よしず）にはったアサガオや打ち水がありました。いま、地球温暖化が大きな問題になるなかで、窓側につる性植物を繁茂させて暑さをさける「緑のカーテン」が注目を集めています。アサガオが一般的ですが、最近は実がなる楽しみもある、キュウリ、ゴーヤ、ヘチマ、ヒョウタンなどでも緑のカーテンがつくられています。なかでも、収穫してすぐ食べられるキュウリはおすすめです。

生育の早いキュウリは夏休み前に窓辺をおおうので、夏休み前に緑のカーテンの効果調査も収穫もできます。

●成長が速く短命なので、ずらしまきを

キュウリは成長が速く、種まきから八〇日くらいで収穫が始まります。四月上旬に種まきすると六月下旬から収穫できます。

しかし短命で収穫期間は一ヵ月くらいしかありません。収穫期間を長くしたい場合は、二、三週間おきに三回、種まきをずらしてまくと、収穫期間が長くなります。平均気温が一五℃以上になれば、マイ畑に直接じかまきしペットボトルをかぶせて育てることもできます。

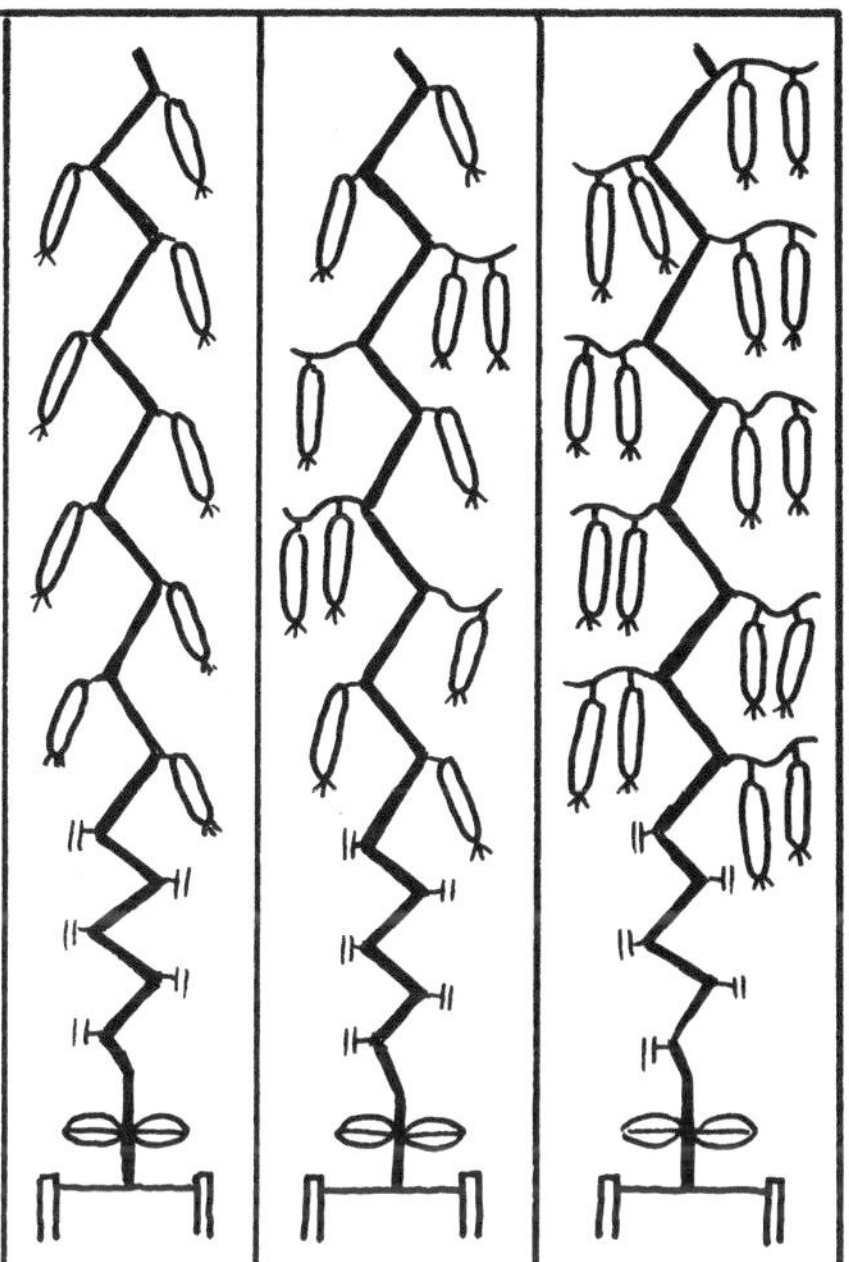

着果位置	節成り性 親づるの各節に雌花がつく	飛び節成り性 親づるのところどころに雌花がつく	側枝性 親づるにはほとんど雌花がつかない
草勢	弱い	中くらい	強い
収穫開始	早い	中くらい	遅い
側枝	発生しにくい	中くらい	発生しやすい
収量	少ない	中くらい	多い

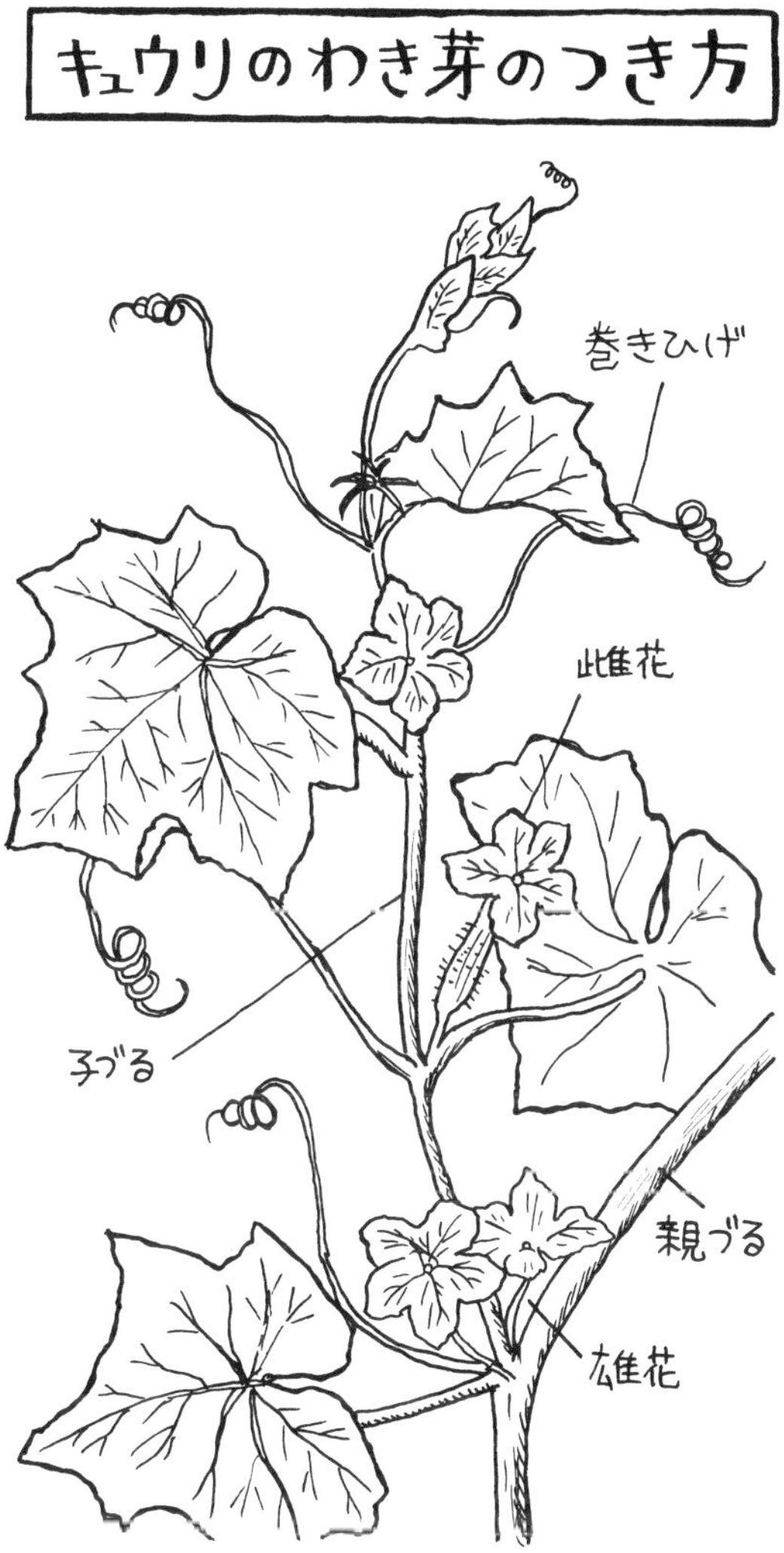
キュウリのわき芽のつき方
巻きひげ
雌花
子づる
親づる
雄花

●草勢の強い品種を選ぼう

種苗店やカタログやインターネットを見ると、キュウリだけで三〇品種も紹介されており、何を選んだら良いか迷います。

キュウリは葉のつけ根から、わき芽、花、巻きひげの三つが伸びてきますが、雌花がつくとそのつけ根からはわき芽が発生しにくくなります。また草勢が弱くなるとわき芽や巻きひげが発生しません。

キュウリには上図のように、親づるにはとんどわき芽（側枝）が発生せず、果実が親づるに成る節成り型と、草勢が強くわき芽がよく伸びて果実が親づるではなく子づるに成る側枝型、およびその中間の飛び節成り型とがあります。わき芽が発生しやすい品種ほど、草勢が強くじょうぶです。

コンテナ栽培では畑栽培に比べて草勢が弱くなりやすいので、草勢の強い側枝型か飛び節成り型の品種を選びます。とくに緑のカーテンをつくるには、草勢が強くわき芽が伸びやすく、うどん粉病などに強い品種を選ぶことが肝心です。私のおすすめの品種は「夏すずみ」と「つや太郎」（両者タキイ交配）。いずれも、病気に強く、つくりやすく、側枝がよく伸びて収量も多いです。

2. 種まきから定植

種まき

【種のまき方】

タマゴキャップで保温するので3月上旬から種をまけるんだ
※収穫は6月下旬ころ～
セルトレイすりきり一杯土を入れる
播種専用の土
❶ミニトマトの時と同じ手順でセルトレイの穴に底アミを敷き、発泡スチロール箱の中で土を入れる
❸種をくぼみにまき、ほんの少しかくれるくらいまで土に埋めこむ
深く埋めこみすぎると芽が出ないので注意!
指の第1関節では深すぎる!
❷指で5～8ミリのくぼみをつくる
底アミ
キュウリは3～4日で発芽します
❺水を張った発泡スチロール箱やバケツにセルトレイをつけ、下から水を吸わせる
保温
❹タマゴキャップをかぶせ、セロテープやホチキスで止める

●深まきに気をつけ、保温育苗

キュウリもミニトマトと同じく、五〇穴のセルトレイに一粒ずつまきます。まく深さは、種の厚みの一・五倍が基本です。深さは五～八ミリくらいが適正です。キュウリの種は大きいので、アサガオの種まきの要領で人差し指の第一関節まで穴をあけて埋めこむ人がいますが、それではキュウリには深すぎ、発芽しにくくなります。

キュウリは、二五℃以上あれば三～四日でよく発芽しますが、一五℃以下になるとなかなか発芽しません。タマゴキャップをしっかりかぶせて、最低気温が一五℃以下になる場合は、夜間は発泡スチロール温室（二三ページ参照）などに入れて保温しましょう。

キュウリは乾燥に弱いうえに葉が大きく蒸散量も多いので、発芽後も水やりを欠かさずに、たっぷり底面給水してやります。

●本葉二～三枚で早めに定植を

ミニトマトのように、九センチのポリポットに鉢上げして本葉四～五枚まで育ててから定植する方法もありますが、キュウリの根は直根性で移植の際に根が傷むと植え傷みしやすいので、できるだけ早く若苗で定植したほうが良いです。

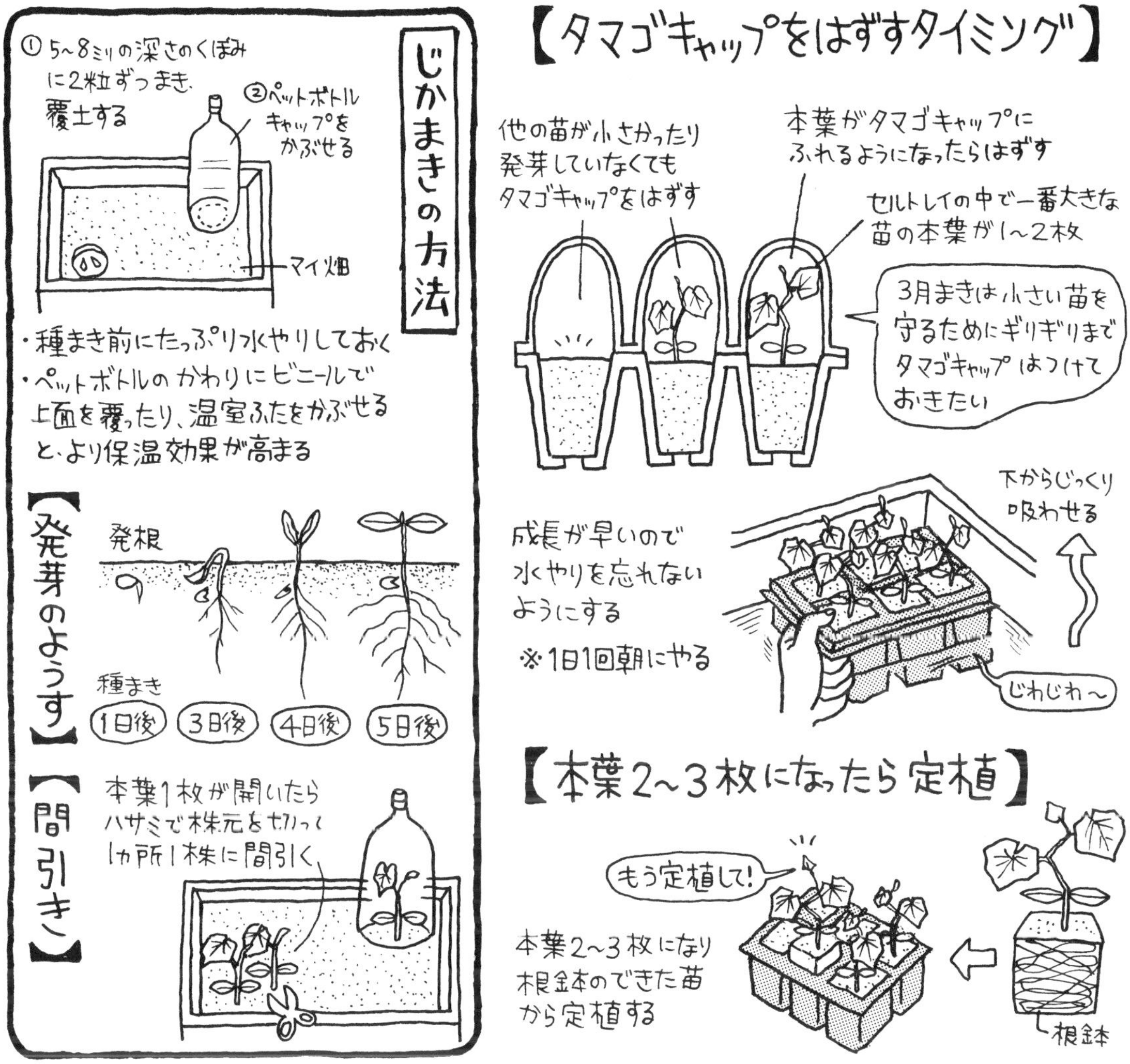
じかまきの方法
①5～8ミリの深さのくぼみに2粒ずつまき、覆土する
②ペットボトルキャップをかぶせる
マイ畑
・種まき前にたっぷり水やりしておく
・ペットボトルのかわりにビニールで上面を覆ったり、温室ふたをかぶせると、より保温効果が高まる
【発芽のようす】
発根
種まき
1日後
3日後
4日後
5日後
【間引き】
本葉1枚が開いたらハサミで株元を切って1ヵ所1株に間引く
【タマゴキャップをはずすタイミング】
他の苗が小さかったり発芽していなくてもタマゴキャップをはずす
本葉がタマゴキャップにふれるようになったらはずす
セルトレイの中で一番大きな苗の本葉が1～2枚
3月まきは小さい苗を守るためにギリギリまでタマゴキャップはつけておきたい
成長が早いので水やりを忘れないようにする
※1日1回朝にやる
下からじっくり吸わせる
じわじわ～
【本葉2～3枚になったら定植】
もう定植して!
本葉2～3枚になり根鉢のできた苗から定植する
根鉢

キュウリはミニトマトより低温に弱いので、タマゴキャップをぎりぎりまでかぶせておきたいですが、成長が速いので、子葉が開いて発芽してから二週間もすると本葉が二枚開いて、タマゴキャップにふれるようになります。こうなったら、根鉢がくずれずに抜けるようになったら、早めに定植しましょう。定植後は、底を切ったペットボトルキャップをかぶせて保温しましょう。

●じかまきもおすすめ

温度さえ確保できれば、じかまきがおすすめです。マイ畑に用土を入れてたっぷり水やりしてから、対角線上に二ヵ所か、間隔をあけて三ヵ所に、二粒ずつまきます。

発芽温度を確保するには、マイ畑にビニールをかぶせるか、ペットボトルキャップをかぶせて保温します。まだ夜間に一五℃以下になるときは、発芽するまで夜間だけ古毛布を上にかぶせて保温しましょう。

発芽後は、三〇℃以上になると徒長したり立枯れ病なども出やすくなるので、高温にならないように注意します。発芽して本葉が一枚開いたら、一ヵ所一株に間引きます。

定植

●根鉢の上面が見えかくれするくらいに植える

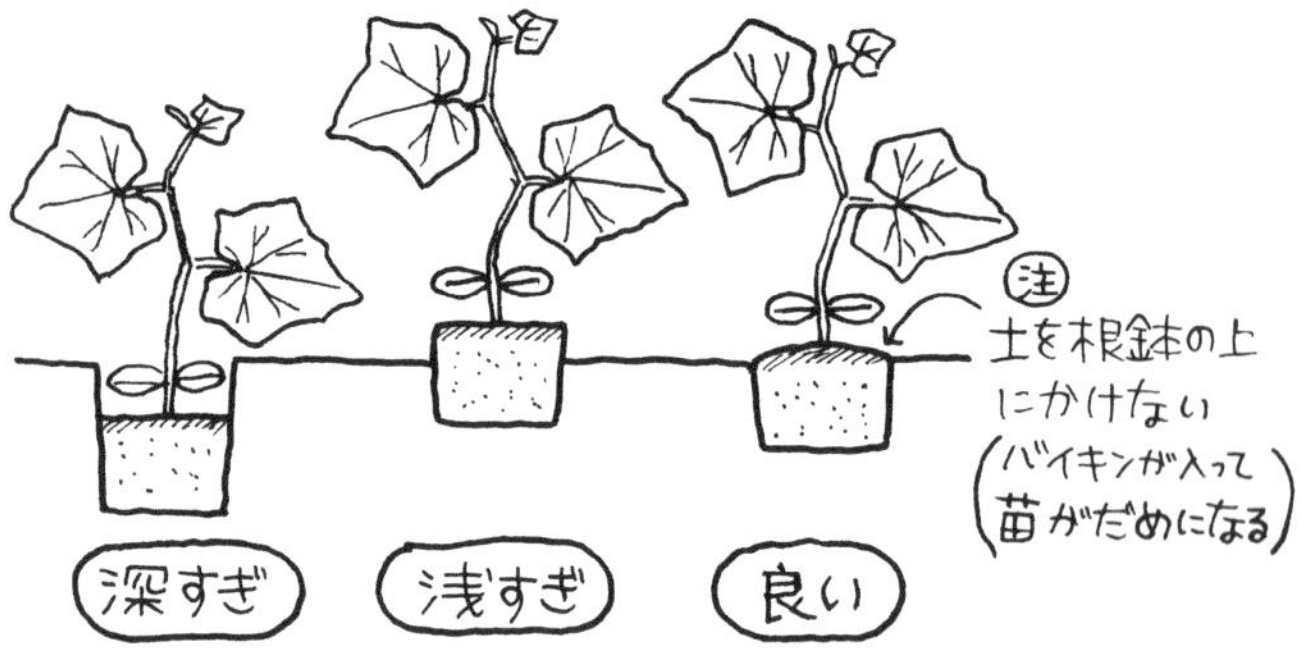
注
土を根鉢の上にかけない
（バイキンが入って苗がだめになる）
深すぎ
浅すぎ
良い

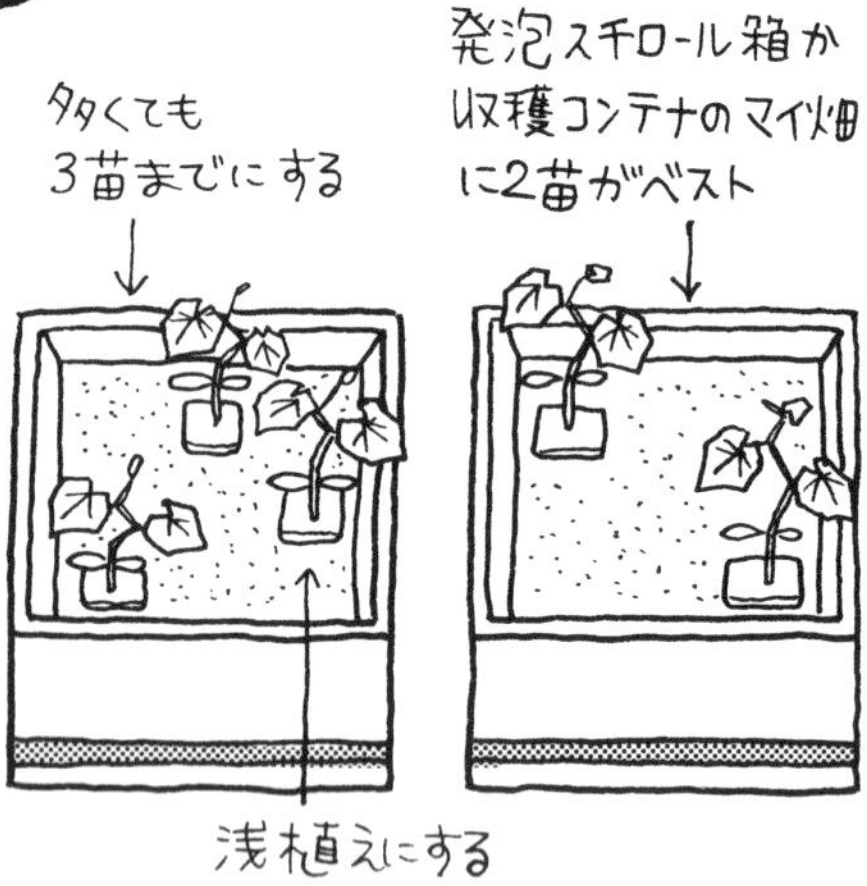
多くても3苗までにする
発泡スチロール箱か収穫コンテナのマイ畑に2苗がベスト
浅植えにする

【苗を購入する場合は】

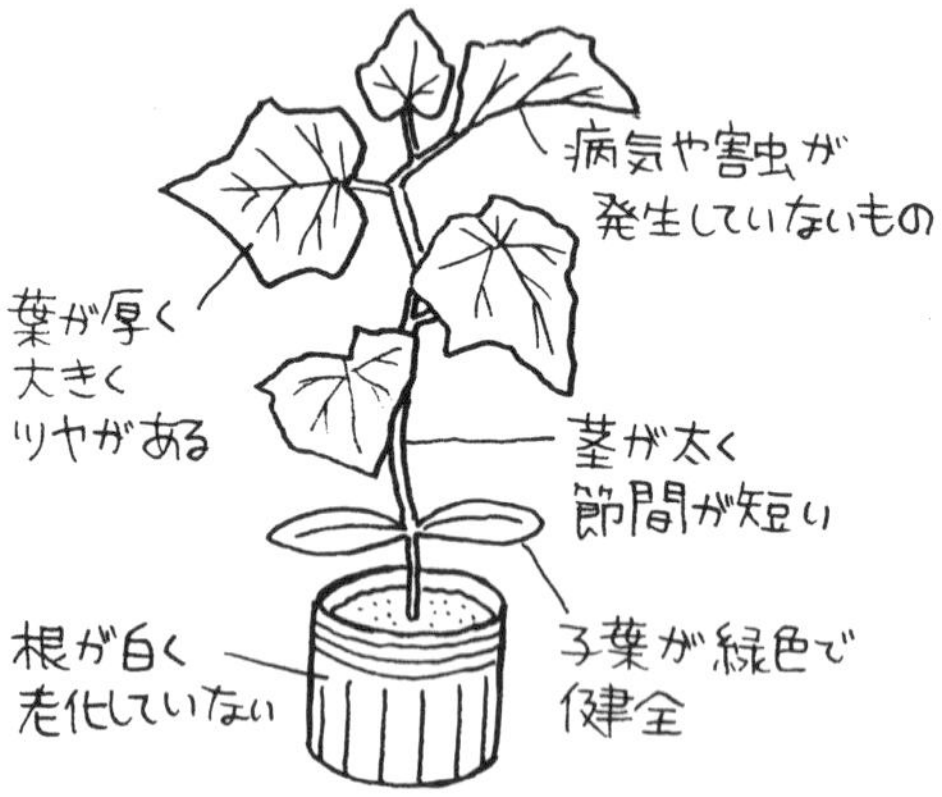
病気や害虫が発生していないもの
葉が厚く大きくツヤがある
茎が太く節間が短い
根が白く老化していない
子葉が緑色で健全

【定植後の水やり】

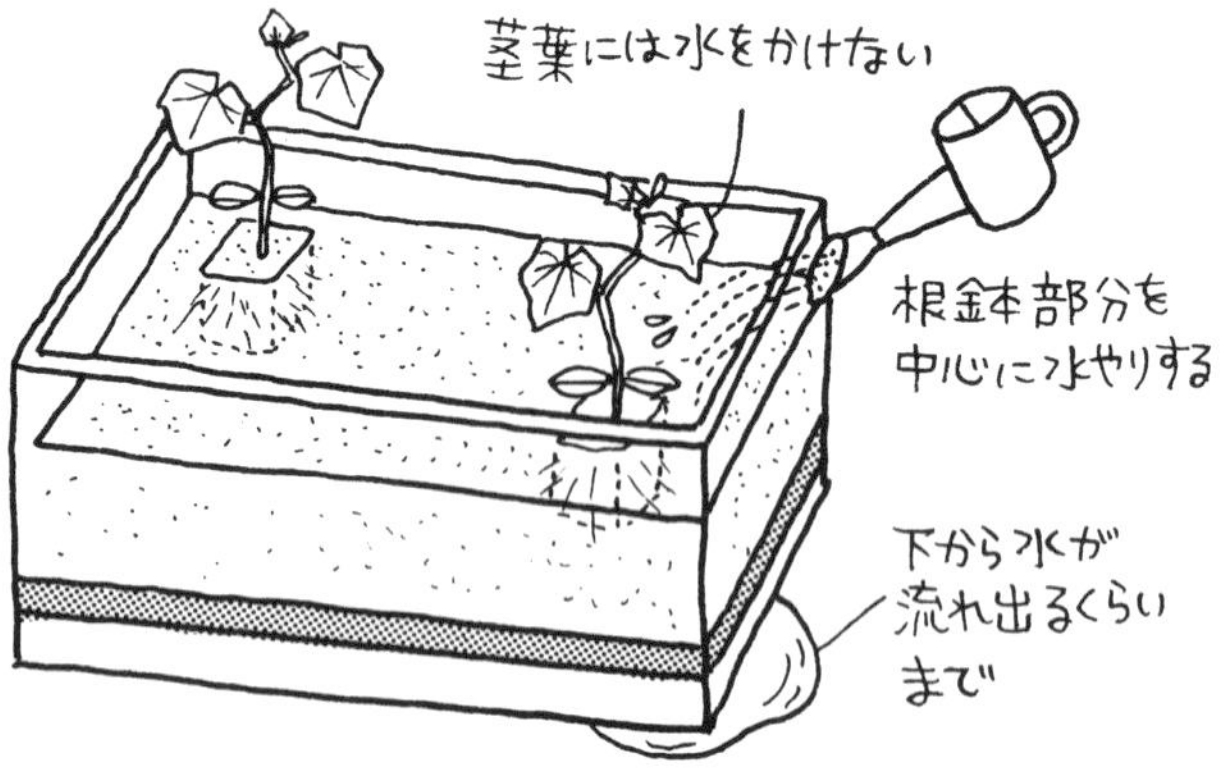
茎葉には水をかけない
根鉢部分を中心に水やりする
下から水が流れ出るくらいまで

●浅植えにして株元中心に水やり

野菜コンテナか発泡スチロール箱のマイ畑に多くても三株、普通二株がベストです。キュウリの根は、酸素を好み、根張りは浅いので、株間も大きくとりたいからです。また、葉が大きくなる（大人の手のひらの二倍くらいになる葉もある）ので、葉が重ならないようにしたいからです。

キュウリの根は過湿に弱いので浅植えにします。セルトレイから抜いた根鉢の上面が少し出るくらいの深さに植え、根鉢の上面に土をかぶせないようにします。深くすると過湿になって根が弱り、活着が遅れてしまいます。

定植後の水やりも、根鉢の部分を中心にジョウロでかけると、新しい根が酸素を求めてよく伸びてきます。全面にたっぷりかかけると、新根の伸びが悪くなります。

●苗を購入するならガッチリ苗を

苗を購入する場合は、①葉と葉の間（節間）が短く、ガッシリしている、②葉が厚く、つやがあり濃緑色、③病気や害虫がついていない、④根が白く老化していない、⑤健全な子葉が二枚ついている、などを目安にして選びましょう。徒長して節間が長い苗や根が褐色〜灰色になった老化苗はさけましょう。

コーヒーブレーク③
—子どものやる気を刺激するワンポイント講座—

キュウリの花はなぜ雌花と雄花に分かれているの？

トマトなどの多くの植物の花には、オシベとメシベが両方ついていますが、キュウリの花はメシベだけの雌花と、オシベだけの雄花が別々に咲きます。これを雌雄異花（しゆういか）といいます。メシベとオシベの両方がついている花を両性花といいます。カボチャやスイカ、メロンなどウリ科の野菜はみな、雌雄異花です。トウモロコシや、クリやマツ、スギなどの果樹も雌雄異花です。

一つの花にメシベとオシベといっしょについている両性花のほうが、花粉がつきやすく高率的に受精ができるのに、なぜわざわざ別の花にしているのでしょう。

その理由は、できるだけ違う花の花粉といっしょになったほうが、いろいろな遺伝子と合体できるからです。いろいろな遺伝子を持っていると、さまざまな環境でも生きていくことができるのです。これは植物の進化の過程で身につけた生き残り戦略なのです。

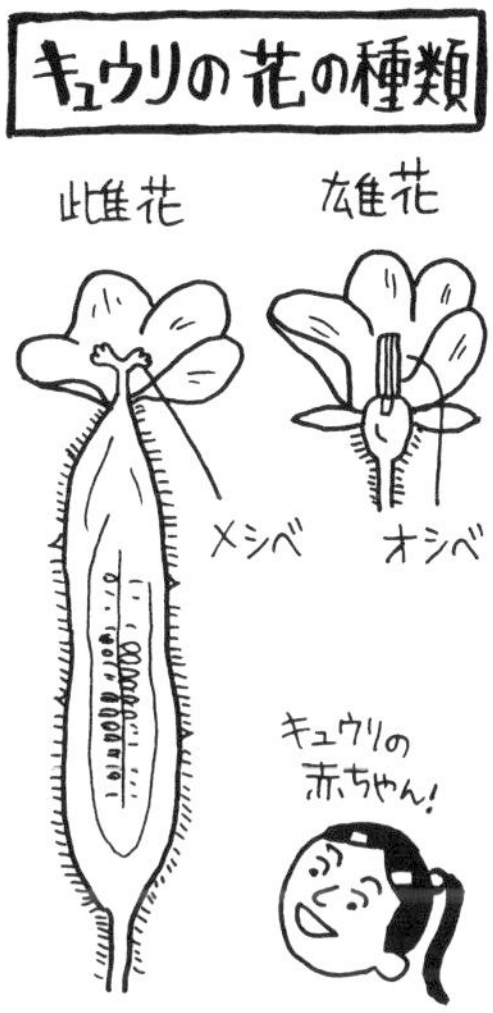

このことをもっと重視している植物は、人間と同じように、雄株と雌株が別れています。野菜ではホウレンソウやアスパラガス、フキ、ヤマノイモがそうで、このことを雌雄異株（しゆういしゅ）といいます。これらの野菜は果実を食べる野菜でないので、雄株でも雌株でもかまいませんが、キウイフルーツやイチョウ（ギンナン）、ヤマモモなどの雌雄異株の果樹の場合は、雄株だと何年経っても成りません。雌株だけでも近くに雄株がないと成りません。そのため、キウイフルーツを植えるときは、必ず雄株と雌株をいっしょに植えます。

ウメやナシ、スモモ、リンゴ、サクランボ、オリーブ、アケビなどは両性花ですが、自分の花粉はもちろん、同じ品種の花粉でも受精しません。受精するには、相性の良い異なった品種の花粉を必要とします。

この遺伝子の異なる花粉を運ぶ役目を担っているのが、ミツバチなどの昆虫です。花は蜜を出して昆虫を招き、あしなどに花粉をつけて運んでもらいます。

美しいレンゲはなんのためにつくったの？

昔懐かしいレンゲ畑。今でも春に田んぼ一面に咲くレンゲをときどき見かけます。このレンゲは単に美しいから鑑賞用に育てたのではありません。

レンゲはマメ科の植物で、マメ科の植物の根には小さな球形のコブができています。この中に空気中のチッソを植物が吸収できるアンモニアなどに変えて、レンゲに供給してくれる根粒《こんりゅう》菌がいます。その代わり、レンゲは根粒菌に糖などの栄養分を供給して共生しています。一〇センチに生育したレンゲは、チッソ四〜五キロに相当するといわれています。

そのため肥料をほどこさなくともレンゲは育ち、育ったレンゲを緑肥（りょくひ＝草肥：くさごえ）として田んぼにすきこむと、イネの肥料となるのです。エダマメやインゲン、ラッカセイ、クローバーなどもマメ科なので、肥料は少なくても育ちます。

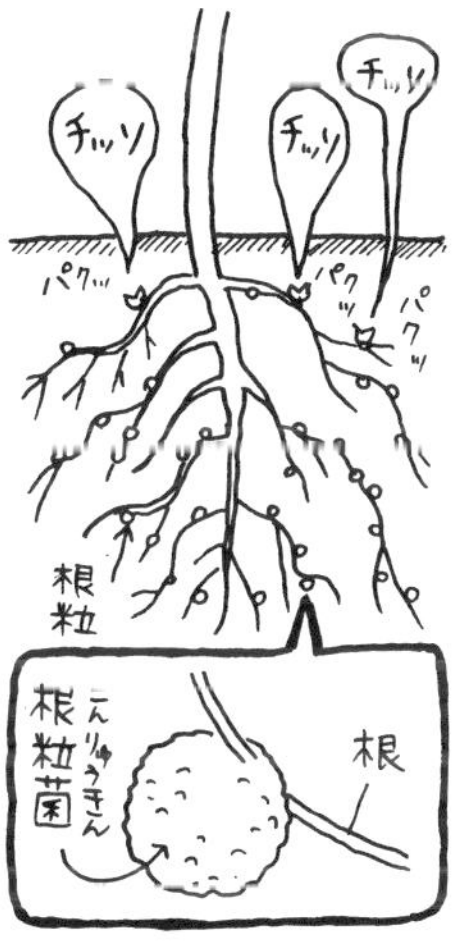

3. ネットの張り方

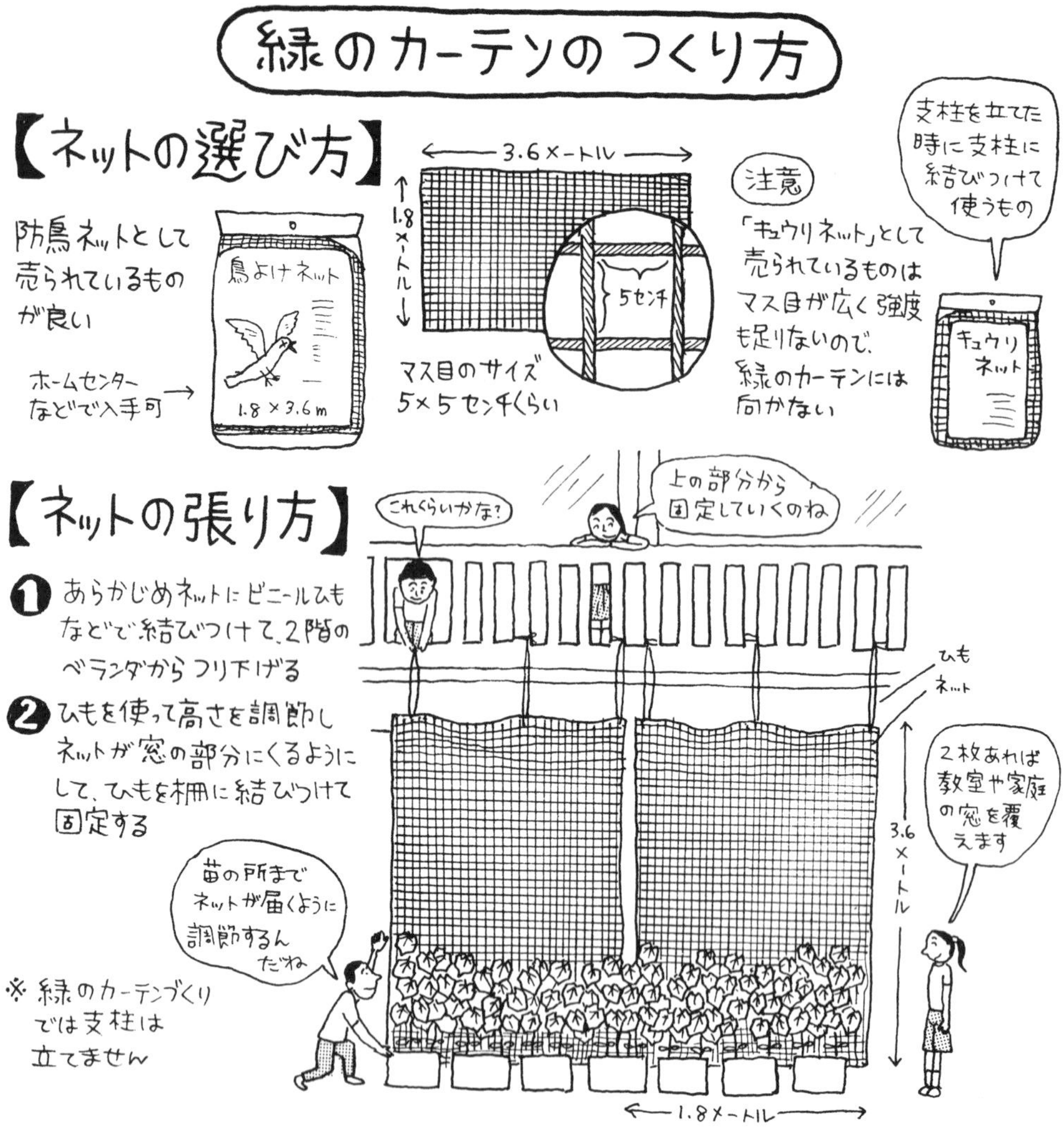
緑のカーテンのつくり方
【ネットの選び方】
防鳥ネットとして売られているものが良い
鳥よけネット
1.8×3.6m
ホームセンターなどで入手可
3.6メートル
1.8メートル
5センチ
マス目のサイズ 5×5センチくらい
注意
「キュウリネット」として売られているものはマス目が広く強度も足りないので、緑のカーテンには向かない
支柱を立てた時に支柱に結びつけて使うもの
キュウリネット
【ネットの張り方】
❶ あらかじめネットにビニールひもなどで結びつけて、2階のベランダからつり下げる
❷ ひもを使って高さを調節しネットが窓の部分にくるようにして、ひもを柵に結びつけて固定する
これくらいかな？
上の部分から固定していくのね
ひも
ネット
2枚あれば教室や家庭の窓を覆えます
3.6メートル
苗の所までネットが届くように調節するんだね
※ 緑のカーテンづくりでは支柱は立てません
1.8メートル

●ネットはじょうぶな防鳥ネットを

キュウリは支柱を合掌型に組んでつるをはわす仕立て方が一般的ですが、三メートル以上の高さまで全面にはった緑のカーテンにするには、ネットを張ります。ネットは支柱に張るキュウリネットではなく、糸がよられたじょうぶな防鳥ネットを使います。ホームセンターなどで一・八メートル×三・六メートル（園芸コーナーではなく、ネットなどの資材コーナーにあることが多い）のものが、六〇〇円前後で売られています。

　この大きさのネット一枚で窓サッシを二枚おおえます。一教室の窓サッシを八枚とすると、一教室全体の窓をおおうには、防鳥ネットは四枚必要です。一ネットあたり、マイ畑が三個並ぶので、発泡スチロール箱、あるいは野菜コンテナのマイ畑は一二個必要になります。

　このネットはじょうぶなので、丁寧に取りはずせば毎年使えます。キュウリネットは弱くて毎年は使えません。

●ネットの上下を固定し、ピンと張る

　ネットをどのように固定するかが、キュウリの成長や緑のカーテンのでき栄えを大きく左右します。キュウリは自分の体をネットに巻きひげをか

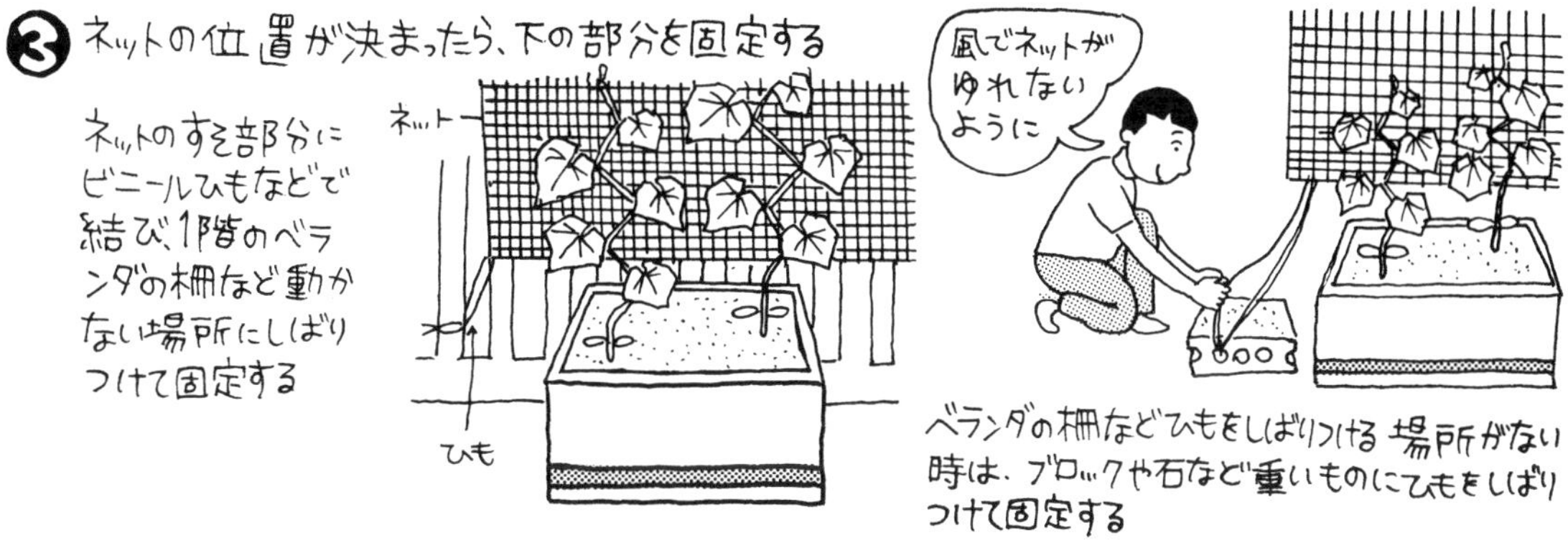
3 ネットの位置が決まったら、下の部分を固定する
ネットのすそ部分にビニールひもなどで結び、1階のベランダの柵など動かない場所にしばりつけて固定する
ネット
ひも
風でネットがゆれないように
ベランダの柵などひもをしばりつける場所がない時は、ブロックや石など重いものにひもをしばりつけて固定する

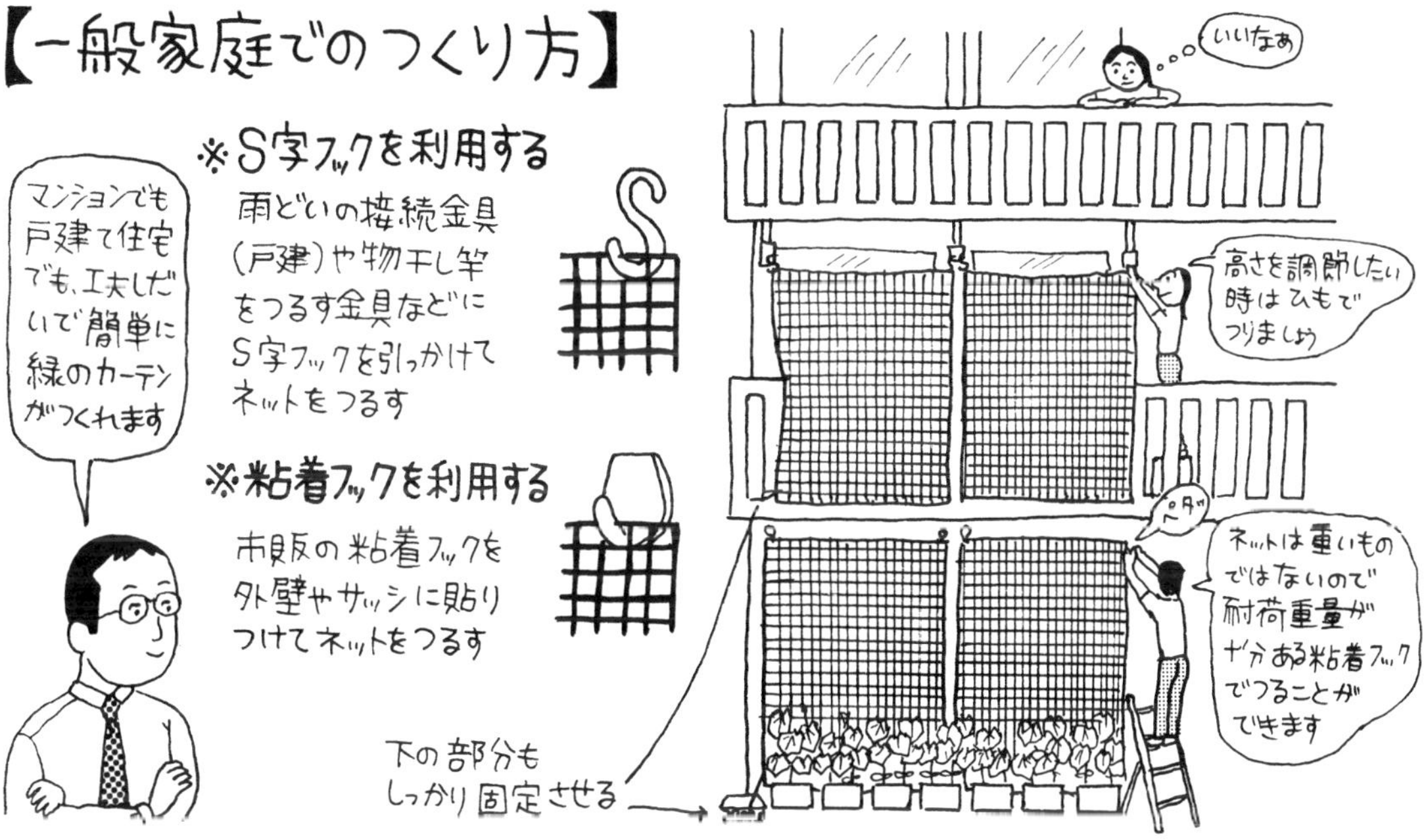
【一般家庭でのつくり方】
※S字フックを利用する
雨どいの接続金具（戸建）や物干し竿をつるす金具などにS字フックを引っかけてネットをつるす
※粘着フックを利用する
市販の粘着フックを外壁やサッシに貼りつけてネットをつるす
マンションでも戸建て住宅でも、工夫しだいで簡単に緑のカーテンがつくれます
いいなあ
高さを調節したい時はひもでつりましょう
ネットは重いものではないので耐荷重量が十分ある粘着フックでつることができます
下の部分もしっかり固定させる

らませて固定しますが、ネット自体がしっかり固定されていないと、風などで大きくゆれたり、はずれて落ちたりすると、成長が妨げられたり、茎葉が損傷したりします。

ネットをしっかり固定するには、ネットの上辺三ヵ所に、ビニールひもを取りつけておきます。そしてまず上部から、直射日光が入らぬ高さを想定し、その高さまでネットが届くように高さを調整して、二階のベランダ柵などに結束して固定します。ネットのすそも同様に支柱をビニールひもを取りつけ、ブロックや石などにひもを結んで引っ張り、ネットをピンと張ります。

窓の部分（カーテンが必要な部分）にネットが確実にあることが大切で、一枚で足りない場合は継ぎ足して全体をおおうようにします。下部は窓の少し下まであれば十分です。

家庭でネットを張るときは、ベランダの状況に合わせて、雨どいの接続金具や物干し竿をつるす金具など、そこにあるものを上手に使って、工夫しながら固定していくと良いでしょう。

4. わき芽かきと誘引

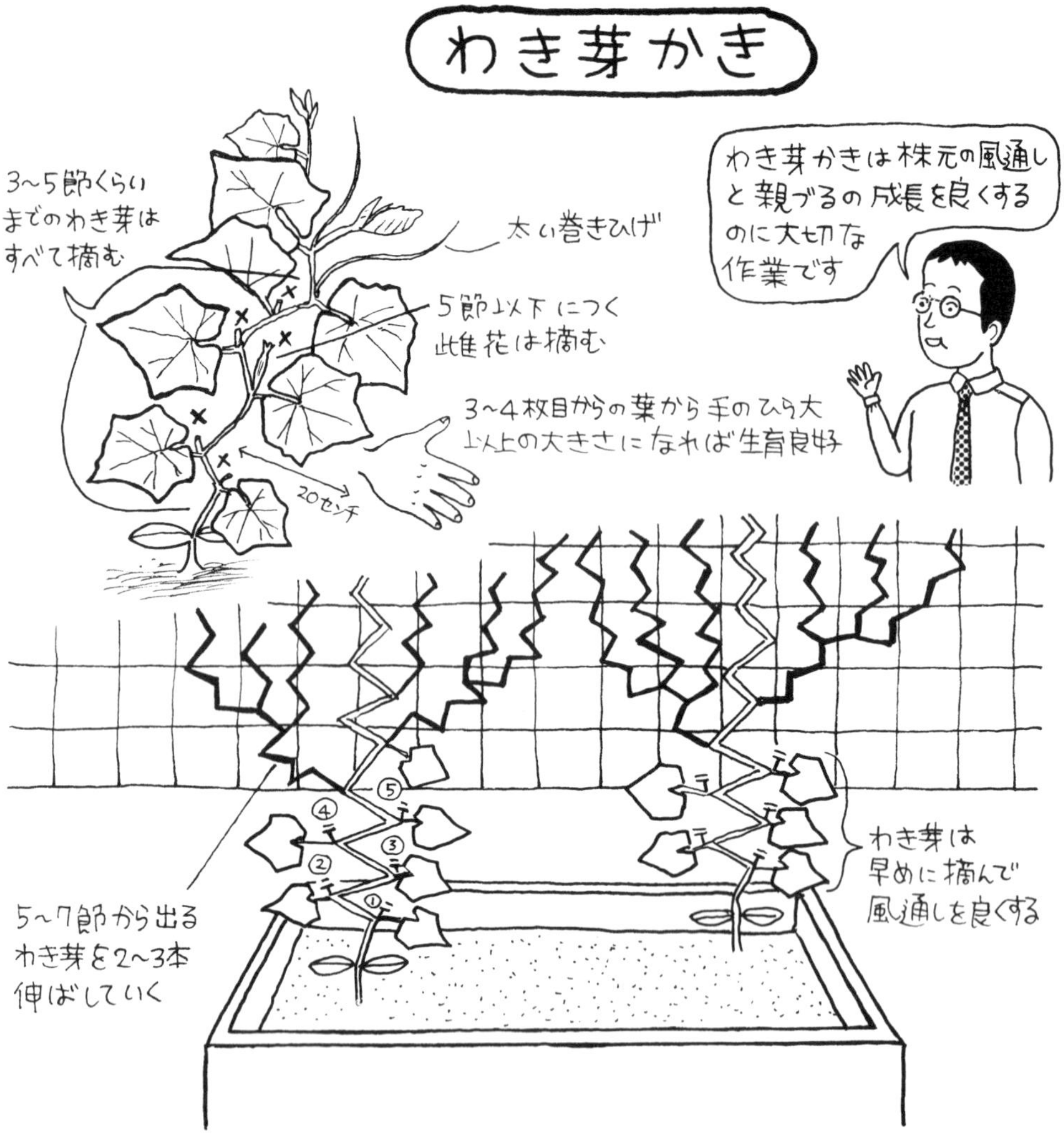

わき芽かき
わき芽かきは株元の風通しと親づるの成長を良くするのに大切な作業です
3〜5節くらいまでのわき芽はすべて摘む
太い巻きひげ
5節以下につく雌花は摘む
3〜4枚目からの葉から手のひら大以上の大きさになれば生育良好
20センチ
①
②
③
④
⑤
わき芽は早めに摘んで風通しを良くする
5〜7節から出るわき芽を2〜3本伸ばしていく

●三〜五節までのわき芽は摘み、あとは放任

キュウリは葉を大きく旺盛に育てることがコツです。三〜四枚目の葉が手のひら以上の大きさになることが目安です。元気なキュウリは一、二節からわき芽が伸びてきますが、あまり下部からわき芽を伸ばすと親づるの伸びが悪くなったり、株元の通風が悪くなったりするので、三〜五節までのわき芽は早めに摘んで親づるを伸ばします。五節以下の雌花も親づるの負担にならぬように摘みます。

支柱仕立てでは、それ以上の節の子づるは二〜三節で摘み、親づるも支柱の先端まで伸びたら摘んでそれ以上伸ばしませんが、緑のカーテンでは、五節以上は放任で伸ばしていきます。とくに五〜七節から伸びる子づるを親づるのように伸ばしていくと、全面が茎葉でおおわれます。

●すきまができぬよう子づるを誘引

定植後しばらくは、キュウリはまっすぐ上に伸びるのでネットに誘引する必要はありませんが、定植後一週間か一〇日くらいするとたれてくるので、親づるの先端部を直立させて、ネットにテープを8の字にゆるめに結わえて誘引します。つるは、直立して伸びていくほど勢いが強くなりま

誘引の仕方

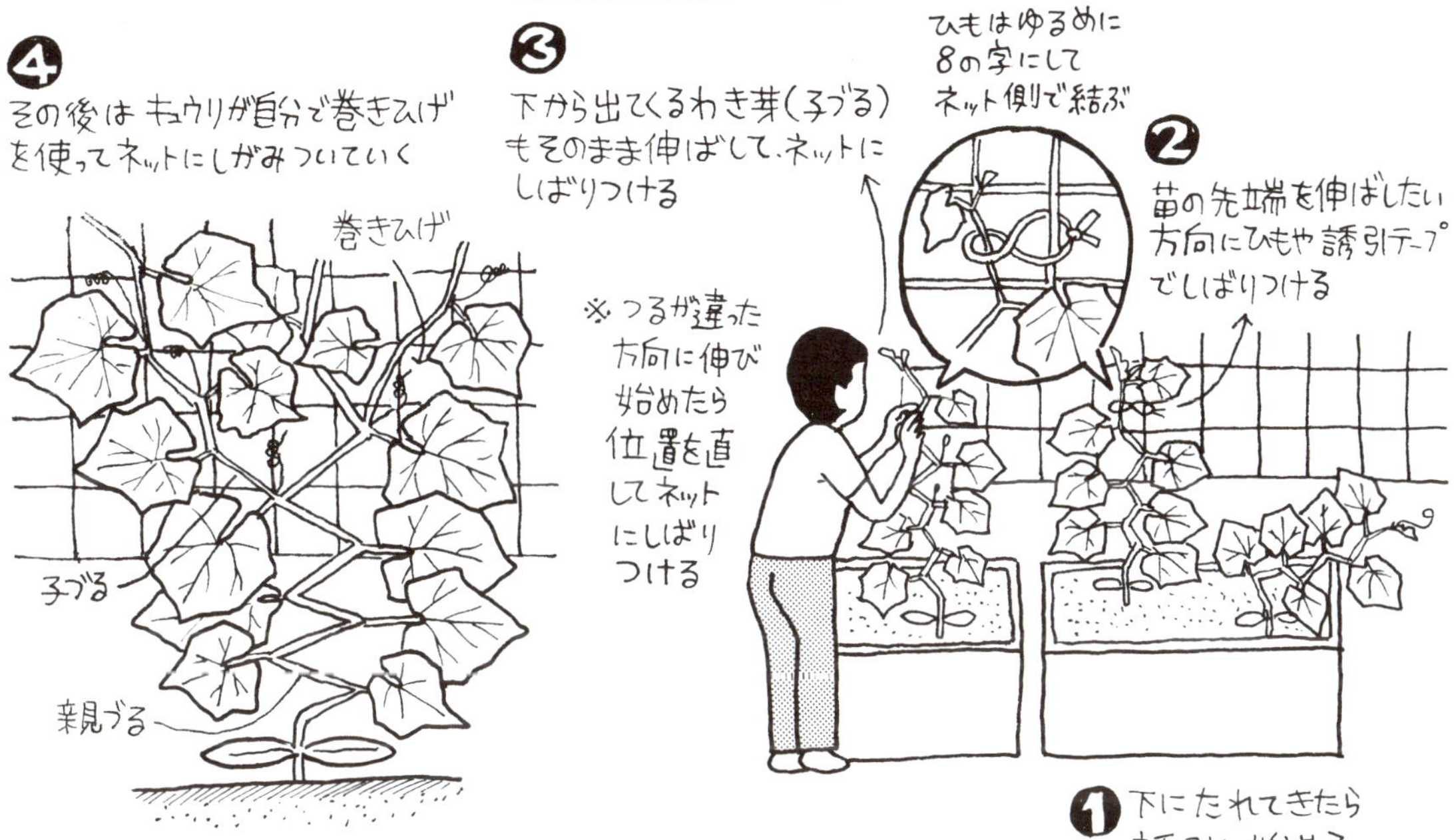
④
その後はキュウリが自分で巻きひげを使ってネットにしがみついていく
巻きひげ
子づる
親づる
③
下から出てくるわき芽(子づる)もそのまま伸ばして、ネットにしばりつける
※つるが違った方向に伸び始めたら位置を直してネットにしばりつける
ひもはゆるめに8の字にしてネット側で結ぶ
②
苗の先端を伸ばしたい方向にひもや誘引テープでしばりつける
①
下にたれてきたら誘引し始める
※定植1週間後くらい

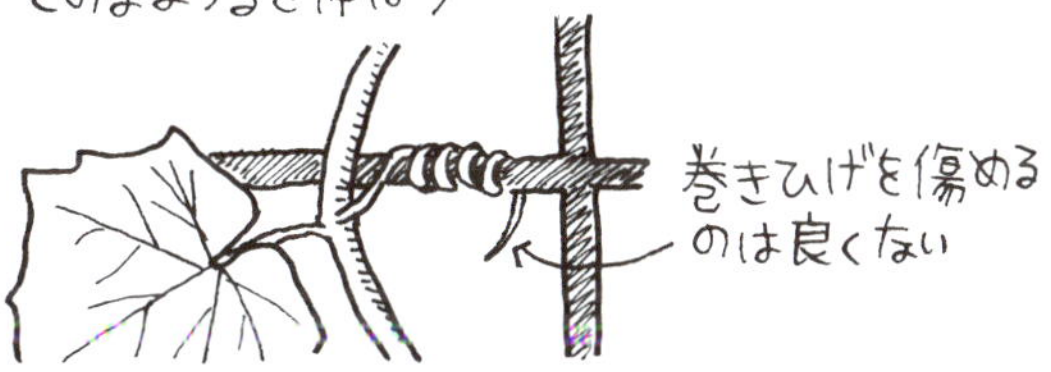
一度しがみついた巻きひげは違った方向でもほどいたりせず、そのままつるを伸ばす
巻きひげを傷めるのは良くない

す。斜めから横になるほど勢いが弱くなります。

子づるは、カーテンにすきまができぬように、伸ばしたい方向に同様に誘引します。最初につるを配置すれば、あとは巻きづるがネットにしっかり巻いて固定していくので、誘引の必要はほとんどありません。一度巻きひげで固定されたつるは、方向が間違っていてもほどくと株が傷むので、その先のつるを伸ばしたい方向に向けて誘引しておきます。

テープは、本来、紙や麻素材のものは上にかえるので始末がラクですが、虫を寄せつけない銀色のシルコンや一般的なビニールテープでも確実に回収すれば問題ありません。

子づるが思うように発生せず、すきまができてしまいそうなときは、親づるの先端を摘むと、わき芽を数本伸びてきます。このわき芽を伸ばして誘引すれば良いでしょう。また、あまりにつるが混み合って通風が悪くなると、ウドンコ病などが発生しやすいので、混み合った部分のつるを間引いてやります。

つるがネットの上部まで伸びてネットを超えるようになっても、放任でかまいません。つるがつかまる所がなくなると、自然に下にたれ下がり、伸びる勢いが弱くなってくるので問題ありません。

5. 水やり・追肥と生育診断

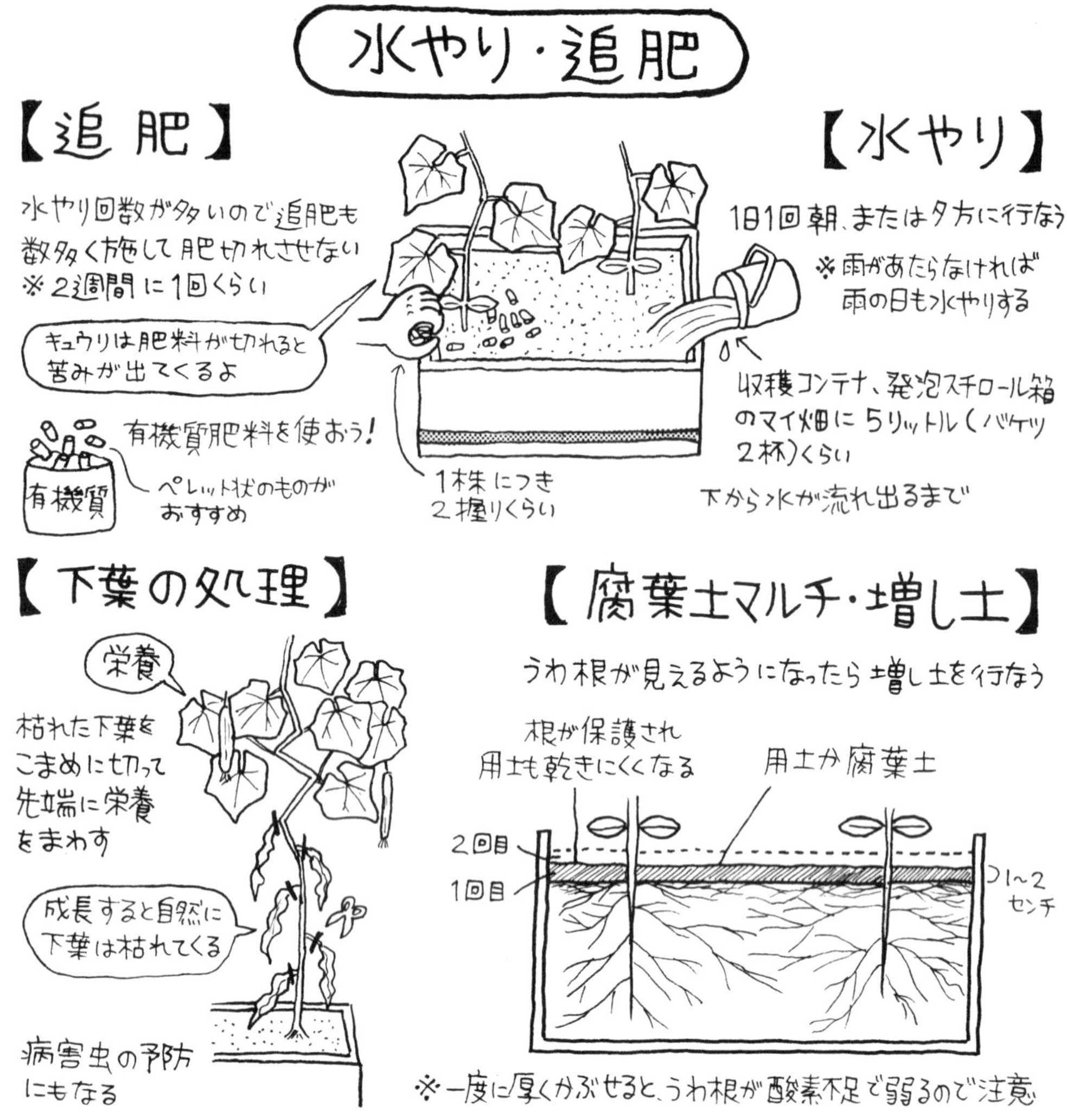

水やり・追肥
【追肥】
水やり回数が多いので追肥も
数多く施して肥切れさせない
※2週間に1回くらい
キュウリは肥料が切れると
苦みが出てくるよ
有機質肥料を使おう!
有機質
ペレット状のものが
おすすめ
1株につき
2握りくらい
【水やり】
1日1回朝、または夕方に行なう
※雨があたらなければ
雨の日も水やりする
収穫コンテナ、発泡スチロール箱
のマイ畑に5リットル(バケツ
2杯)くらい
下から水が流れ出るまで
【下葉の処理】
栄養
枯れた下葉を
こまめに切って
先端に栄養
をまわす
成長すると自然に
下葉は枯れてくる
病害虫の予防
にもなる
【腐葉土マルチ・増し土】
うわ根が見えるようになったら増し土を行なう
根が保護され
用土も乾きにくくなる
用土か腐葉土
2回目
1回目
1~2
センチ
※一度に厚くかぶせると、うわ根が酸素不足で弱るので注意

●水や肥料を切らさず旺盛に

キュウリは乾燥に弱く水を好み、大きくなると一株で一日に二リットルもの水を吸収といわれています。また肥料も旺盛に吸い、生育スピードも速いので、キュウリは最初から肥料や水を切らさずに育てることがポイントです。畑と違い容器栽培では、一株あたりの土の量が少なく、肥料分も水分も限られるので、定期的な水やり・追肥が必要です。

水は毎日、夕方か朝、一回以上、五リットルバケツで二杯、たっぷりとかけます。病気を防ぐために雨のあたらない場所に置いて育てますが、曇雨天の日でもかけてやります。晴天続きのときは、土が乾いて灰色っぽくなったり、キュウリの葉の先端がしおれてたれてくる前に、朝夕かけてやりましょう。

水やりの回数、量が多い分、肥料の流出も多くなるので、追肥は定植後活着したら、二週間おきくらいに、粒状の有機質肥料を一株に二握りくらい株まわりやマイ畑の縁に施してやります。

また、キュウリのうわ根が表面に網の目状に張ってきたら、腐葉土か用土を一回に二センチくらい全面にかぶせて増し土をしてやると、うわ根が保護され乾燥も抑えられます。

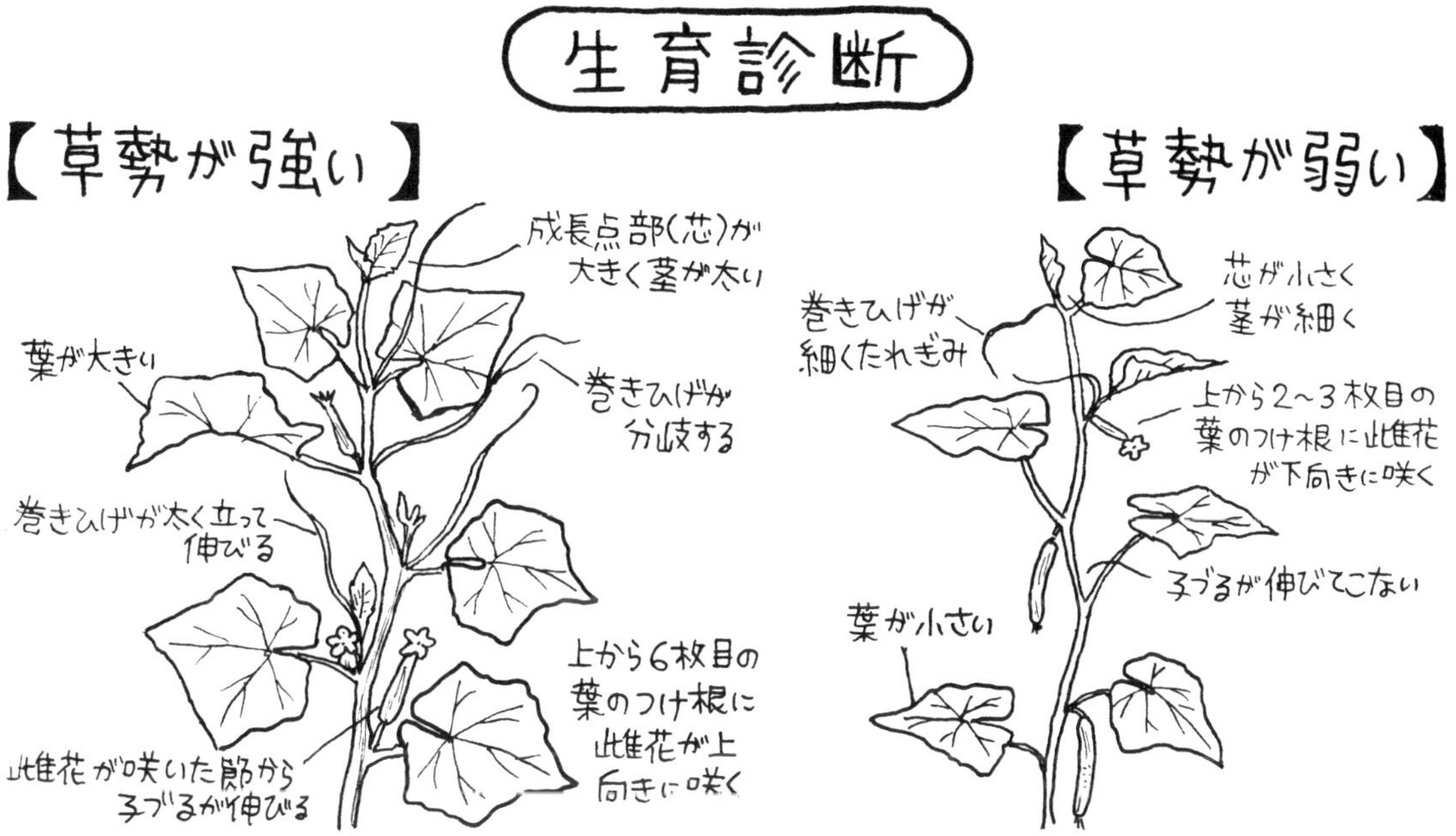
生育診断
【草勢が強い】
成長点部(芯)が
大きく茎が太い
葉が大きい
巻きひげが
分岐する
巻きひげが太く立って
伸びる
上から6枚目の
葉のつけ根に
雌花が上
向きに咲く
雌花が咲いた節から
子づるが伸びる
【草勢が弱い】
芯が小さく
茎が細く
巻きひげが
細くたれぎみ
上から2〜3枚目の
葉のつけ根に雌花
が下向きに咲く
子づるが伸びてこない
葉が小さい

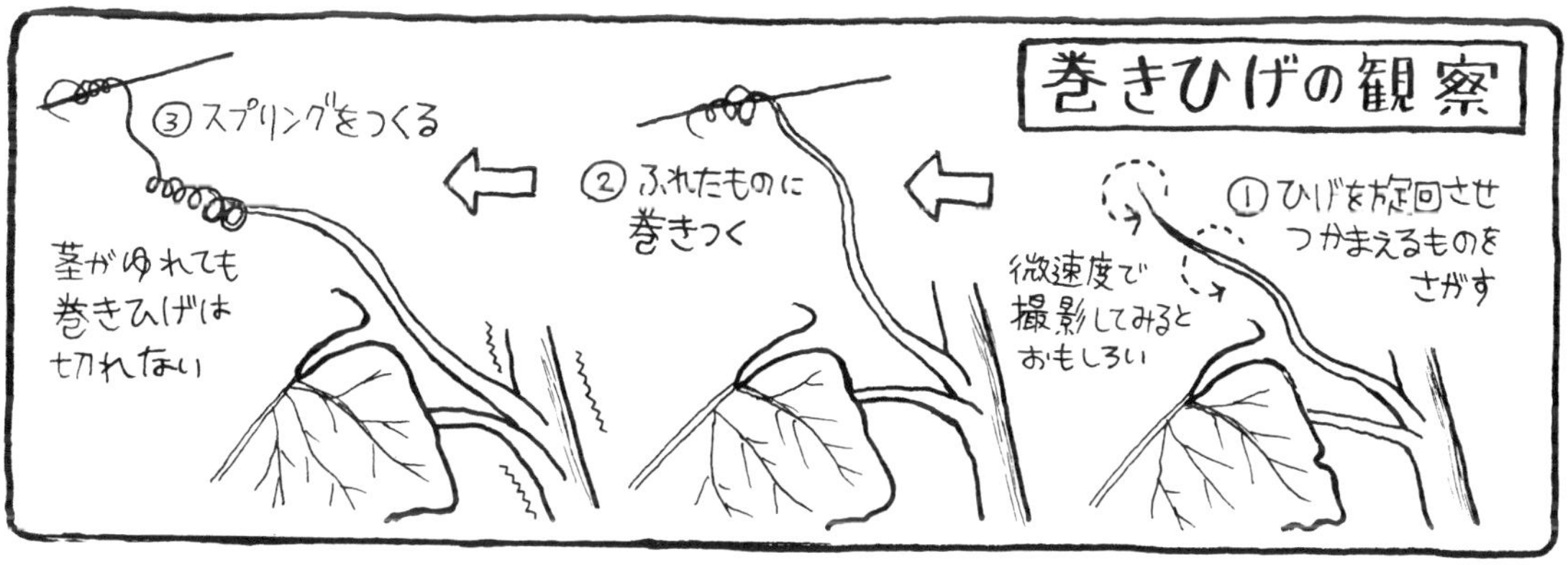
巻きひげの観察
①ひげを旋回させ
つかまえるものを
さがす
微速度で
撮影してみると
おもしろい
②ふれたものに
巻きつく
③スプリングをつくる
茎がゆれても
巻きひげは
切れない

●先端部の観察で草勢の強さがわかる

キュウリの草勢は、つるの先端部を観察するとわかります。勢いが強いと茎が太く葉が厚く大きく、葉柄が四五度以上に立っています。雄花が咲いた葉えきからはわき芽がよく伸び、雌花は先端部展葉した葉から六枚下の葉えきに、上向きに開花します。

ところが草勢が弱くなると、茎が細く葉が小さくなり、わき芽の発生も少なくなり、伸長も鈍化するため、雌花が先端の展葉した葉の二〜三枚目くらいの高い位置に、下向きに咲くようになります。

一番わかりやすいのが巻きひげです。草勢が強いと各葉えきから太くて長い巻きひげが立って伸びてきます。なかには二股に分かれたものもあります。草勢が弱いと発生も少なく、細く弱々しく、たれぎみの巻きひげになります。

キュウリは果実が次々になるので、収穫が始まるころから果実の負担が急に増すので、収穫最盛期に草勢が弱くなりやすいのです。このような草勢が弱い兆候が見える前に、追肥、水やり、増し土などを施してやりましょう。草勢が弱くなると、体力が弱ってうどんこ病などの病気にもかかりやすくなります。

6.病害虫の駆除と収穫

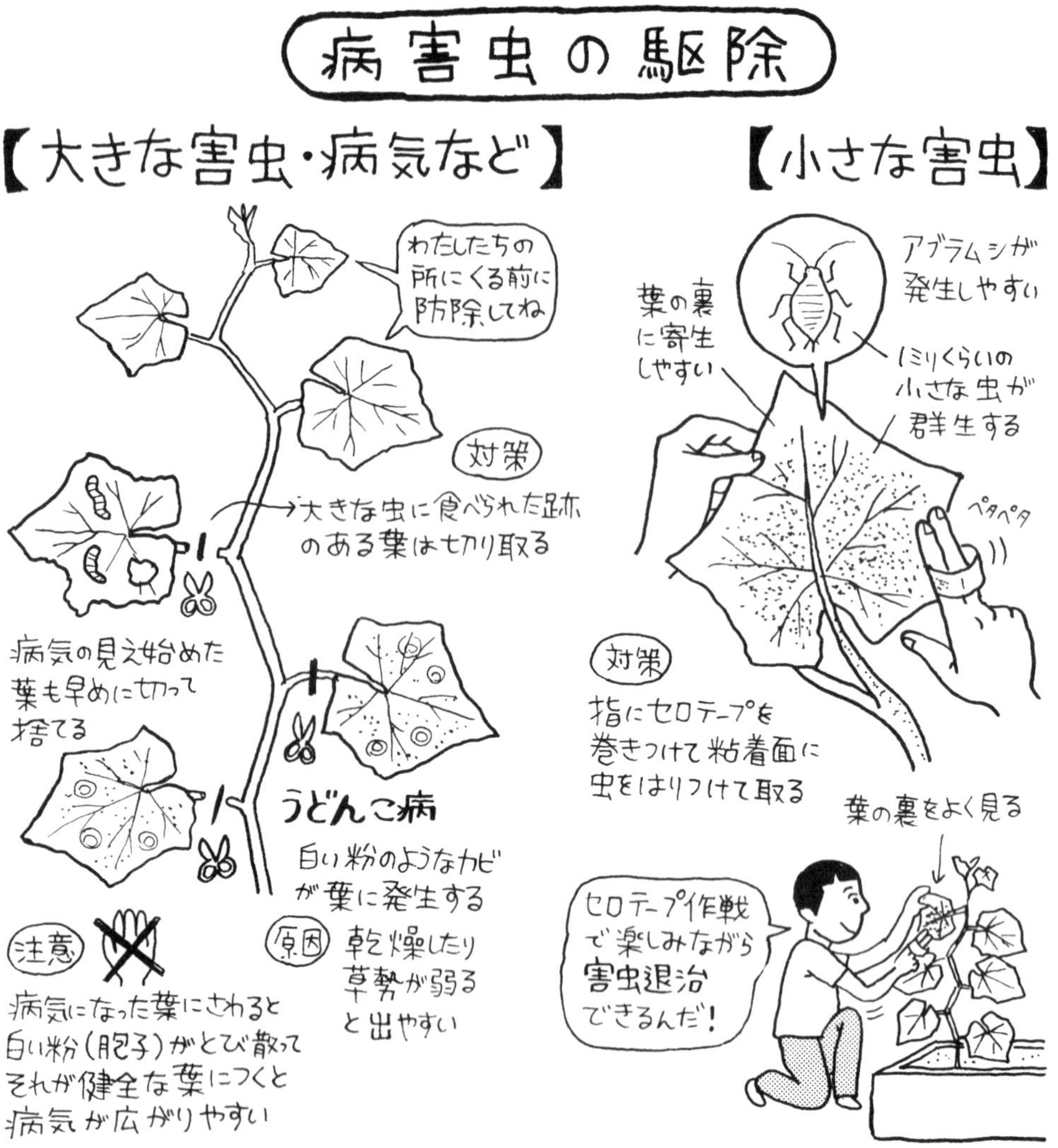

病害虫の駆除
【大きな害虫・病気など】
わたしたちの所にくる前に防除してね
対策
大きな虫に食べられた跡のある葉は切り取る
病気の見え始めた葉も早めに切って捨てる
うどんこ病
白い粉のようなカビが葉に発生する
注意
病気になった葉にさわると白い粉(胞子)がとび散ってそれが健全な葉につくと病気が広がりやすい
原因
乾燥したり草勢が弱ると出やすい
【小さな害虫】
アブラムシが発生しやすい
葉の裏に寄生しやすい
1ミリくらいの小さな虫が群生する
ペタペタ
対策
指にセロテープを巻きつけて粘着面に虫をはりつけて取る
葉の裏をよく見る
セロテープ作戦で楽しみながら害虫退治できるんだ!

●アブラムシは早く見つけセロテープ作戦

キュウリで一番多く見られる害虫は、アブラムシです。葉に針を刺して栄養を吸汁し、その跡は小さな点が無数に残ります。アブラムシはまだ若い元気な葉の裏に群がります。とくに定植まもないころに、先端のまだ開いていない幼葉に発生すると、成長が著しく阻害されてしまいます。さらに、針を刺したときにウイルス病を伝染させるおそれがあるので、実にやっかいです。ウイルス病にかかると茎葉が萎縮し、回復は不可能です。

アリはアブラムシが出す甘い汁を求めてやってくるので、アリがキュウリにたくさん行き来しているときは、アブラムシがいる証拠です。早めに見つけて、図のようにセロテープを指につけて、ぺたぺたとくっつけて捕獲しましょう。

●病気で弱った葉は切って除去

病気では白い粉のような斑点状の病斑が葉に広がり、葉一面にうどん粉をふりかけたようになるうどんこ病がよく発生します。日あたりや通風が悪くなった場合や、晴天が続いて乾燥したときによく発生します。密植はさけ、つるが混んできたら間引いて通風を良くしてやりましょう。

そのほか、曇雨天が続き湿度が高くなると、葉

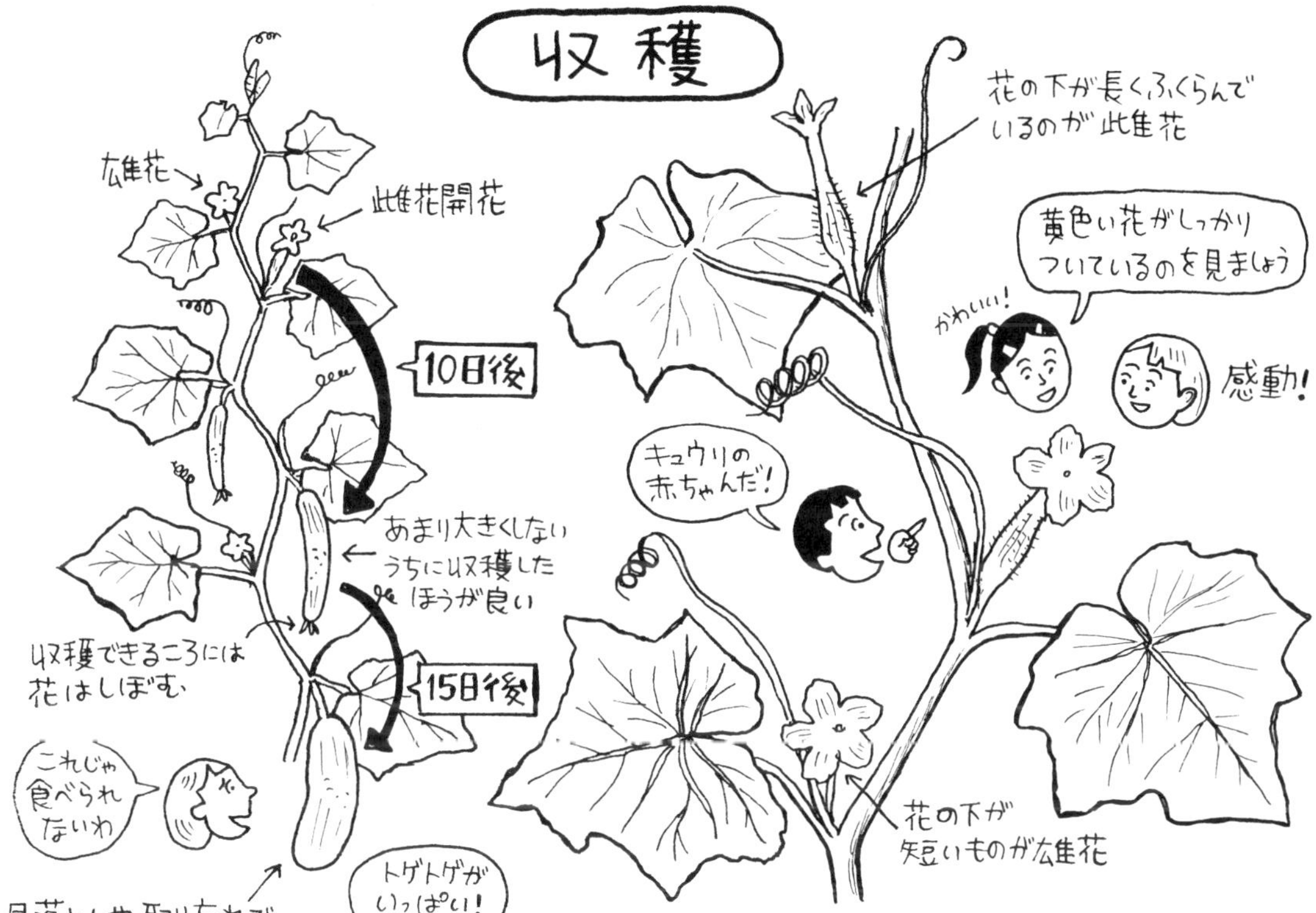

収穫
雄花
雌花開花
10日後
15日後
あまり大きくしないうちに収穫したほうが良い
収穫できるころには花はしぼむ
これじゃ食べられないわ
見落としや取り忘れで放置すると大さくなりすぎるだけでなく株が弱り、収穫量が少なくなってしまう
トゲトゲがいっぱい!
花の下が長くふくらんでいるのが雌花
黄色い花がしっかりついているのを見ましょう
かわいい!
感動!
キュウリの赤ちゃんだ!
花の下が短いものが雄花

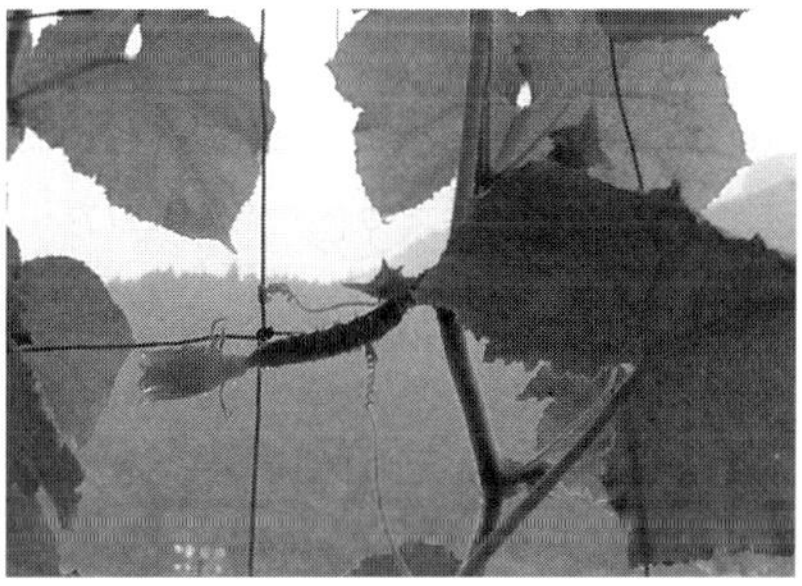
キュウリの雌花

に小さな黄色の丸い病斑ができ、次第に円形に大きくなる炭そ病なども発生します。

　病気は草勢が弱くなると下部の弱った下葉から発生しやすいです。草勢を維持するとともに、早いうちに病気の見られる葉をハサミなどで切り落とし、上部への伝染を防ぐことが重要です。

●果実は早めに収穫し、株の負担を軽く

　キュウリは雌花が開花してから二～三日で肥大を開始し、一晩で七センチも伸びることもあり、一〇日後には一五センチになって収穫適期を迎えます。この収穫適期を見逃さないこと。取り遅れるとまだまだ肥大し、次々と成るので、株は果実の肥大に栄養分がとられて弱ってきてしまいます。最盛期には、毎日収穫して、株の負担を少なくしてやることが、遅くまで収穫するコツです。取り遅れた果実も、見つけたら取っておかないと株を弱らせます。

　度にたくさん収穫できたときは、プレゼントしたり、ぬれ新聞紙に包んでポリ袋に入れ、冷蔵庫や涼暗所に置いておくと日持ちします。ピクルス（酢漬け）にして保存しておいても良いでしょう。

7. 曲がったキュウリの正体は？

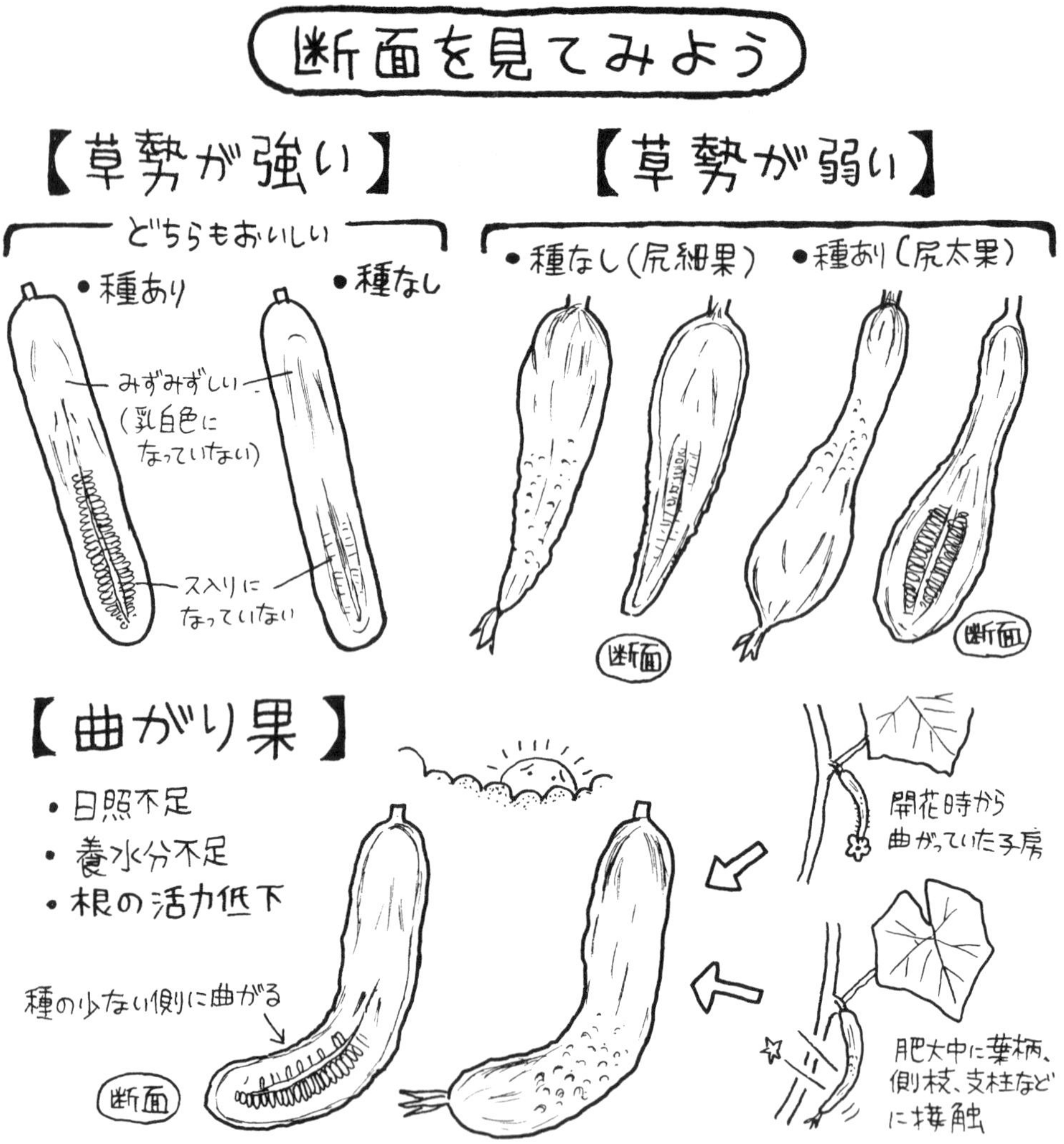
断面を見てみよう
【草勢が強い】
どちらもおいしい
・種あり
・種なし
みずみずしい（乳白色になっていない）
ス入りになっていない
【草勢が弱い】
・種なし（尻細果）
・種あり（尻太果）
断面
断面
【曲がり果】
・日照不足
・養水分不足
・根の活力低下
種の少ない側に曲がる
断面
開花時から曲がっていた子房
肥大中に葉柄、側枝、支柱などに接触

●草勢が弱くなると変形果実が多くなる

曲がったり、先端が細い尻細キュウリ、先端だけ太い尻太キュウリなどは、なぜできるのでしょうか。これらのキュウリを縦に切って中身を見てみましょう。

まっすぐなキュウリを切ってみると、種がまんべんなく入っているものもありますが、種がほとんどないものもあります。キュウリはトマトと違い、受精しなくとも果実が肥大する「単為結果性（たんいけっかせい）」という性質があります。そのため、草勢が強いと、種がなくともまっすぐなおいしいキュウリになります。

ところが、草勢が弱くなると、受精して種ができないと栄養分を引っ張る力が弱くなるため、尻細キュウリになったり、先端だけに種がある尻太キュウリになってしまったりしてしまうのです。やはり、キュウリにとって果実は種をつくり子孫をのこすためのものなのです。受精すると種がホルモンを出して栄養分を引っ張りこみます。

また、曲がったキュウリを縦に切ってみると、曲がった側は種が少ないことがわかります。曲がったキュウリは咲いたときから曲がっていることが多く、種の元が最初から片側だけ良くできていなかったのでしょう。

コーヒーブレーク④

―子どものやる気を刺激するワンポイント講座―

アブラムシは一頭が一ヵ月で一万頭に

キュウリの大敵はアブラムシです。アブラムシの繁殖力は驚異的で、条件が良いと一頭が一ヵ月で一万頭にも増える能力を持っています。そのわけは、春、暖かくなると雌は交尾もせずに卵でなく幼虫を、しかも雌だけをどんどん産み続けることができるからです。晩秋になり寒い冬をのりこえるときにだけ、雄と交尾し卵を産みます。

ルーペで見るとはねのあるもの、はねがないものがいます。エサが十分にあって遠くに移動しなくても良いときは、はねのない子を産み、移動したくなるとはねをつけたものを産むなど、実に変幻自在に生きています。

アブラムシは集団で先端部のやわらかい葉に針をさして液を吸います。吸われると、葉が内側に巻いてくるのでわかります。それに、アブラムシは吸った甘い糖やアミノ酸を含んだ液をおしっこをするように排泄するので、葉がべとべとになり、そこにすす病菌が繁殖してすす病が発生します。アリはこの甘い汁が大好きで、アリが茎をはって上っている先には、必ず先端部の葉にアブラムシがいます。

アブラムシは、セロハンテープ捕殺作戦が効果的ですが、銀色のキラキラ光るものが大の苦手です。台所にあるアルミホイルをマイ畑の上に敷いたり、短冊状に切って、キュウリの先端部の茎にセロテープなどでつけておくと寄ってきません。逆に、黄色いものが好きなので、テープやネットなどに黄色のものは使わないようにします。

また、背中に七つの点があるナナホシテントウムシはアブラムシが大好きです。一日に二〇匹くらい食べるといわれています。アブラムシ退治のときに、ナナホシテントウムシを見つけたら、お礼を言って大事にしましょう。

収穫後も種をふとらせるキュウリの根性

キュウリはトマトとは違い、種が十分に熟す前の緑の未熟果を収穫します。ピーマンも濃緑の未熟果を収穫しますが、熟すると赤くなってきます。キュウリは熟すると黄色くなってきます。キュウリの種を採るときは、十分に黄色くなってから収穫します。

収穫した未熟なキュウリを、直射日光のあたらない涼しい場所に置いておくとどうなるでしょうか。もはや栄養分は送られてきませんが、キュウリはその中にある養分で種を実らせようとします。だんだん黄色くなってくると同時に、実らせたい種のある先端部分がふくらんで、尻太キュウリに変化します。これも子孫を残そうとするキュウリの執念です。種を採るときは、完熟したキュウリを、さらにこのように追熟させてから採種します。

恐るべきセイタカアワダチソウの秘密兵器

セイタカアワダチソウは、北アメリカ原産で、日本には明治の末期に持ちこまれ、戦後異常に繁殖した帰化植物です。日本の秋の野原は、ススキの原でしたが、セイタカアワダチソウがススキに代わり、黄色の花が花粉症の原因になるほどはびこっています。セイタカアワダチソウが他の植物を負かしてしまう秘密兵器とは？

それは、黄色の小さな花をたくさん咲かせ多くの種子をまき散らすだけでなく地下茎でも増え、さらに根から周囲の植物の成長を抑制する科学物質（cis-DME）を出しているからです。このような物質をアレロパシーといいますが、ヨモギやアスパラガス、ヒガンバナなども持っています。

しかし、これらの植物にも弱点があります。長年はびこっていると、アレロパシー物質がたくさんたまってきて、自らの成長も抑制するようになるからです。セイタカアワダチソウも最近では背の低いものが多くなり、ススキも復活してきています。

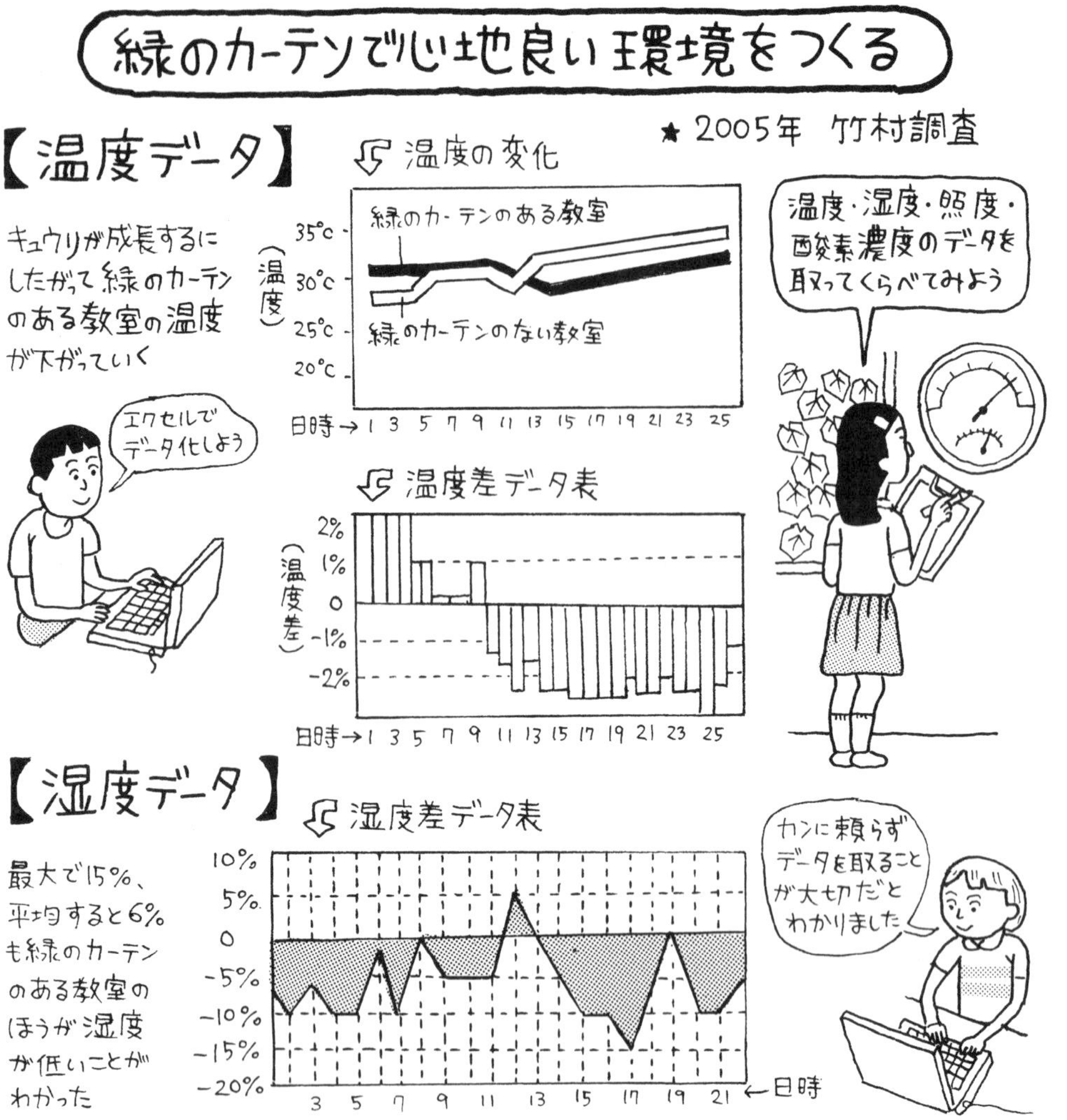
緑のカーテンで心地良い環境をつくる
★2005年 竹村調査
【温度データ】
キュウリが成長するにしたがって緑のカーテンのある教室の温度が下がっていく
温度の変化
緑のカーテンのある教室
緑のカーテンのない教室
35℃
30℃
25℃
20℃
（温度）
日時→ 1 3 5 7 9 11 13 15 17 19 21 23 25
温度差データ表
2%
1%
0
-1%
-2%
（温度差）
日時→ 1 3 5 7 9 11 13 15 17 19 21 23 25
エクセルでデータ化しよう
温度・湿度・照度・酸素濃度のデータを取ってくらべてみよう
【湿度データ】
最大で15%、平均すると6%も緑のカーテンのある教室のほうが湿度が低いことがわかった
湿度差データ表
10%
5%
0
-5%
-10%
-15%
-20%
3 5 7 9 11 13 15 17 19 21 ←日時
カンに頼らずデータを取ることが大切だとわかりました

8. 緑のカーテンの効果測定

●温度、湿度、照度を定期的に測定

緑のカーテンで教室の環境がどう変わったか、温度・湿度・照度・酸素濃度の四点にしぼって、データを取ってみよう。

その際の注意点としては、

①環境の似た教室を二つ設定

緑のカーテンの教室と階が同じ、広さが同じ、窓の場所や大きさが同じ、できれば人の出入りの少ない空き教室を選びます。

②教室の同じ位置（中央付近）で測定

③温度や湿度は二日おきに測定

まだネット全体が葉でおおわれないころから二日おきくらいに測定し、その変化を調べてみましょう。

④温度は一日三回測定し平均値を出す

一〇時、一二時、一四時くらいにデータをとり、三つの生データの平均を出して、その日の記録とします。その日の天気も記録しておきます。

⑤期間は六月中旬から八月下旬まで、約二ヵ月間

緑のカーテンのでき始める六月中旬から、キュウリが枯れ始める八月下旬まで、連続して定期的に測定します。

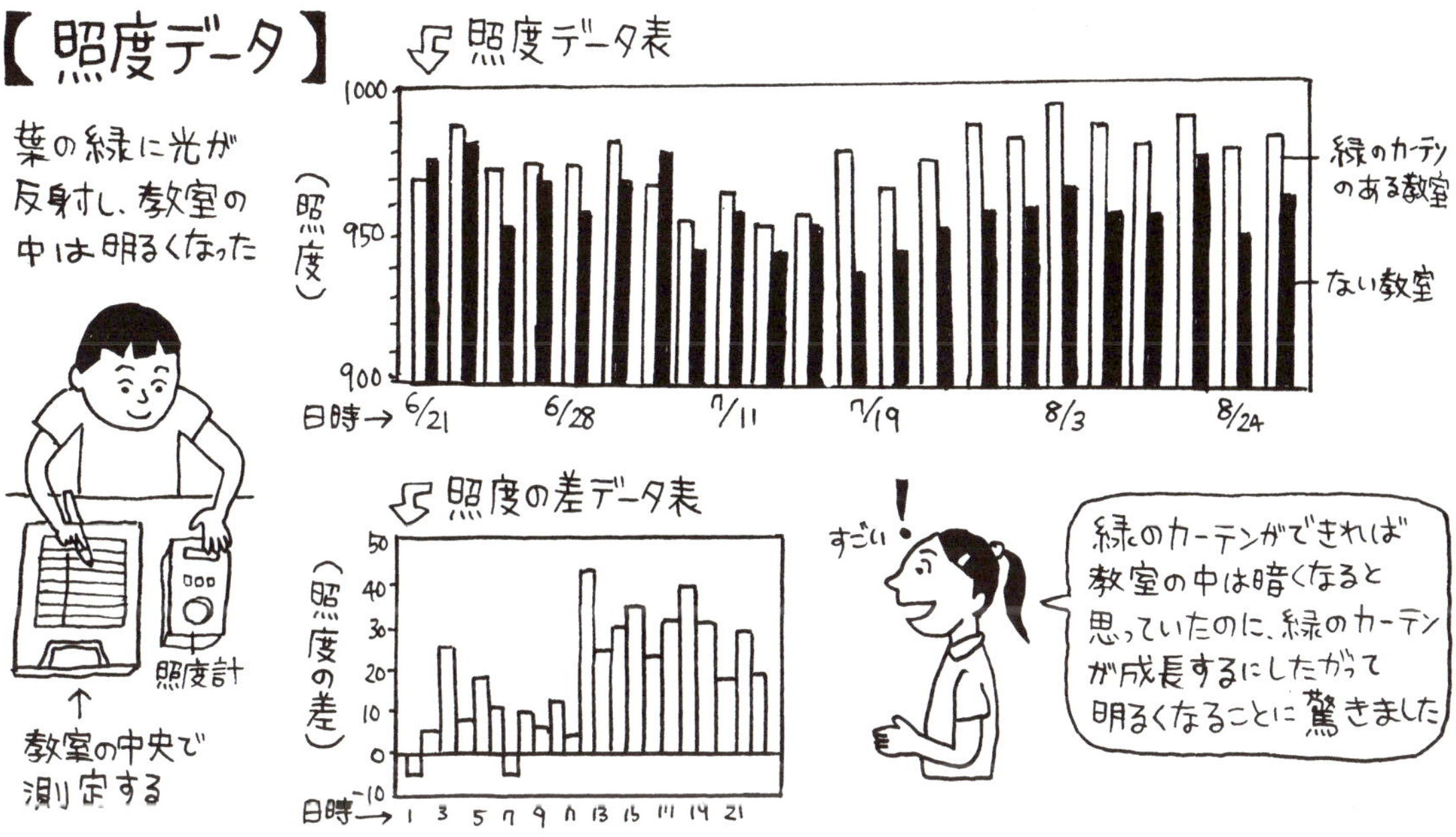
【照度データ】
照度データ表
葉の緑に光が反射し、教室の中は明るくなった
(照度)
1000
950
900
緑のカーテンのある教室
ない教室
日時→ 6/21 6/28 7/11 7/19 8/3 8/24
照度の差データ表
(照度の差)
50 40 30 20 10 0 -10
日時→ 1 3 5 7 9
照度計
教室の中央で測定する
すごい！
緑のカーテンができれば教室の中は暗くなると思っていたのに、緑のカーテンが成長するにしたがって明るくなることに驚きました

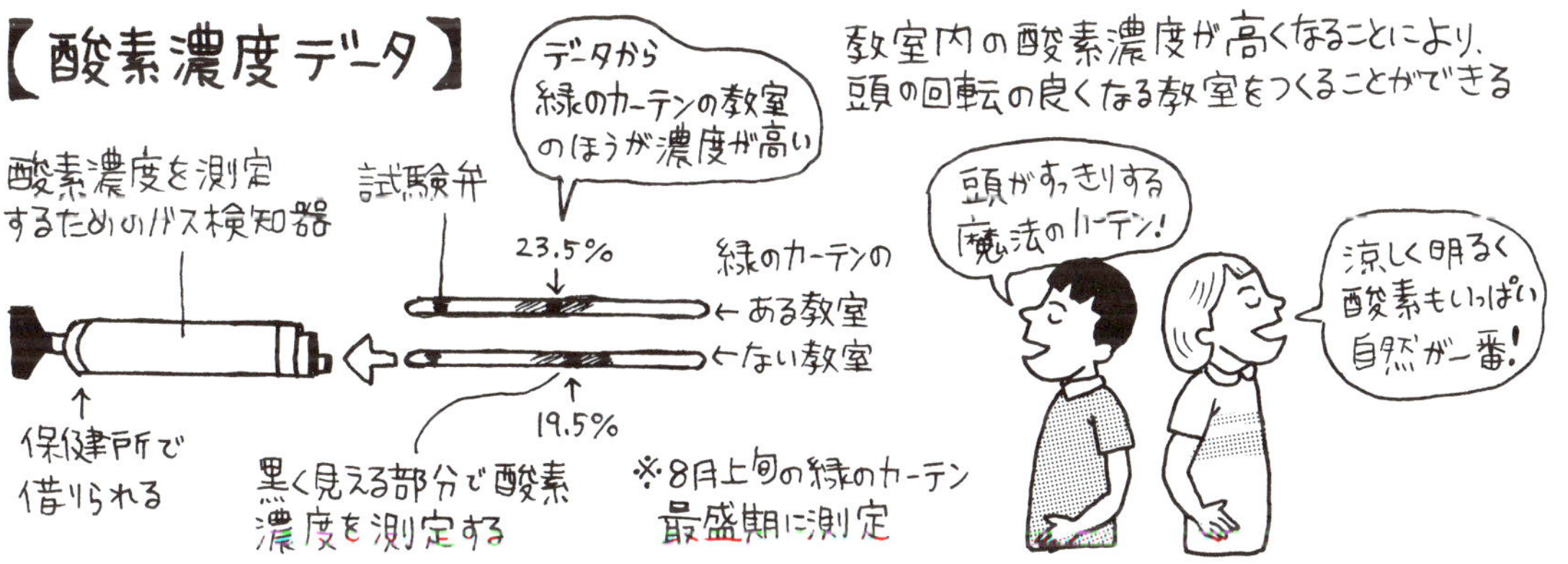
【酸素濃度データ】
データから緑のカーテンの教室のほうが濃度が高い
教室内の酸素濃度が高くなることにより、頭の回転の良くなる教室をつくることができる
酸素濃度を測定するためのガス検知器
試験弁
23.5%
緑のカーテンのある教室
ない教室
19.5%
保健所で借りられる
黒く見える部分で酸素濃度を測定する
※8月上旬の緑のカーテン最盛期に測定
頭がすっきりする魔法のカーテン！
涼しく明るく酸素もいっぱい自然が一番！

●温度だけでなく湿度も照度にも効果あり

温度は、キュウリの葉や高さが十分でない七月上旬まではあまり差がありませんでしたが、緑のカーテンが完成するにつれて、差がはっきりしてきました。

湿度は、その日の天候によってバラツキがありましたが、全体的にカーテンのある教室のほうが低くなりました。葉から水分が蒸散されているのに不思議です。

照度は、当初は緑のカーテンがあると暗くなるだろうと考えられましたが、カーテンが完成するにつれて、明るくなっていきました。緑の葉が光を乱射させて、やわらかい光を教室内に送っていることが数字で示されました。

ところで、地球温暖化対策として、植物からエタノールをつくり、ガソリンに混ぜて使うバイオエタノールが注目されています。植物は大気中のCO_2を吸収して酸素を出して体をつくるので、それを燃やしてCO_2を大気中に排出しても、大気中のCO_2は増えないからです。キュウリの茎葉は量が多いので、バイオエタノールをつくる研究が進められています。

キュウリが放出した酸素で酸素濃度も高くなり、頭の回転も良くなります。

9. キュウリ生食べ大会と採種

おいしく食べる食育
【キュウリ生食べ大会】
当日、キュウリにつけるもの(自分の好きなもの)を各自持ってくるようにしましょう
① 一番キュウリが取れる7月中旬ころにクラスで「キュウリ生食べ大会」の日を決める
② 「生食べ大会」の日に一度に50本以上キュウリを取り、1人1本ずつ配り、1本を2つに割る
③ あとはそれぞれ持ってきたものをつけ合って試食する
おいしい
ワイワイ
塩・みそ・しょうゆ・ソース・ドレッシング・マヨネーズなど
④ 最後に各自持ってきたものを混ぜ合わせて食べてみる
みそ
+ = ?
・みそとドレッシング
・マヨネーズにしょうゆなど
いろいろ試すとおもしろそうね
次に、残り半分は自分の持ってきたものをつけて味わう
うまい
ポキッ
まずはそのまま何もつけずに食べて歯ごたえと味をたしかめる
【キュウリを使った料理】
ぬか漬けや一夜漬けにしてキュウリを丸ごと1本串ざしにして食べる
お漬けものが合うね!
【お土産・プレゼント】
自分の家に持って帰ったり、お世話になった人へのプレゼントにする
名前
メッセージ

●取れたてのキュウリのおいしさは格別

キュウリはその場で生で食べるのが一番おすすめです。種から自分の手で無農薬で育てたキュウリ、これほど安全で信頼でき、おいしい食べ物はありません。

取れたてキュウリは、トゲが痛くて持てないことや、切り口から水がでて、切り口同士をくっつけると逆さにしても落ちないことなど、新しい発見もあります。キュウリを折るときの「パキッ」という音や、中の実の白さ、輝きに驚き、食べたときのシャキシャキ感に子どもたちは感動します。スーパーで売っているキュウリとの違いを存分に味わいましょう。

キュウリは一度にたくさん収穫できるので、いろいろな人に育てた苦労や感動、無農薬・有機栽培であることなどのメッセージを添えてプレゼントしましょう。お礼の手紙も返ってきて、嬉しさもつのります。

食べ方の工夫も必要です。小さいうちに収穫したものは、モロキュウとして食べ、中ぐらいの大きさのものは、サラダや漬け物に、大きくなりすぎてしまったものは、酢の物や塩もみなどに向いています。

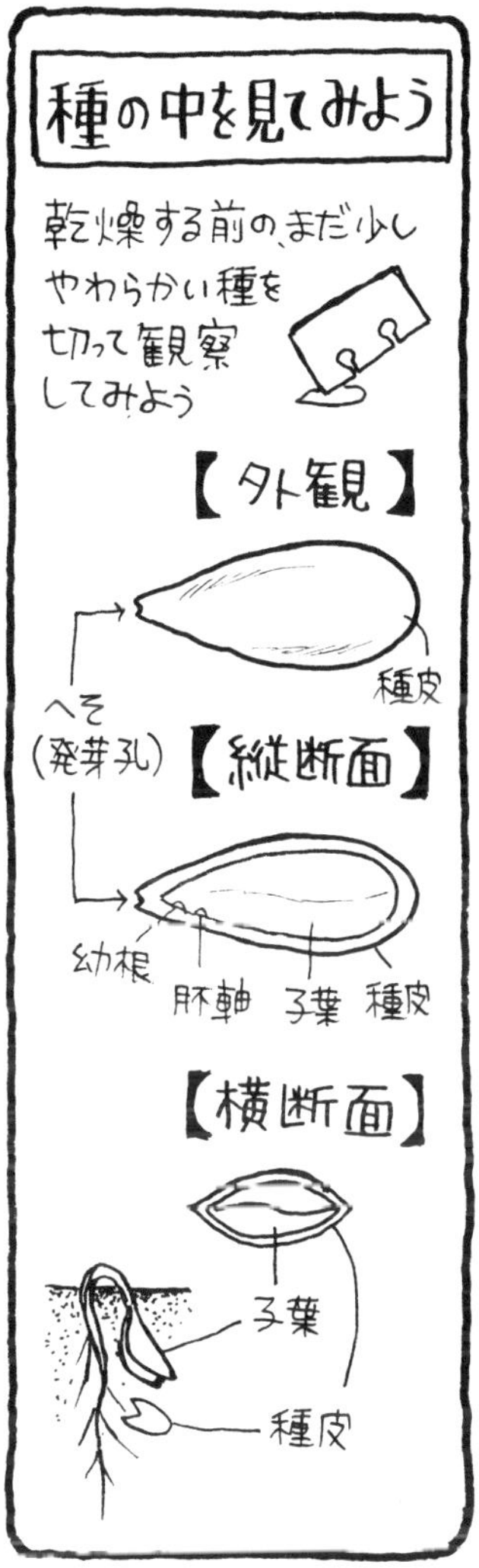

種の中を見てみよう
乾燥する前の、まだ少し
やわらかい種を
切って観察
してみよう
【外観】
種皮
へそ
(発芽孔)
【縦断面】
幼根
胚軸
子葉
種皮
【横断面】
子葉
種皮

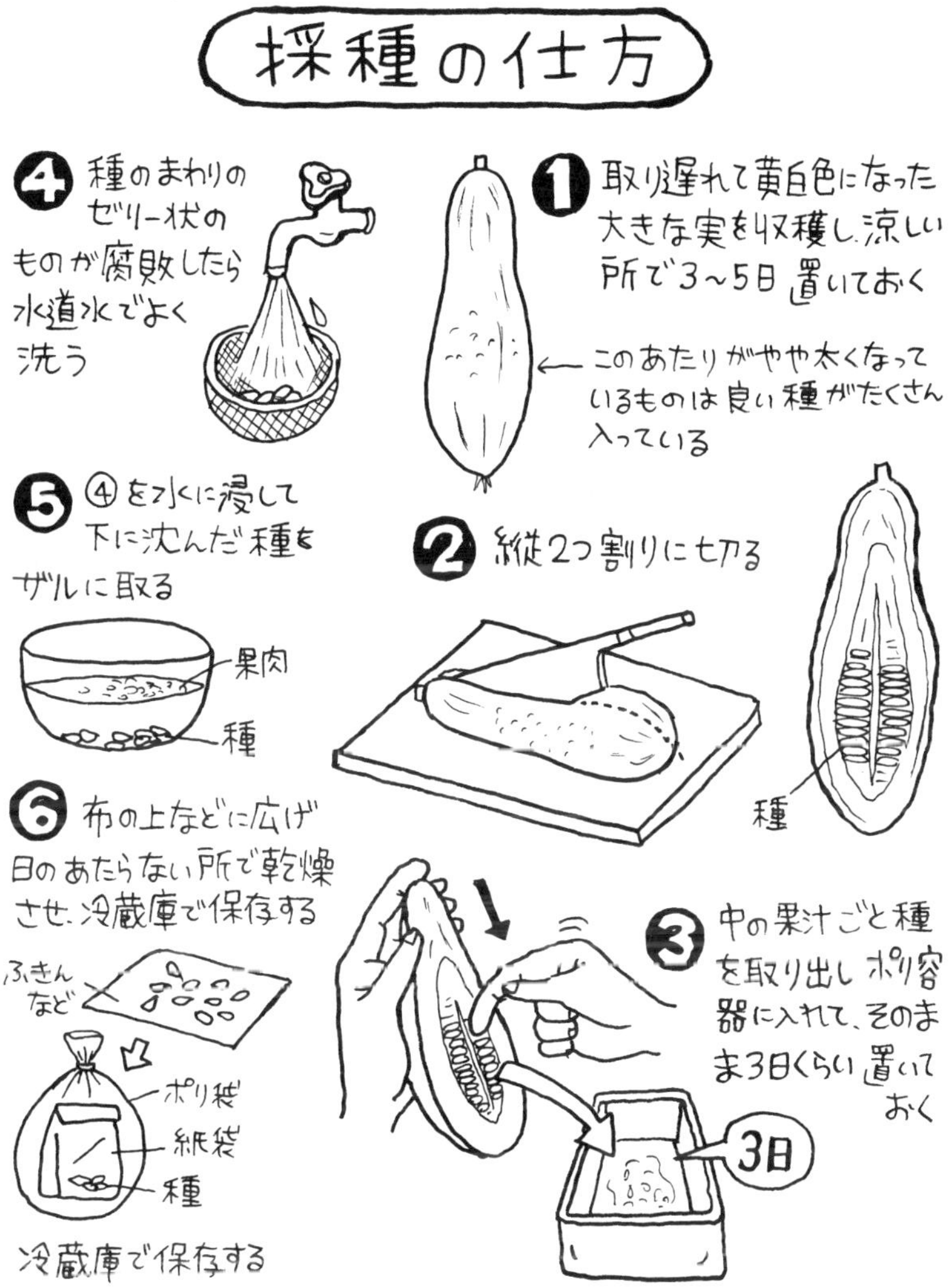

採種の仕方
1 取り遅れて黄白色になった大きな実を収穫し、涼しい所で3～5日置いておく
このあたりがやや太くなっているものは良い種がたくさん入っている
2 縦2つ割りに切る
種
3 中の果汁ごと種を取り出し ポリ容器に入れて、そのまま3日くらい置いておく
3日
4 種のまわりのゼリー状のものが腐敗したら水道水でよく洗う
5 ④を水に浸して下に沈んだ種をザルに取る
果肉
種
6 布の上などに広げ日のあたらない所で乾燥させ、冷蔵庫で保存する
ふきんなど
ポリ袋
紙袋
種
冷蔵庫で保存する

●最後に取り遅れたものから採種しよう

取り遅れて大きくなったものは、黄白色になり茎葉が枯れるまでつけておき、種を取りましょう。収穫後三～五日くらい涼しい所で追熟させ、二つに割り、果汁と一緒に種を取り、ポリ容器に入れて五日くらい放置しておきます。

種のまわりのゼリー状のものが腐敗したら、ザルにとって水道水で洗います。水に浸したとき下に沈んだものをザルに取り、よく乾燥させ、紙封筒に入れ、ポリ袋で包んで、来年の春まで冷蔵庫で保存しておきます。

種が乾燥する前に、種をカミソリで縦に半分に割ってみましょう。上図左のように、ルーペで見ると、とがった側の反対側に小さな幼根が見え、二つの子葉がすでに栄養を蓄えて折りたたまれています。キュウリは枯れて死んでしまったのではなく、種という命のカプセルとなって来年の春を待っているのです。

現在の品種は一代交配の品種がほとんどなので、来年も同じ形質のキュウリになることはありませんが、自家採種した種を後輩にプレゼントして、どんなキュウリになるのか数株つくってみるのもおもしろいでしょう。

1. ジャガイモの栽培計画と品種選び

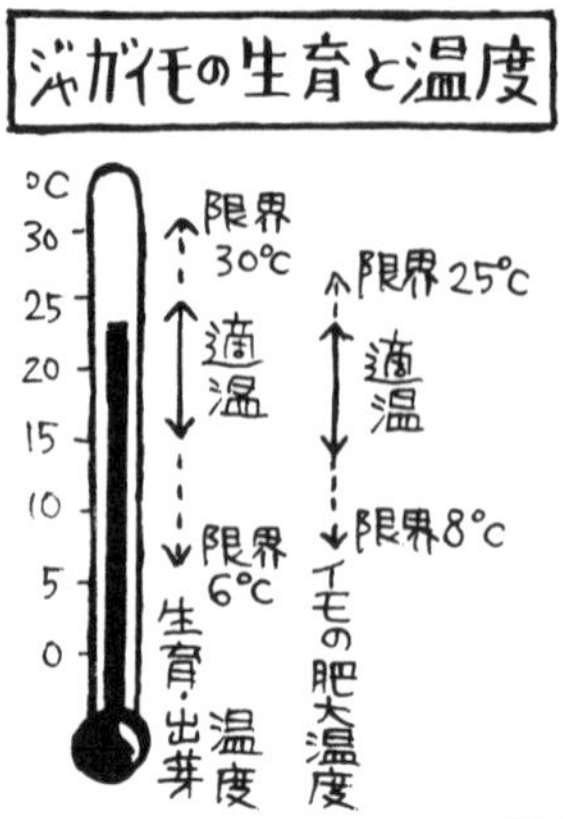

ジャガイモの生育と温度
°C
30
25
20
15
10
5
0
限界30°C
適温
限界6°C
生育・出芽温度
限界25°C
適温
限界8°C
イモの肥大温度

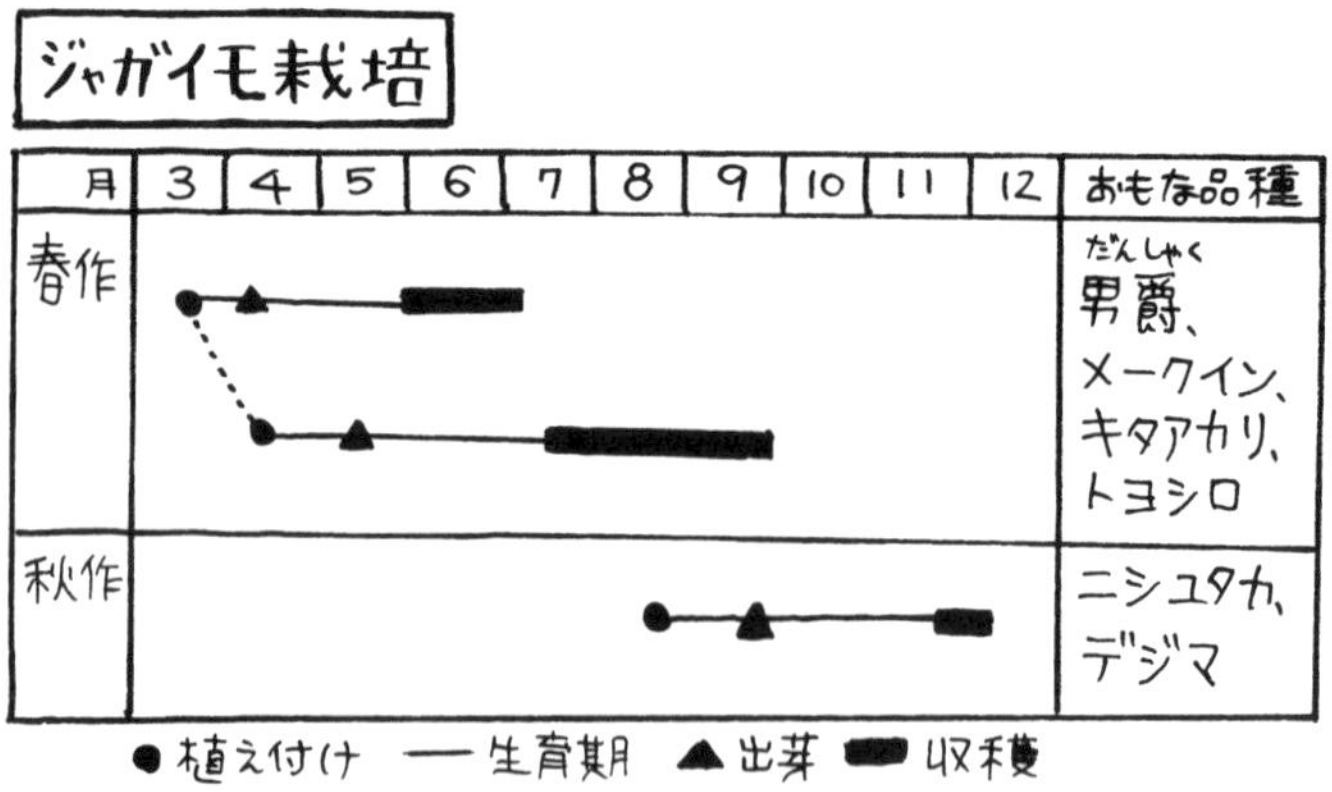

ジャガイモ栽培
月 3 4 5 6 7 8 9 10 11 12
おもな品種
春作
男爵《だんしゃく》、メークイン、キタアカリ、トヨシロ
秋作
ニシユタカ、デジマ
●植え付け ― 生育期 ▲出芽 ▬ 収穫

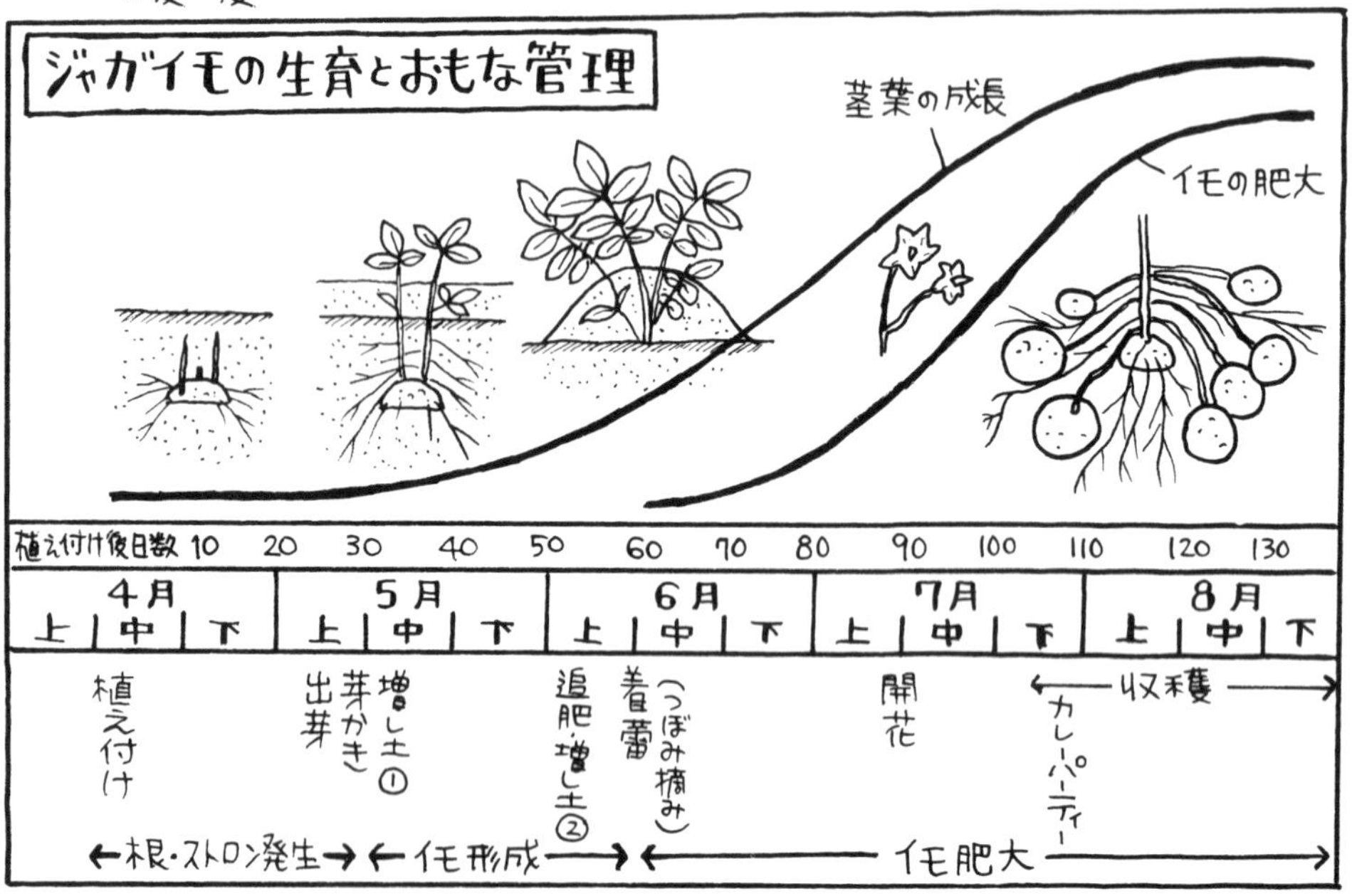

ジャガイモの生育とおもな管理
茎葉の成長
イモの肥大
植え付け後日数 10 20 30 40 50 60 70 80 90 100 110 120 130
4月 上 中 下
5月 上 中 下
6月 上 中 下
7月 上 中 下
8月 上 中 下
植え付け
出芽
芽かき
増し土①
追肥・増し土②
着蕾
(つぼみ摘み)
開花
収穫
カレーパーティー
根・ストロン発生
イモ形成
イモ肥大

●できるだけ早く植えて夏休み前に収穫

原産地はトマトと同じ南米アンデスの高地です。日あたりと冷涼な気候を好みます。種イモを植え付ければ三～四ヵ月後には収穫できます。水はけの良い発泡スチロール箱や野菜収穫コンテナのマイ畑は、ジャガイモ栽培に最適で、簡単で手間もかかりません。

ジャガイモは日本の夏の暑さに弱いので、植え付けはできるだけ早いほうが良いです。できるだけ早く、四月中旬ころまでに植えて夏休み前に収穫しましょう。ただし、早すぎて出芽後に霜にあうと葉が枯れます。植え付けから出芽まで三～四週間かかるので、晩霜の時期から逆算して植え付け時期を決めます。

また暖地では、デジマ、ニシユタカなどの秋ジャガイモは、夏休み明けに植え付けると一一月の末に収穫できます。キュウリのあとのマイ畑には、秋ジャガイモはぴったりです。連作を嫌うので、同じナス科のトマトの後作はさけましょう。

●ジャガイモ料理はみんな大好き

ジャガイモには、低カロリーで鉄分などのミネラルや熱に強いビタミンCが多く含まれています。収穫後に開くジャガイモパーティーのメ

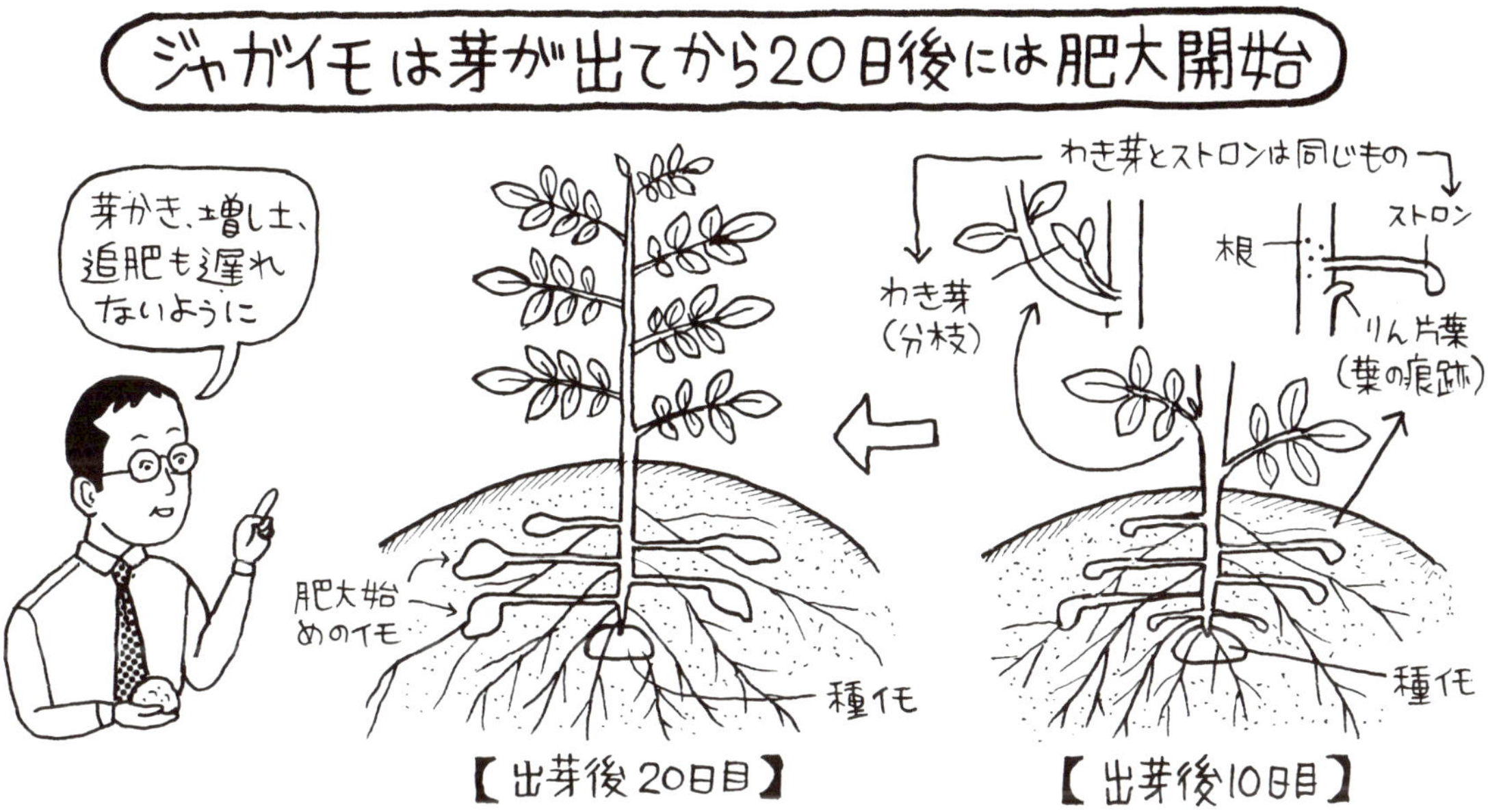
ジャガイモは芽が出てから20日後には肥大開始
芽かき、増し土、追肥も遅れないように
肥大始めのイモ
種イモ
【出芽後20日目】
わき芽とストロンは同じもの
わき芽（分枝）
根
ストロン
りん片葉（葉の痕跡）
種イモ
【出芽後10日目】

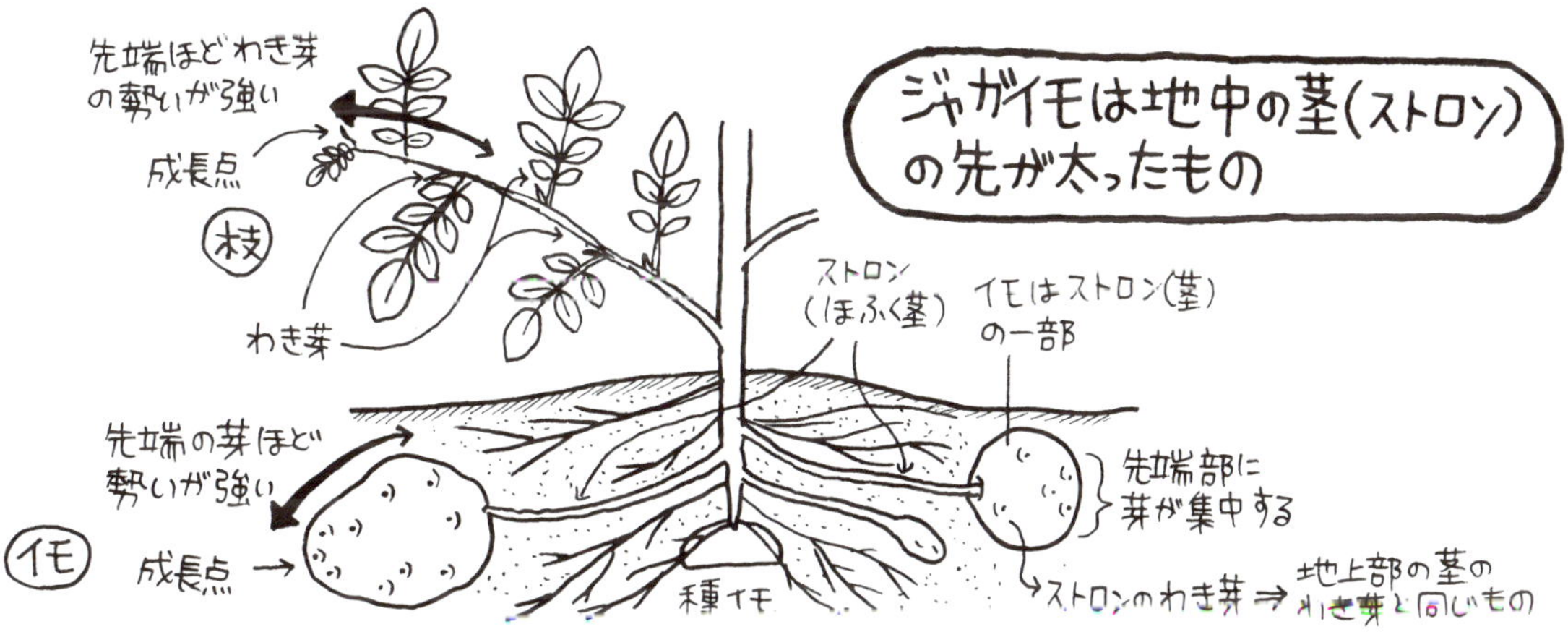
ジャガイモは地中の茎（ストロン）の先が太ったもの
先端ほどわき芽の勢いが強い
成長点
枝
わき芽
ストロン（ほふく茎）
イモはストロン（茎）の一部
先端の芽ほど勢いが強い
イモ
成長点
種イモ
先端部に芽が集中する
ストロンのわき芽 ⇒ 地上部の茎のわき芽と同じもの

ニューは、カレー、肉ジャガ、ポテトサラダ、コロッケ、ポテトチップス、ジャガバターなど、みんな子どもたちが大好きです。

　おもな品種に内部が白い男爵と淡黄色のメークインがありますが、男爵は白くてデンプンが多く、煮ると粉をふき、肉ジャガ、コロッケ、フライドポテトに最適です。メークインは長卵形で甘みがあり煮くずれしにくいので、シチュー、サラダ、カレーに向いています。また皮が赤く内部が濃黄のアンデス系品種もじょうぶでつくりやすいのでおすすめです。

●ジャガイモは茎が肥大したイモ

　種イモを植えると、種イモのくぼんだ所から芽が伸び葉を広げ、芽のつけ根からは根もたくさん伸びてきます。さらに出芽中に地中の茎からストロンと呼ばれる地下茎が伸び、出芽後二〇日にはこのストロンの先端にデンプンが送られ肥大してきます。ジャガイモが三～四ヵ月で収穫できるのも、このスタートダッシュ型だからです。

　茎が肥大したジャガイモは地表に出やすいので、出芽したら土寄せ（増し土）します。また、花が咲くころには地上の茎葉の伸びが止まるくらいの生育がちょうど良いです。あまり肥料が多いと茎葉ばかりが茂り、デンプンの多いおいしいおイモになりません。

2. 種イモの植え付け

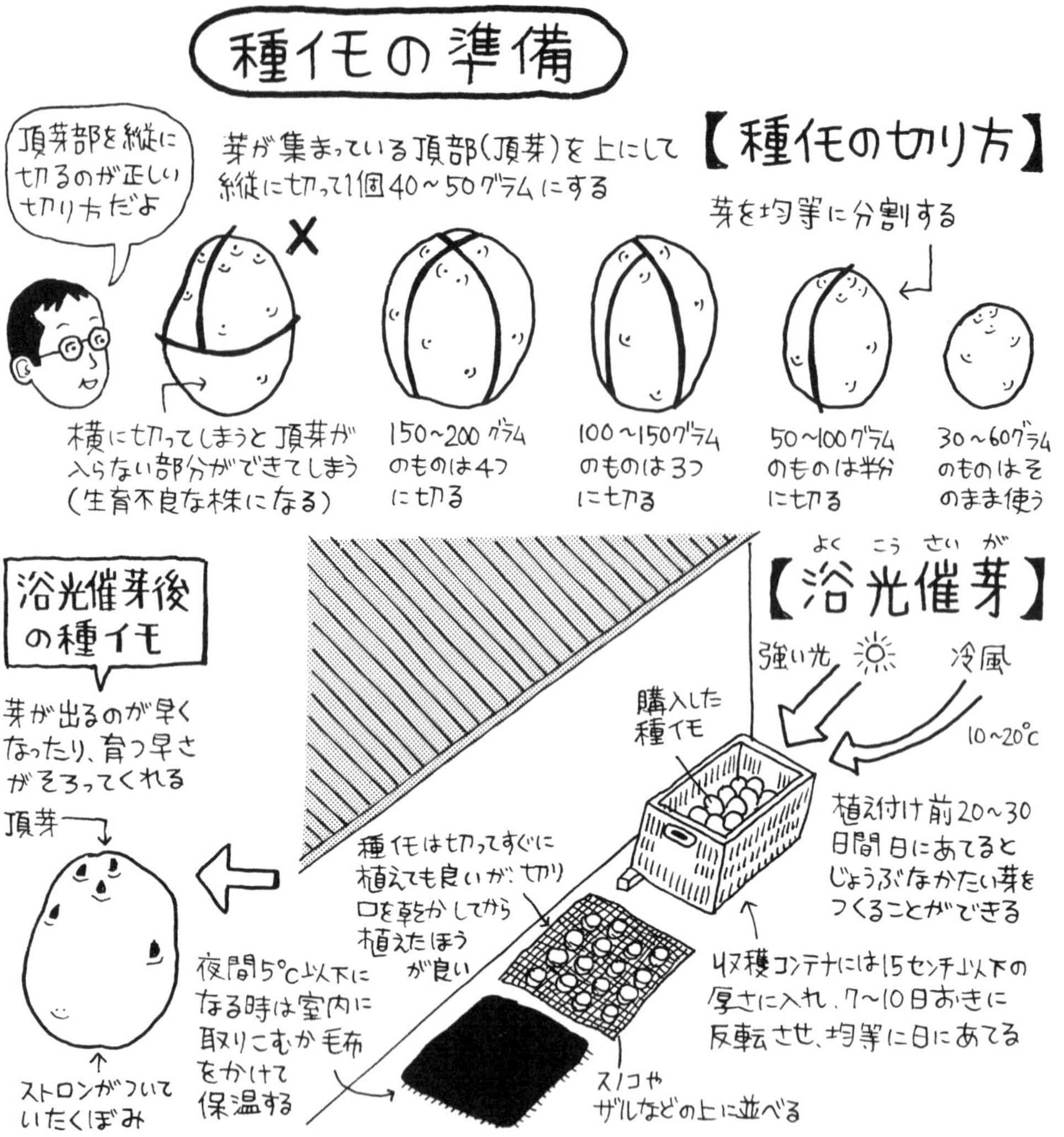

種イモの準備
【種イモの切り方】
頂芽部を縦に切るのが正しい切り方だよ
芽が集まっている頂部（頂芽）を上にして縦に切って1個40～50グラムにする
芽を均等に分割する
横に切ってしまうと頂芽が入らない部分ができてしまう（生育不良な株になる）
150～200グラムのものは4つに切る
100～150グラムのものは3つに切る
50～100グラムのものは半分に切る
30～60グラムのものはそのまま使う
【浴光催芽《よくこうさいが》】
浴光催芽後の種イモ
芽が出るのが早くなったり、育つ早さがそろってくれる
頂芽
ストロンがついていたくぼみ
強い光
冷風
10～20℃
購入した種イモ
植え付け前20～30日間日にあてるとじょうぶなかたい芽をつくることができる
種イモは切ってすぐに植えても良いが、切り口を乾かしてから植えたほうが良い
収穫コンテナには15センチ以下の厚さに入れ、7～10日おきに反転させ、均等に日にあてる
夜間5℃以下になる時は室内に取りこむか毛布をかけて保温する
スノコやザルなどの上に並べる

●種イモは購入し、縦に切って植える

スーパーで売っている食用のジャガイモでも芽は出ますが、食用イモは芽止めがしてあったり、ウイルス病にかかっていたりすることが多いので、必ず種イモ用を購入します。種イモの大きさにもよりますが、マイ畑一個に種イモは一個あれば十分です。購入後植え付けまでに日数のあるときは、空のマイ畑に広げて入れ、日光浴をさせておくとじょうぶな黒紫の芽が出てきます（浴光催芽）。

種イモの大きさは三〇～四〇グラムが目安です。上図のように種イモの大きさを見て、二つ切り、三つ～四つ切りにします。ストロンがついていた基部（くぼみ）側よりも、先端の頂部に強い芽が多くついています。均等に芽つけて切るには、この頂部を分割するように縦に切ります。切ってから一～二日間、日向で切り口を乾かすと腐りにくくなります。

●増し土スペースをあけて植え付け

用土はできるだけ新しい、堆肥を加えたものを使えば、肥料も混ぜる必要はありません。再生古土でもかまいませんが、ジャガイモは連作を嫌うので、前年にジャガイモやトマトなどナス科野菜をつくったものはさけます。

株間は二〇センチ以上必要なので、縦横約四〇

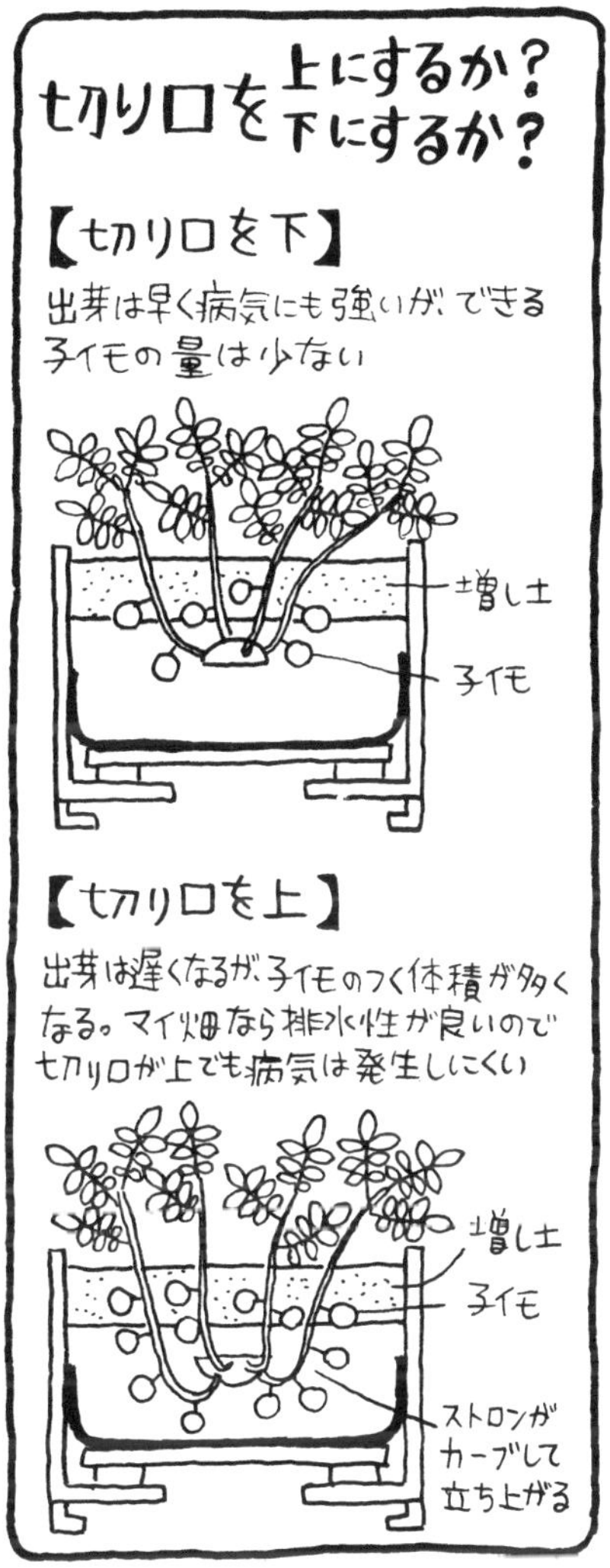
切り口を上にするか？下にするか？
【切り口を下】
出芽は早く病気にも強いが、できる子イモの量は少ない
増し土
子イモ
【切り口を上】
出芽は遅くなるが、子イモのつく体積が多くなる。マイ畑なら排水性が良いので切り口が上でも病気は発生しにくい
増し土
子イモ
ストロンがカーブして立ち上がる

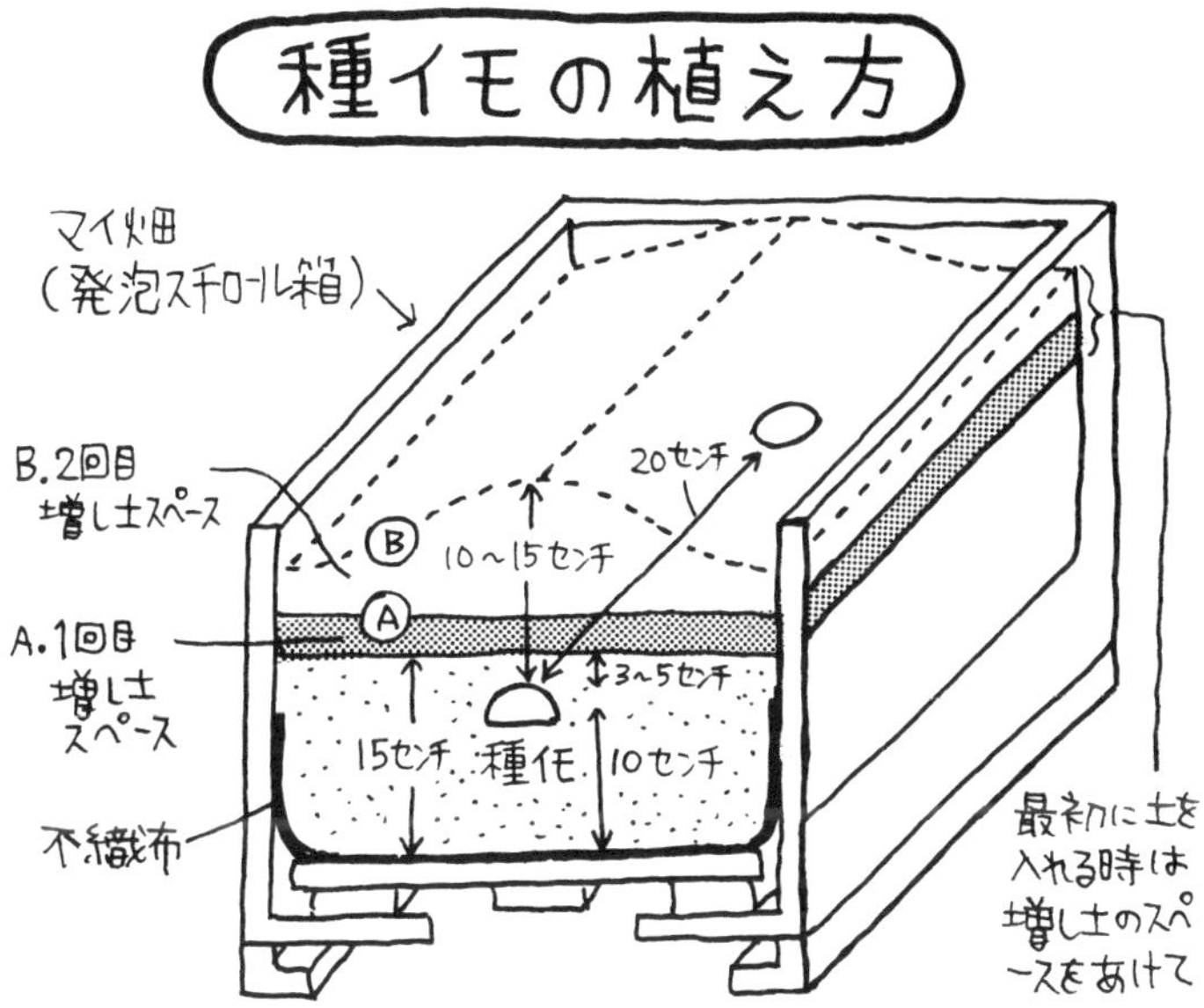
種イモの植え方
マイ畑（発泡スチロール箱）
B.2回目増し土スペース
A.1回目増し土スペース
20センチ
10～15センチ
3～5センチ
15センチ
種イモ
10センチ
不織布
最初に土を入れる時は増し土のスペースをあけて

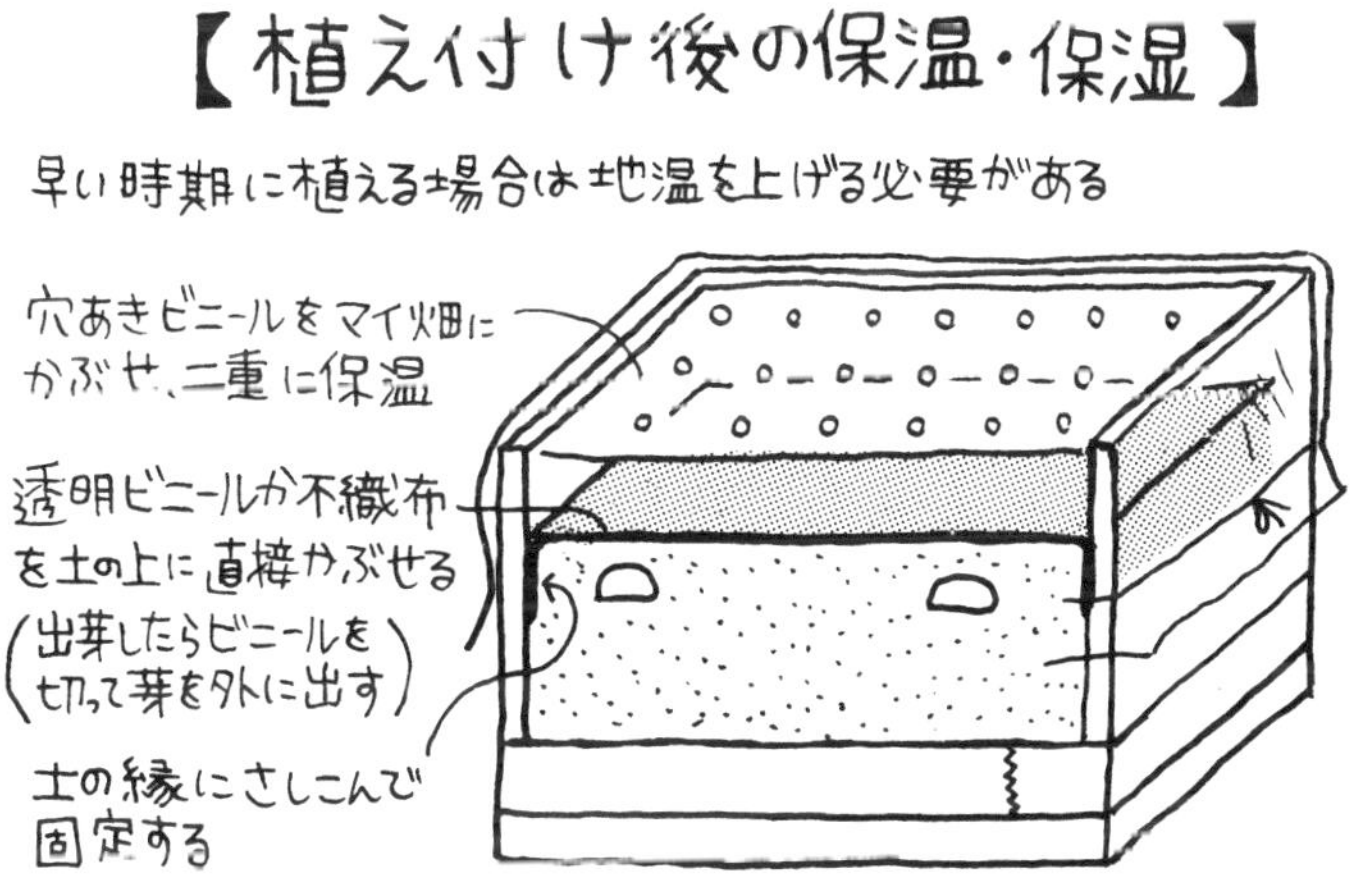
【植え付け後の保温・保湿】
早い時期に植える場合は地温を上げる必要がある
穴あきビニールをマイ畑にかぶせ、二重に保温
透明ビニールか不織布を土の上に直接かぶせる
（出芽したらビニールを切って芽を外に出す）
土の縁にさしこんで固定する

×五〇センチのマイ畑には、二、三株が限度です。多く植えると子イモばかりになってしまいます。

ジャガイモは種イモよりも上部にイモができるので、最初は用土を一五センチくらい入れて深さ五センチくらいに植え、出芽後二回、増し土をします。最初から用土を縁近くまで入れ深さ二〇センチ（上図の点線B）に深く植え付け、増し土する手間を省く方法もありますが、出芽に時間がかかり病気も発生しやすいので、増し土をする方法がおすすめです。

●切り口を上にするか、下にするか

切った種イモの切り口を上にしたら良いか下にしたら良いか、諸説があります。切り口を上にすると芽が上にカーブをして伸びてくるので、出芽は遅くなるがストロンの伸びる余地が広がりたくさんとれる、下にしたほうが早く出芽し腐りにくく病気も出にくくなる…、さてどちらが良いか試してみてください。

植え付け後は日あたりに置き、たっぷり水やりをして、保湿と保温のために表面に新聞紙か不織布、あるいは穴あきビニールをかぶせておくと、出芽が早くなります。早く出芽するほど、肥大期間が長くなるので、大きなイモが期待できます。

3. 芽かきと追肥・増し土

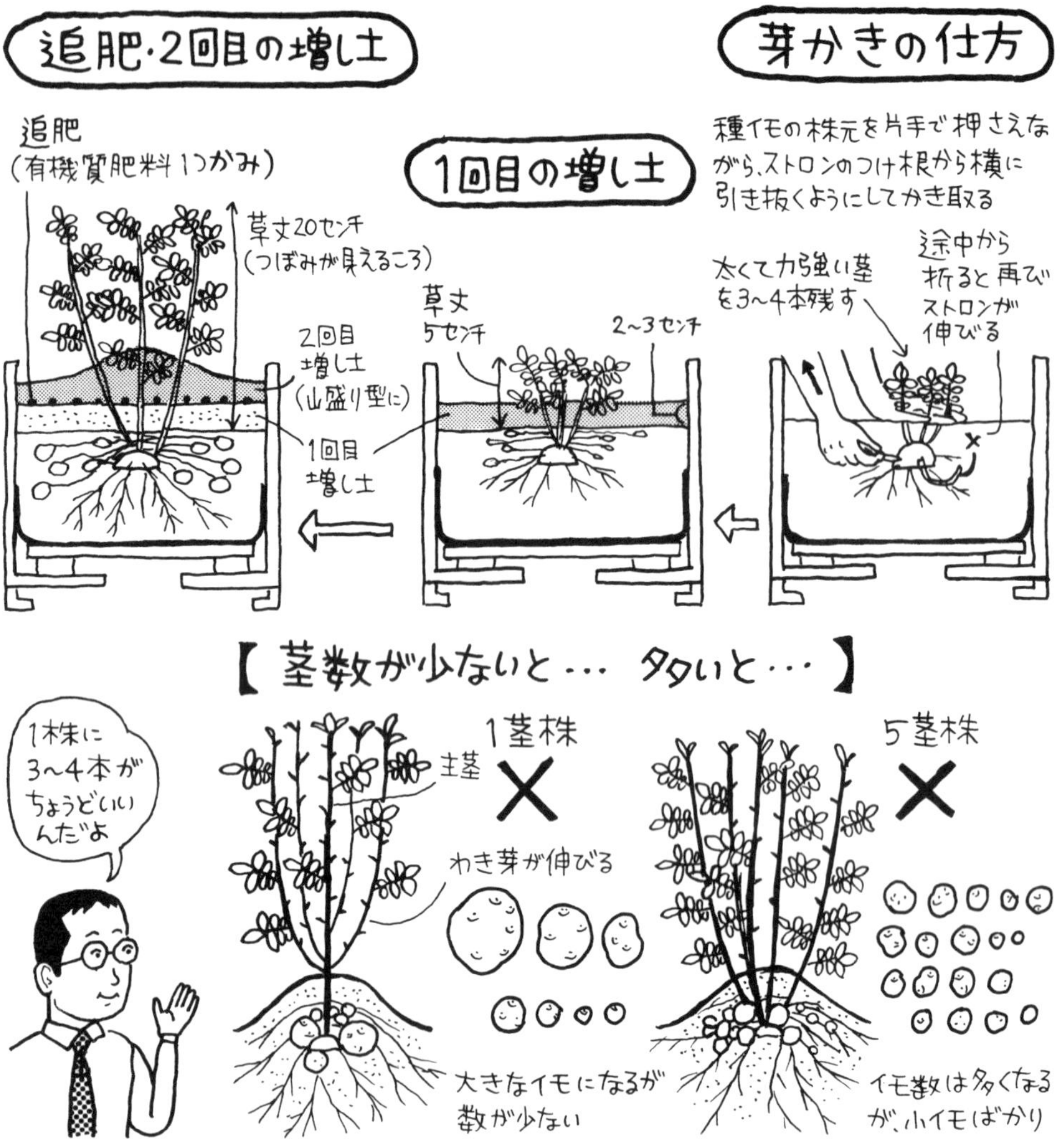
芽かきの仕方
種イモの株元を片手で押さえながら、ストロンのつけ根から横に引き抜くようにしてかき取る
太くて力強い茎を3～4本残す
途中から折ると再びストロンが伸びる
1回目の増し土
草丈5センチ
2～3センチ
追肥・2回目の増し土
追肥
(有機質肥料1つかみ)
草丈20センチ
(つぼみが見えるころ)
2回目増し土(山盛り型に)
1回目増し土
【茎数が少ないと… 多いと…】
1株に3～4本がちょうどいいんだよ
主茎
1茎株
わき芽が伸びる
大きなイモになるが数が少ない
5茎株
イモ数は多くなるが、小イモばかり

●出芽したら一株三、四本に芽かき

一つの種イモから何本の芽を伸ばしたら良いでしょうか。図のように一本の場合だとわき芽が出て何本にもなりますが、ストロンは地中の茎からしか出ないので、イモ数が少なくなり大きなイモになります。芽数が多くなるほどストロンの数は多くなりますが、小さなイモが多くなります。

一マイ畑の植え付け個数にもよりますが、二株の場合、茎数は一株三、四本が適当です。出芽後、草丈が五センチ以上になったら、株元を手で押さえて種イモが持ち上がらないよう、余分な茎を元から抜いて間引きます。これを芽かきといいます。

●芽かき後早めに一回目の増し土

芽かき後に同じ用土を、三～五センチくらい加えて一回目の増し土をします。多少芽が埋まっても芽は伸びてきます。地中ではすでに肥大し始めているので、早めに行ないます。

水やりは、一日一回が目安ですが、過湿状態が続くとイモが腐ったり病気が発生しやすくなったりするので、用土の表面が白く乾くのを待ってかけるようにします。

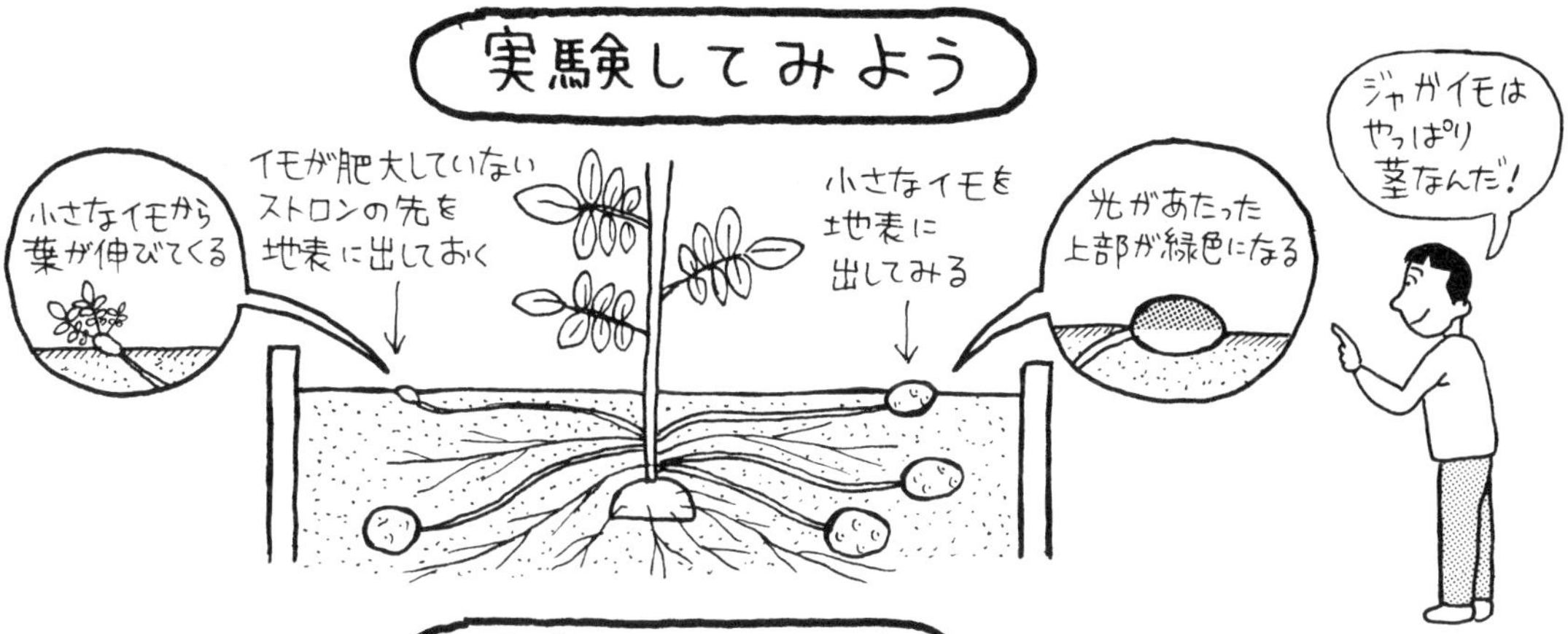
実験してみよう
小さなイモから
葉が伸びてくる
イモが肥大していない
ストロンの先を
地表に出しておく
小さなイモを
地表に
出してみる
光があたった
上部が緑色になる
ジャガイモは
やっぱり
茎なんだ！

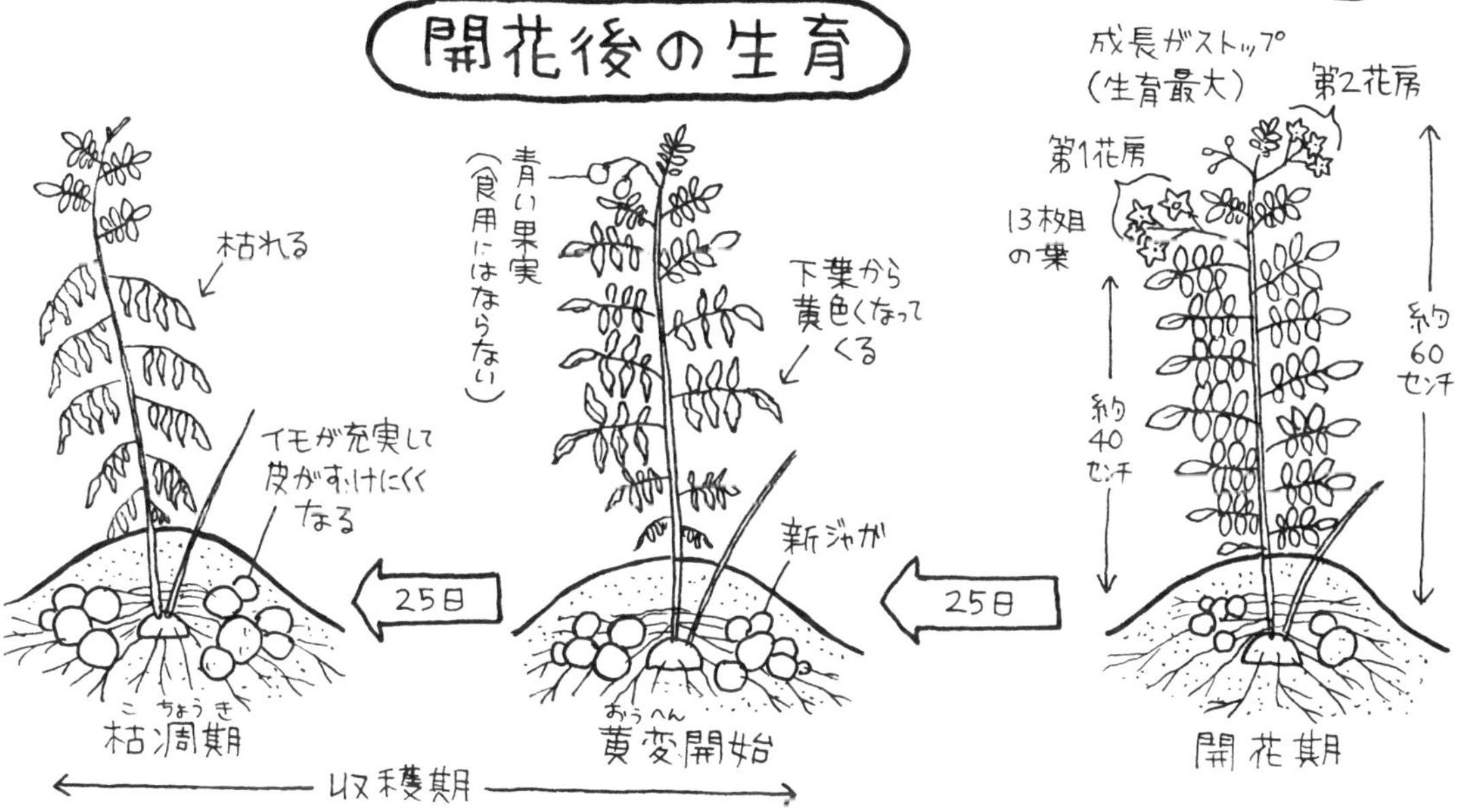
開花後の生育
成長がストップ
（生育最大）
第2花房
第1花房
13枚目
の葉
約
60
センチ
約
40
センチ
青い果実
（食用にはならない）
下葉から
黄色くなって
くる
枯れる
イモが充実して
皮がむけにくく
なる
新ジャガ
25日
25日
枯凋期《こちょうき》
黄変《おうへん》開始
開花期
収穫期

●出芽後二〇日前後に追肥、増し土

出芽後二〇～三〇日、草丈が二〇センチくらいになりつぼみが見え始めるころに、有機質肥料を一つかみ全面にまき、用土を一〇センチ前後、図のように株元に山盛りして増し土します。山盛りにしないと株元が乾きにくくなり病気が発生しやすくなります。イモが露出して光にあたると、肥大が進まなくなるばかりか、緑色になり、ソラニンという毒素ができてしまいます。また上図のように、まだ肥大していないストロンの先を地上に出しておくとどうなるか、試してみましょう。

●開花後は茎の伸長が止まるくらいが良い

ナス科のジャガイモは薄紫や白色のナスと同じような花を咲かせ、メークインなどは小さなトマトのような小さな果実を実らせます（果実には毒があるので食べないこと）。花は咲かせてもイモの肥大にはあまり影響はないようです。

開花始めからは茎の伸長が止まり、開花後二五日くらいから下葉から黄変するくらいの生育が理想です。肥料が多すぎて、いつまでも茎が伸びていると、イモに送りこまれるデンプンが少なくなってしまいます。下葉が黄変するころから、新ジャガイモが収穫できます。

4. 収穫コンクールとジャガイモパーティー

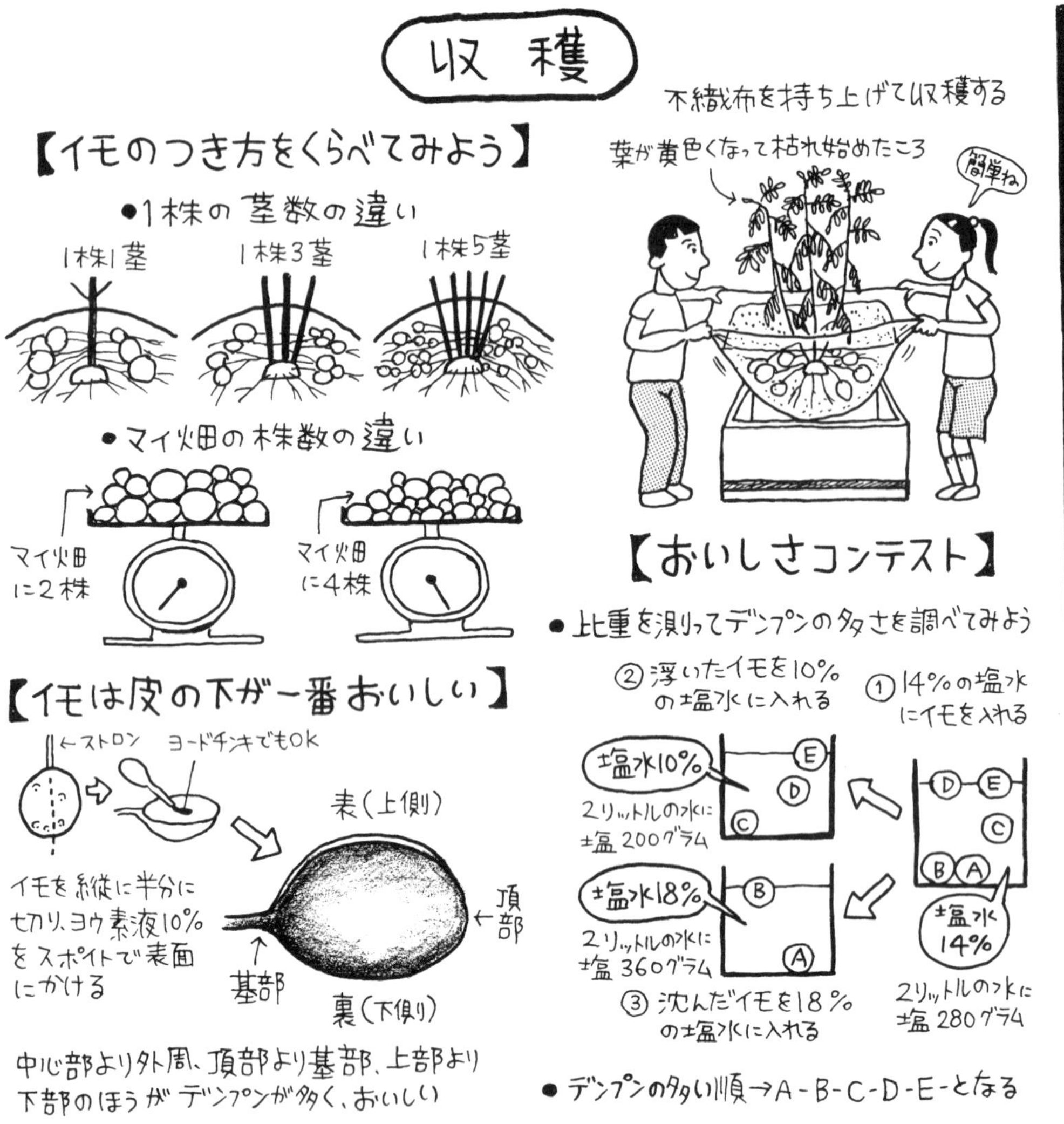

収穫
【イモのつき方をくらべてみよう】
●1株の茎数の違い
1株1茎
1株3茎
1株5茎
●マイ畑の株数の違い
マイ畑に2株
マイ畑に4株
【イモは皮の下が一番おいしい】
←ストロン
ヨードチンキでもOK
表（上側）
イモを縦に半分に切り、ヨウ素液10%をスポイトで表面にかける
頂部
基部
裏（下側）
中心部より外周、頂部より基部、上部より下部のほうがデンプンが多く、おいしい
不織布を持ち上げて収穫する
葉が黄色くなって枯れ始めたころ
簡単ね
【おいしさコンテスト】
●比重を測ってデンプンの多さを調べてみよう
② 浮いたイモを10%の塩水に入れる
① 14%の塩水にイモを入れる
塩水10%
2リットルの水に塩 200グラム
塩水18%
2リットルの水に塩 360グラム
③ 沈んだイモを18%の塩水に入れる
塩水14%
2リットルの水に塩 280グラム
●デンプンの多い順→A-B-C-D-E-となる

●夏休み中の高温対策

遅く植えて夏休み後に収穫する場合は、梅雨明け後の高温対策が必要です。校舎の北側や大きな木の下などの半日陰の場所に移動したり、白い寒冷紗をかけたりして日よけしてやりましょう。夏の水やりは、必ず夕方か早朝に行ないます。日中にかけると、高地温になりイモが腐ってしまいます。

●葉が黄色くなり始めたら収穫開始

葉が黄色くなり始めるころから新ジャガが収穫できますが、その後二週間後くらいすると皮が固くなって成熟し、収穫適期になります。葉が黄変し始めたら水やりはひかえ、用土を乾きぎみしておきます。

ジャガイモは夏の暑い直射日光にあてると、すぐに日焼けしてイモが腐敗してくるので、収穫すぐに、緑化しないようダンボール箱などに入れ、直射日光のあたらない、風通しの良い涼しい場所に保存しておきます。

●おいしさコンクールをしよう

デンプンが多いほどおいしく、デンプンが多いイモほど比重が重いです。塩水に入れて比重コン

イモもちのつくり方
材料(20人分)…ジャガイモ3キロ(約20個)、片栗粉300グラム、塩少々
① ジャガイモは皮をむき、塩を入れた熱湯でやわらかくなるまでゆでる
あとでつぶしやすいように切り分けておく
② 串がスーとささるくらいになったらザルにあげ、よく水気を切り、ボールに入れてすりこぎなどで手早くつぶす
熱いうちに手早くつぶす
③ つぶしたイモに片栗粉を少しずつ加え、粘りが出るまでよくこねる
④ 厚さ1センチくらいの小判型にして油をひいたフライパンで両面に軽く焦げ目がつくまで焼く
⑤ 熱いうちにバターや砂糖しょうゆをつけ、海苔をまいて食べる
砂糖しょうゆ
バター

ポテトチップスのつくり方
材料(20人分) ジャガイモ2キロ(約13個) 塩少々
① ジャガイモは皮をむき、2ミリくらいの厚さにスライスして30分くらい水にさらす
スライサーを使うと便利
② 水を切って乾いたふきんかキッチンペーパーで水気をふき取る
※水分が残っているとパリッとした食感が得られないので注意
③ 150℃の油で透きとおるまで揚げ、いったん油から出して広げておく
150℃
ジャガイモがくっつかないように1枚ずつ入れる
④ 180℃の油でカラッと揚げて、焦げ目がつかないうちに取り出し、油をよく切る
180℃
⑤ 揚げたてに塩少々をふって食べる
パリッ!

テストをしてみましょう。

　右ページ右下の図のように濃さの違う塩水を用意し、どの濃さまで沈んでいるかを競います。また、イモを縦に切って、デンプンがどの部分に多いか調べてみましょう。ヨウ素液を一〇倍に薄めて、切り口にかけ、五分くらいしてから水で洗って比べてみると、外周部のほうが紫が濃く、デンプンが多くおいしいことがわかります。だから、ジャガイモの皮は薄くむかないといけません。

●イモもちをつくってみよう

　ジャガイモ料理で子どもたちが一番好きなのはカレーです。トマトもジャガイモと同じくらいに収穫が始まるので、トマト入りカレーライスもおすすめです。

　また、ポテトサラダやコロッケ、シチュー、肉ジャガ、ポテトチップスも好きです。どれもむずかしくはありません。イモもちは熱いうちにすりこぎでよくつぶし、片栗粉を加えると、粘りが出てくるので、子どもたちはおもしろがります。

1. サツマイモの栽培計画と品種選び

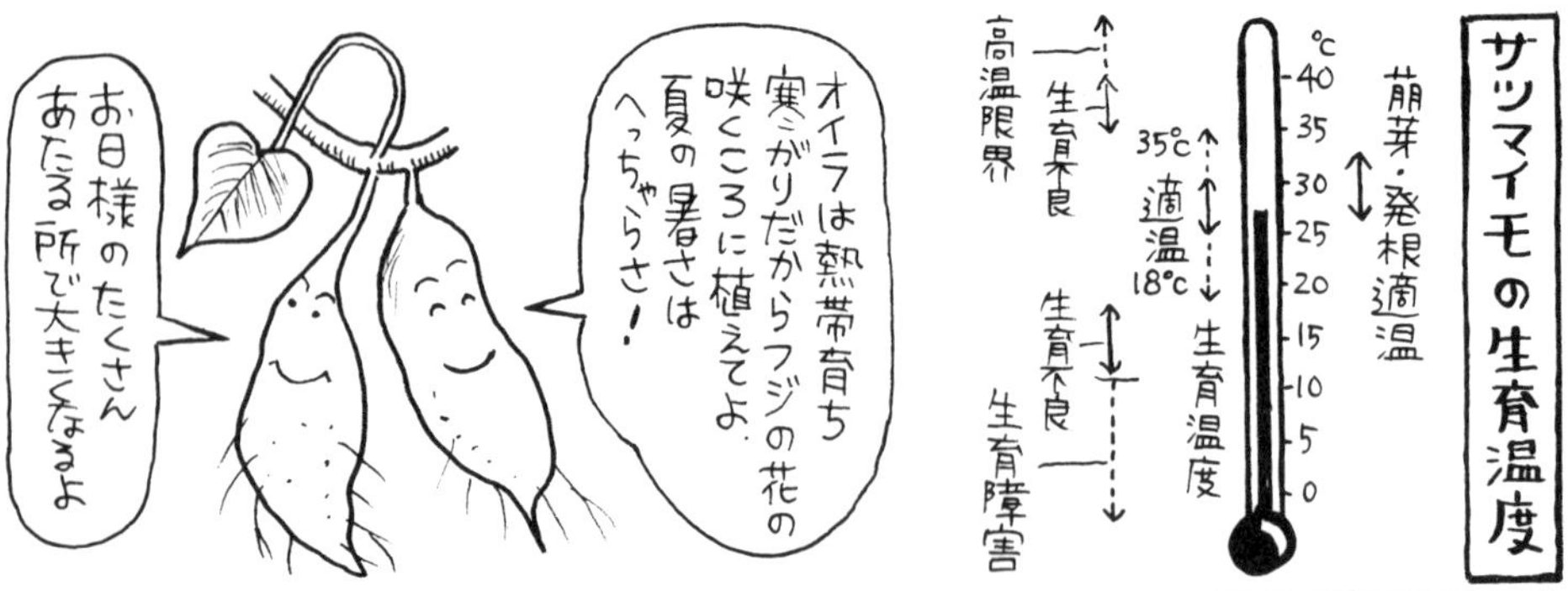
サツマイモの生育温度
萌芽・発根適温
℃ 40 35 30 25 20 15 10 5 0
35℃ 適温 18℃
生育温度
生育不良
高温限界
生育不良
生育障害
オイラは熱帯育ち寒さがりだからフジの花の咲くころに植えてよ。夏の暑さはへっちゃらさ！
お日様のたくさんあたる所で大きくなるよ

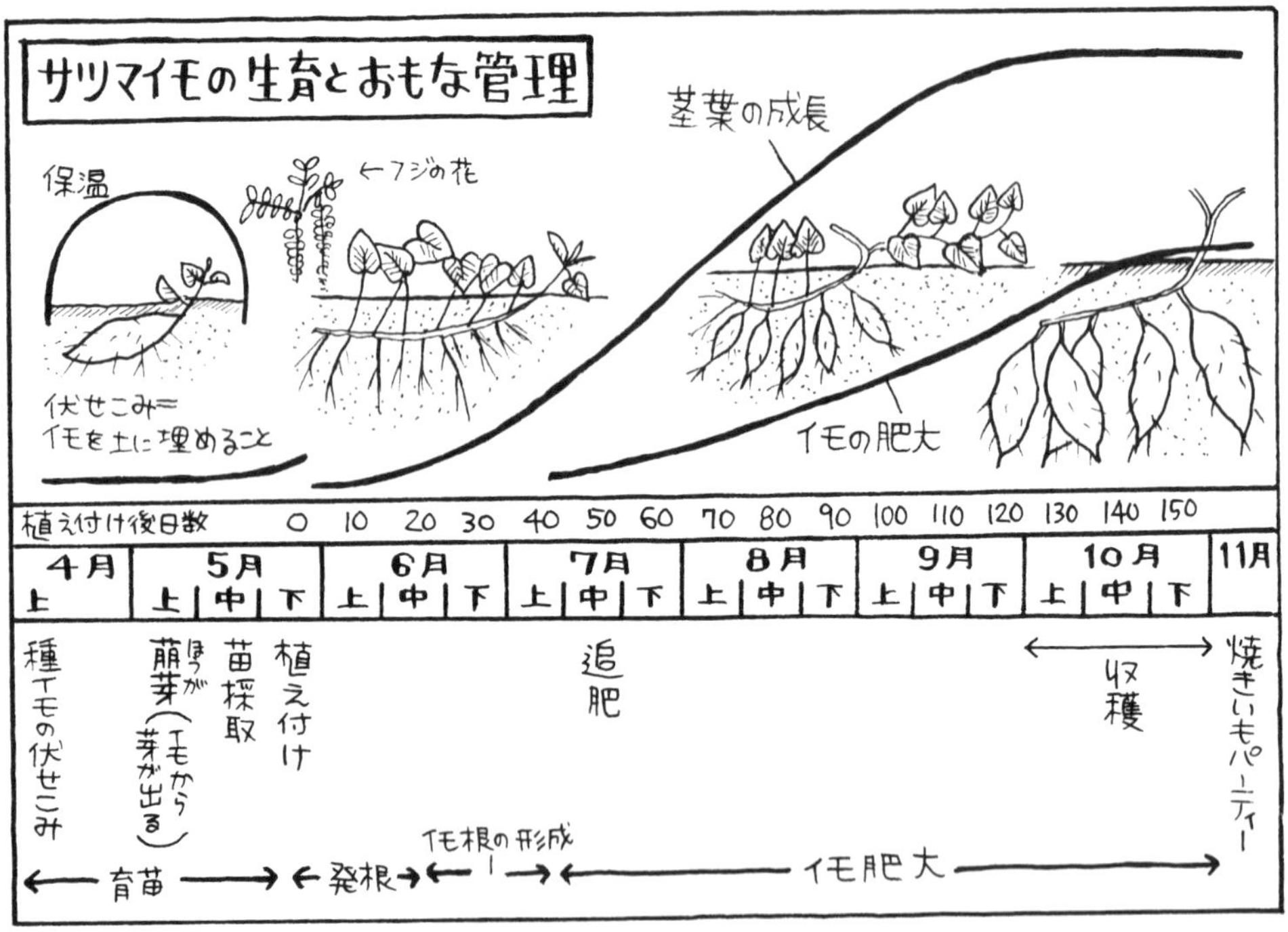
サツマイモの生育とおもな管理
茎葉の成長
←フジの花
保温
伏せこみ＝イモを土に埋めること
イモの肥大
植え付け後日数 0 10 20 30 40 50 60 70 80 90 100 110 120 130 140 150
4月 上
5月 上 中 下
6月 上 中 下
7月 上 中 下
8月 上 中 下
9月 上 中 下
10月 上 中 下
11月
種イモの伏せこみ
萌芽《ほうが》（イモから芽が出る）
苗採取
植え付け
追肥
収穫
焼きいもパーティー
育苗
発根
イモ根の形成
イモ肥大

●フジやボタンが咲くころ、つるをさし木

サツマイモの原産地は熱帯、亜熱帯の中南米の比較的低地です。そのため寒さには弱いですが暑さや乾燥に強く、霜の降りるまで旺盛に成長します。サツマイモは花がめったに咲かず種ができないので、種イモから伸びたつるをさして育てます。ジャガイモのように種イモを直接植えて育てることもできますが、良い形のイモになりません。

寒さには弱く地温が一八℃以上、平均気温が一五℃以上にならないと、つるをさしても発根せず枯れてしまいます。フジやボタンの花が咲く五月下旬から六月上旬につるをさします。新学期が落ち着いたころからスタートできます。栽培もむずかしくなく、晩秋に収穫し落ち葉を集めて焼きいもパーティーを開きましょう。サツマイモは熱が加わると、デンプンが糖になって甘くなります。

●窓辺で苗づくりするのもおもしろい

苗は深さ二〇センチ以上のマイ畑（発泡スチロール箱か野菜コンテナ）に二本で良いので、四〇人のクラスなら予備を含め五〇本くらい購入します。また、自分で苗を育てることも容易です。

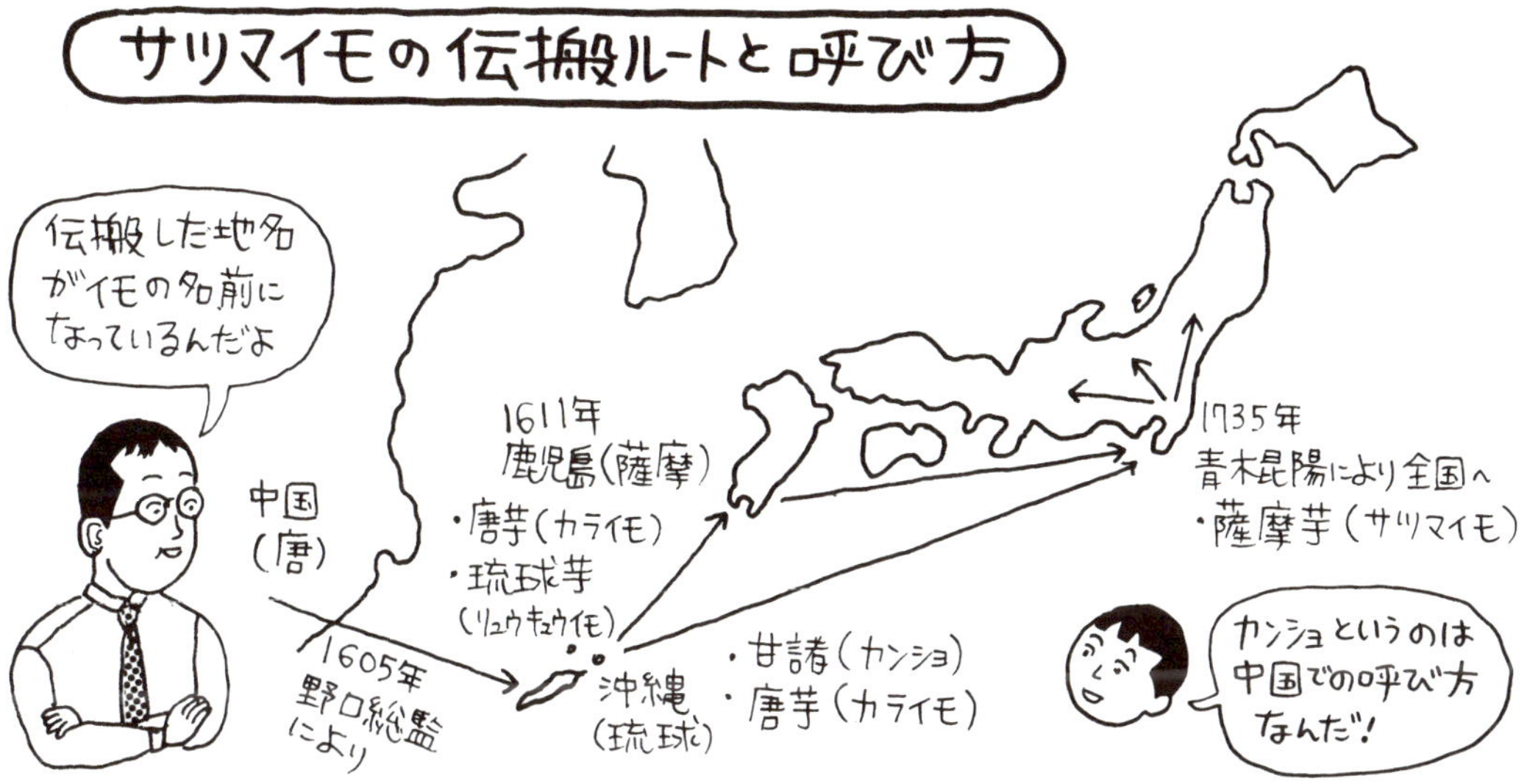
サツマイモの伝搬ルートと呼び方
伝搬した地名がイモの名前になっているんだよ
中国（唐）
1605年
野口総監
により
1611年
鹿児島（薩摩）
・唐芋（カライモ）
・琉球芋（リュウキュウイモ）
沖縄（琉球）
・甘藷（カンショ）
・唐芋（カライモ）
1735年
青木昆陽により全国へ
・薩摩芋（サツマイモ）
カンショというのは中国での呼び方なんだ！

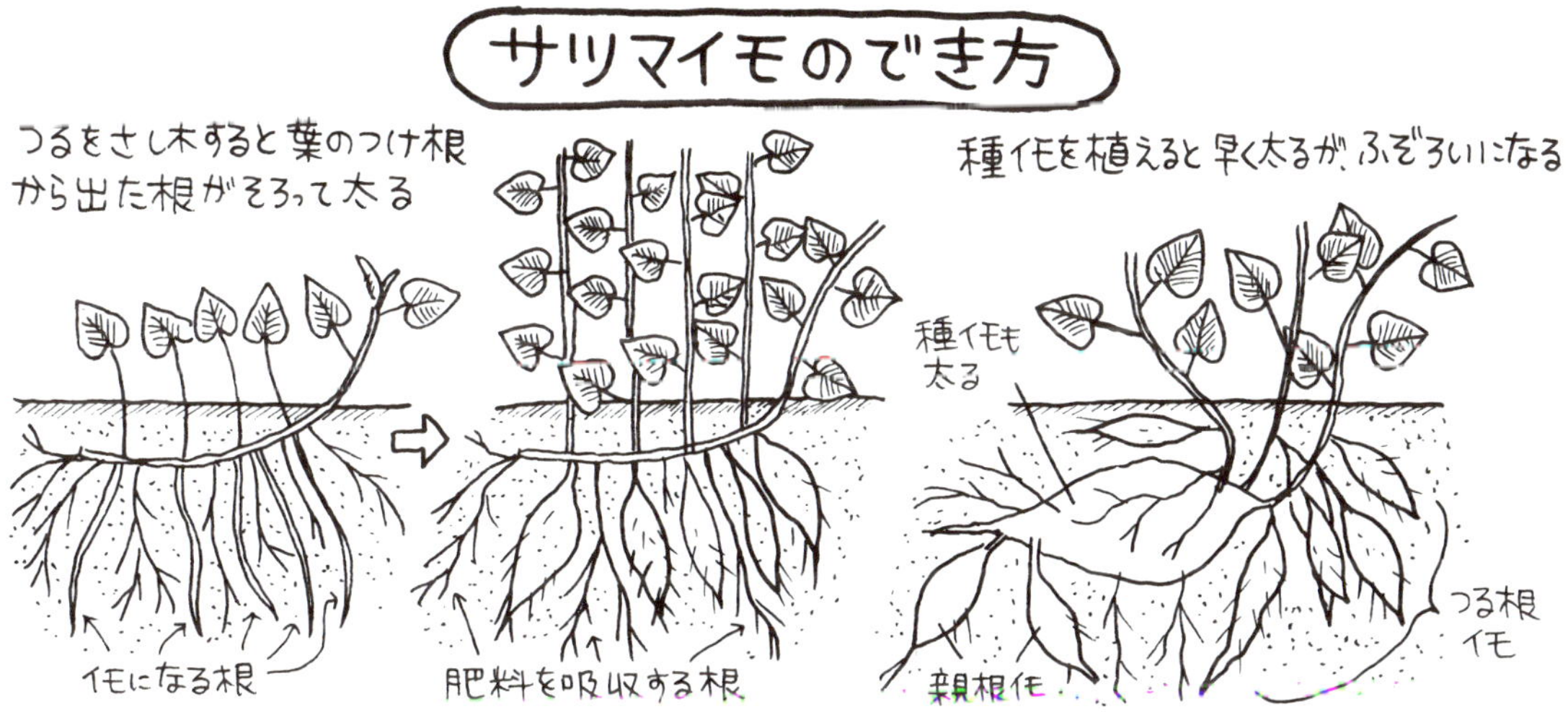
サツマイモのでき方
つるをさし木すると葉のつけ根から出た根がそろって太る
イモになる根
肥料を吸収する根
種イモを植えると早く太るが、ふぞろいになる
種イモも太る
親根イモ
つる根イモ

さし木予定日の約五〇日前の四月初旬に食用のサツマイモを購入し、ペットボトルかマイ畑に植えて窓辺に置いて保温します。これを種イモの伏せこみといいます。つるが伸びて葉が一〇枚以上になったら、切って苗にします。

さした苗の葉のつけ根からは、イモになる根、養水分を吸収する根が伸びるとともに、わき芽が伸びてきてつるとなります。サツマイモは根が肥大したイモなので、ジャガイモのように増し土する必要はありません。

●品種も食べ方も豊富な健康野菜

サツマイモは江戸時代の初めに中国から沖縄（琉球）に伝わり、それが鹿児島（薩摩）に伝わり全国に普及しました。薩摩のイモ、サツマイモが一般的ですが、中国名の「甘藷」、中国（唐）のイモ「カライモ」、琉球のイモ「リュウキュウイモ」とも呼ばれています。天候が悪い年でも、やせた畑でも、あまり肥料を施さずともでき、イネの四倍以上たくさんとれるため、飢饉のときの救荒作物として日本全国に広まりました。

品種も豊富です。肉食が黄色のベニアズマ、高系一四号、ベニコマチなどのほかに、紫色のパープルスイートロード、アヤムラサキなどもあります。皮が白いタマユタカは干しイモに最適です。

2. 苗つくりと植え付け

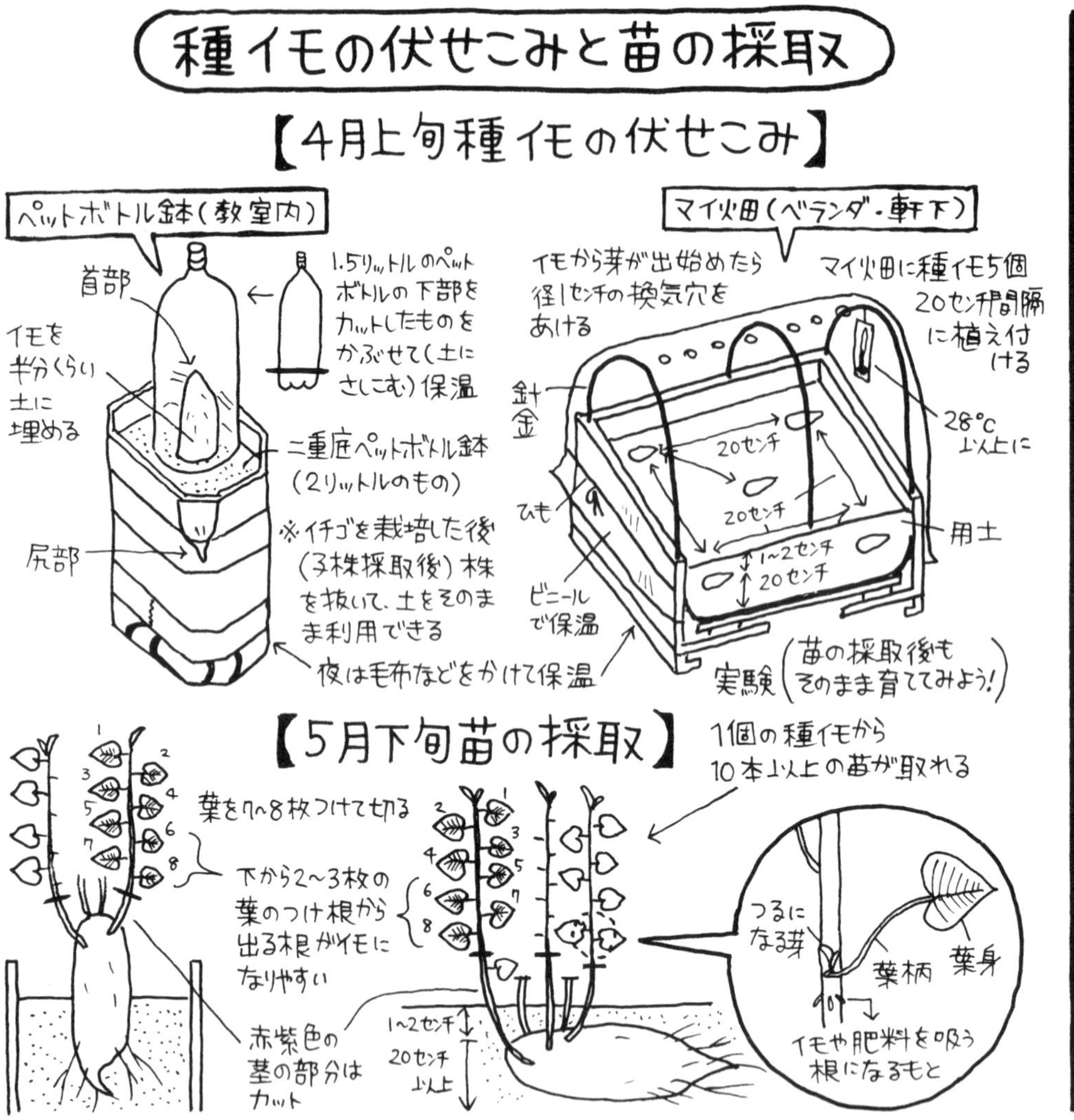

種イモの伏せこみと苗の採取
【4月上旬種イモの伏せこみ】
ペットボトル鉢（教室内）
首部
イモを半分くらい土に埋める
1.5リットルのペットボトルの下部をカットしたものをかぶせて（土にさしこむ）保温
二重底ペットボトル鉢（2リットルのもの）
尻部
※イチゴを栽培した後（子株採取後）株を抜いて、土をそのまま利用できる
夜は毛布などをかけて保温
マイ畑（ベランダ・軒下）
イモから芽が出始めたら径1センチの換気穴をあける
マイ畑に種イモ5個20センチ間隔に植え付ける
針金
28℃以上に
20センチ
20センチ
ひも
用土
1～2センチ
20センチ
ビニールで保温
実験（苗の採取後もそのまま育ててみよう！）
【5月下旬苗の採取】
1個の種イモから10本以上の苗が取れる
葉を7～8枚つけて切る
下から2～3枚の葉のつけ根から出る根がイモになりやすい
赤紫色の茎の部分はカット
1～2センチ
20センチ以上
つるになる芽
葉柄
葉身
イモや肥料を吸う根になるもと

●芽だし種イモをマイ畑に伏せ保温して萌芽

種イモはやや小さいものでもかまいません。病気にかかっていない健全なものを選びます。一個から一〇本以上は取れるので、三個もあれば十分です。芽は根が出ていたくぼみ（目）、とくに首の部分の目から多く萌芽します。

三〇℃が萌芽適温で、二八℃以上必要です。四月上旬はまだ寒いので、伏せこむ前に種イモを毛布などでくるみ、数日間コタツの中に入れて一ミリくらい芽出しをします。その種イモを、二〇センチ間隔くらいに首部をそろえて水平に置き、表面がかくれる程度に埋めこみます。四〇℃くらいの湯をかけ、ビニールトンネルをかけて窓辺に置き、夜間は毛布をかぶせて保温します。適温を維持すれば、七～一〇日で萌芽してきます。

萌芽後は徒長しないよう、徐々にトンネルビニールに穴をあけて温度を下げて、夜間一五℃以上に保つようにします。萌芽後は発根して水を吸収するので、用土が乾かないよう、三〇℃くらいのぬるま湯をかけてやります。

●葉一〇枚以上のつるを六～八枚つけて採取

葉が一〇枚以上、約二〇～三〇センチに伸びたつるから順次、葉を六～八枚つけて採取しますが、苗

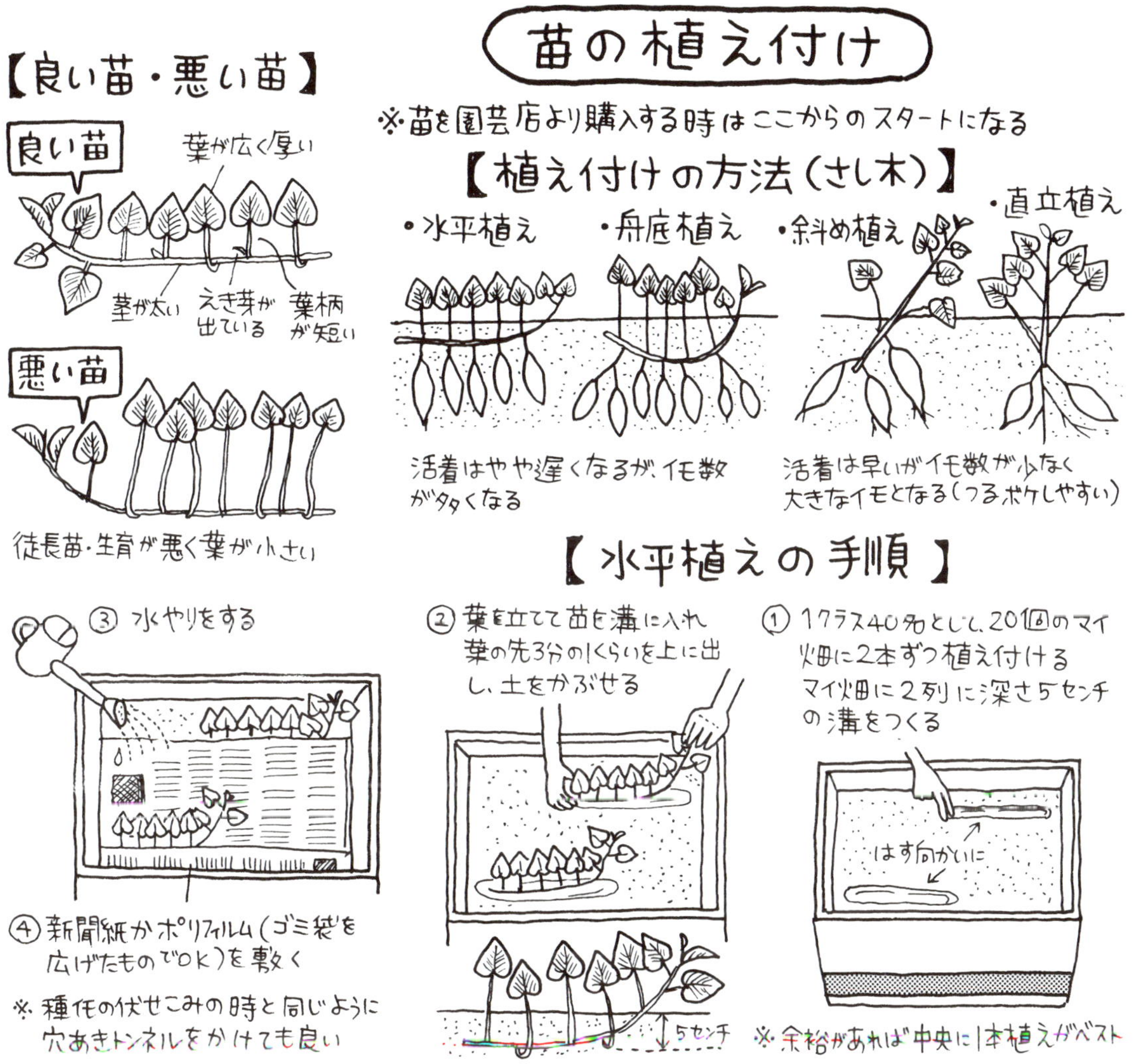

【良い苗・悪い苗】
良い苗
葉が広く厚い
茎が太い
えき芽が出ている
葉柄が短い
悪い苗
徒長苗・生育が悪く葉が小さい
苗の植え付け
※苗を園芸店より購入する時はここからのスタートになる
【植え付けの方法(さし木)】
・水平植え
・舟底植え
・斜め植え
・直立植え
活着はやや遅くなるが、イモ数が多くなる
活着は早いがイモ数が少なく大きなイモとなる(つるボケしやすい)
【水平植えの手順】
① 1クラス40名とし、20個のマイ畑に2本ずつ植え付ける
マイ畑に2列に深さ5センチの溝をつくる
はす向かいに
※余裕があれば中央に1本植えがベスト
② 葉を立てて苗を溝に入れ葉の先3分の1くらいを上に出し、土をかぶせる
5センチ
③ 水やりをする
④ 新聞紙かポリフィルム(ゴミ袋を広げたものでOK)を敷く
※種イモの伏せこみの時と同じように穴あきトンネルをかけても良い

は採取後一週間以内にさし木したほうが良いので、さし木予定の日から逆算して採取します。茎が赤紫色になった部分は硬化していて、根やわき芽が伸びにくいので上部の緑の部分で切ります。上図のように茎が太く節間や葉柄が短く葉が厚い苗が良い苗です。購入する場合もこのような苗を選びます。

採取後は、直射日光があたらず、やや涼しい建物の北側や棚下などに、ダンボールなどにふたをしないで入れておきます。水をかけたり水を吸わせると、葉が腐ったりイモになる根が発根して傷むのでさけましょう。しおれても心配ありません。

●さし木後は乾かさないようにして発根促進

サツマイモは肥料分が多いとつるばかりが繁茂してイモの肥大が悪くなるので、用土は山土でもかまいません。植え付け方はいろいろありますが、イモになる根は葉のつけ根から出るので、必ず三〜四節は埋まるようにし、葉は外に出します。イモになる根は切り口から二〜三節に多く、あまり深く埋めこむと肥大が悪くなるので、水平植えや船底植えがおすすめです。深さ五〜七センチの溝をつくり、苗を寝かせて葉を立てて埋めます。植え付け後水やりをして乾かないようにし、新聞紙かポリ袋でマルチすると、保温、保湿効果が高まり活着が早くなります。

3. 植え付け後の管理とおもしろ実験

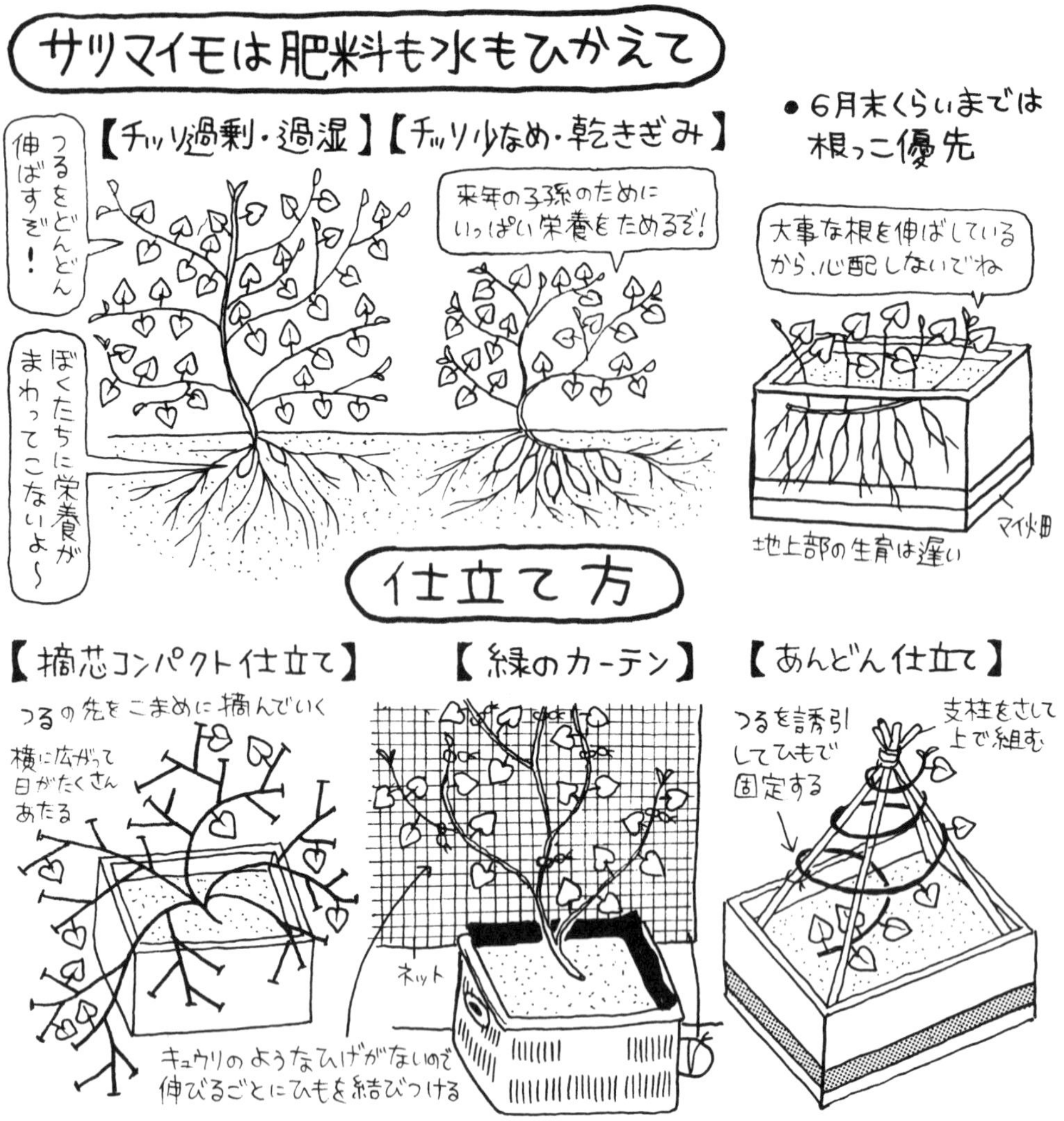
サツマイモは肥料も水もひかえて
【チッソ過剰・過湿】
つるをどんどん伸ばすぞ！
ぼくたちに栄養がまわってこないよ～
【チッソ少なめ・乾きぎみ】
来年の子孫のためにいっぱい栄養をためるぞ！
●6月末くらいまでは根っこ優先
大事な根を伸ばしているから、心配しないでね
マイ畑
地上部の生育は遅い
仕立て方
【摘芯コンパクト仕立て】
つるの先をこまめに摘んでいく
横に広がって日がたくさんあたる
【緑のカーテン】
ネット
キュウリのようなひげがないので伸びるごとにひもを結びつける
【あんどん仕立て】
つるを誘引してひもで固定する
支柱をさして上で組む

●植え付け後一ヵ月間は根っこ優先で

植え付け後は枯れてしまったと心配になるほどしおれます。しおれても用土に湿り気があれば、水やりの必要はありません。地温が一五℃以上あれば、四～六日後には発根し、新芽が伸びてきます。しかし、植え付け後一ヵ月間くらいは茎葉はあまり伸びません。この間はイモになる根（塊茎）と養水分を吸収する根が優先して伸びます。そのため、この間は根の環境を良くしてやることが重要です。

根の伸長適温は二五℃前後なので、ポリ袋（ゴミ袋など）マルチで地温を上げ、乾燥、過湿はさけて、梅雨などの大雨があたらない所で育てます。追肥は必要ありませんが、七～八月に葉色がさめてきた場合は、有機質肥料を一つかみ追肥しましょう。病害虫の心配もほとんどありません。

●七月からはつるを誘引し、乾燥ぎみに

七月に入るとつるが勢いよく伸び始め、イモも肥大し始めます。スペースがあればはわせますが、スペースがないときは、図のように支柱を立てて立ちつくりにするか、キュウリのように緑のカーテンのネットにつるを誘引すると良いです。サツマイモは自分で巻きつく力がないので、支柱

おもしろ実験
【ペットボトル栽培実験】
つるを1本に間引き、何メートル伸びるか試してみよう！
首部
窓の縁にはわせるとじゃまにならない
尻部
ペットボトルを切って水を入れる
【イモ植え栽培】
尻部
マイ畑
首部
つるが伸びてきたら土寄せをして埋める
イモの首部をマイ畑に埋める
【サツマイモにアサガオを接ぎ木】
アサガオは赤・紫・白・ふちどりなどいろいろな花を咲かせて楽しもう！
接ぎ木後7～10日目に切り離す
サツマイモは上で切る
アサガオは下で切る
毛糸で数回巻く
ぴったり合わせて
サツマイモ
アサガオ
サツマイモ＝切り下げる
アサガオ＝切り上げる
サツマイモのつる3～4本に接ぐ
接がない芽は全部切る
サツマイモ
脱脂綿かティッシュペーパーを中に敷き、湿らせる
水盤（パッドやお皿でOK）

やネットに誘引ヒモで固定します。立ちつくりにすると日あたりが良いので、イモの肥大も良くなります。また、つるが一定に伸びたら、先端をこまめに摘んでいくと狭い場所でも育てられます。

梅雨が明けると高温となるので、マルチは除きます。水分吸収も旺盛になりますが、サツマイモは乾燥に強く過湿に弱いので、水やりは、日中にややしおれるようになるまで待って、夕方か早朝に行ないます。イモは根なので、過湿になると酸素不足で肥大が悪くなります。七月からは乾きぎみに管理します。

●イモ植え栽培やアサガオの接ぎ木に挑戦

五月にサツマイモの芽の出る首部を土にさしておき、芽が出てきたら土寄せをしてつるの下部を埋めておきます。また、苗の採取したあとの種イモを一つにし、二本くらいのつるを伸ばし、増し土をしてつるを埋めておくと、種イモの養分で早く成長し、種イモの根もイモとなり、早く収穫できます。

また、サツマイモはアリガオと同じヒルガオ科で、花も似ています。同じ科なので、接ぎ木ができます。鉢で育てたアサガオのつるを図のようによび接ぎします。七～一〇日後に、図のように切ると、アサガオのつるが伸びて、遅くまで花を咲かせます。

4. 収穫と焼きいもパーティー

サツマイモの保存
冷蔵庫(5℃)に入れちゃダメ!
※暖かい部屋に置く
毛布をかける
発泡スチロール箱
イモは土がついたまま新聞紙にくるんで入れる
ぼくたちは寒さには弱いんだ 初霜がくる前に収穫して!
初霜
焼きいもづくり
【古なべで石焼き】
約40分
古なべ
小石を敷きつめる
【オーブントースターかレンジ】
早く焼けるが甘さがイマイチ?
【落ち葉たきで焼く】
① 小枝や板切れを燃やしてオキ火をつくる
② 落ち葉をかぶせて燃やす
③ イモをぬれた新聞紙にくるみ、アルミホイルに包んで オキ火の中に入れる
④ 落ち葉をさらに燃やす
⑤ 約1時間後 取り出して食べる

●初霜の降りる前に収穫

四季のない熱帯原産のサツマイモは、生育温度さえあればいつまでも生育しますが、日本では一〇月中下旬に寒さにあたり葉が黄化したり赤みを帯びたりし始め、初霜にあたって枯れます。収穫は九月以降ならいつでもできますが、やはり寒さにあたり葉色が変わるころが収穫適期で甘さが増します。つるを元から切り、不織布ごと持ち上げて広げて土を落とすと簡単に収穫できます。

掘り取ったイモは新聞紙に包んで発泡スチロール箱に入れておきます。サツマイモは、一〇℃以下の低温にあうと障害を受けて腐ってしまうので、冷蔵庫に入れてはいけません。

●焼きいもの糖度コンテストをしよう

収穫後は、待ちに待ったほくほく甘い焼きいもパーティーです。まず小枝などを燃やしてオキをつくり、その上に落ち葉をかぶせて燃やします。少し火が落ち着いたら、洗ったイモをぬれた新聞紙でくるみ、さらにアルミホイルでくるんで、火の中に埋めるように入れ、落ち葉をかぶせておきます。一時間くらい、じっくりと蒸し焼きするように焼きます。

焚き火が面倒な場合は、皮つきで丸ごとオーブン

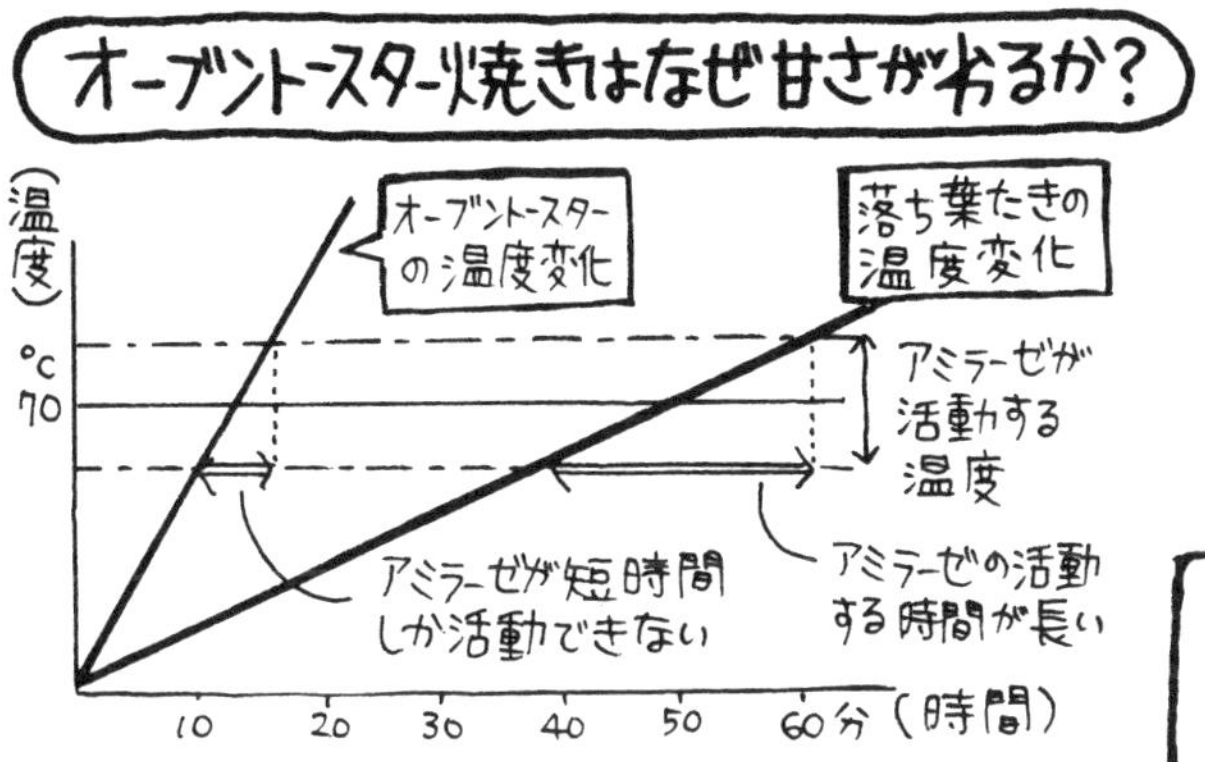
オーブントースター焼きはなぜ甘さが劣るか?
温度
℃
70
オーブントースターの温度変化
落ち葉たきの温度変化
アミラーゼが活動する温度
アミラーゼが短時間しか活動できない
アミラーゼの活動する時間が長い
10 20 30 40 50 60分 (時間)

ぼくたちは弱火でじっくり焼いてくれなきゃ甘くならないよ

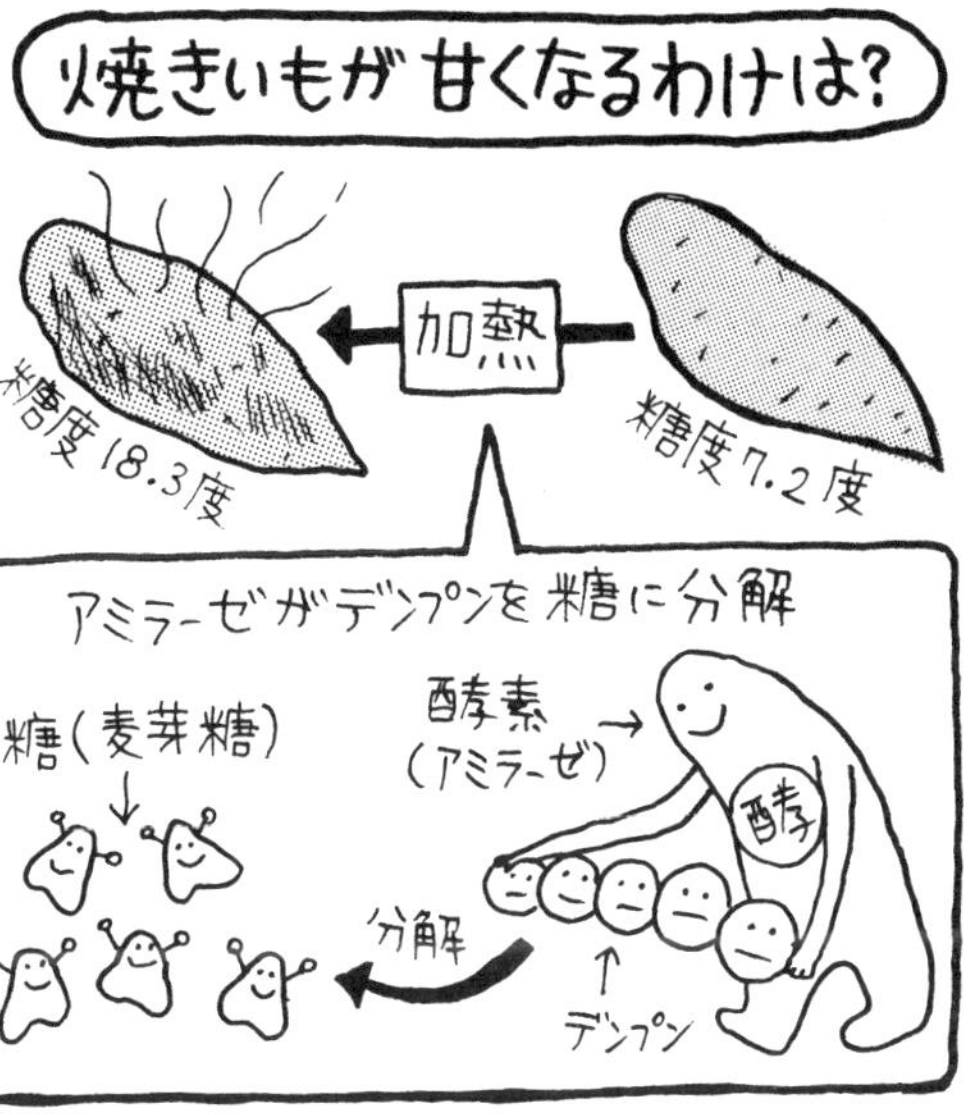
焼きいもが甘くなるわけは?
加熱
糖度18.3度
糖度7.2度
アミラーゼがデンプンを糖に分解
糖(麦芽糖)
酵素(アミラーゼ)
酵
分解
デンプン

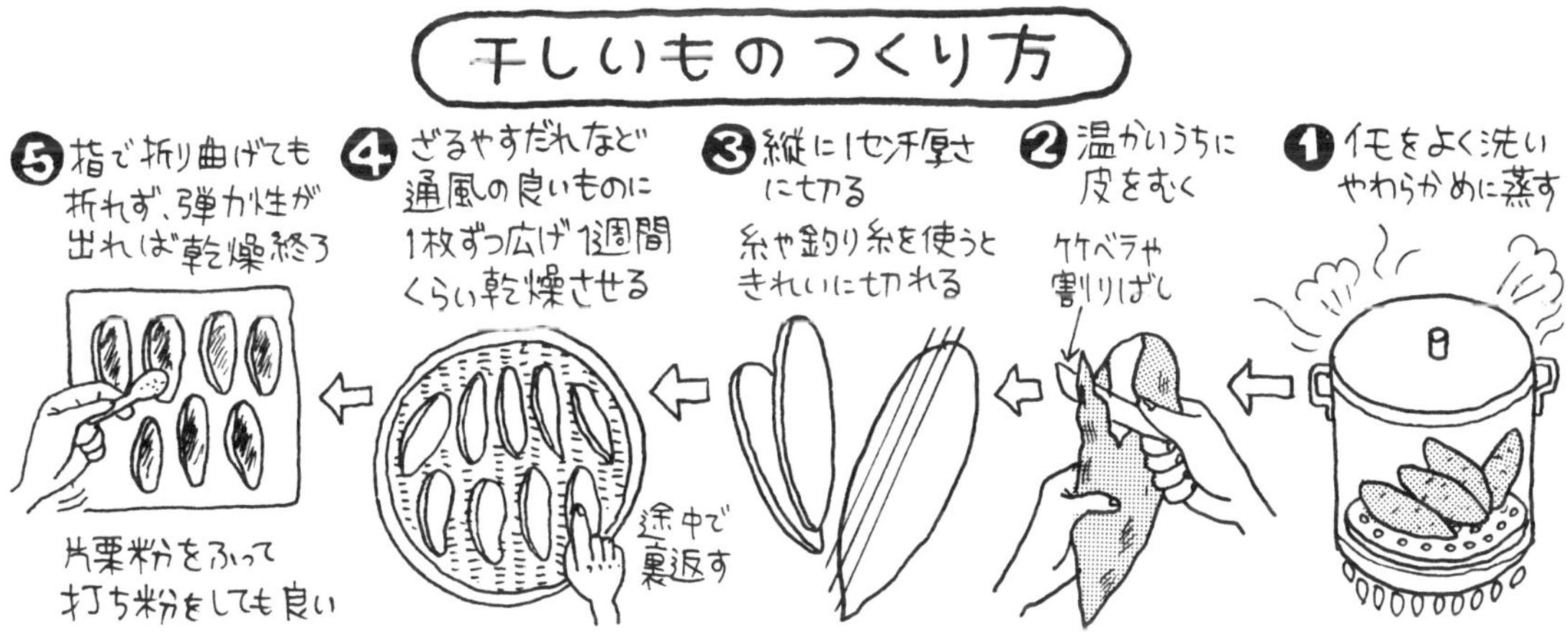
干しいものつくり方
❶イモをよく洗いやわらかめに蒸す
❷温かいうちに皮をむく
竹ベラや割りばし
❸縦に1センチ厚さに切る
糸や釣り糸を使うときれいに切れる
❹ざるやすだれなど通風の良いものに1枚ずつ広げ1週間くらい乾燥させる
途中で裏返す
❺指で折り曲げても折れず、弾力性が出れば乾燥終了
片栗粉をふって打ち粉をしても良い

トースターで焼くと簡単です。しかし、同じイモでも落ち葉で焼いたもののほうが、なぜか甘くなります。実際に、焼く前にサツマイモをすって糖度を測ってから、落ち葉で焼いた焼きいもの糖度とオーブンで焼いた糖度を測って比べてみましょう。

甘くなるのは、加熱するとデンプンが麦芽糖という糖になるからです。糖になるのは、まずデンプンが七〇℃くらいに加熱されるとアミラーゼという酵素が働いてデンプンを糖に分解するからです。ところが、この酵素が働く温度範囲も七〇℃前後であるため、急速に焼くとイモの温度が七〇℃前後になっている時間が短くなってしまい、アミラーゼが十分に活動できなくなります。オーブンで短時間に焼くと甘さが劣るのは、このためです。

●干しいもつくりにも挑戦

つくる時期は寒くなり乾いた風が吹く一二月から二月の寒中です。暖かいうちにつくるとカビが生えて食べられなくなります。

洗ったイモを蒸し器に入れてハシがとおるまで蒸します。次にやけどをしないように竹べらなどで皮をむき、厚さ一センチくらいにスライスして、竹網やスダレの上に置きます。ときどき反転させて一週間くらい乾燥させると出来上がります。

小玉スイカ

定植 【4月中旬】

苗はホームセンターや園芸店で購入し、1マイ畑に1株植え付ける.

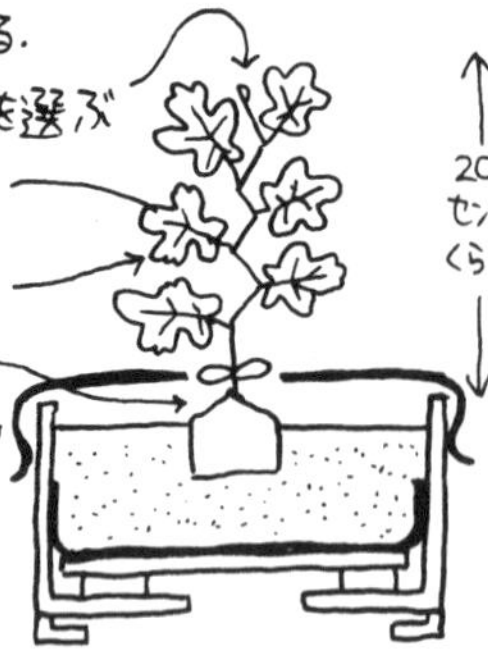
成長点が上を向いているものを選ぶ
葉の緑色が濃いものが良い
葉裏に虫がついていないもの
浅植えにする
ビニールマルチ（ゴミ袋を開いたもので良い）
20センチくらい

スイカの原産地はアフリカの砂ばく地帯. だから高温(25～30℃)と乾燥を好み多湿が大嫌いです.
7月に収穫するには4月中旬に植え付けます。

保温・雨よけ

透明のビニールをかける（3～4週間後、中がいっぱいになったら取り除く）

針金

雨のあたらない、日あたりの良い場所に置く

支柱立て・誘引

【5月中旬】

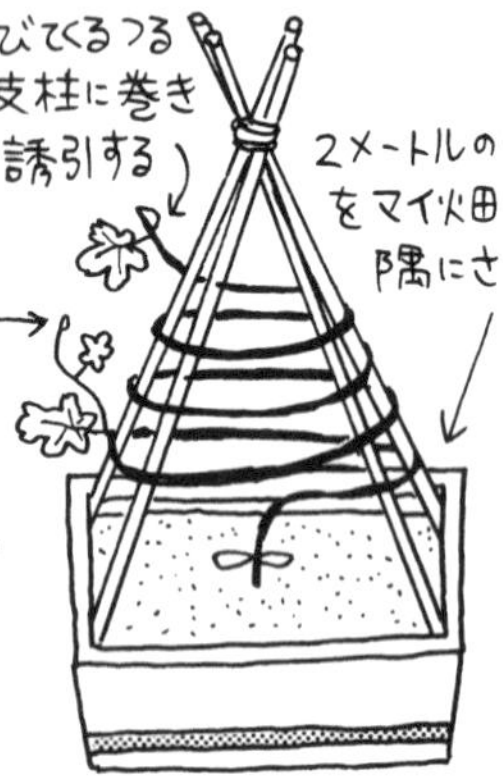
伸びてくるつるを支柱に巻きつけ、時々誘引する
2メートルの支柱をマイ畑の隅にさしこむ
わきから出てくる子づるもすべて巻きつけていく

つるを傷めないように誘引はかならず8の字に

ビニールひもなど

水やり

病気予防のため葉に直接かけないようにやる

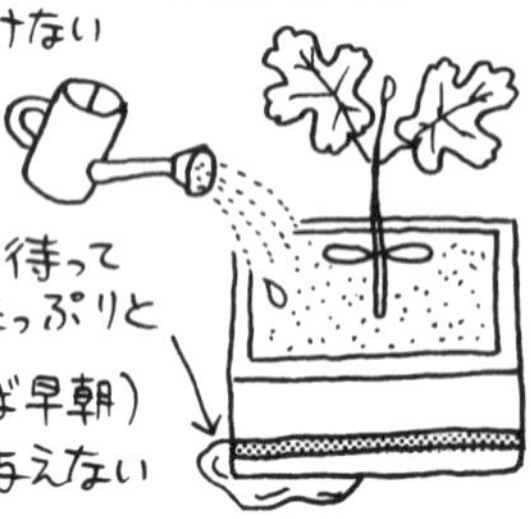

しおれぎみになるまで待って下から流れ出るまでたっぷりと

※1日1回午前中(できれば早朝)
午後はしおれぎみでも与えない

追肥

【5月下旬】

雌花
雄花

雌花のつぼみが咲くころと、玉がついて肥大し始めるころに同量与える

粒状の有機質肥料

株元から離して周囲にひと握り(20～30粒)与える

収穫

【7月中下旬】

● 収穫適期の見分け方

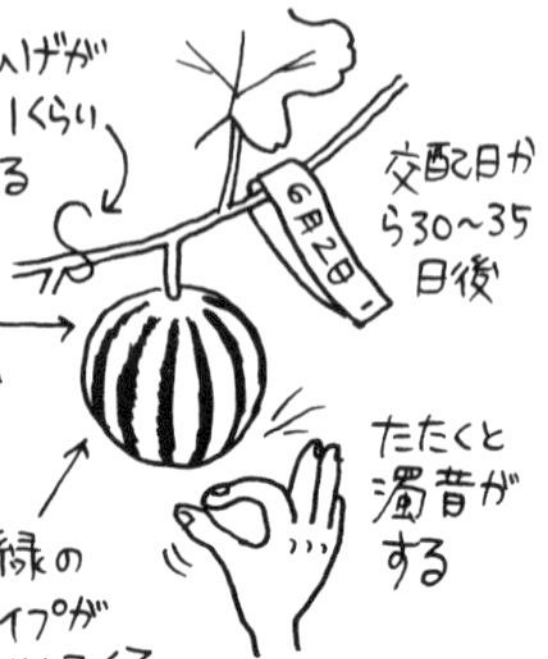
巻きひげが3分の1くらい枯れる
交配日から30～35日後
6月2日
肩が張ってくる
たたくと濁音がする
黒と緑のストライプがはっきりしてくる

人工授粉

【6月上旬】

雌花がついたら開花した日の早朝に雄花のオシベの花粉を雌花の柱頭につける

雄花（花弁を取り除く）
雌花
6月2日

受粉後は近くにラベルをつけて交配日を記しておく（30～35日後が収穫適期）

玉づり

【6月中旬】

支柱の上からつり下げる
タマネギの入っていたネットなど

スイカが大きくなってきたらつり下げて重みで傷まないようにする

オ　ク　ラ

品種選び

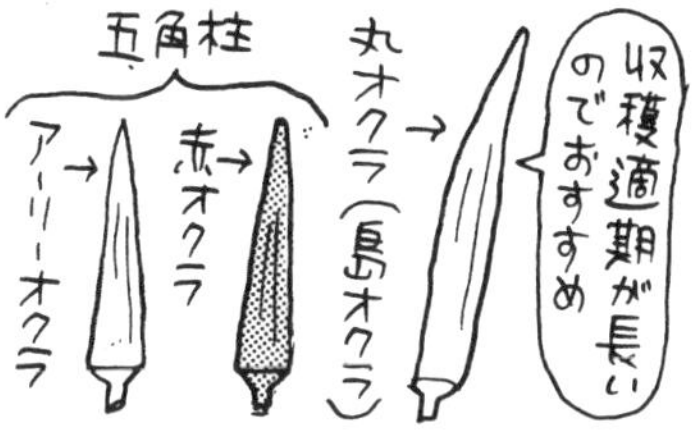

五角柱
アーリーオクラ
赤オクラ
丸オクラ（島オクラ）
収穫適期が長いのでおすすめ

オクラは直根性なので、じかまきしたほうが安心です。ただしアフリカ原産で高温（25～30℃）を好むので、種まきは5月上旬以降です。

種まき

【5月上中旬】

オクラの種はかたいので一晩水に浸してからまくと発芽しやすい

1マイ畑に4カ所
1カ所2～3粒

平らなビンの底を押しあててまき穴をつくる

2リットルのペットボトルを切ったものをかぶせて保温する

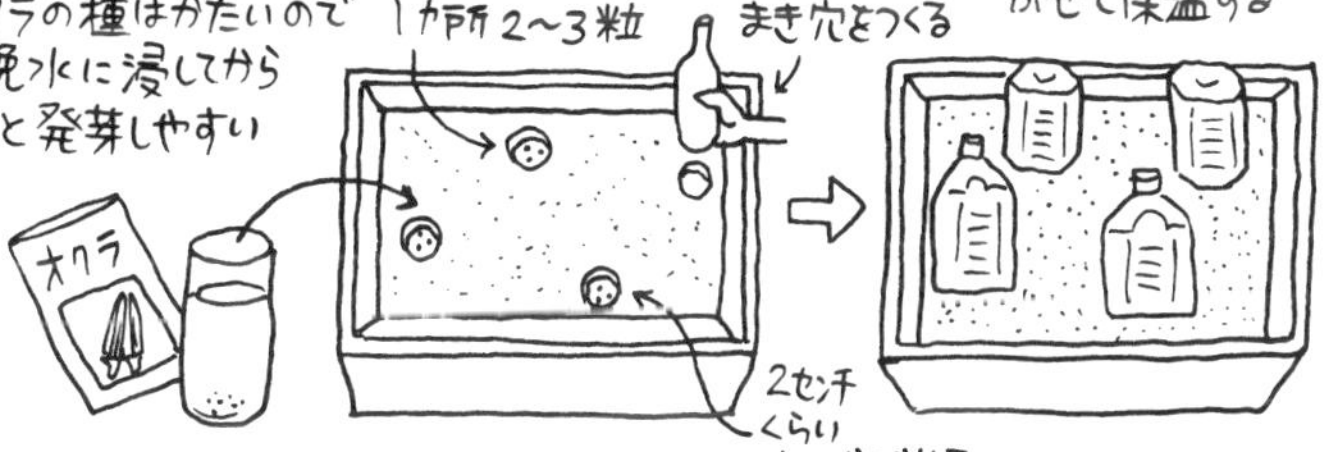

オクラ
2センチくらい土をかぶせる

間引き

【6月上中旬】

本葉4～5枚のころに1カ所1株にする

最初はなかなか大きくならない

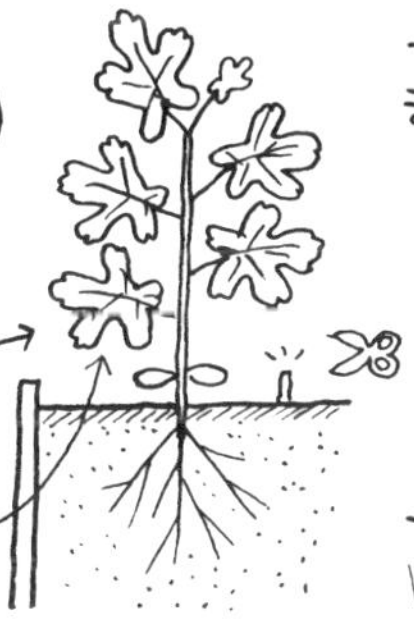

開花

【7月中旬～】

ハイビスカスに似た黄色い大輪の花（赤オクラの花は白）は鑑賞用になるくらい美しい。

※ 毎日のように次から次へと咲く花は1日でしぼみ4～5日で実ができる

きれい！

追肥

花が咲き出したら2週間に1回くらい粒状の有機質肥料を1株につきひと握りずつ与える

収穫期間が長いので、肥料切れさせないでね

収穫

【7月下旬～10月上旬】

開花後4～5日で長さが4～5センチ（親指くらいの大きさ）になるので、実がかたくならないうちにハサミで切り取る。

取り遅れるとかたくなって風味を失うので注意！

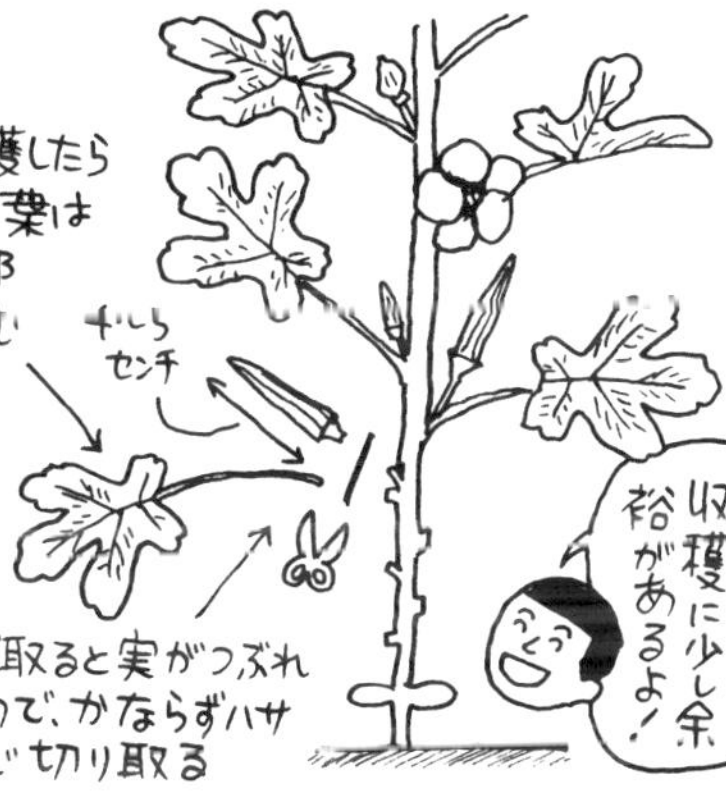

収穫したら下の葉は全部摘む
4～5センチ
手で取ると実がつぶれるので、かならずハサミで切り取る
丸オクラなら収穫に少し余裕があるよ！

食べてみよう

次々収穫できるので、1人1マイ畑があれば、毎日美しい花と取れたての甘い味を楽しめる

・お浸し
・天ぷら
・バター炒め
・小口切りにしてあえものに

おいしい!!

ラッカセイ（落花生）

ラッカセイは少し変人。別名ピーナッツ（豆・木の実）とも地豆《じまめ》（地中になる豆）ともいうよ。5月上中旬にマイ畑に2粒くらい種をまくだけで、あとは水やりのみ。花が咲いたらどのように地中で実になるのか観察しよう

種まき 【5月上中旬】

土は古土でもOK．ただしマメ科の野菜をしばらくつくっていないものに少し石灰を混ぜる

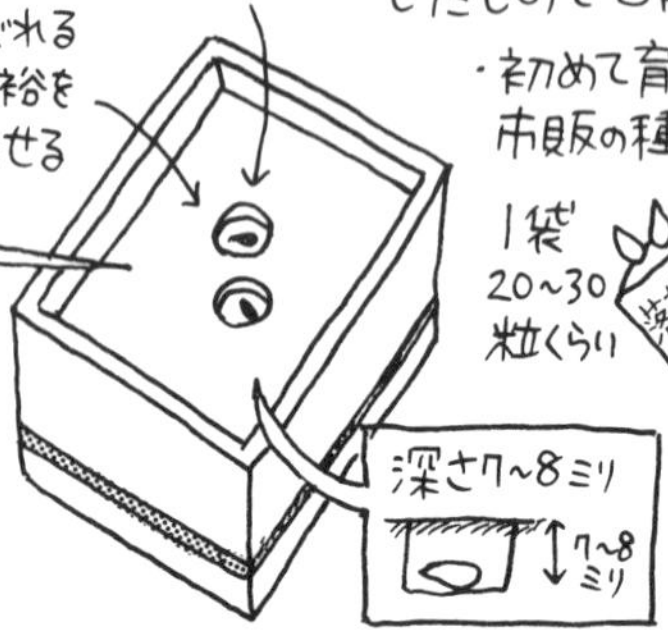

花が土にもぐれる場所の余裕をまわりにもたせる
マイ畑に1～2個まく
深さ7～8ミリ
7～8ミリ

種は昨年収穫したものでOK．
・初めて育てる時は市販の種を購入
1袋20～30粒くらい

落花生

あとは数日に1回水やりするだけで追肥も必要ないよ

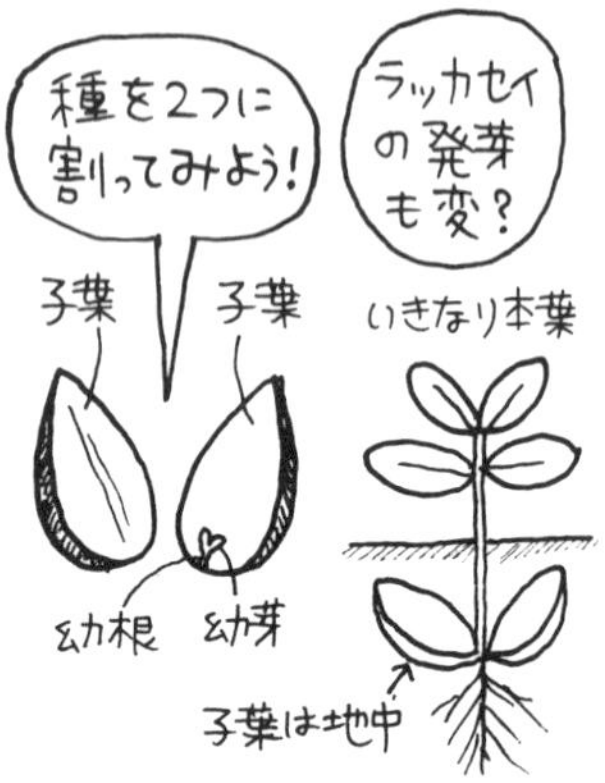

種を2つに割ってみよう！
ラッカセイの発芽も変？
子葉
子葉
幼根
幼芽
いきなり本葉
子葉は地中

開花・結実

【開花6月末～】

花が咲いたあと花のつけ根から細い棒状の柄（子房柄《しぼうへい》という）が伸びてきて土の中にもぐり実を結ぶ

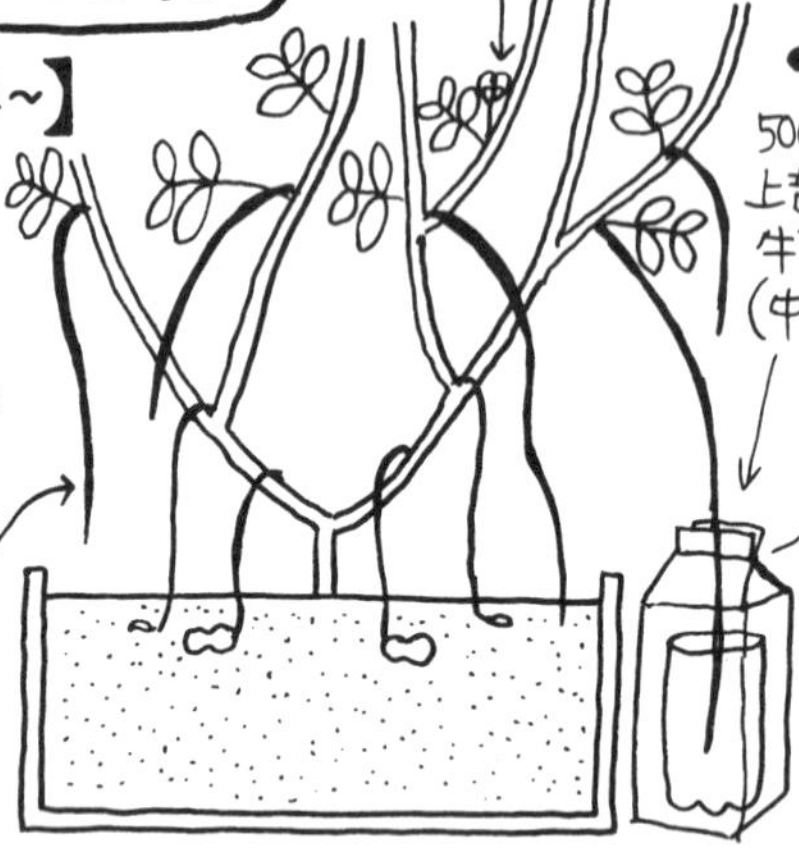

オレンジ色の小さな花
子房柄

●実験

500ミリリットルのペットボトルの上部を切り、1リットルの牛乳パックに入れる（中を暗くする）

子房柄を入れ、口をテープで止める

① 何も入れない
② バーミキュライトを入れる
③ 水だけを入れる

→ はたして実ができるか？

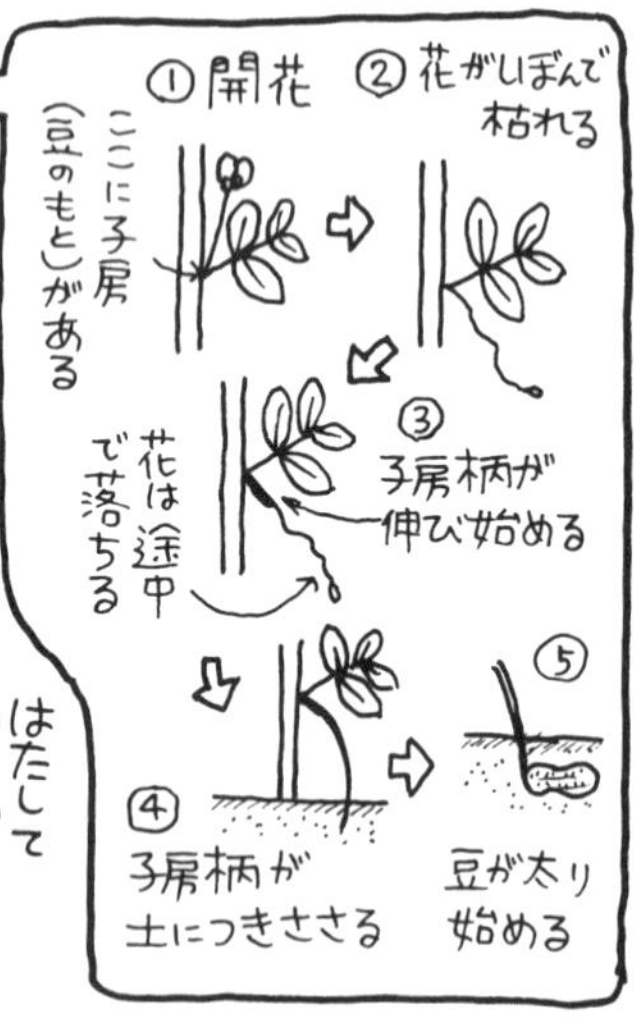

① 開花
ここに子房（豆のもと）がある
② 花がしぼんで枯れる
花は途中で落ちる
③ 子房柄が伸び始める
④ 子房柄が土につきささる
⑤ 豆が太り始める

収穫

【10月下旬～11月】

葉や茎が黄色くなって枯れてきたら株ごと抜き取って収穫。土の中からラッカセイの実が現われびっくり！

●食べてみよう！

※取れたてのラッカセイを沸とうした湯の中で40～50分塩ゆでですると甘くやわらかくておいしい

洗ってからごとゆでる
塩

※炒って食べたい時は軒下で逆さにして7～10日間乾かす

根と豆
茎葉

一部乾燥させて来年用の種に取っておこう！

火は通さないで！

カラをむいたラッカセイをフライパンで3～5分炒る

弱火の遠火でゆっくりと

第二章 秋から冬の野菜つくり（2〜3学期）

イチゴの人工授粉

いのちを感じたこの一瞬

なぜみんな同じ方向に曲がっているのかな？
?
①
教室の窓際で――
日光のある方向に動いているの？
それは日があたるほうに伸びるからだよ
!
②
逆に置いておくとまた日光のほうに動くんだよ
え？動くの!?
③
翌日――
わぁ、本当に日光に向きなおったわ！生きているのね！
④

1. イチゴの栽培計画と品種選び

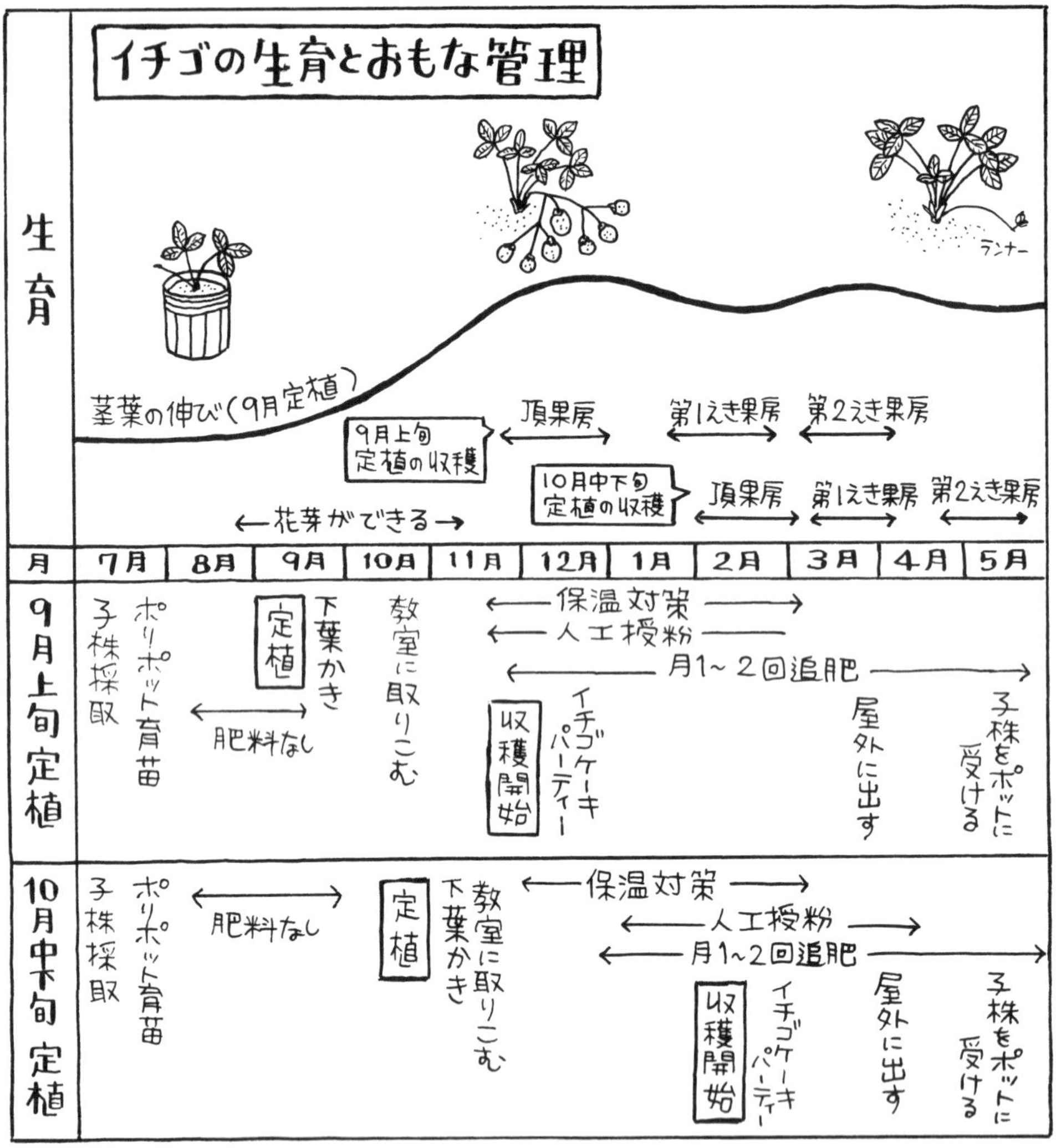
イチゴの生育とおもな管理
生育
茎葉の伸び（9月定植）
ランナー
9月上旬定植の収穫
頂果房
第1えき果房
第2えき果房
10月中下旬定植の収穫
頂果房
第1えき果房
第2えき果房
←花芽ができる→
月
7月
8月
9月
10月
11月
12月
1月
2月
3月
4月
5月
9月上旬定植
子株採取
ポリポット育苗
肥料なし
定植
下葉かき
教室に取りこむ
保温対策
人工授粉
月1～2回追肥
収穫開始
イチゴケーキパーティー
屋外に出す
子株をポットに受ける
10月中下旬定植
子株採取
ポリポット育苗
肥料なし
定植
下葉かき
教室に取りこむ
保温対策
人工授粉
月1～2回追肥
収穫開始
イチゴケーキパーティー
屋外に出す
子株をポットに受ける

●晩秋から早春に教室で育てて収穫

甘い赤く熟れたイチゴは、どんな子も大好きです。イチゴショートケーキやジャムづくりなど、魅力的なゴールも設定できます。

イチゴは暑さや乾燥には弱いですが、寒さに強く病気にも強いので、秋から冬の栽培に最適です。冬でも夜間の最低温度が五℃以上にあれば教室内でも生育します。場所もとりません。教室内で約半年間、毎日じっくり観察や世話ができるので、子どもたちの愛着もより強くなります。イチゴは多年草で、普通は収穫後に伸びるランナーにできる子株を苗にして栽培します。前年に育てた株から子株をとって育てることもできます。苗は地元のJAやイチゴ苗の専門農家に相談しましょう。

●春環境を人工的につくり早期収穫に挑戦

イチゴは日が短くなる（日長一二時間以下）九月ころから、一〇～一七℃の低温に一定期間あたると花芽が成長点にできます。冬の寒さにあうと、休眠して生育をストップして越冬し、春になって暖かくなると休眠からさめて花を咲かせます。品種によって違いますが、寒さに一定期間あわないと、保温・加温してもなかなかめざめません。イチゴ栽培農家はこの性質を利用して早どりし

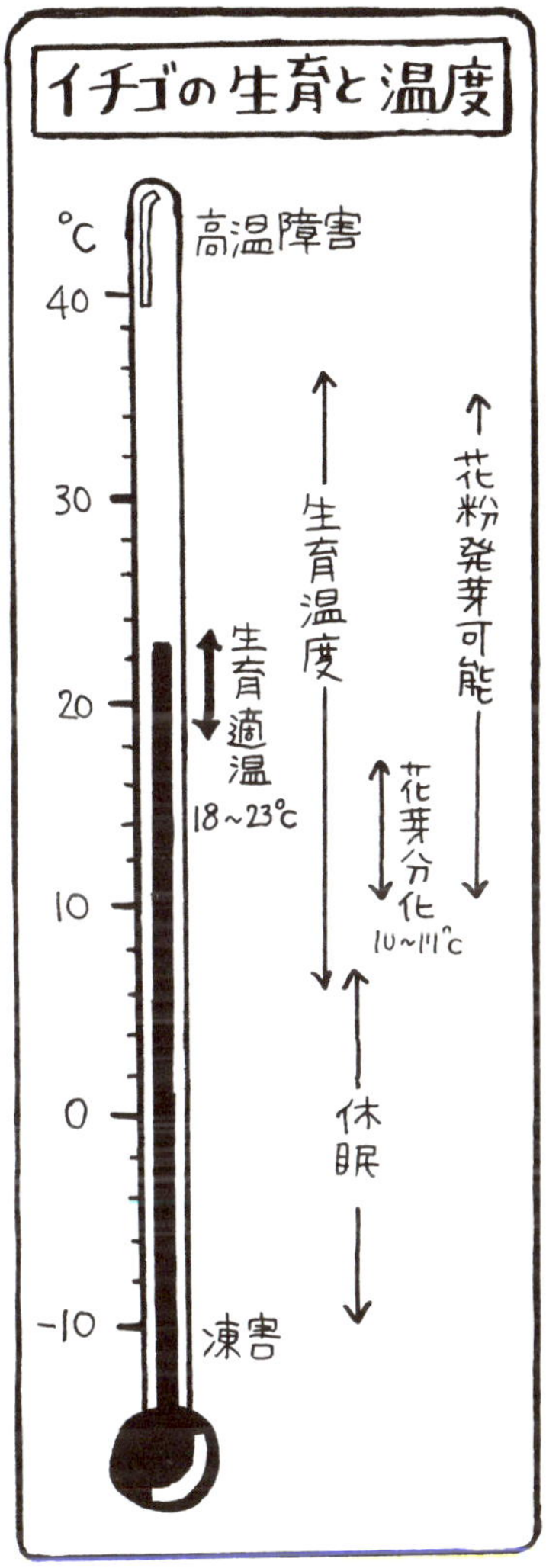

イチゴの生育と温度
℃
40
30
20
10
0
-10
高温障害
生育適温
18〜23℃
生育温度
花粉発芽可能
花芽分化
10〜14℃
休眠
凍害

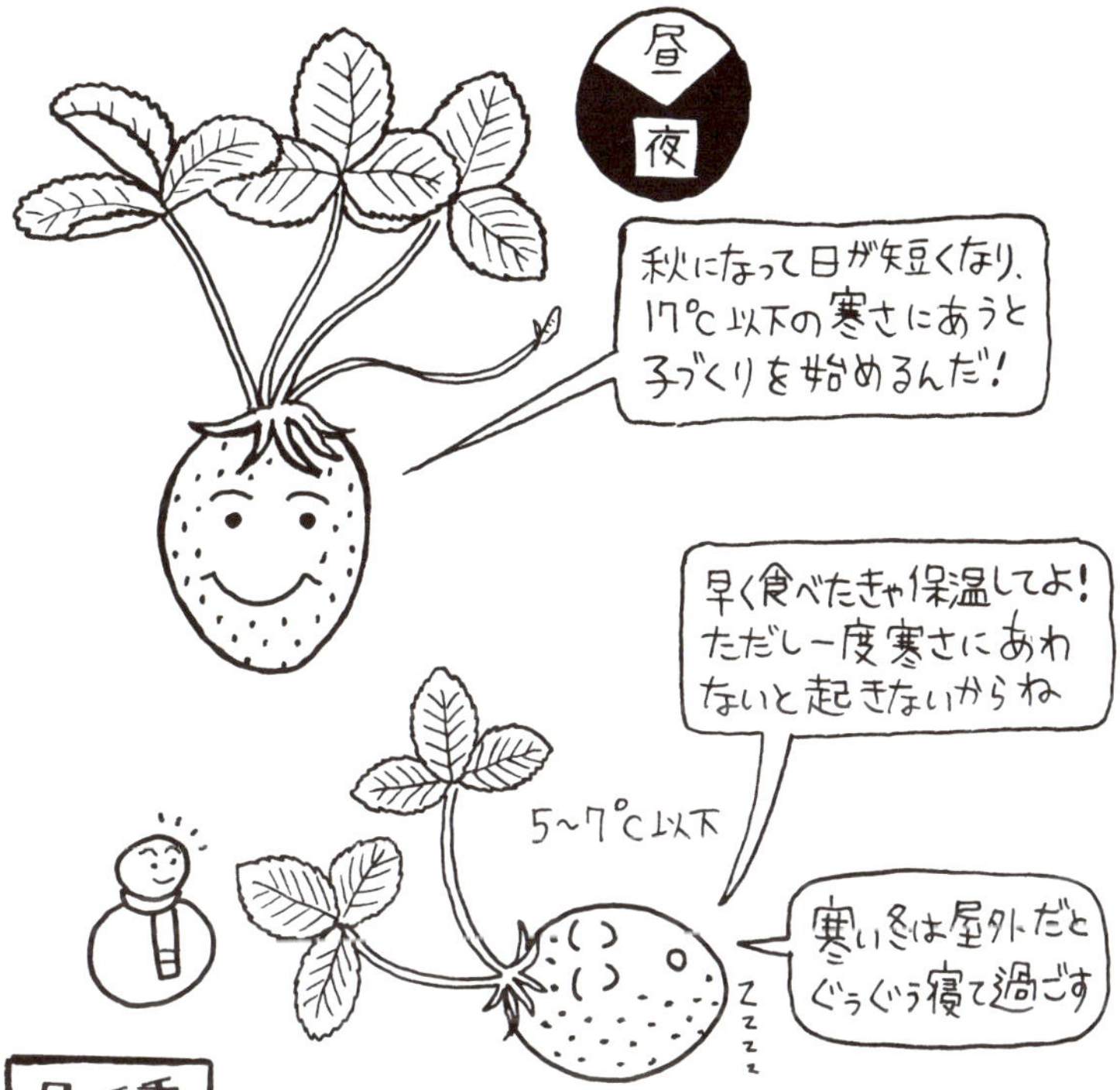

昼
夜
秋になって日が短くなり、17℃以下の寒さにあうと子づくりを始めるんだ！
早く食べたきゃ保温してよ！ただし一度寒さにあわないと起きないからね
5〜7℃以下
寒い冬は屋外だとぐうぐう寝て過ごす
zzzz

品種

休眠の浅い品種	章姫《あきひめ》・女峰《にょほう》・はるのか・とよのか	あまり寒さにあてなくても良い（暖地・9月定植向き）
休眠の深い品種	宝交早生《ほうこうわせ》・ダナー・盛岡16号	一定の寒さにあてないと目覚めない（寒地・10月定植向き）

ています。秋早くに低温にあてたり冷蔵庫に入れて冬の寒さを経験させ、その後、加温し夜間に電灯をつけて日を長くします。するとイチゴはもう春が来たように感じ、冬なのに花を咲かせます。教室栽培ならこの早どり栽培ができます。

●九月上旬に植えて、年内に収穫開始を

品種はあまり寒さにあわなくとも休眠からさめる早生品種（とよのか、章姫《あきひめ》など）がおすすめです。九月上旬に植えて屋外でよく日にあてて育て、夜温が五〜一〇℃以下になったら教室に取りこめば、クリスマスには真っ赤に熟れて収穫できます。

寒い地域などでは、休眠がやや深い品種（宝交早生、ダナーなど）を一〇月中下旬に植えて、最初から室内で育て、二月中下旬から収穫する栽培がおすすめです。

●二重底ペットボトル鉢栽培がおすすめ

イチゴの根は繊細で浅根性で、乾燥に弱く、水を好みます。ちょっと水やりを忘れて用土を乾かしてしまうと根が傷み回復しにくくなります。そこでおすすめするのは、簡単に手づくりできる二重底ペットボトル鉢栽培です。二重底の水が不織布を毛管現象で伝わって、常時用土に補給されます。

2. 二重底ペットボトル鉢つくり

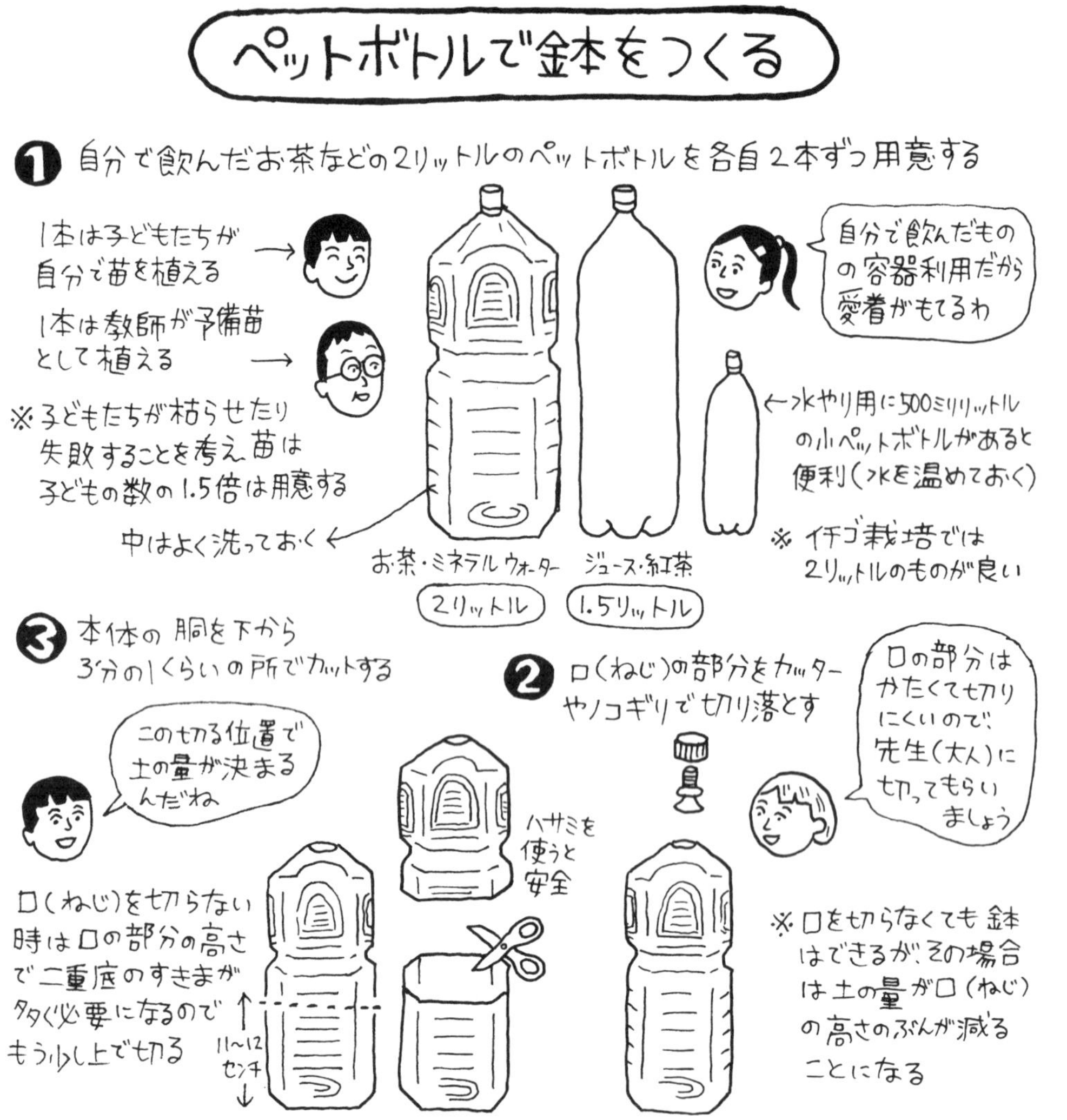
ペットボトルで鉢をつくる
❶ 自分で飲んだお茶などの2リットルのペットボトルを各自2本ずつ用意する
1本は子どもたちが自分で苗を植える
1本は教師が予備苗として植える
※子どもたちが枯らせたり失敗することを考え、苗は子どもの数の1.5倍は用意する
中はよく洗っておく
お茶・ミネラルウォーター
2リットル
ジュース・紅茶
1.5リットル
自分で飲んだものの容器利用だから愛着がもてるわ
水やり用に500ミリリットルの小ペットボトルがあると便利(水を温めておく)
※イチゴ栽培では2リットルのものが良い
❷ 口(ねじ)の部分をカッターやノコギリで切り落とす
口の部分はかたくて切りにくいので、先生(大人)に切ってもらいましょう
※口を切らなくても鉢はできるが、その場合は土の量が口(ねじ)の高さのぶんが減ることになる
❸ 本体の胴を下から3分の1くらいの所でカットする
この切る位置で土の量が決まるんだね
ハサミを使うと安全
口(ねじ)を切らない時は口の部分の高さで二重底のすきまが多く必要になるのでもう少し上で切る
11~12センチ

●底面給水で水やりは二~三日おきでOK

二リットルのペットボトルを二つに切って、上部のものを逆さまにして不織布を切って入れ、下部のものにさしこみます。不織布で根が守られ、水が不織布を伝わって吸い上がるので、水やりが二~三日に一回ですみます。また、水は小ペットボトルを用意し、窓辺に置いて温めてからかけます。

組み立ては一〇分ほどででき、二時間続きの授業なら、飾りつけにも十分時間が取れ、できばえ発表会も開くことができます。事前に説明し、各自がオリジナルのデザインを考え、材料を準備しておきます。

●子どもたちのやる気を引き出す

二重底ペットボトル鉢は、冬でも暖かく、日光が射しこむ教室の窓際に並べます。子どもたちは、休み時間に友だちのイチゴの成長と比べたり、水やりなどの管理も自主的にやるようになります。持ち運びもできるので、定期的な観察や世話が自分の机ででき、花房の成長、果実の肥大、熟れていく過程をわくわくしながら観察ノートに記録します。マイイチゴの意識がつのると、月曜日は早く登校するようになったり、不登校の子どもも登校するようになったりします。

❹ ③でカットした下3分の1のペットボトルの側面に水抜き、空気抜きのための窓を2カ所あける

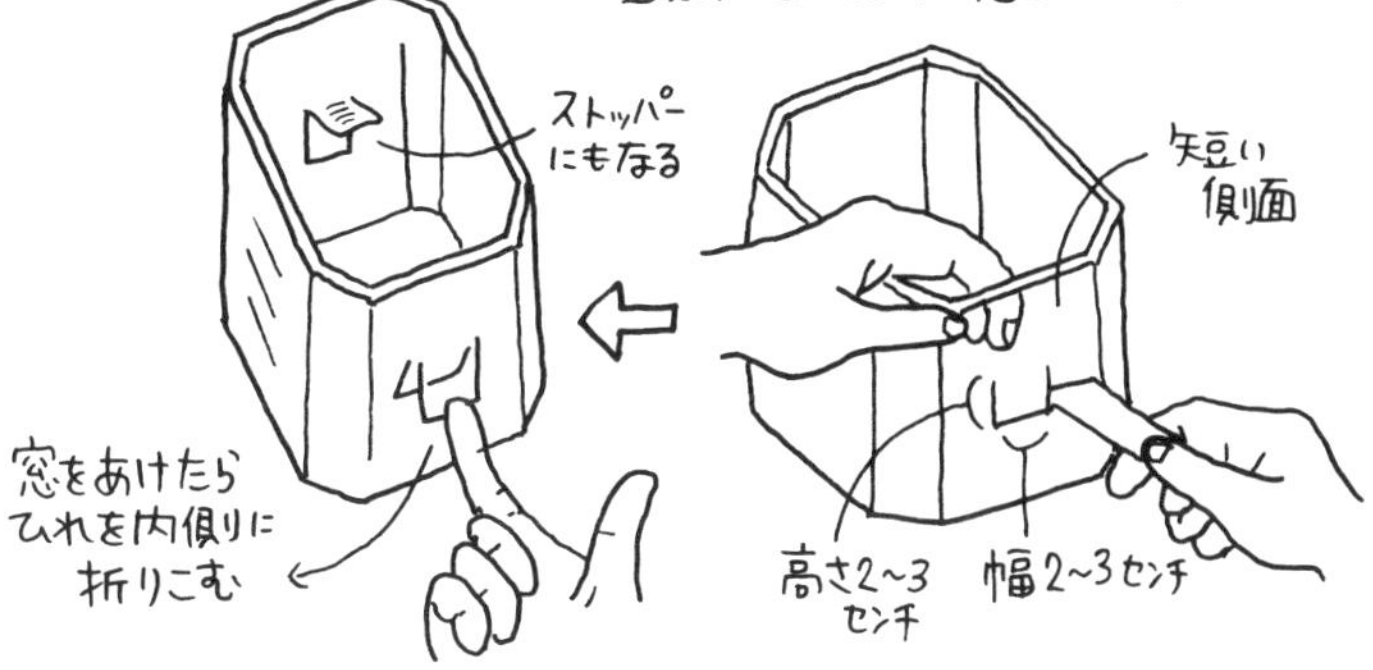
ストッパーにもなる
短い側面
窓をあけたらひれを内側に折りこむ
高さ2〜3センチ
幅2〜3センチ

❺ 不織布を30×35センチくらい（ペットボトルの大きさに合わせて）に切り、端を4〜5本 ひれになるように切る

2人1組で協力して作業する
30センチ
約5センチ
30センチ
ひれの幅は1〜1.5センチ
不織布製のスーツカバーなどを広げて使用する
スーツカバー
不織布
「不織布」と袋に表示してあるものを選ぶ

❻ ペットボトルの上3分の2の部分をさかさまにして⑤の不織布のひれを口（穴）から出るように入れる

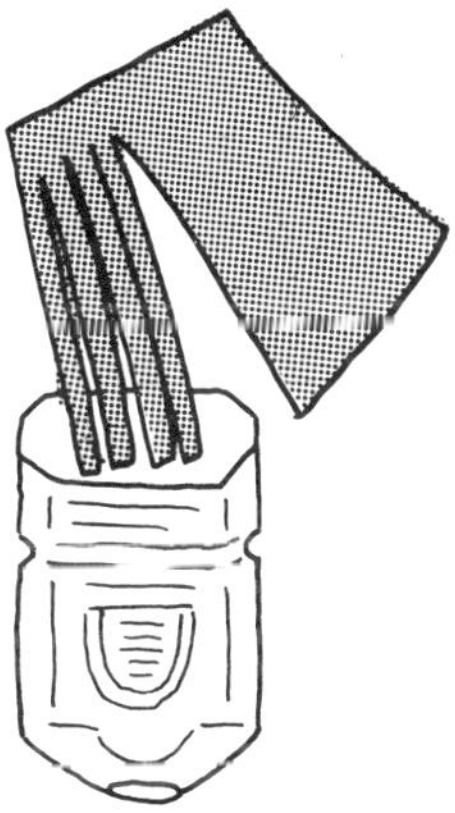

❼ 口から出たひれを回しながら引っぱり、もう片方の手でグーをつくって不織布の間に入れ、一方向に回転させると不織布がきれいに巻ける

ペットボトルではなく手を回転させる
やさしく引っぱる

❽ 本体⑦と水受け④を合わせて高さを調節し、つなぎ面をガムテープで止める

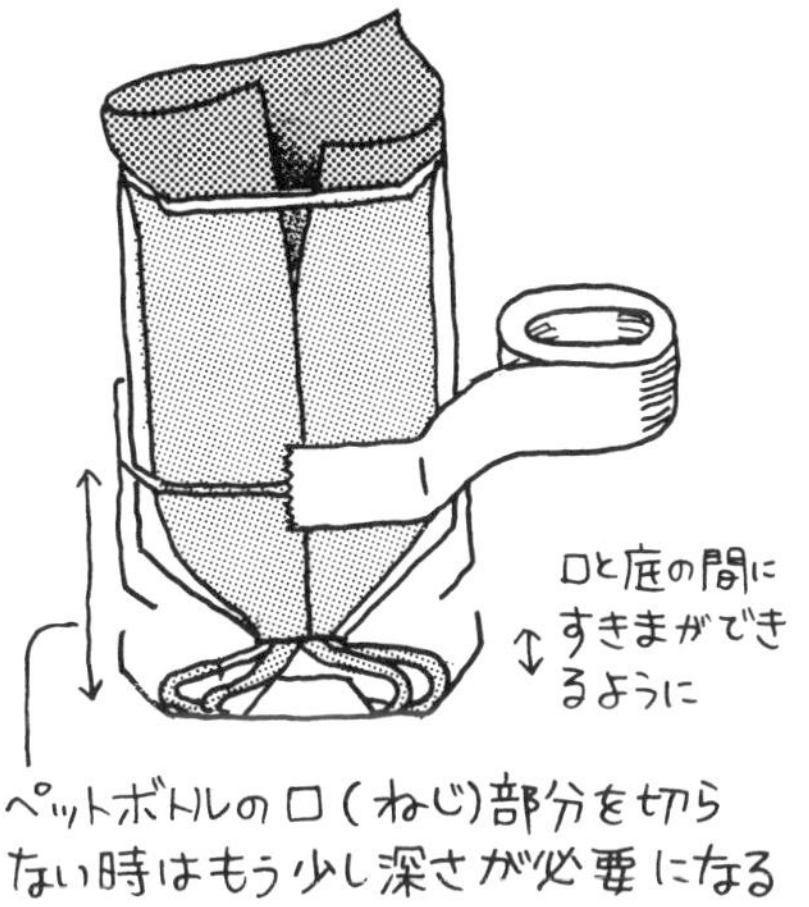
口と底の間にすきまができるように
ペットボトルの口（ねじ）部分を切らない時はもう少し深さが必要になる

❾ 上部のあまった不織布を折り返して切りそろえ、布ガムテープで止めてペットボトル鉢の完成

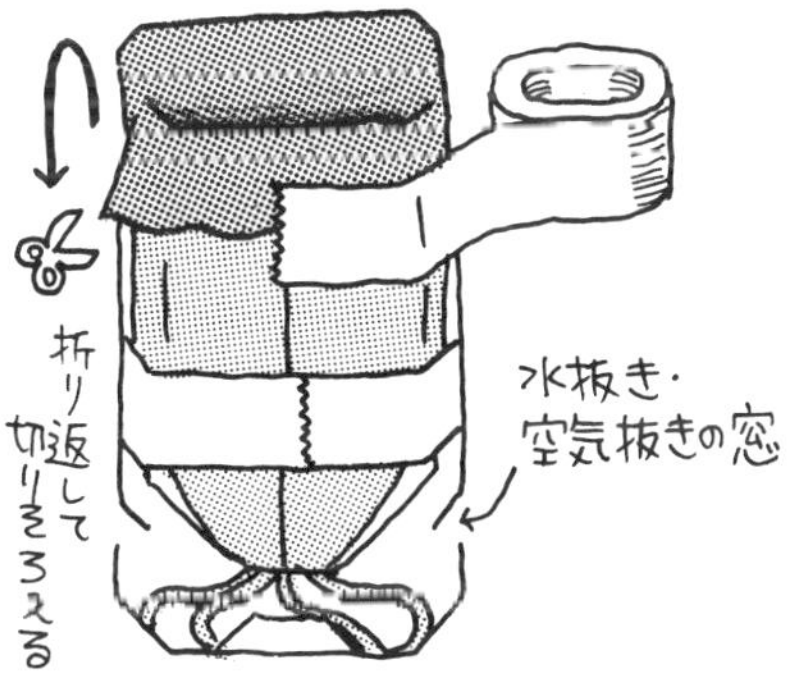
折り返して切りそろえる
水抜き・空気抜きの窓

ペットボトル鉢の基本部分完成！
次は飾りつけをしよう

ペットボトル鉢の飾りつけをする

【貼る・巻く】

【絵を描く】

折り紙を折って貼りつける
折り紙は立体的でおもしろい!
きれいな紙や布を貼る
お気に入りのシールを貼る
水抜き・空気抜きの窓はあけておく
レースやリボン、モール、チロリアンテープを巻く

ペットボトルに描ける専用サインペンが便利
ピグマックス
画材店・大型文房具店で入手
12色セットもある
楽しくて夢中になります

【紙粘土を貼りつけて飾りを埋めこむ】

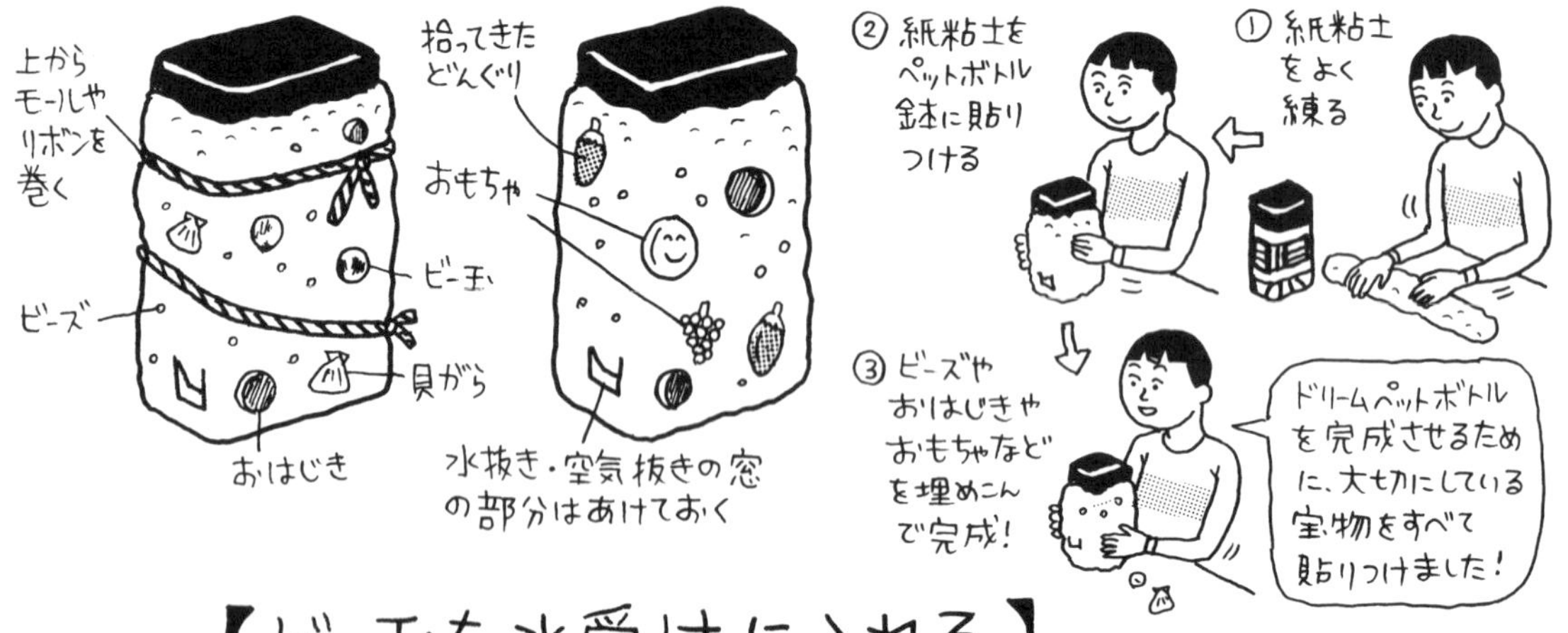
上からモールやリボンを巻く
ビーズ
ビー玉
貝がら
おはじき
拾ってきたどんぐり
おもちゃ
水抜き・空気抜きの窓の部分はあけておく
① 紙粘土をよく練る
② 紙粘土をペットボトル鉢に貼りつける
③ ビーズやおはじきやおもちゃなどを埋めこんで完成!
ドリームペットボトルを完成させるために、大切にしている宝物をすべて貼りつけました!

【ビー玉を水受けに入れる】

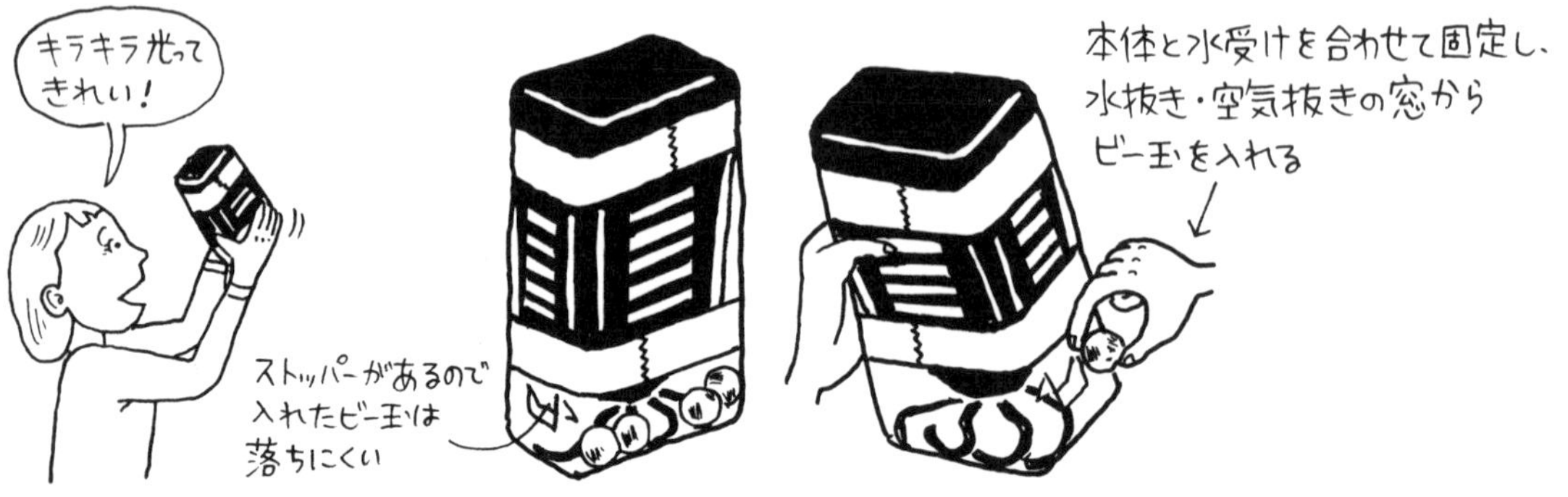
キラキラ光ってきれい!
ストッパーがあるので入れたビー玉は落ちにくい
本体と水受けを合わせて固定し、水抜き・空気抜きの窓からビー玉を入れる

3. 苗の選び方と定植

イチゴ苗の選び方
良い苗
病害虫に侵されていないもの
葉が大きくツヤがある
葉が立っている（元気がある）
葉柄の部分が短い（徒長していない）
葉の数が多い（5～6枚）
古い葉やわきから出るえき芽はかき取る
ランナーのあと ※反対側に実がなる
茎（クラウン）が太い
※苗の入手は9～10月にイチゴ農家や農協に分けてもらうか、園芸店で購入しよう！
早めに植えて株を太らせるとイチゴがたくさん取れるよ！
※10月中旬くらいまでは屋外に置いて寒さにあてよう
イチゴは寒さに合わないと花芽ができないのね

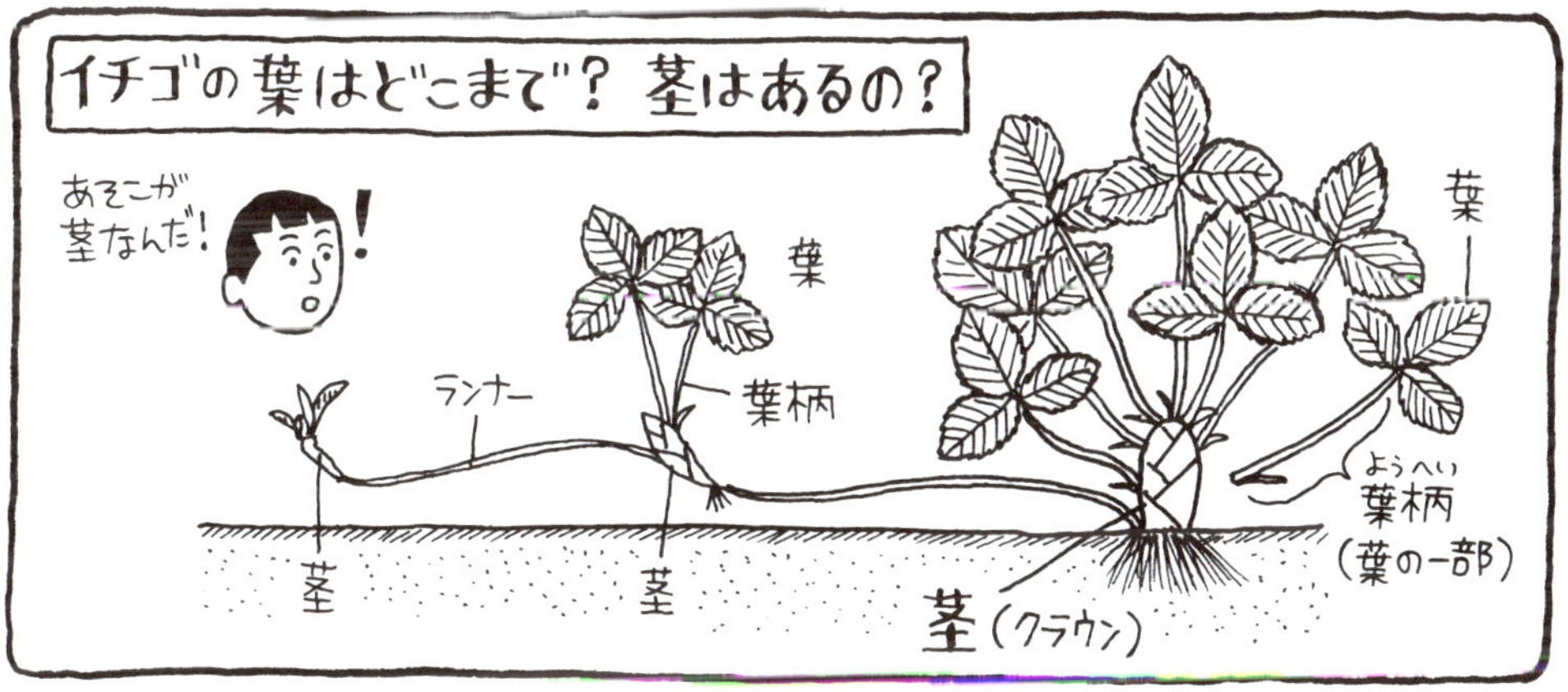

イチゴの葉はどこまで？ 茎はあるの？
あそこが茎なんだ！
ランナー
葉
葉柄
茎
茎
葉
葉柄《ようへい》（葉の一部）
茎（クラウン）

●早めに苗を入手し、太い株に育てる

年内に収穫を開始するには、九月上旬ころに、五～六枚の葉がついた、株元のクラウン（茎）が太く、葉色が明るい緑でツヤがあり、病害中に侵されていない良い苗を選び、ペットボトル鉢に植え付けます。株元が太い苗はよく栄養分をためこんでいます。逆に、葉柄が長く伸びてたれ、葉色が濃緑の苗は、肥料（チッソ）が多すぎて徒長したもので、花芽が充実していない心配があります。

イチゴは保温して生育適温（一八～二三℃）を保っても、開花から収穫まで三〇～五〇日かかります。冬休み前に収穫開始には、一一月中旬には開花させる必要があります。そのためには、早めに定植し、最初は屋外で育ててよく日にあてて、新根を十分に張らせ、栄養分をよくためこんだ太い茎（クラウン）に育て、充実した花芽をつくることがポイントです。

一〇月中旬に植える場合はやや高価ですが、苗の段階で冷蔵庫に入れて寒さにあて、冬を経験させた冷蔵処理苗（夜冷育苗苗）をおすすめします。冷蔵処理苗を定植すると、春が来たと思い、すぐにめざめて活動を開始するからです。

ドリームペットボトルへの定植

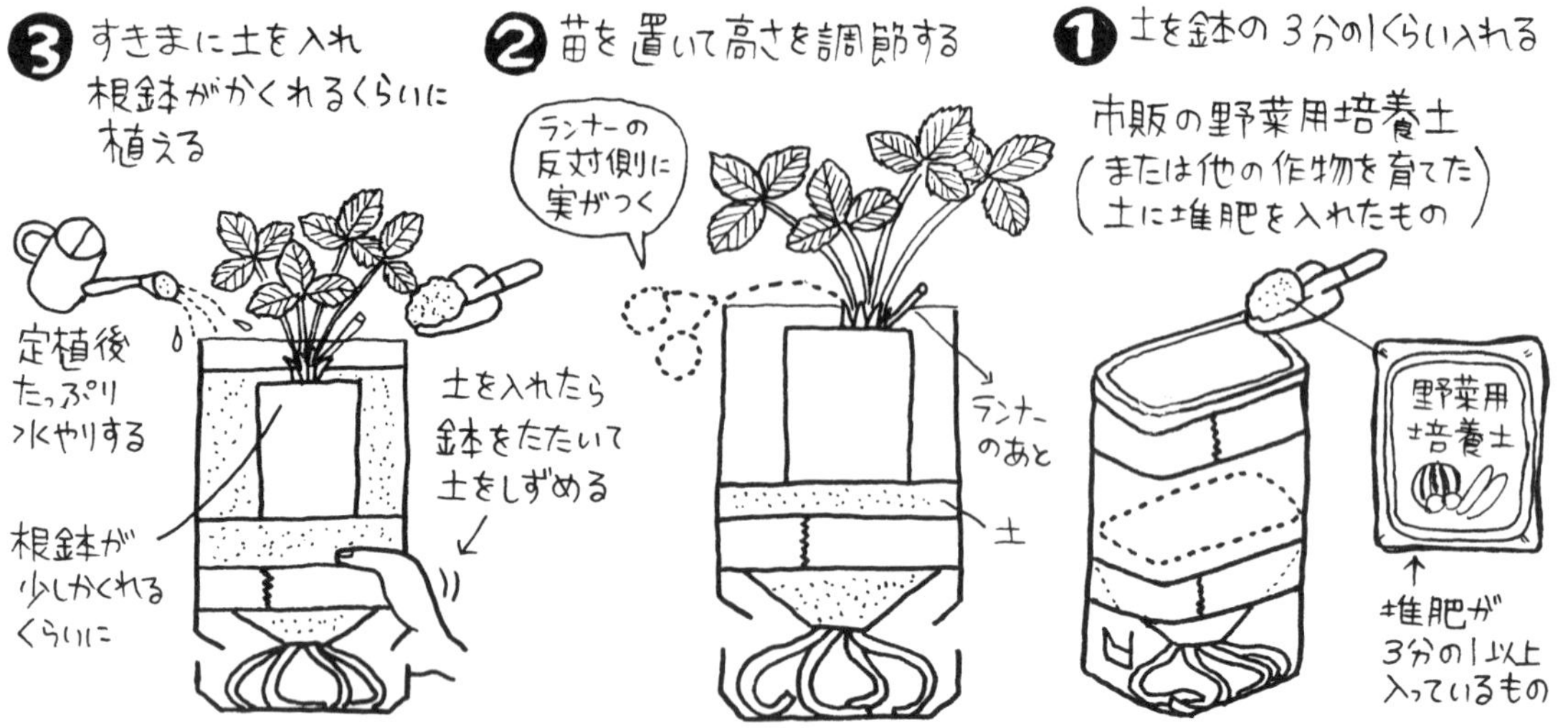

❶ 土を鉢の3分の1くらい入れる
市販の野菜用培養土（または他の作物を育てた土に堆肥を入れたもの）
野菜用培養土
堆肥が3分の1以上入っているもの
❷ 苗を置いて高さを調節する
ランナーの反対側に実がつく
ランナーのあと
土
❸ すきまに土を入れ根鉢がかくれるくらいに植える
定植後たっぷり水やりする
土を入れたら鉢をたたいて土をしずめる
根鉢が少しかくれるくらいに

【置き場所】

・日あたりの良い場所
・暖かい場所
※9月定植の場合は10月末まで屋外で
昼は日あたりの良い窓際が、夜は教室の中心が最適
緑が並んでいやしの空間ね
ランナー
花房の伸びるランナーの反対側を日のあたる側に向けると良い
ガラスから10センチくらい離して置く

●やや深めに、定植して株元を乾かさぬよう

定植作業は、発泡スチロール箱に用土を入れて行なえば、教室内で短時間でできます。

イチゴの根は、比較的細く浅根で乾燥に弱いので、根鉢と下部元の茎部（クラウン）を半分くらい埋めるくらいに植えます。すると、乾燥にも強くなり、茎の部分からも新根がよく伸びてきます。葉のつけ根まで埋めてしまうと深すぎです。

花房はランナーがついている反対側に伸びてきます。花房側によく日をあてたいので、できたら飾ったペットボトル鉢の正面の反対側にランナー側がくるように植えます。

●最低温度が五～一〇℃なるまでは屋外で

定植後はよく日にあて、茎（クラウン）を太くするとともに、一〇～一七℃の低温に一定期間あてて、充実した花芽をつくります。この間は肥料はひかえめにします。チッソ肥料が多いと花芽ができにくくなるからです。追肥は室内に取りこみ、花芽が伸びてくるころからでかまいません。

●弱った下葉は抜き、乾燥をさせぬよう

水やりの目安は、二～三日に一度くらいです

定植後の管理

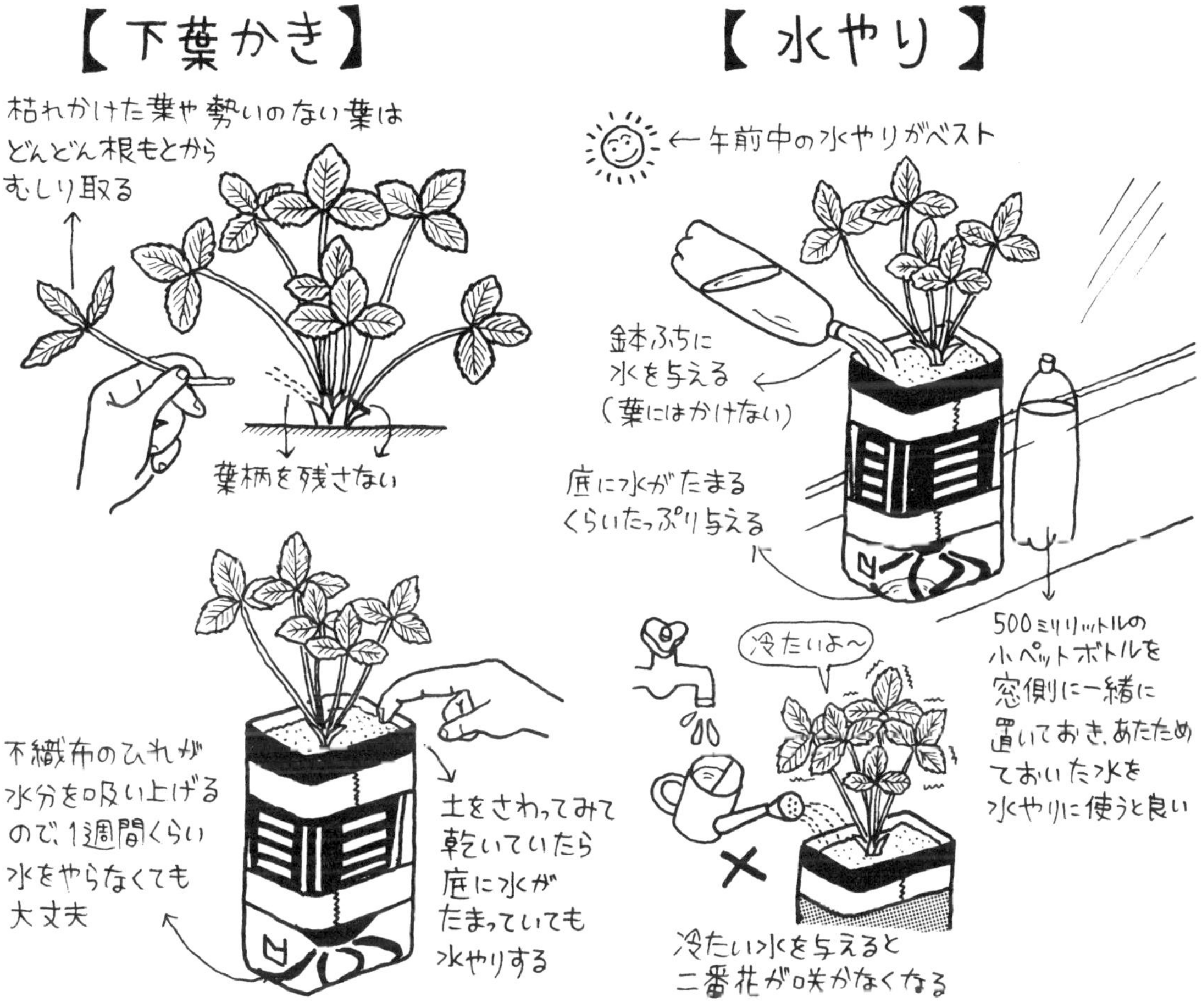
【下葉かき】
枯れかけた葉や勢いのない葉はどんどん根もとからむしり取る
葉柄を残さない
不織布のひれが水分を吸い上げるので、1週間くらい水をやらなくても大丈夫
土をさわってみて乾いていたら底に水がたまっていても水やりする
【水やり】
←午前中の水やりがベスト
鉢ふちに水を与える（葉にはかけない）
底に水がたまるくらいたっぷり与える
500ミリリットルの小ペットボトルを窓側に一緒に置いておき、あたためておいた水を水やりに使うと良い
冷たいよ〜
冷たい水を与えると二番花が咲かなくなる

が、鉢底の水の有無や土の様子や葉の様子を見ながらやります。過湿状態が続くと、根腐れになります。冬は日照時間が少なく温度も低く、吸水量も少ないのでやりすぎに注意です。ただし開花するころからは、活発に水を吸うので油断禁物。

　茶色くなってきた下葉は、早めにかき取ります。葉の根本部分を親指の腹の部分で下に押さえつけるようにするとポッキッと折れて取れます。無理に取って株を傷めないように。下葉かきをしないと、病気が発生したり、株元の日あたりが悪くなります。

●室内に取りこみ後は夜温を八℃以上に

　夜間の最低温度が五〜一〇℃なるようになったら、教室のよく日があたり暖かい窓辺に取りこみます。イチゴは寒さに強いとはいえ、生育適温は一八〜二三℃です。夜温が五℃以下になると休眠状態となり、開花・収穫が遅れてしまいます。窓ガラスのすぐ近くは屋外と同等以上に低温になることがあります。一〇センチくらい離して置きましょう。窓辺に最高最低温度計をかけておき、毎日の最低温度、最高温度を記録しておきましょう。

　水やりの水も生育適温まで温まったものをかけましょう。冷たい水をかけると、根が弱って生育が悪くなります。

4. 挑戦しよう！人工春作戦でより早く

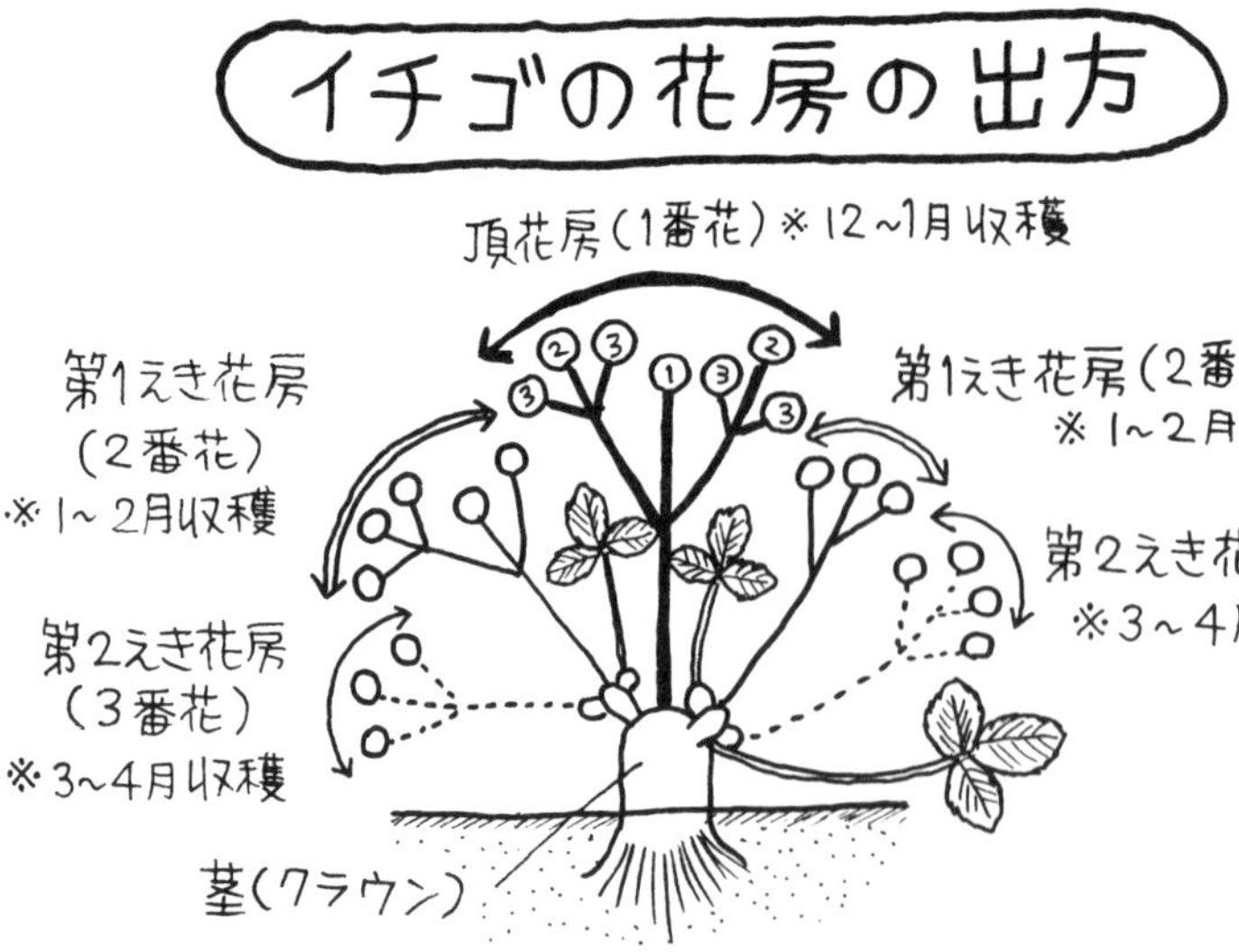
イチゴの花房の出方
頂花房（1番花）※12～1月収穫
第1えき花房
（2番花）
※1～2月収穫
第1えき花房（2番花）
※1～2月収穫
第2えき花房（3番花）
※3～4月収穫
第2えき花房
（3番花）
※3～4月収穫
茎（クラウン）

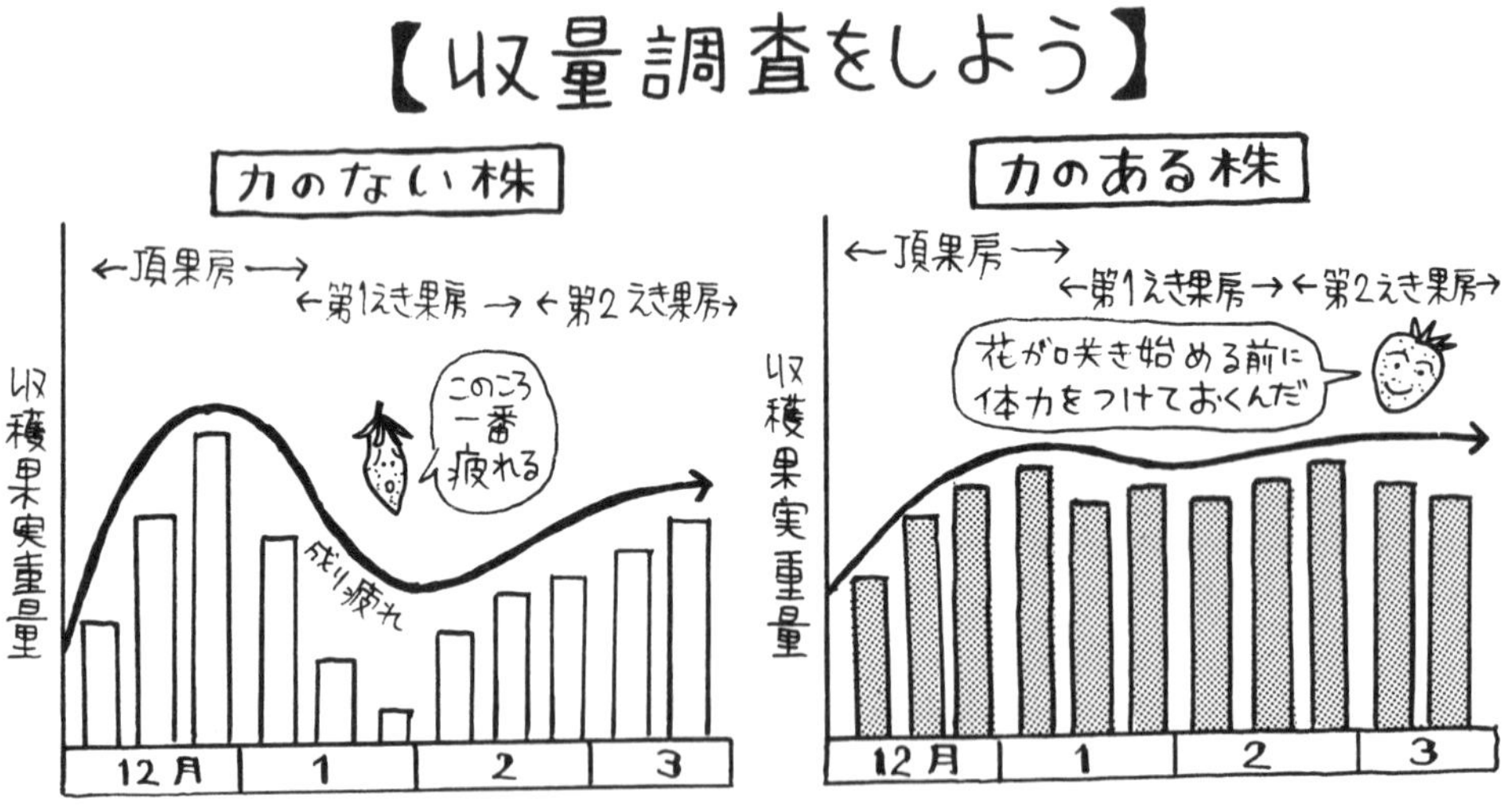
【収量調査をしよう】
力のない株
←頂果房→
←第1えき果房→←第2えき果房→
収穫果実重量
このころ一番疲れる
成り疲れ
12月
1
2
3
力のある株
←頂果房→
←第1えき果房→←第2えき果房→
花が咲き始める前に体力をつけておくんだ
収穫果実重量
12月
1
2
3

●イチゴは三月までの三番勝負

イチゴは上図のように、まず短い茎（クラウン）の先端に頂花房ができ、九月上旬定植の場合一一月ころから、枝分れして数個から一〇数個以上のつぼみをつけた頂花房が伸びてきます。そして真ん中の枝の花から順次咲いて肥大し、一二月から一月に収穫になります。その間に次の第一えき花房も花芽ができ発育し花梗を伸ばし、一～二月に収穫になります。さらに第二えき花房も二月には開花して三～四月に収穫となります。

この三回に時期をずらして伸びてくる花房を、コンスタントに咲かせて肥大させることがポイントです。ところが根張りが弱く株に力がないかったり、最初の頂果房にたくさん成ると、第一えき花房は咲いても着花せずお休みしてしまいます。

つまり、イチゴは最初の頂花房が開花して肥大し始めるころからが、正念場なのです。よく観察して、追肥・水やりをしたり、頂花房の一番最初に咲く花は摘花して株の負担を軽くしてやることもあります。

頂果房、第一えき花房、第二えき花房、それぞれの収穫個数、重さを調べてグラフにすると、イチゴがいつ苦しんでいたかがわかります。

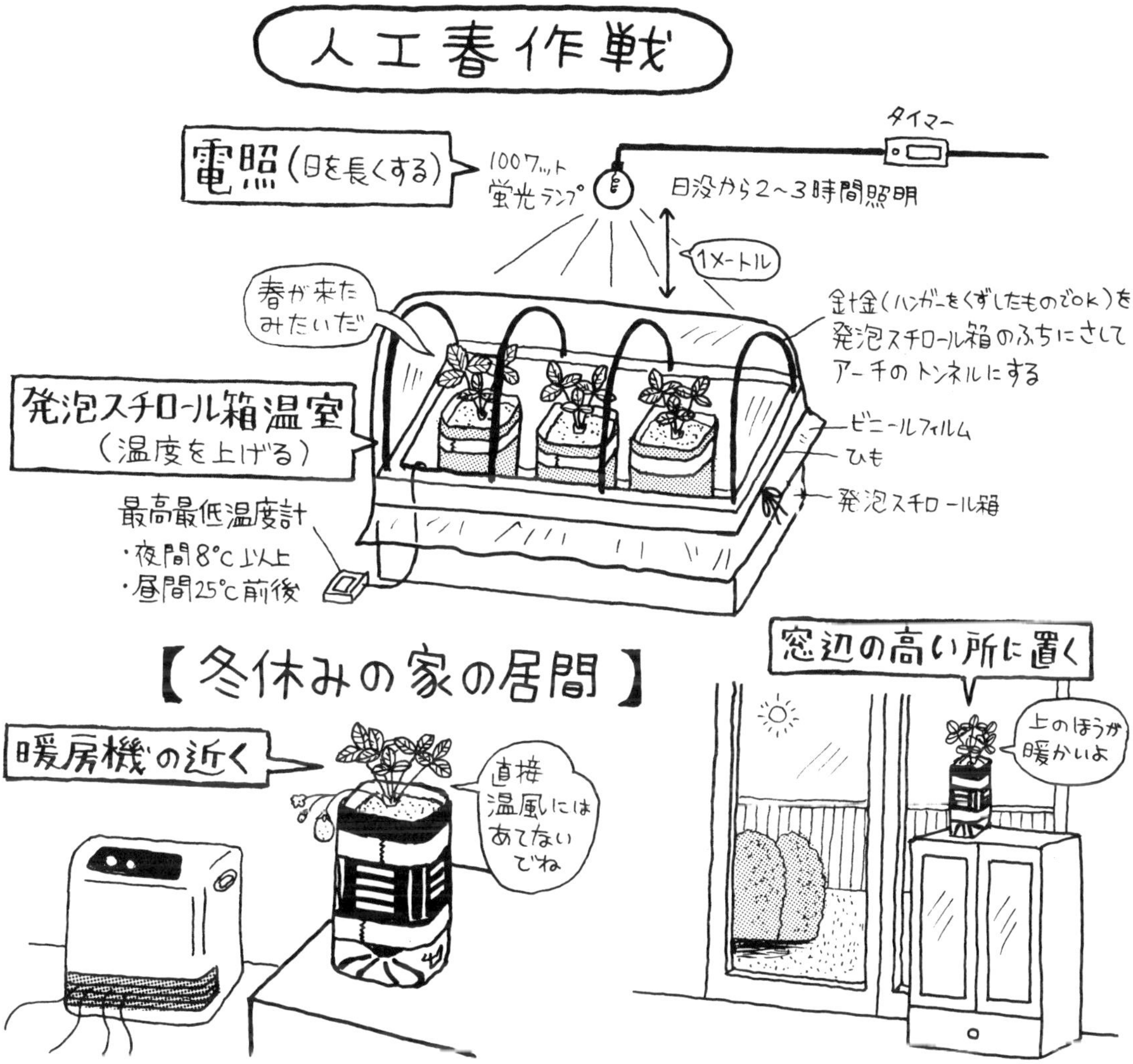
人工春作戦
電照（日を長くする）
100ワット
蛍光ランプ
タイマー
日没から2～3時間照明
1メートル
春が来たみたいだ
針金（ハンガーをくずしたものでOK）を発泡スチロール箱のふちにさしてアーチのトンネルにする
発泡スチロール箱温室（温度を上げる）
ビニールフィルム
ひも
発泡スチロール箱
最高最低温度計
・夜間8℃以上
・昼間25℃前後
【冬休みの家の居間】
暖房機の近く
直接温風にはあてないでね
窓辺の高い所に置く
上のほうが暖かいよ

●一二月から人工春作戦開始

イチゴは屋外で保温しないで育てると、冬の間は休眠して生育せず、暖かくなる三月ころめざめて開花し、収穫は四月末ころからになります。教室内に取りこむと保温されるので、早くに収穫できますが、もっと春に近い環境を人工的につくり、早どり作戦を展開しましょう。冬の環境を春の環境にするには、温度を上げること、日を長くすることです。

この作戦の開始は、定植後一ヵ月後以降、教室内に取りこんでから行ないます。上図のように、ペットボトル鉢を深めの発泡スチロール箱の中に入れ、針金でカマボコ型に屋根組をつくり、ビニールをかぶせ、すそをテープを巻いて固定します。温度管理の目安は、日中二五℃前後、夜間は八℃以上です。日中三〇℃以上もの高温になると、花粉に障害が起こるので、最高最低温度計で確かめましょう。

日長を長くするには、暗くなってから二～三時間、上図のように電気をつけて明るくします。また、冬休み期間中は家に持ち帰り、夜九時ころまでに電気をつけた明るい、暖房した居間の窓辺に置いて、普通に保温しただけのイチゴと生育を比べてみましょう。

5. 人工授粉と追肥

開花・人工授粉
【上手に授粉しないと奇形果に】
不受精となる部分は太らず色も白っぽい
鶏冠状果
縦みぞ果
基部不稔果
肥大しない部分には種が少ない
先つまり果
先青果
【イチゴの花と果実の構造】
メシベ
花弁
オシベ
やく
花糸
花床（実になる部分）
がく弁
花柄
種
維管束《いかんそく》
（養分を運ぶ管の束）
がく弁
果柄
時間はかかるけど、楽しい活動になりました！
コチョコチョ
外で育てればハチやチョウが受粉をしてくれますが、虫の入らない教室内で育てる場合は自分たちが人工授粉を行ないましょう
ランナーのあと
1つ1つの花を確認しながら筆で花の中を軽くかき混ぜる感じでなでる

●ちゃんと受精しないと肥大しないイチゴ

イチゴの種はどこにありますか？ キュウリやトマトは果実の中にありますが、イチゴは果実の表面に点々とたくさんついています。イチゴの花を縦に切ってみると、花床と呼ばれるもののまわりに小さなメシベがたくさんあり、これが一つ一つの種になります。赤く熟れた果実は、この花床が肥大したものなのです。

イチゴはキュウリと違い、しっかり受精しないと実がつきません。受精しない部分は肥大しないため、図のような奇形の果実になってしまいます。授粉はミツバチなどがしてくれますが、冬、とくに教室にはミツバチはやってきません（農家はハウスの中にミツバチを放して授粉作業をまかせています）。そこで、図のように人がミツバチに代わって授粉してやります。

筆で花をコチョコチョなでる人工授粉作業は、子どもたちが一番喜ぶ活動です。昼間暖かくなってから、花びら（白くて可愛い）が完全に開いた花から順にやります。一度やった花でも何度やっても良いので、この時期は筆を机の中に入れておき、休み時間等に暇を見つけては、楽しみながらやりましょう。

追肥

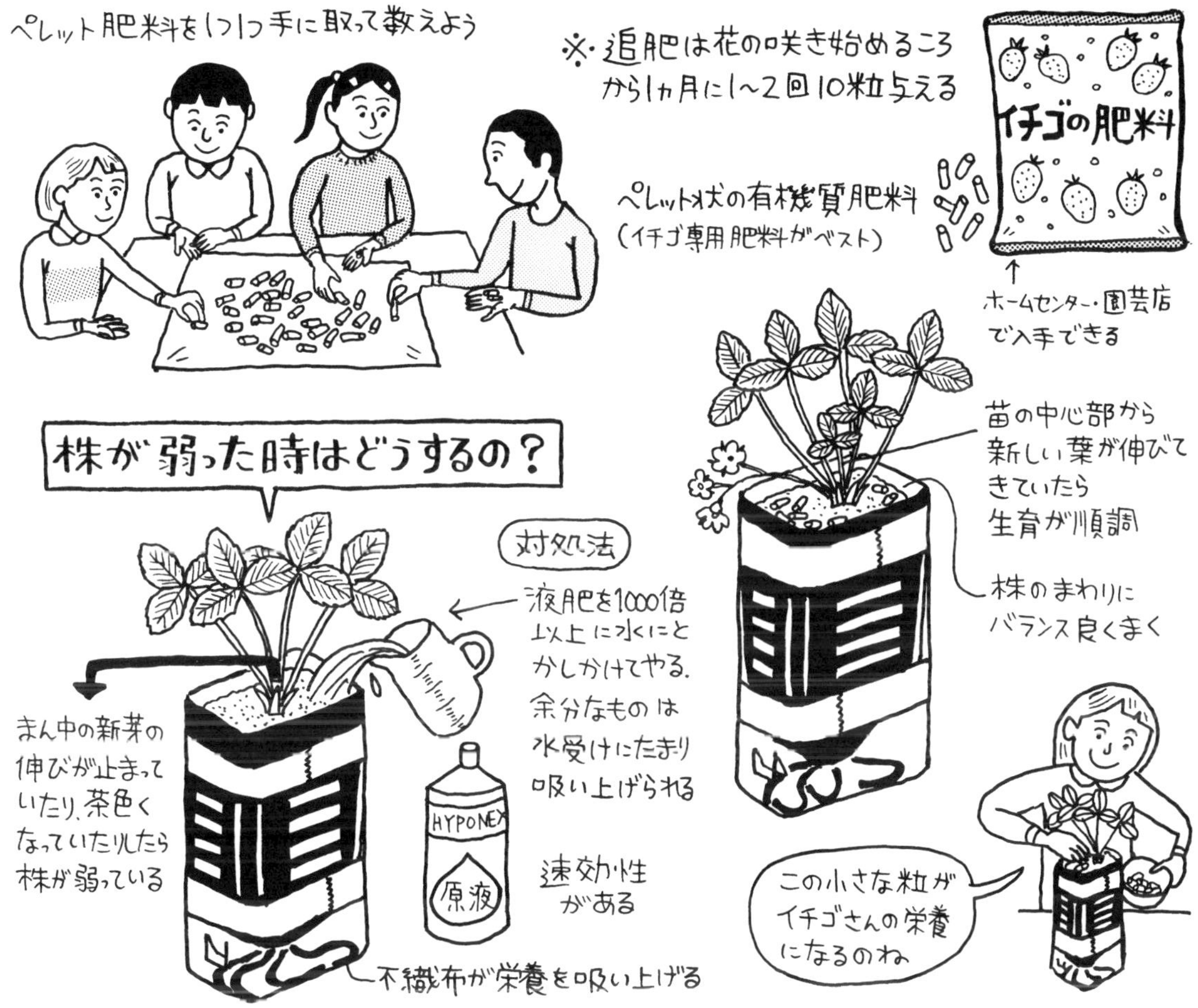
ペレット肥料を1つ1つ手に取って数えよう
※追肥は花の咲き始めるころから1ヵ月に1～2回10粒与える
イチゴの肥料
ペレット状の有機質肥料
（イチゴ専用肥料がベスト）
ホームセンター・園芸店で入手できる
苗の中心部から新しい葉が伸びてきていたら生育が順調
株のまわりにバランス良くまく
株が弱った時はどうするの？
対処法
液肥を1000倍以上に水にとかしかけてやる。余分なものは水受けにたまり吸い上げられる
まん中の新芽の伸びが止まっていたり、茶色くなっていたりしたら株が弱っている
HYPONEX
原液
速効性がある
不織布が栄養を吸い上げる
この小さな粒がイチゴさんの栄養になるのね

●頂花房が咲き出したら追肥開始

前述したように、根をよく張らせ、花芽をよくつくる定植後一～二ヵ月間くらいは、追肥はひかえます。追肥をして最初から葉を旺盛に育てると、果実がつきにくくなります。追肥は最初の頂花房の花が咲き始めるころから、小さなペレット状の有機質肥料を、株まわりに一〇粒くらいずつ、二週間おきくらいに施します。一度にたくさん施すと、根が傷みやすく、生育も乱れやすいので、生育を観察して少しずつ施します。

温度が適温なのに生育の状態が良くない場合は、即効性のある液肥を施すと有効です。液肥は必ず規定の倍率（一〇〇〇倍以上）に薄めて施します。規定以上に濃くすると、根がすぐやられて枯れてきます。

また、このころから吸水量も多くなるので、水やりもこまめに行ない、有機質肥料を溶かすようにかけて肥料を効かせます。ペットボトルの二重底にたまった肥料分のとけた水も、ときどきぬいて、再度かけてやりましょう。こうすれば肥料も無駄になりません。

ただし、甘いイチゴにするには、トマトと同様に、果実が赤くなり始めたら追肥も水やりをひかえることがコツです。

6. 収穫とイチゴショートケーキパーティー

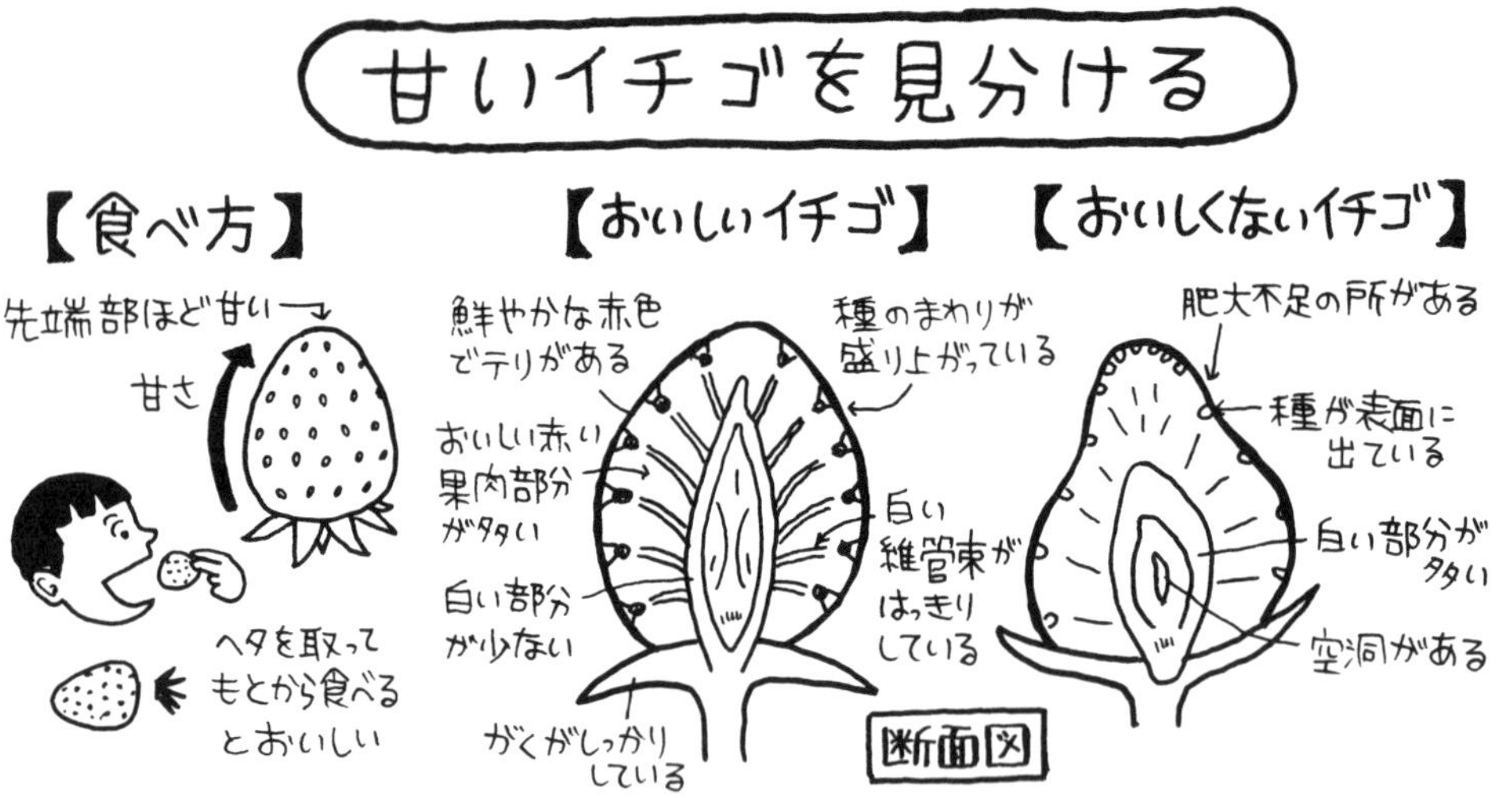
甘いイチゴを見分ける
【食べ方】
先端部ほど甘い
甘さ
ヘタを取って
もとから食べる
とおいしい
【おいしいイチゴ】
鮮やかな赤色
でテリがある
おいしい赤り
果肉部分
が多い
白い部分
が少ない
がくがしっかり
している
種のまわりが
盛り上がっている
白い
維管束が
はっきり
している
断面図
【おいしくないイチゴ】
肥大不足の所がある
種が表面に
出ている
白い部分が
多い
空洞がある

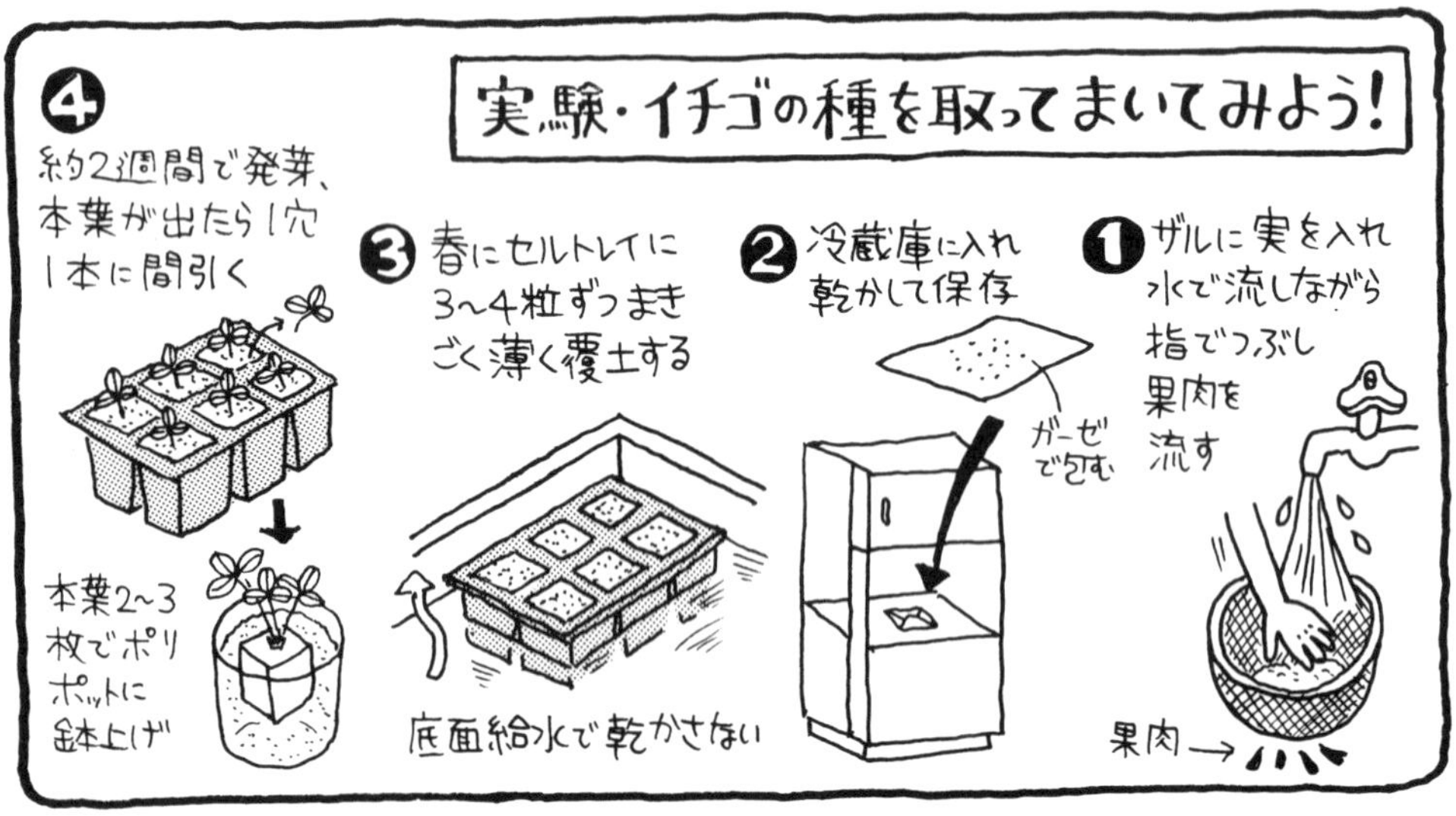
実験・イチゴの種を取ってまいてみよう!
1 ザルに実を入れ
水で流しながら
指でつぶし
果肉を
流す
果肉
2 冷蔵庫に入れ
乾かして保存
ガーゼ
で包む
3 春にセルトレイに
3~4粒ずつまき
ごく薄く覆土する
底面給水で乾かさない
4
約2週間で発芽、
本葉が出たら1穴
1本に間引く
本葉2~3
枚でポリ
ポットに
鉢上げ

●イチゴの糖度を測ろう

おいしいイチゴはしっかりしたガクがついていて、種が盛り上がった果肉に埋まるようにしてついています。ミニトマトと同じように、糖度計で糖度を測ってみましょう。

イチゴの糖度は、もとは低く先端部ほど高いです。そのため、へたを取ってへたのほうから食べ、最後に先端部を食べるとおいしく食べられます。また受精せずにくぼんだ部分とよく受精して肥大した部分の糖度も比較してみましょう。

●採種して種をまいてみよう

イチゴは種からも育てられます。果実がよく熟れて、種が黒くなったら、果実を刻んで細かい網目の茶こしにのせて、水を流しながら指でこすると、発芽抑制物質が含まれている果肉が流され種だけが残ります。洗った種はガーゼなどに包み、冷蔵庫などに入れてよく乾燥させて保存します。

春暖かくなったら、セルトレイにまき、発芽の際に光を好む性質があるので、ごく薄く覆土します。表土が乾かないよう底面給水してやれば二週間程度で発芽します。本葉二～三枚でポット上げして育てれば、秋に定植できます。種から育てると元の品種

イチゴを利用したお菓子つくり
【イチゴジャム】
1 イチゴはヘタを取って洗っておく
2 イチゴを鍋に入れ砂糖を少しずつ加えながら弱火で煮つめていく
ヘラでつぶしながら
砂糖はイチゴの重さの30〜50%くらい
弱火
3 熱いうちにビンにつめて保存する
日付も書いておく
イチゴジャム
○年○月○日
ビンは煮沸消毒しておく
【イチゴショートケーキ】
1 電気炊飯器でホットケーキミックスを焼く
おいしいスポンジケーキができる
※1回でケーキ1個（10人分くらい）
1回スイッチが切れたらもう1回炊飯スイッチを入れ二度焼きする
箱に書いてある分量で、もとの材料を混ぜ合わせ、そのまま炊飯器に入れる
ホットケーキミックス
1箱でスポンジケーキ1個分
焼けるまでに2時間くらいかかる
2 生クリームに砂糖を入れてホイップする
クリームがピンと立つくらい
甘さは好みで
3 スポンジを半分に切り、下半分のスポンジの上部にイチゴジャムをぬり生クリームとイチゴのスライスをはさみこむ。上半分のスポンジを重ねて表面に生クリームをつけ、イチゴを置いて完成！
イチゴ
生クリーム
スポンジ
イチゴのスライス
生クリーム
イチゴジャム
スポンジ
飾りつけも楽しい♪

と異なるいろいろのイチゴになります。

●イチゴショートケーキパーティー

赤く色づき次々に熟れてきたら、待ちに待ったイチゴを利用したお菓子づくりです。特活・集会・生活などの時間を利用して調理しましょう。それぞれの料理を発表しコンテストをすると、いっそうやる気が出てきます。

調理法はいろいろありますが、イチゴショートケーキとイチゴジャムがおすすめです。イチゴショートケーキの土台になるスポンジは、ホットケーキミックスを電気炊飯器で炊飯（二度炊き）すると簡単にできます。

イチゴを中心に何をトッピングして飾りつけるか、子どもたちの自由な発想でプランします。缶詰のフルーツ、バナナ、キウイ、メロン、リンゴなどの果物、いろいろな色のクリーム、マーブルなどのいろいろな色をしたチョコレート、それにポッキー、ビスケット、ゼリーなどのお菓子など、いろいろです。

ジャムも図のような要領で簡単にできます。煮つめると甘いイチゴの香りが教室中にあふれます。そのほか、子どもたちに人気でおすすめのお菓子は、イチゴ大福やイチゴホンデュー（イチゴを串に刺しとけたチョコレートにくぐらせる）です。

7. 子株の育成と採取

子株の育成と採取

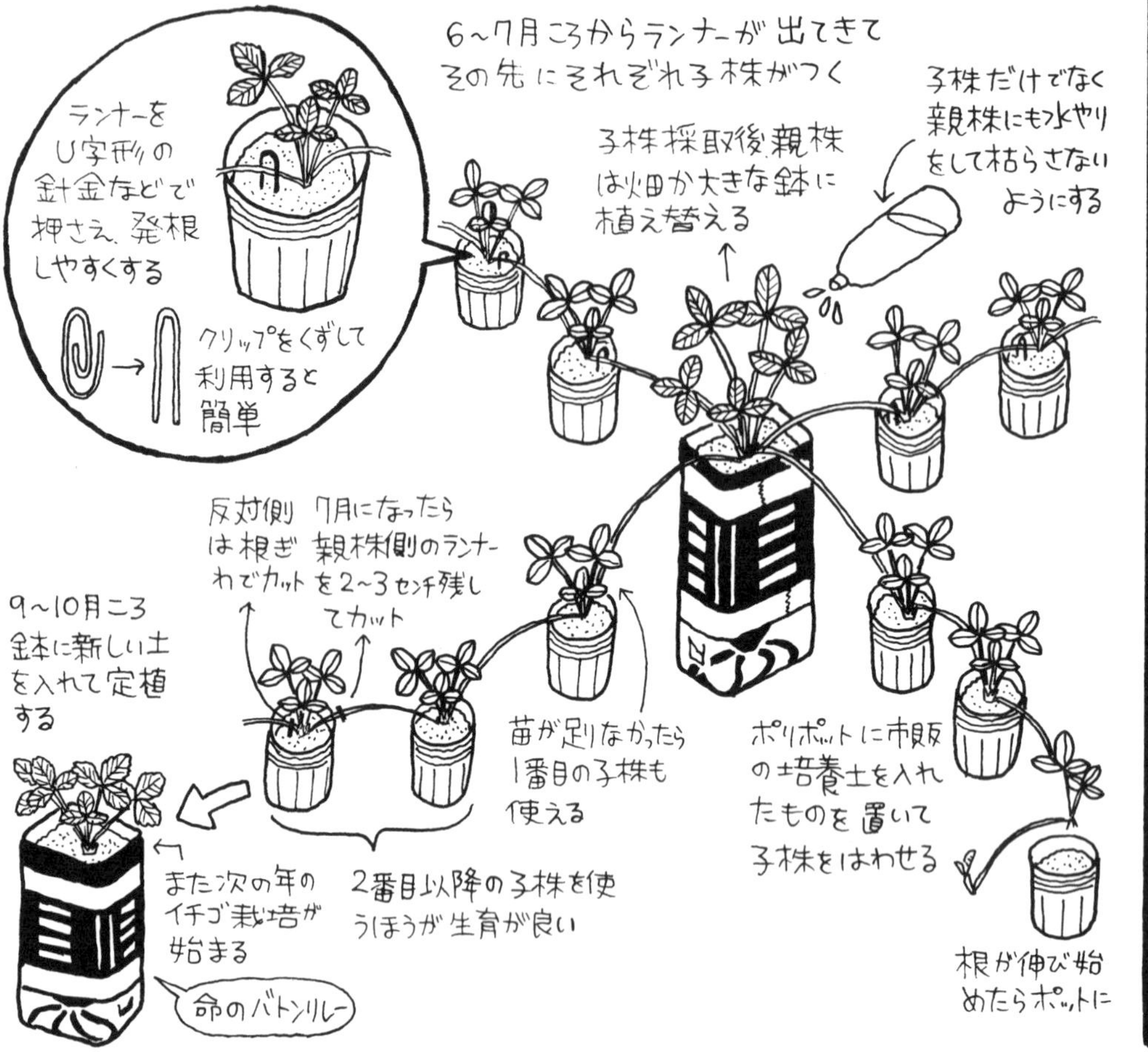
6〜7月ころからランナーが出てきて
その先にそれぞれ子株がつく
ランナーを
U字形の
針金などで
押さえ、発根
しやすくする
クリップをくずして
利用すると
簡単
子株採取後、親株
は畑か大きな鉢に
植え替える
子株だけでなく
親株にも水やり
をして枯らさない
ようにする
反対側
は根ぎ
わでカット
7月になったら
親株側のランナー
を2〜3センチ残し
てカット
9〜10月ころ
鉢に新しい土
を入れて定植
する
苗が足りなかったら
1番目の子株も
使える
ポリポットに市販
の培養土を入れ
たものを置いて
子株をはわせる
また次の年の
イチゴ栽培が
始まる
2番目以降の子株を使
うほうが生育が良い
命のバトンリレー
根が伸び始
めたらポットに

●七月上旬に採取し、八月上旬からは肥料を切らして育苗

イチゴは多年草で、株元の葉えきからランナーと呼ぶ「ほふく茎」が伸びてきます。ランナーには節があり、節からは葉と根が伸びてきて子株をとなり、さらにその子株からランナーが伸びて二番目、三番目の子株をつくって増えていきます。収穫が終了する前に伸びてくるランナーは早めに摘んでおきますが、五月以降、収穫終了後に伸びてくるランナーは伸ばして、苗となる子株を育てます。

ランナーが伸び子株の葉が数枚開き、根がわずかに出てきたら、ランナーを切らずに図のようにポリポットに植えます。一番目の子株よりも二番目以降の若い子株のほうが、ウイルス病も少なく勢いが良い苗になります。苗とする子株は、ポットに植えてから一〇日くらいに、図のように親側のランナーを二〜三センチ残して切り離します。切り離した苗は、有機質肥料をひかえめに施し、よく水やりをして日向で育てます。

苗から伸びてくるランナーは早めに摘み、八月上旬以降は花芽ができるよう、追肥せずにチッソを切らして育てます。この苗を、ペットボトル鉢に九〜一〇月に定植します。

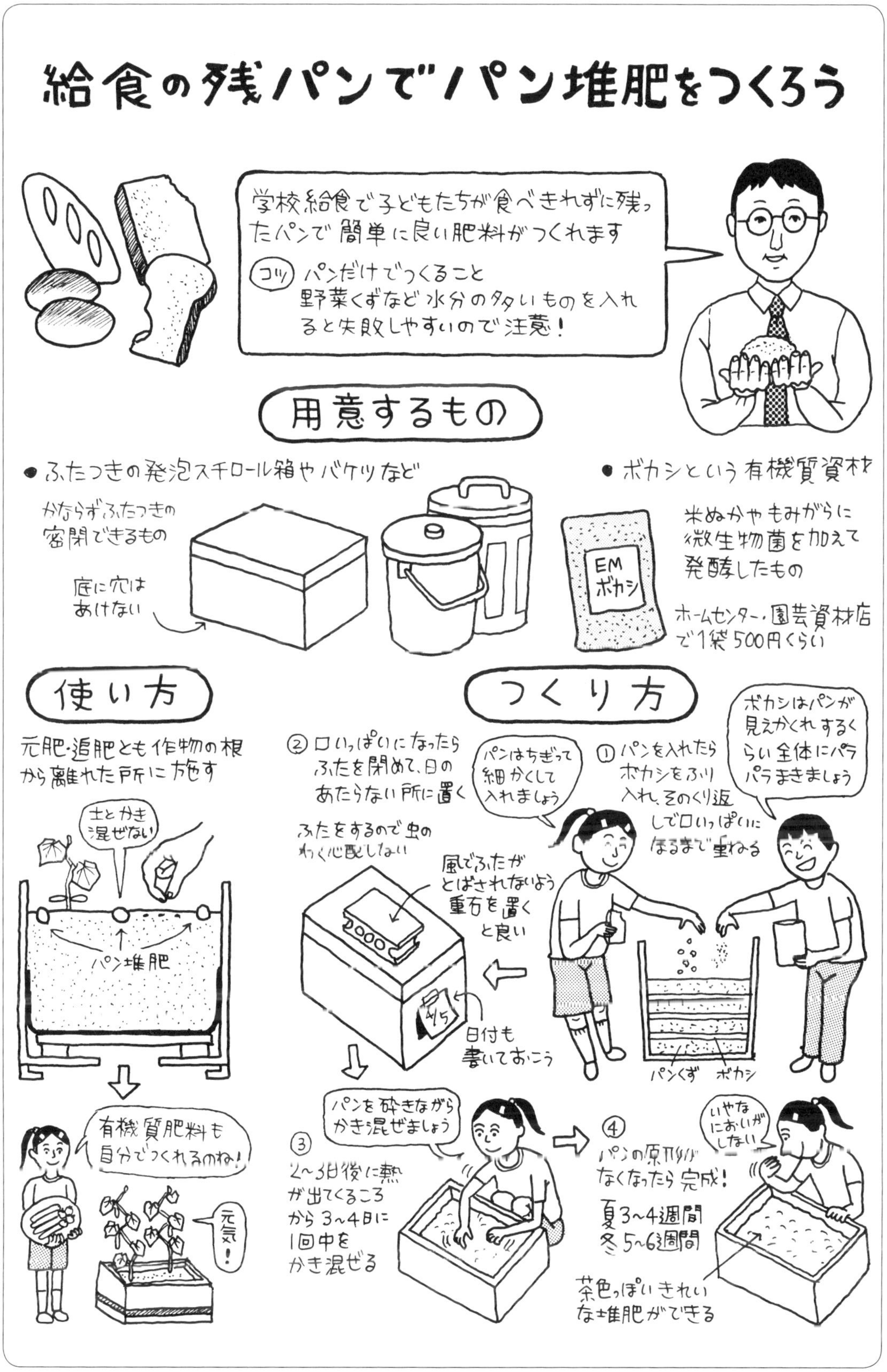
給食の残パンでパン堆肥をつくろう
学校給食で子どもたちが食べきれずに残ったパンで簡単に良い肥料がつくれます
コツ パンだけでつくること
野菜くずなど水分の多いものを入れると失敗しやすいので注意！
用意するもの
●ふたつきの発泡スチロール箱やバケツなど
かならずふたつきの密閉できるもの
底に穴はあけない
●ボカシという有機質資材
米ぬかやもみがらに微生物菌を加えて発酵したもの
EM ボカシ
ホームセンター・園芸資材店で1袋500円くらい
使い方
元肥・追肥とも作物の根から離れた所に施す
土とかき混ぜない
パン堆肥
有機質肥料も自分でつくれるのね！
元気！
つくり方
① パンを入れたらボカシをふり入れ、そのくり返しで口いっぱいになるまで重ねる
パンはちぎって細かくして入れましょう
ボカシはパンが見えかくれするくらい全体にパラパラまきましょう
パンくず
ボカシ
② 口いっぱいになったらふたを閉めて、日のあたらない所に置く
ふたをするので虫のわく心配しない
風でふたがとばされないよう重石を置くと良い
4/5
日付も書いておこう
③ 2〜3日後に熱が出てくるころから3〜4日に1回中をかき混ぜる
パンを砕きながらかき混ぜましょう
④ パンの原形がなくなったら完成！
夏3〜4週間
冬5〜6週間
いやなにおいがしない
茶色っぽいきれいな堆肥ができる

1. 葉菜類の栽培計画

葉菜類のいろいろ
【リーフレタスの仲間】
キク科
チマサンチュ
高温の夏に種をまくととう立ちしやすい
焼肉を巻いて
グリーンウェーブ
外葉からかき取って食べよう
サラダに
【アブラナ科の葉菜】
ロケット
ピリッと辛い
チンゲンサイ
白い葉柄がやわらかい
ミズナ
シャキシャキしたサラダに
ホリアスからし菜
チリチリの葉 赤ジソのような葉色
わさび菜
丸葉にちぢんだ葉がつくからし菜 パセリ代わりに
モンシロチョウ
わたしの子どものアオムシのタマゴを産みつけよう！
【葉菜類の定番】
ホウレンソウ
寒さに一番強い
シュンギク
茎を摘んで収穫すると、またわき芽が伸びてくる
子どものころに収穫するから早いんだ！
9月種まき
30～40日
10月収穫
発芽
越冬
花芽
春
これがわたしの本当の姿です。1鉢くらい最後まで育ててよ
ホウレンソウ

●牛乳パック鉢で秋から春まで栽培

ホウレンソウやチンゲンサイ、ミズナ、サンチュなど、葉を食べる野菜は、じかまきでスタートし、種まきから収穫までの日数が三〇～六〇日と短く、大変つくりやすい野菜です。比較的寒さや暑さに強いものが多く年中栽培できますが、秋から初冬が、病害虫の発生も少なく、とう立ち（茎葉が十分に育たないうちに花茎が伸びてくること）の心配も少なく、もっともつくりやすい時期です。

また、給食に出る牛乳パックのリサイクルでつくる牛乳パック鉢栽培なら、場所も取らず教室の窓辺で育てられます。半分に切ったペットボトルをかぶせれば、簡単に牛乳パック鉢温室ができ、三学期でも栽培ができます。

●栽培実験に最適！

葉菜類の牛乳パック鉢栽培は、いろいろな栽培実験に最適です。栽培日数が少なく、あまり大きくならないので場所をとらず、そのうえ、種の値段が安いからです。失敗しても何度でもやりなおすことができます。日向と日陰、水やり回数の多少、一鉢あたりの株数の多少、肥料の多少、用土の種類の違いなど、牛乳パック鉢を、一つの設定条件に三～五鉢つくり、その生育の違いを観察しましょう。

葉菜類

	特性( )内は適正株数	料理
チンゲンサイ	アブラナ科・中国野菜 寒さ暑さに強く、病気にも強い、とう立ちしにくい (1~2株/牛乳パック)	油炒め 煮物、漬物、汁の実など
ロケット(ルッコラ)	アブラナ科・地中海沿岸原産、暑さに弱い、ピリッとした辛味とゴマの香りのハーブ (1~3株/牛乳パック)	サラダ、お浸し 炒め物
リーフレタス	キク科・地中海沿岸原産 結球しないレタスで、アブラムシなどの害虫がつきにくい (1~2株/牛乳パック)	サラダ、炒め物 汁の実
チマサンチュ	キク科・リーフレタスの仲間で少しずつ下葉をかいて食べる (1~2株/牛乳パック)	焼肉に巻いて食べる
ミズナ(京菜)	アブラナ科・日本原産、寒さ暑さに強いが乾燥に弱い わき芽が出て大株になる (1~3株/牛乳パック)	サラダ、漬物、鍋物
ビタミン菜	アブラナ科・ツケナの仲間で成長が速く寒さに強くとう立ちも遅い。冬~春の青物に最適(1~2株/牛乳パック)	漬物、煮物 炒め物、お浸し
ミツバ	セリ科・日本原産、乾燥を嫌う。覆土はごく薄く半日陰に。株もとを残して収穫し、新芽を伸ばす(1~3株/牛乳パック)	吸い物 お浸し
赤リアスからし菜	アブラナ科・赤い刻みが深い葉で分けつが旺盛なからし菜。寒さ暑さに強くつくりやすい(1~2株/牛乳パック)	サラダ、漬物、お浸し
ホウレンソウ	アカザ科・高温・酸性土壌、過湿に弱い。サラダホウレンソウがおすすめ (1~3株/牛乳パック)	サラダ、お浸し、炒め物
シュンギク	キク科・低温高温にやや弱い。覆土は薄く摘み取り収穫で長く楽しむ (1~2株/牛乳パック)	煮物、和え物、炒め物

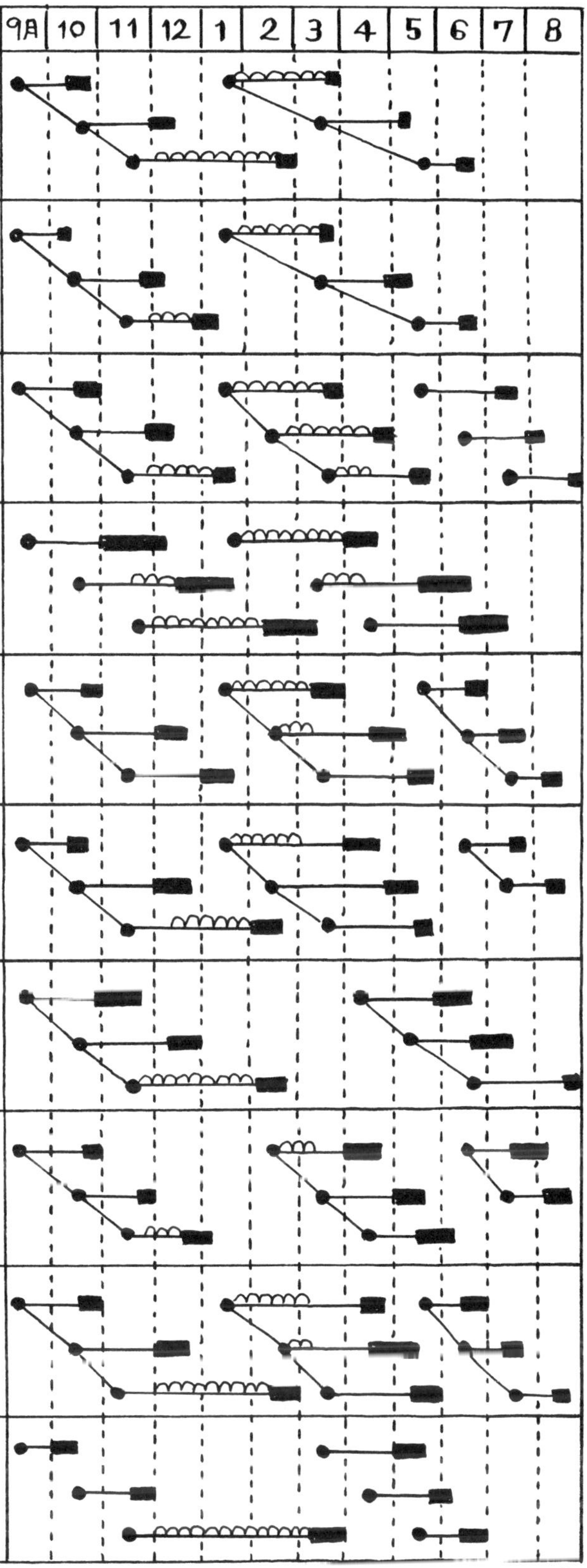

●種まき(じかまき) ▬収穫 ∩∩∩保温(ペットボトルキャップ)

2. 牛乳パック鉢のつくり方

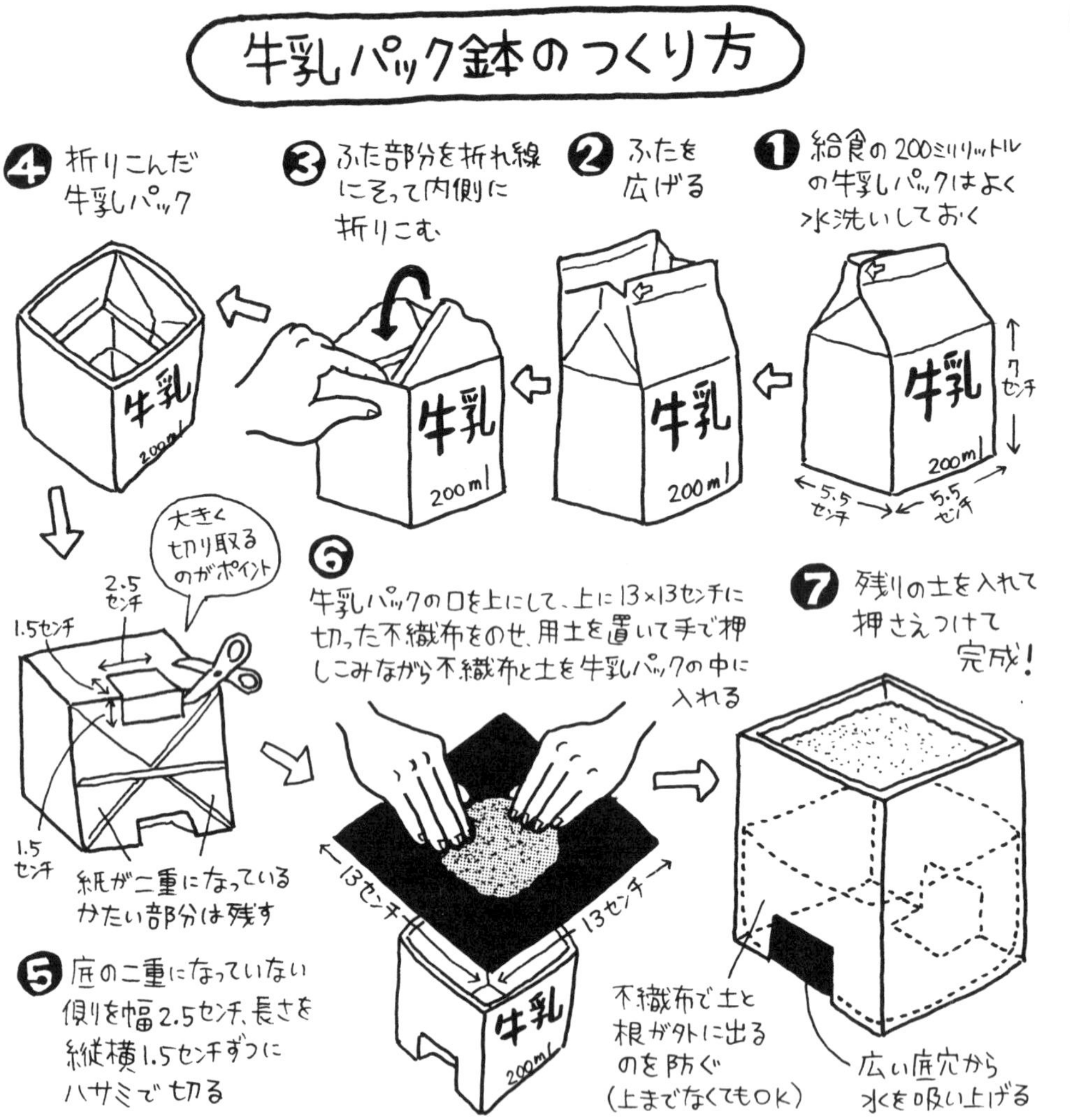

牛乳パック鉢のつくり方
1 給食の200ミリリットルの牛乳パックはよく水洗いしておく
7センチ
5.5センチ
5.5センチ
牛乳
200ml
2 ふたを広げる
3 ふた部分を折れ線にそって内側に折りこむ
4 折りこんだ牛乳パック
大きく切り取るのがポイント
2.5センチ
1.5センチ
1.5センチ
紙が二重になっているかたい部分は残す
5 底の二重になっていない側を幅2.5センチ、長さを縦横1.5センチずつにハサミで切る
6 牛乳パックの口を上にして、上に13×13センチに切った不織布をのせ、用土を置いて手で押しこみながら不織布と土を牛乳パックの中に入れる
13センチ
13センチ
7 残りの土を入れて押さえつけて完成!
不織布で土と根が外に出るのを防ぐ
(上までなくてもOK)
広い底穴から水を吸い上げる

●底の左右に排水口を開け、不織布を敷く

牛乳パックは水に強くもれません。給食に出る二〇〇ミリリットルの牛乳パックを利用して、葉菜類用の鉢をつくりましょう。家庭では一リットルの牛乳パックでもかまいません。

上部面を広げて内側に折りこみ、底の二重でなっていない両側をハサミで切り、排水穴を開け、不織布を敷きます。こうすると水はけ、通気がよくなり、根が外に出ず、しかも底面給水でよく水を吸いこむようになります。不織布は用土をつめこみながら押しこむと、ずれることなく入ります。一人一〇個くらいつくれば、いろいろな葉菜類に挑戦できます。

●牛乳パック鉢用の簡易温室も簡単にできる

発泡スチロール箱のふたを、厚い縁部を幅四センチくらい残してカッターで切るだけです。ビニールを発泡スチロール箱かぶせて、このふたをしっかりかぶせると完成です。また、お惣菜トレイや納豆パックなども受け皿に利用できます。

また、五〇〇ミリリットルのペットボトルを半分に切って、牛乳パック鉢の内側に立てればペットボトル温室ができます。屋外では、雨よけになり害虫も寄せつけません。

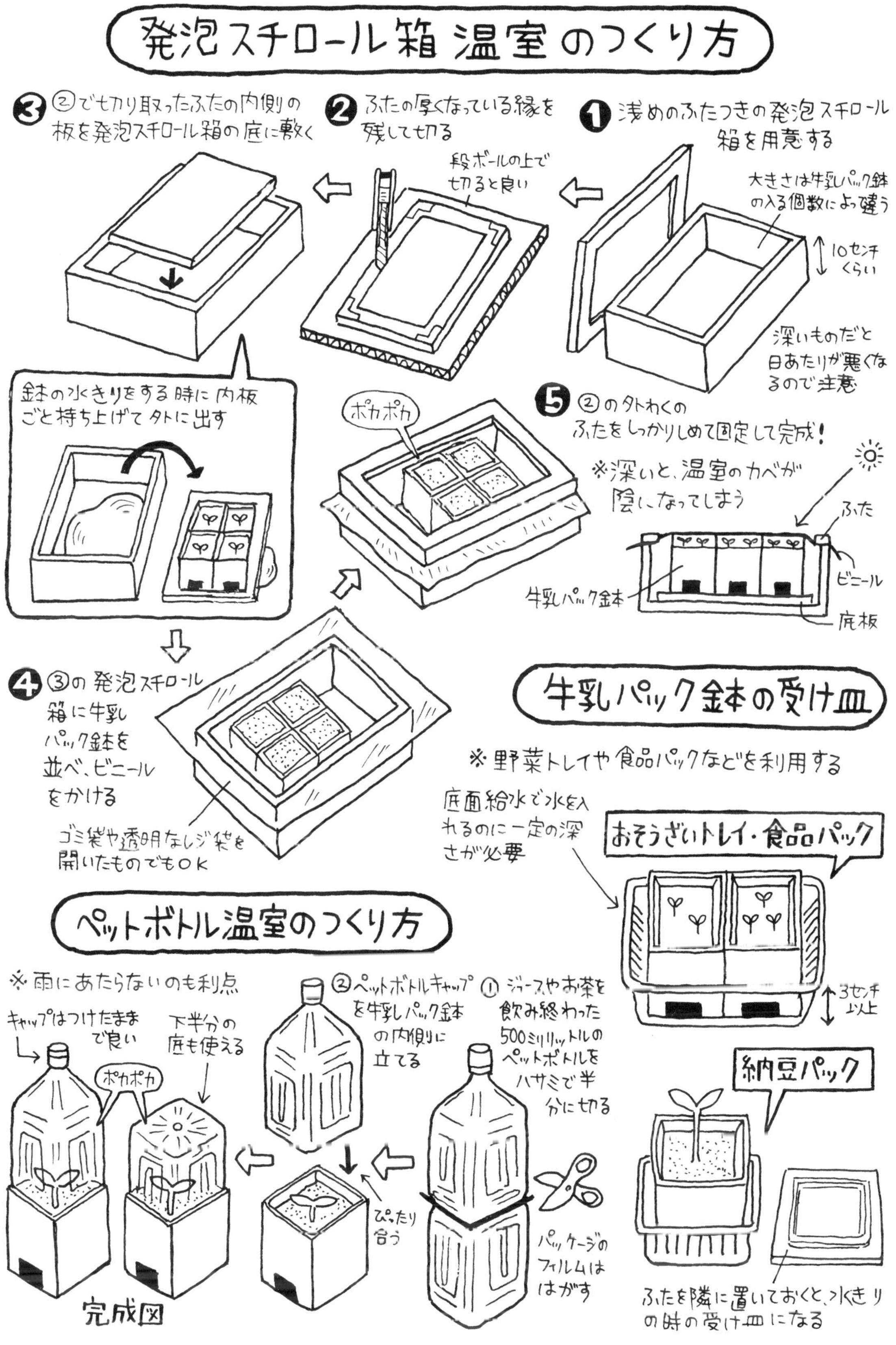
発泡スチロール箱温室のつくり方
❶ 浅めのふたつきの発泡スチロール箱を用意する
大きさは牛乳パック鉢の入る個数によって違う
10センチくらい
深いものだと日あたりが悪くなるので注意
❷ ふたの厚くなっている縁を残して切る
段ボールの上で切ると良い
❸ ②で切り取ったふたの内側の板を発泡スチロール箱の底に敷く
鉢の水きりをする時に内板ごと持ち上げて外に出す
ポカポカ
❹ ③の発泡スチロール箱に牛乳パック鉢を並べ、ビニールをかける
ゴミ袋や透明なレジ袋を開いたものでもOK
❺ ②の外わくのふたをしっかりしめて固定して完成！
※深いと、温室のカベが陰になってしまう
ふた
ビニール
牛乳パック鉢
底板
牛乳パック鉢の受け皿
※野菜トレイや食品パックなどを利用する
底面給水で水を入れるのに一定の深さが必要
おそうざいトレイ・食品パック
3センチ以上
納豆パック
ふたを隣に置いておくと、水きりの時の受け皿になる
ペットボトル温室のつくり方
※雨にあたらないのも利点
① ジュースやお茶を飲み終わった500ミリリットルのペットボトルをハサミで半分に切る
パッケージのフィルムははがす
② ペットボトルキャップを牛乳パック鉢の内側に立てる
ぴったり合う
キャップはつけたままで良い
下半分の底も使える
ポカポカ
完成図

3. 種まきと保温

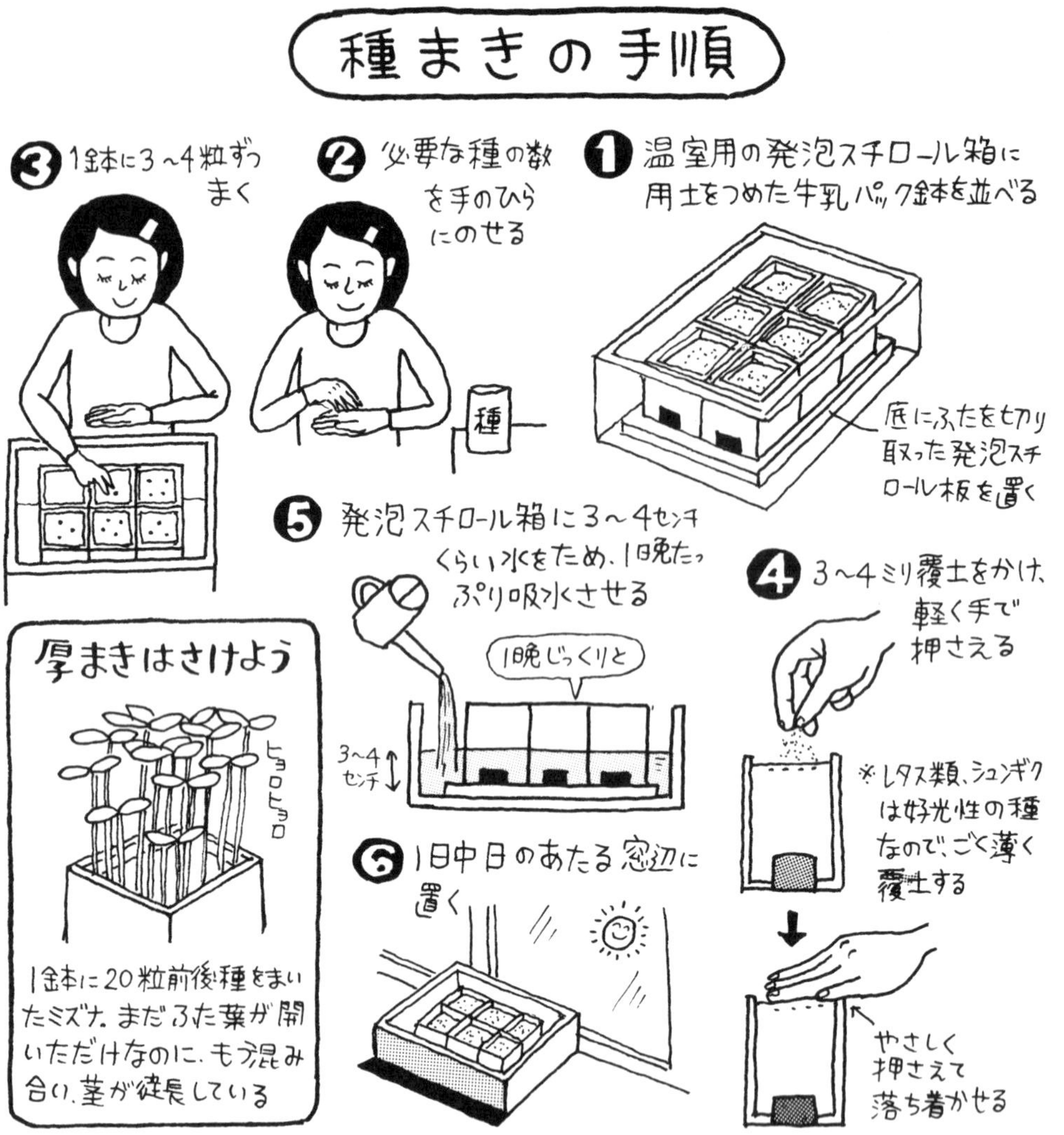
種まきの手順
❶温室用の発泡スチロール箱に用土をつめた牛乳パック鉢を並べる
底にふたを切り取った発泡スチロール板を置く
❷必要な種の数を手のひらにのせる
種
❸1鉢に3〜4粒ずつまく
❹3〜4ミリ覆土をかけ、軽く手で押さえる
※レタス類、シュンギクは好光性の種なので、ごく薄く覆土する
やさしく押さえて落ち着かせる
❺発泡スチロール箱に3〜4センチくらい水をため、1晩たっぷり吸水させる
1晩じっくりと
3〜4センチ
❻1日中日のあたる窓辺に置く
厚まきはさけよう
ヒョロヒョロ
1鉢に20粒前後種をまいたミズナ。まだふた葉が開いただけなのに、もう混み合い、茎が徒長している

●厚まきはさけ、種まき後底面給水

給食の牛乳パックは一辺が六センチ弱と小さく、深さも七センチしかありません。栽培期間の短い葉菜類とはいえ、一鉢にたくさんまくと、すぐにギュウギュウづめになって育ちが悪くなってしまいます。最終的に育てる株数は、種類にもよりますが一鉢に一株、多くても三株くらいが限度です。

多くまいても本葉が一〜二枚でるころまでに間引いて一〜三本にすれば良いのですが、その期間は発芽後一週間くらいです。まごまごすると混み合ってしまいます。最初から一鉢三〜四粒まきにしておけば安心です。

種をまいたら種の厚さの一・五倍くらいの厚さ（四〜五ミリくらい）に覆土、軽く押さえて用土と密着させておきます。ただし、レタスの仲間とシュンギクの種は、発芽の際に光を必要とするので、種が見えかくれするくらいにごく薄く覆土し、濡れた新聞紙を発芽するまでかぶせておきます。

種まき作業は発泡スチロール箱の中で行ない、種まき後、水を牛乳パック鉢の半分（三〜四センチ）くらいまで入れ、一晩かけてよく種に吸水させます。発芽するまでは、用土を乾かさないようにします。

寒い時期の種まき後の保温

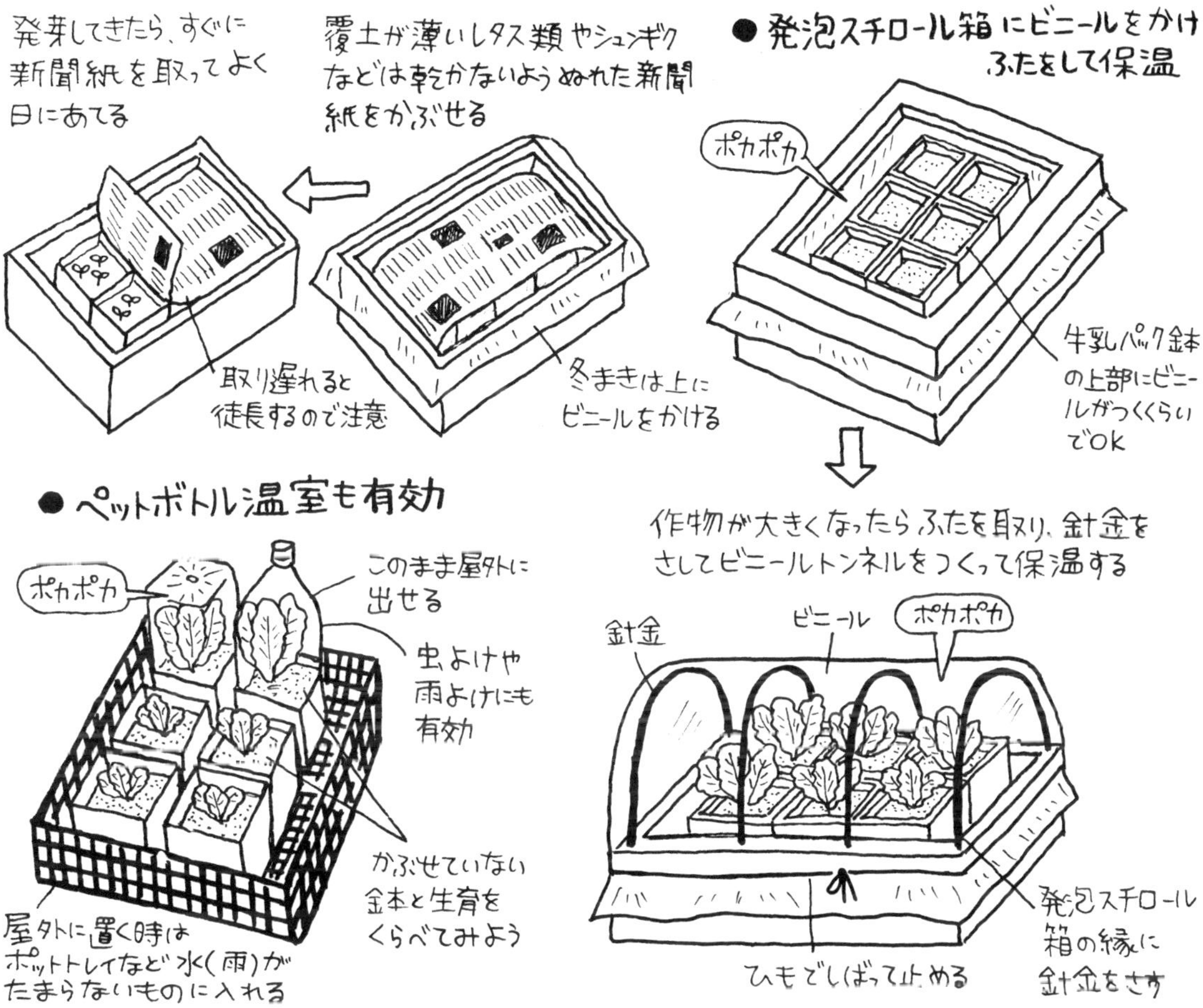
発芽してきたら、すぐに新聞紙を取ってよく日にあてる
覆土が薄いレタス類やシュンギクなどは乾かないようぬれた新聞紙をかぶせる
●発泡スチロール箱にビニールをかけふたをして保温
ポカポカ
取り遅れると徒長するので注意
冬まきは上にビニールをかける
牛乳パック鉢の上部にビニールがつくくらいでOK
●ペットボトル温室も有効
作物が大きくなったらふたを取り、針金をさしてビニールトンネルをつくって保温する
ポカポカ
このまま屋外に出せる
虫よけや雨よけにも有効
かぶせていない鉢と生育をくらべてみよう
屋外に置く時はポットトレイなど水(雨)がたまらないものに入れる
針金
ビニール
ポカポカ
発泡スチロール箱の縁に針金をさす
ひもでしばって止める

●冬まきは発泡スチロール箱温室で保温

低温になるほど発芽が遅れますが、最低温度が五℃以上あれば発芽し生育もします。しかし、アブラナ科の野菜は、一二月からの冬まき栽培では、平均気温が一七℃以下になると、どんなに小さなものでも花芽ができて、もう葉ができなくなってしまいます。その後暖かくなると、体（茎葉）が小さいのに、花茎が伸びてきてとう立ちしてきます。

冬まきは、種まき後から、発泡スチロール箱温室に入れて保温します。ペットボトル温室も有効です。その点、ホウレンソウやシュンギク、ミツバなどは、日が長くならないと花芽ができないので、その心配はありませんが、保温したほうが生育がよくなります。アブラナ科でもカラシナは、日が長くならないと花芽ができません。

逆にレタス類は高温に長くあうと花芽ができるので、残暑が厳しい初秋に早まきすると、とう立ちしやすいので要注意です。

いずれにしても、冬まきは、寒さに強いホウレンソウやカラシナなどを選び、保温して育てましょう。大きくなってきたら、発泡スチロール箱に針金をカマボコ型に挿して、ビニールをかけて保温します。

4. 発芽後の管理と収穫

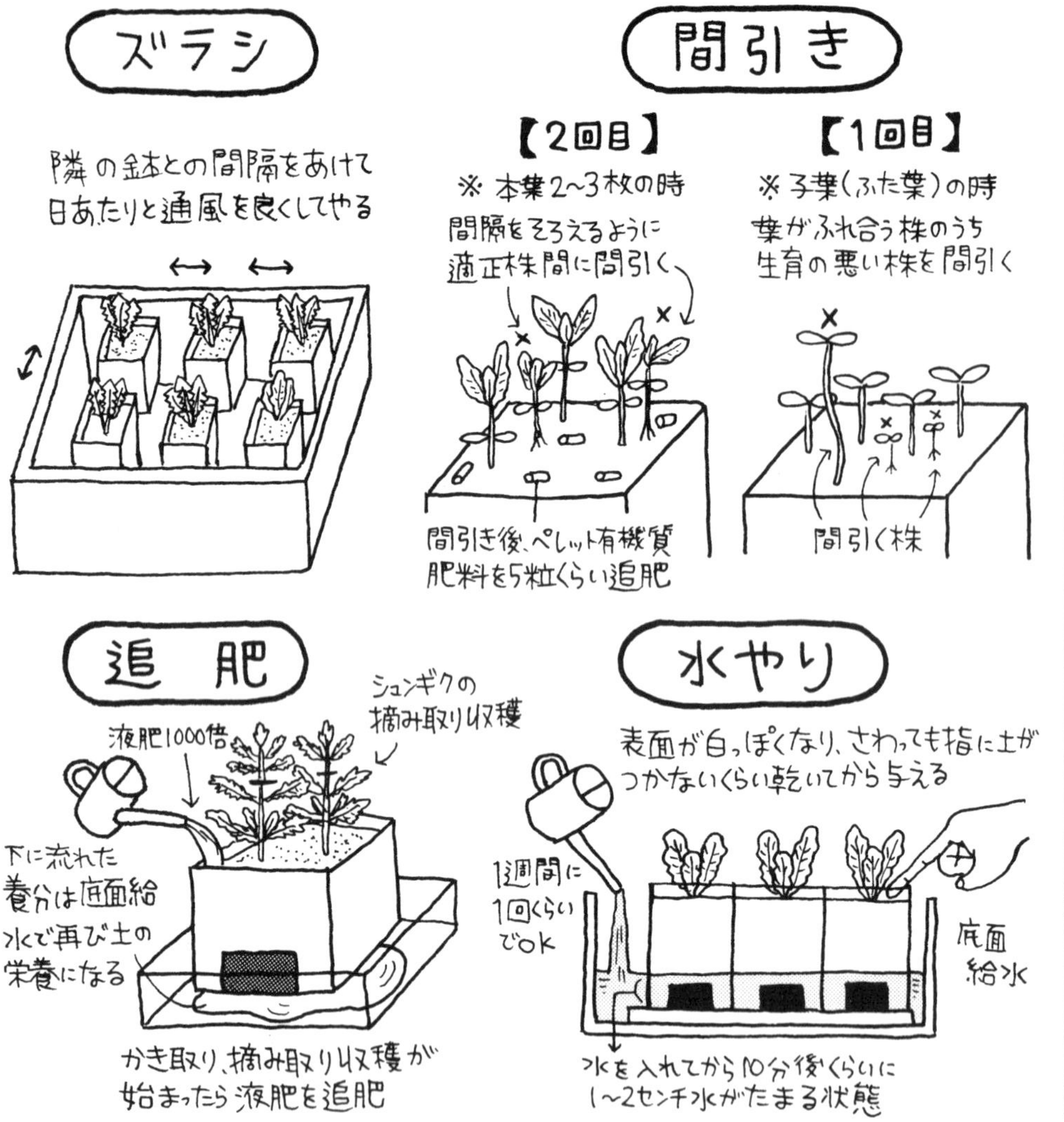
ズラシ
隣の鉢との間隔をあけて
日あたりと通風を良くしてやる
間引き
【2回目】
※ 本葉2～3枚の時
間隔をそろえるように
適正株間に間引く
間引き後、ペレット有機質
肥料を5粒くらい追肥
【1回目】
※ 子葉（ふた葉）の時
葉がふれ合う株のうち
生育の悪い株を間引く
間引く株
追　肥
液肥1000倍
シュンギクの
摘み取り収穫
下に流れた
養分は底面給
水で再び土の
栄養になる
かき取り、摘み取り収穫が
始まったら液肥を追肥
水やり
表面が白っぽくなり、さわっても指に土が
つかないくらい乾いてから与える
1週間に
1回くらい
でOK
底面
給水
水を入れてから10分後くらいに
1～2センチ水がたまる状態

●水のやりすぎに注意

発芽したら、できるだけ日のあたる場所に置いて育てます。水が箱に常時たまった状態は禁物です。水やりは用土の表面が白っぽくなって、手でさわっても土がつかないくらいまで乾いてから底面給水します。水の量も一〇分後に底に一～二センチたまる程度にします。量が多すぎたときは、いったん外に出して水を切ります。水やりは、一週間に一回くらいで十分です。ただし、乾燥に弱いミズナなどはあまり乾かさないようにします。

●早めに間引き、大きくなったらズラシを

本葉が二、三枚見えるころまでに、形の良い徒長していない株を残して間引きましょう。一鉢に多くても三、四本にします。ぬいてもいいですが、はさみで株元を切れば、残す株の根を傷めません。間引き菜も食べられます。

また、隣の鉢の葉と重なり合うようになったら日あたりを良くするために、別の箱に鉢と鉢の間隔をあけて移しましょう。

追肥はほとんど必要ありませんが、本葉二、三枚の間引きのあとに、有機質肥料を一鉢に五粒くらい施すと良いでしょう。また、かき取り収穫で長く育てるときは、追肥が必要です。

いっせい収穫とかき取り収穫・摘み取り収穫

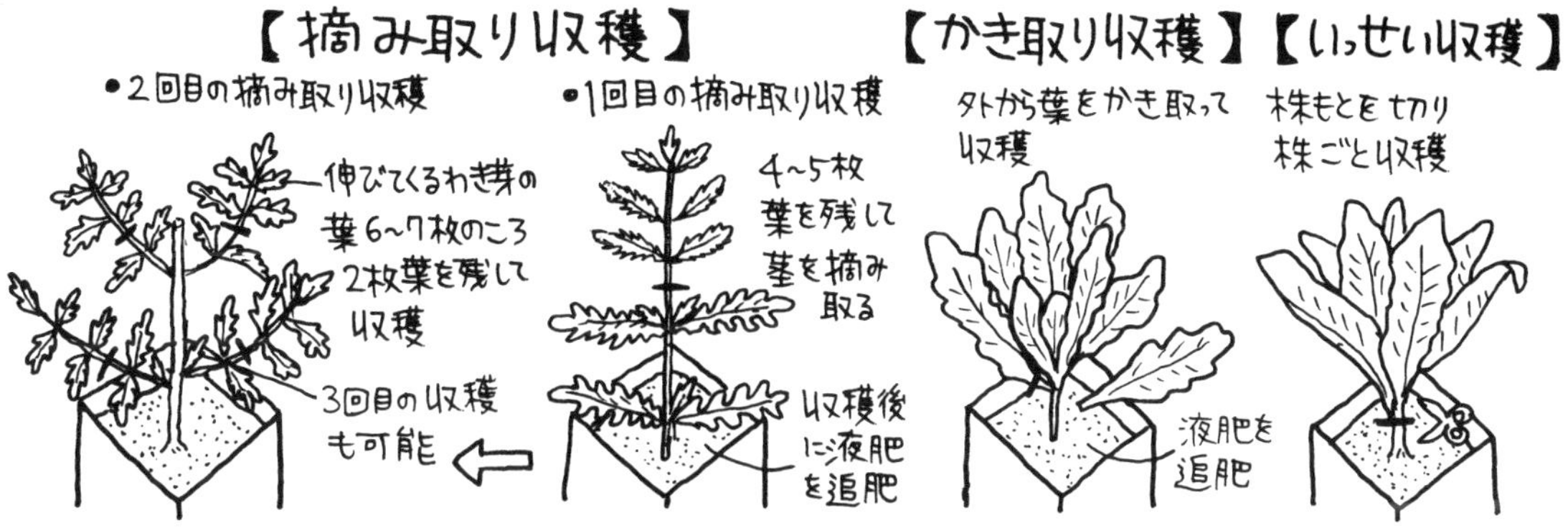
【摘み取り収穫】
•2回目の摘み取り収穫
•1回目の摘み取り収穫
伸びてくるわき芽の葉6～7枚のころ2枚葉を残して収穫
3回目の収穫も可能
4～5枚葉を残して茎を摘み取る
収穫後に液肥を追肥
【かき取り収穫】
外から葉をかき取って収穫
液肥を追肥
【いっせい収穫】
株もとを切り株ごと収穫

花を咲かせよう

家に持ち帰り、菜花の収穫

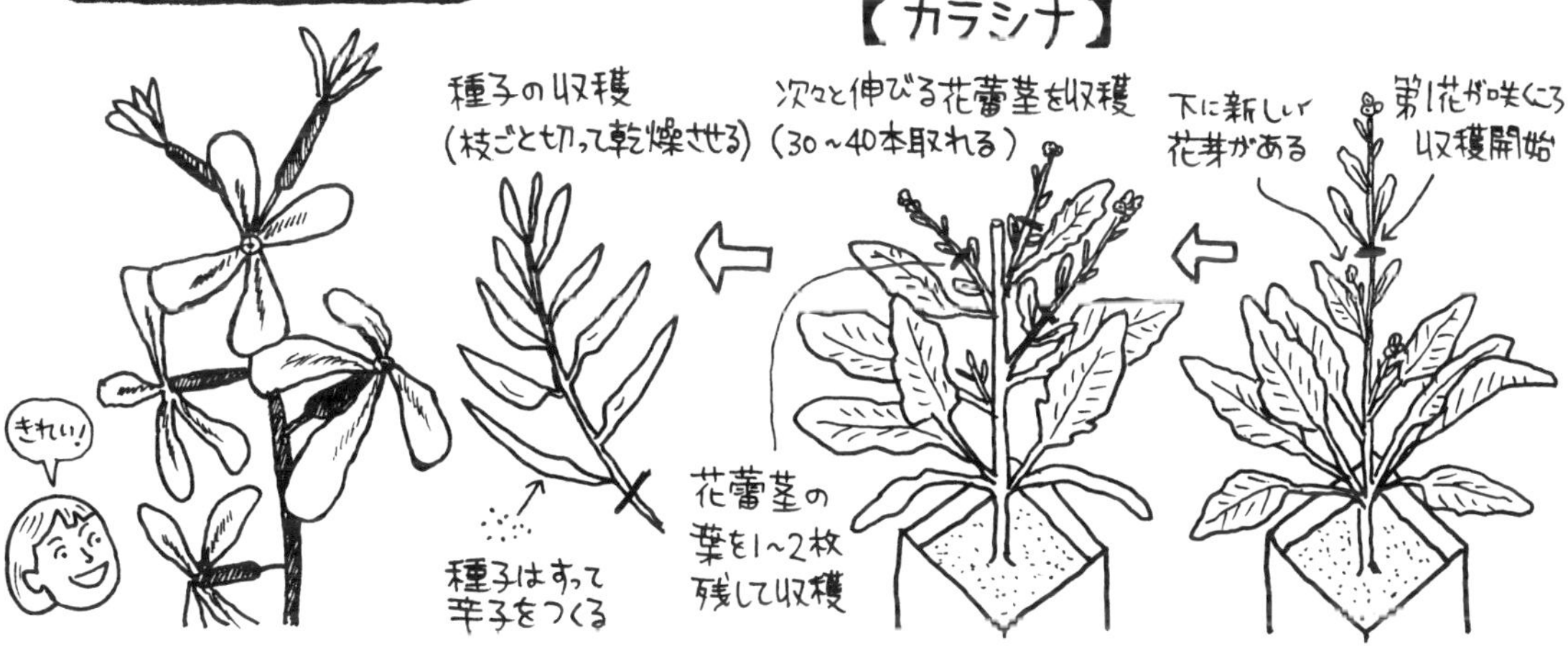
きれい!
【カラシナ】
種子の収穫（枝ごと切って乾燥させる）
種子はすって辛子をつくる
次々と伸びる花蕾茎を収穫（30～40本取れる）
花蕾茎の葉を1～2枚残して収穫
下に新しい花芽がある
第1花が咲くころ収穫開始

●草丈が15～20センチになったら収穫開始

収穫は発芽後からいつでもできますが、草丈が15～20センチになったら収穫適期です。

株元から切っていっせいに収穫しても良いですが、外側の大きな葉から少しずつ手でかいて、かき取り収穫すると、新しい葉がまた伸びてきて長く収穫できます。チマリンチュやリーフレタスなどはかき取り収穫が適しています。シュンギクやミツバは株元の葉を残して摘み取り収穫すると、わき芽がまた伸びてきて二回以上収穫できます。かき取り収穫、摘み取り収穫をする場合は、最初の収穫後に液肥を追肥してやりましょう。

●家に持ち帰って花を咲かせてみよう

牛乳パック鉢は持ち運びが便利なので、収穫ができるようになったら、家に持ち帰って育てましょう。暖かい室内なら、もう一回種まきをして育てることもできます。

また、春まで育てて花を咲かせてみるのもおもしろいです。花茎が伸びてきて、どんな花が咲くか楽しみです。ロケットの花は可憐できれいです。アブラナ科の野菜なら、つぼみのうちに摘み取れば菜花として食べられます。さらに、種を実らせて種採りにも挑戦しましょう。

5. 生育実験をしてみよう

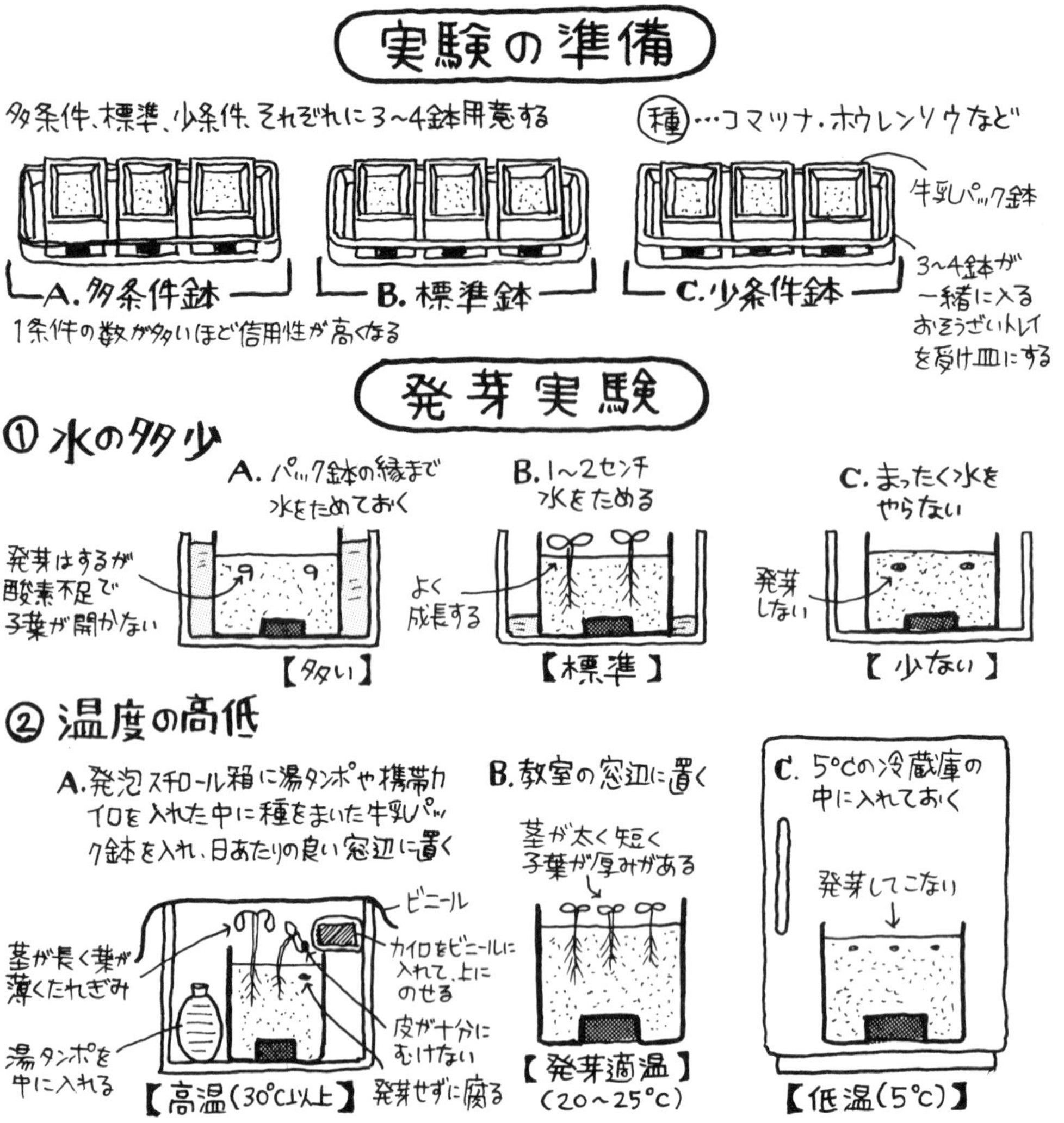
実験の準備
多条件、標準、少条件、それぞれに3〜4鉢用意する
種…コマツナ・ホウレンソウなど
牛乳パック鉢
3〜4鉢が一緒に入るおそうざいトレイを受け皿にする
A. 多条件鉢
B. 標準鉢
C. 少条件鉢
1条件の数が多いほど信用性が高くなる
発芽実験
① 水の多少
A. パック鉢の縁まで水をためておく
B. 1〜2センチ水をためる
C. まったく水をやらない
発芽はするが酸素不足で子葉が開かない
よく成長する
発芽しない
【多い】
【標準】
【少ない】
② 温度の高低
A. 発泡スチロール箱に湯タンポや携帯カイロを入れた中に種をまいた牛乳パック鉢を入れ、日あたりの良い窓辺に置く
B. 教室の窓辺に置く
C. 5℃の冷蔵庫の中に入れておく
ビニール
茎が長く葉が薄くたれぎみ
カイロをビニールに入れて、上にのせる
皮が十分にむけない
湯タンポを中に入れる
発芽せずに腐る
【高温（30℃以上】
茎が太く短く子葉が厚みがある
【発芽適温】（20〜25℃）
発芽してこない
【低温（5℃）】

●作物とお話しができる能力を身につけよう

「作物は主人（栽培者）の足音を聞いて育つ」ということわざがあります。これは、足音に作物の肥料分や成長促進物質があるわけはなく、よく作物を見て作物が何を欲しがっているのかを知り、的確に手当てをしてやることが大切だという意味です。植物は口がないのでしゃべることはできませんが、作物がほしがっていることは、生育の姿や表情に表われています。栽培上手の方は、作物への愛情と、この観察力が優れているのです。

野菜たちにはちょっといじわるですが、環境条件を変えてみるとどんな表情をするか実験してみましょう。葉菜類の牛乳パック鉢栽培は、この実験観察にうってつけです。

水がほしいときはどんな表情をしますか、そう、しおれてきます。では水が多すぎるときは？　光が不足しているときは？　肥料が足りないときは？　肥料が多すぎるときは？　温度が低くて寒いときは？　温度が高すぎるときは？　密植になって生存競争が大変なときは？　用土が悪い場合は？　用土が酸性のときは？……

いろいろ知りたいことを上げてみて、表情の違いを観察し、デジタルカメラで撮っておきましょう。

発芽後の生育実験

①光の多少

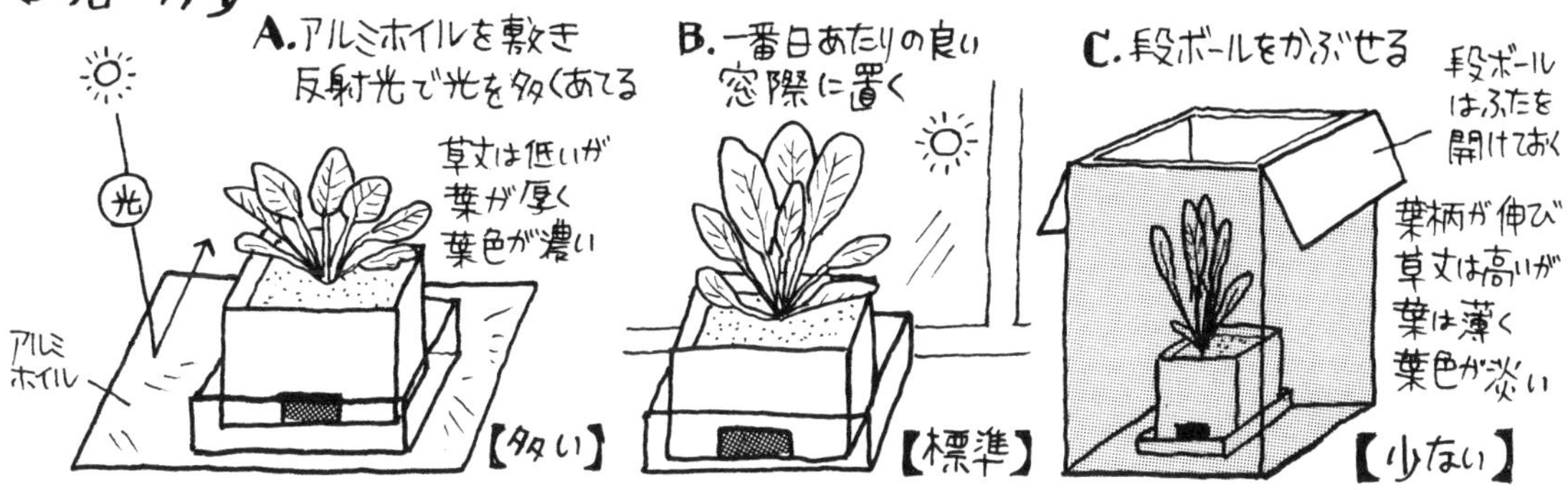
A.アルミホイルを敷き反射光で光を多くあてる
B.一番日あたりの良い窓際に置く
C.段ボールをかぶせる
光
アルミホイル
草丈は低いが葉が厚く葉色が濃い
【多い】
【標準】
段ボールはふたを開けておく
葉柄が伸び草丈は高いが葉は薄く葉色が淡い
【少ない】

②水の多少

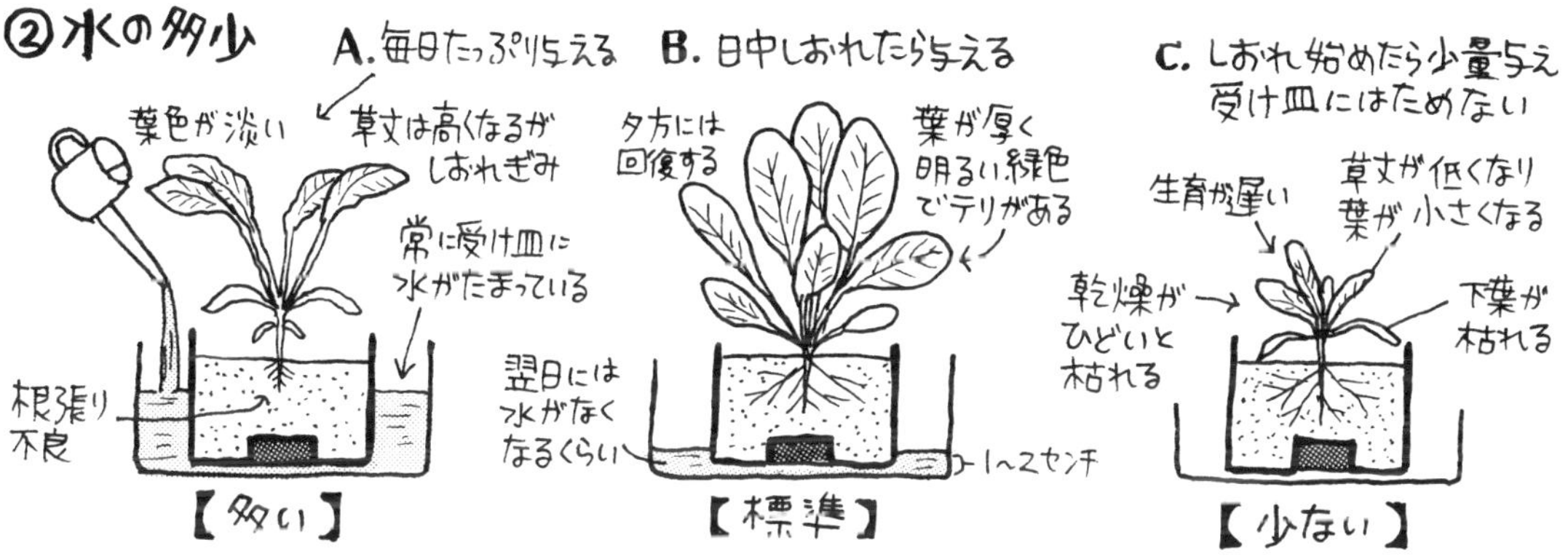
A.毎日たっぷり与える
葉色が淡い
草丈は高くなるがしおれぎみ
常に受け皿に水がたまっている
根張り不良
【多い】

B.日中しおれたら与える
夕方には回復する
葉が厚く明るい緑色でテリがある
翌日には水がなくなるくらい
1〜2センチ
【標準】

C.しおれ始めたら少量与え受け皿にはためない
生育が遅い
草丈が低くなり葉が小さくなる
乾燥がひどいと枯れる
下葉が枯れる
【少ない】

③肥料の多少（肥料分が含まれない土で実験する）

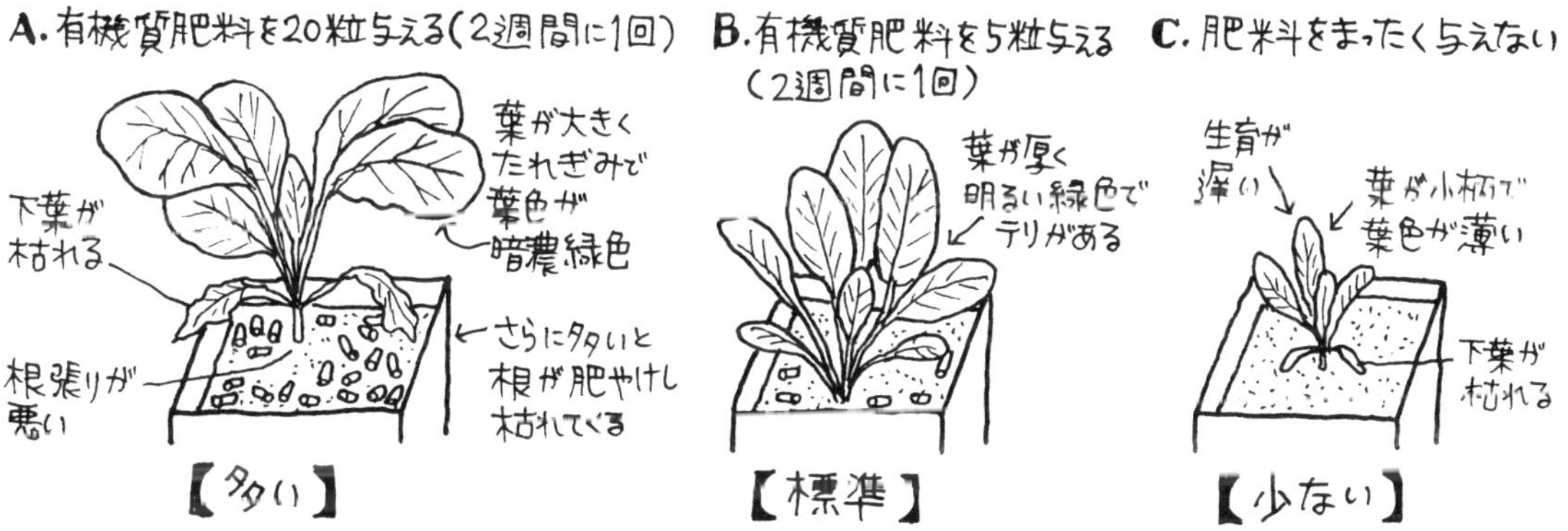
A.有機質肥料を20粒与える（2週間に1回）
B.有機質肥料を5粒与える（2週間に1回）
C.肥料をまったく与えない
下葉が枯れる
葉が大きくたれぎみで葉色が暗濃緑色
根張りが悪い
さらに多いと根が肥やけし枯れてくる
【多い】
葉が厚く明るい緑色でテリがある
【標準】
生育が遅い
葉が小柄で葉色が薄い
下葉が枯れる
【少ない】

④1鉢の株数の多少

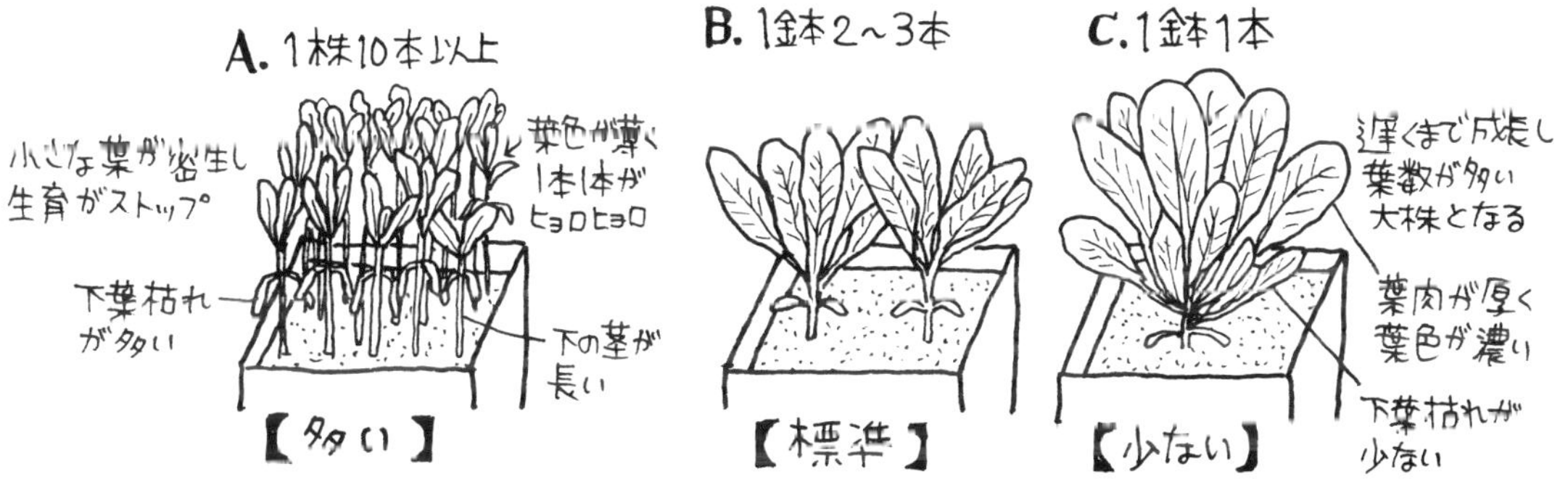
A.1株10本以上
B.1鉢2〜3本
C.1鉢1本
小さな葉が密生し生育がストップ
葉色が薄く1本1本がヒョロヒョロ
下葉枯れが多い
下の茎が長い
【多い】
【標準】
遅くまで成長し葉数が多い大株となる
葉肉が厚く葉色が濃い
下葉枯れが少ない
【少ない】

ハーブの牛乳パック鉢栽培とおもしろ利用法

おからハーブクッキー

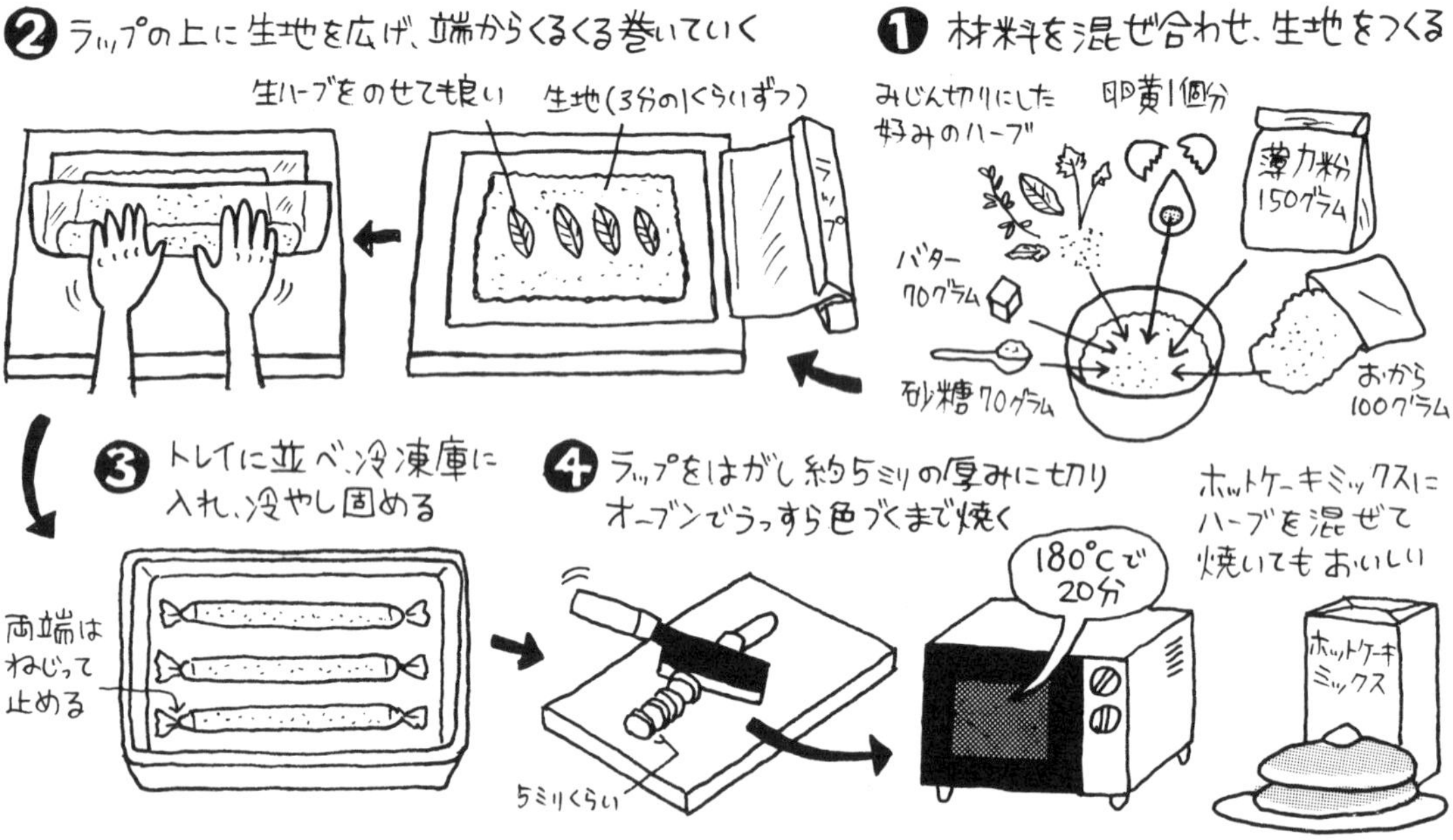
❶ 材料を混ぜ合わせ、生地をつくる
みじん切りにした好みのハーブ
卵黄1個分
薄力粉150グラム
バター70グラム
砂糖70グラム
おから100グラム
❷ ラップの上に生地を広げ、端からくるくる巻いていく
生ハーブをのせても良い
生地（3分の1くらいずつ）
ラップ
❸ トレイに並べ、冷凍庫に入れ、冷やし固める
両端はねじって止める
❹ ラップをはがし約5ミリの厚みに切りオーブンでうっすら色づくまで焼く
5ミリくらい
180℃で20分
ホットケーキミックスにハーブを混ぜて焼いてもおいしい
ホットケーキミックス

ハーブバター

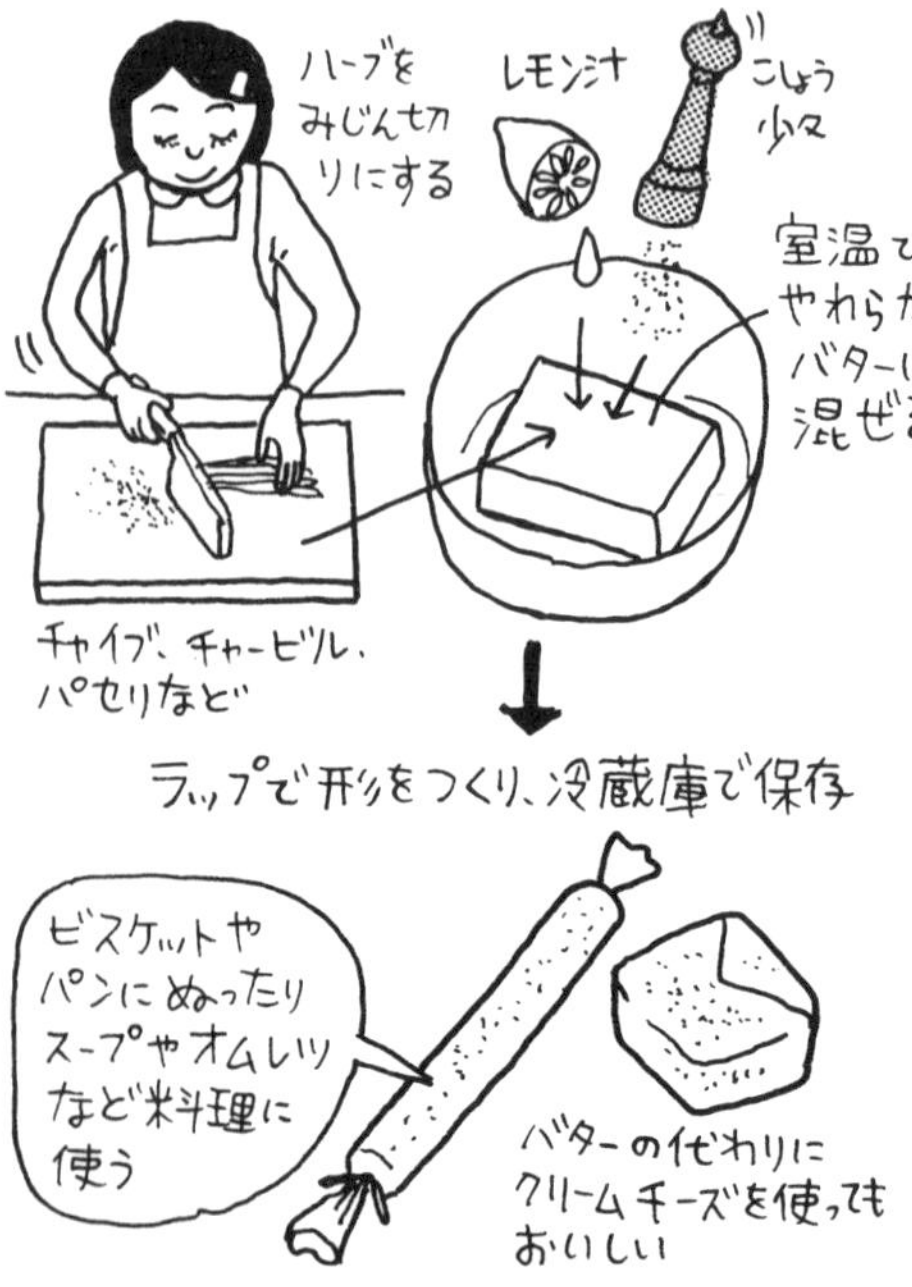
ハーブをみじん切りにする
レモン汁
こしょう少々
室温でやわらかくしたバターに混ぜる
チャイブ、チャービル、パセリなど
ラップで形をつくり、冷蔵庫で保存
ビスケットやパンにぬったりスープやオムレツなど料理に使う
バターの代わりにクリームチーズを使ってもおいしい

クリスタライズドハーブ

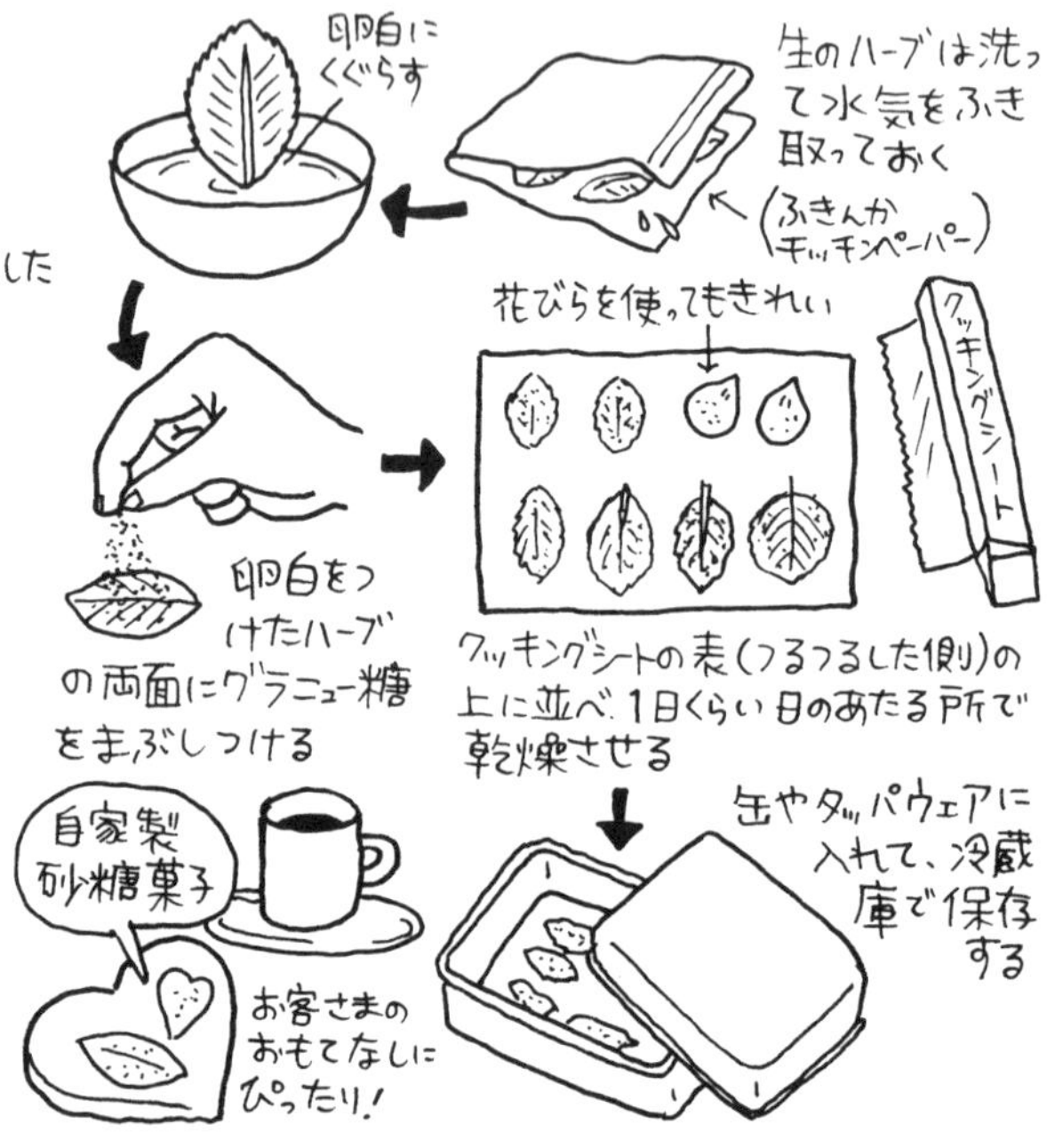
生のハーブは洗って水気をふき取っておく
（ふきんかキッチンペーパー）
卵白にくぐらす
卵白をつけたハーブの両面にグラニュー糖をまぶしつける
花びらを使ってもきれい
クッキングシート
クッキングシートの表（つるつるした側）の上に並べ、1日くらい日のあたる所で乾燥させる
缶やタッパウェアに入れて、冷蔵庫で保存する
自家製砂糖菓子
お客さまのおもてなしにぴったり！

ハーブおしぼり
ぬれたタオルに生のハーブをはさみ、ギュッとしぼる
ミントなどさわやかな香り
冷蔵庫に入れて冷やす
お客さまにさりげないおもてなし
お風呂に入れる・ハーバルバス
乾燥ハーブは2分の1カップ
生のハーブは1カップを粗くきざむ
もめんの布袋にハーブを入れ中身が出ないように口をしばりつるすか浴槽に浮かせる
入浴時にもむとエキスがよく出る
・神経を落ちつかせるハーブ カモミール、ラベンダー、ミント
・美肌効果のあるハーブ ローズマリー、カモミール
・活力をよみがえらせるハーブ セージ、タイム、バジル
ハーブの種をまく
ハーブはとってもじょうぶで育てやすい!
牛乳パック鉢に4〜5粒種をまき種がやっとかくれるくらいに土をかぶせる
やさしく手で押さえる
底面給水
10分おいて1センチ水がたまるくらいに入れる
発芽したら混み合う所を順次間引く
最終的に1〜2株にする
そのまま育てても良いが根が鉢いっぱいになったらペットボトル鉢など少し大きめの鉢に植え替えると大きく育つ
さし木でハーブをふやす
牛乳パック鉢やペットボトル鉢に1本ずつ
茎の下3分の1を土にさす
用土は十分湿らせておく
【やわらかい茎の場合】
10〜15センチ
葉の節のすぐ下で切る
さしやすいように下3分の1の葉を取りのぞく
ミント類は水につけておくだけで根が出てくるよ
根がつくと新しい葉が伸びてくる
根が鉢いっぱいになったら少し大きめの鉢に植え替えると大きく育つ
【かたい茎の場合】
15〜20センチ
やわらかい先の部分は切り取る
葉の大きなものは3分の1くらいにカット
水分の蒸発を防ぐ

1. ダイコンの栽培計画と品種選び

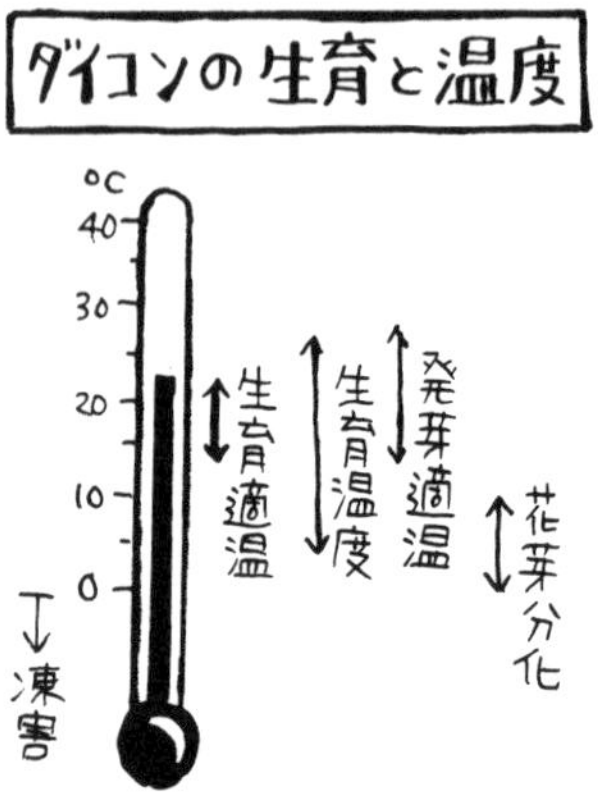
ダイコンの生育と温度
°C
40
30
20
10
0
生育適温
生育温度
発芽適温
花芽分化
凍害

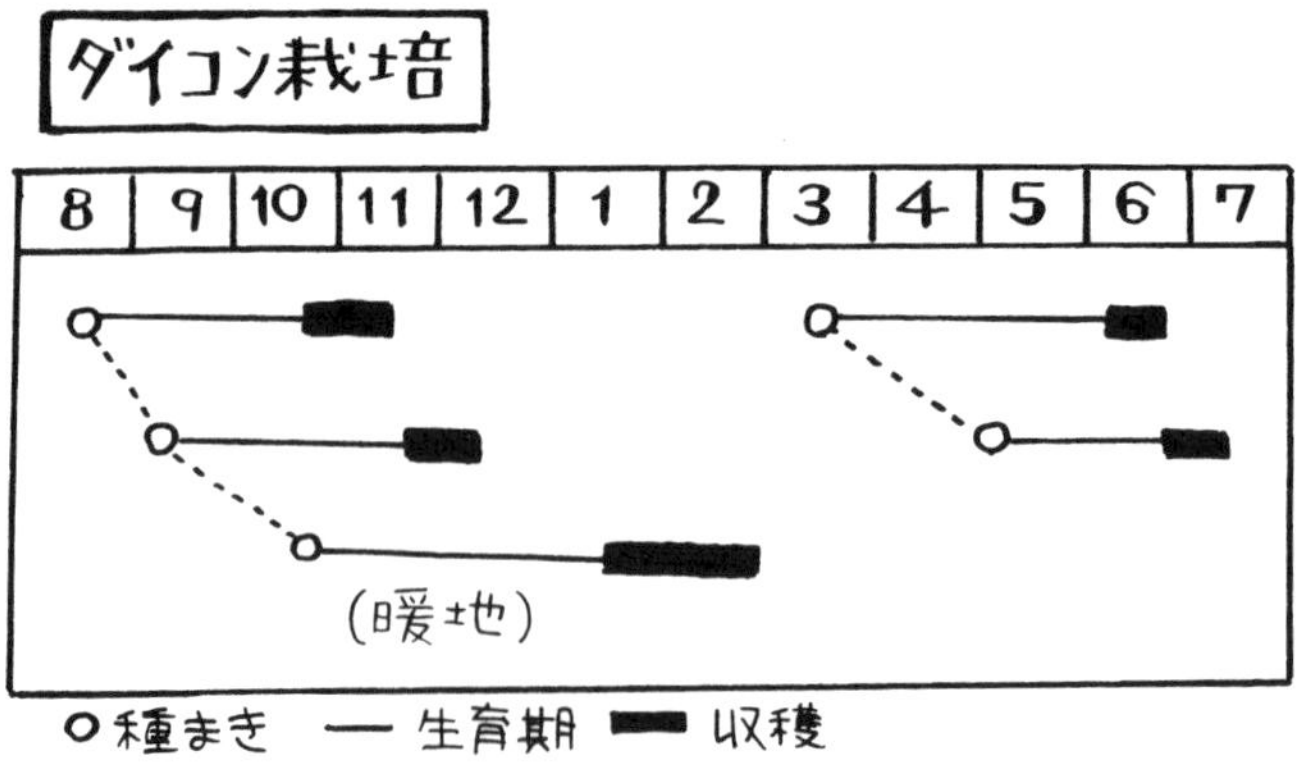
ダイコン栽培
8 9 10 11 12 1 2 3 4 5 6 7
(暖地)
○種まき — 生育期 ■ 収穫

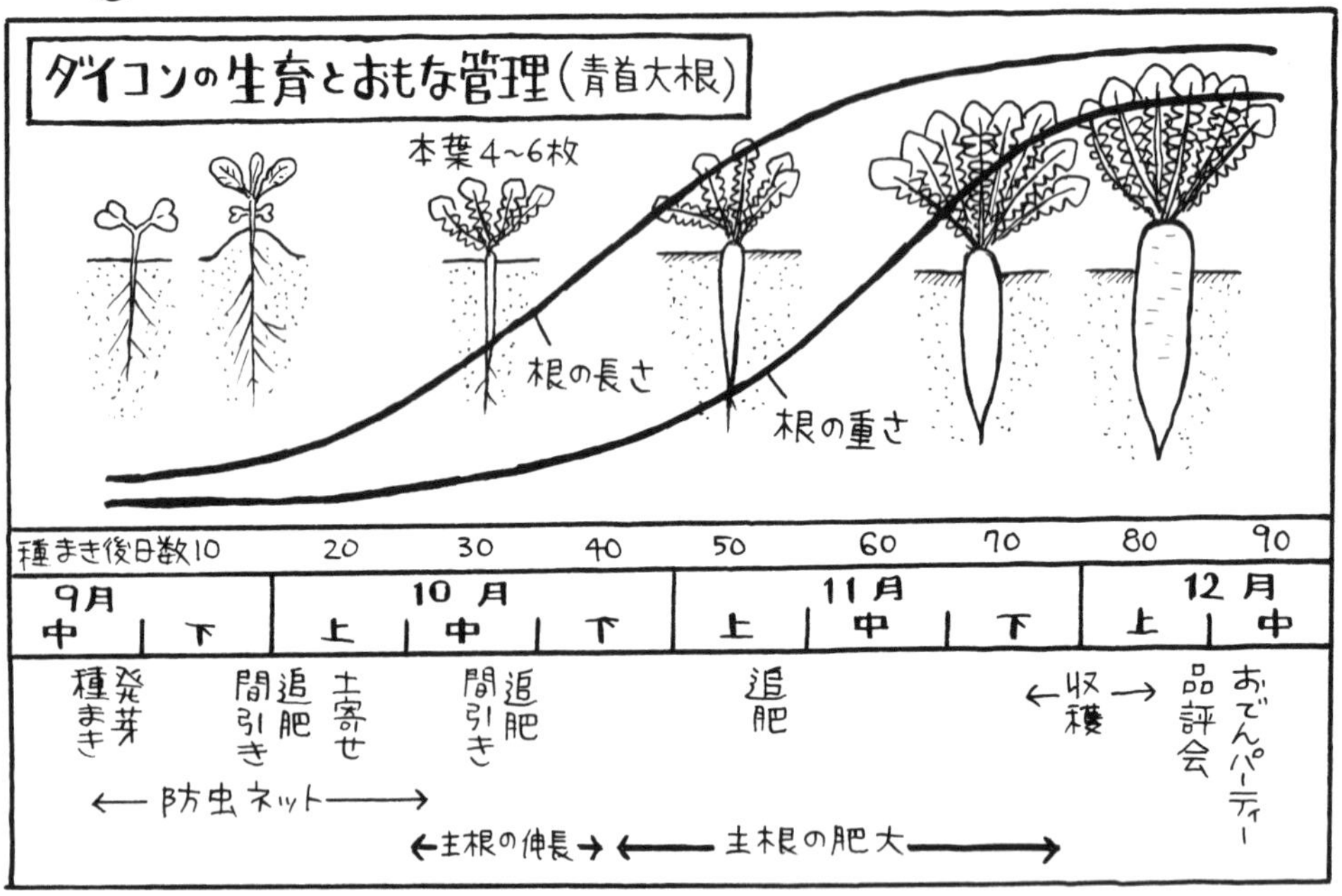
ダイコンの生育とおもな管理（青首大根）
本葉4~6枚
根の長さ
根の重さ
種まき後日数10 20 30 40 50 60 70 80 90
9月 中 下
10月 上 中 下
11月 上 中 下
12月 上 中
発芽 種まき
追肥 間引き
土寄せ
追肥 間引き
追肥
←収穫→
品評会
おでんパーティー
←防虫ネット→
←主根の伸長→←主根の肥大→

●野菜の王様、ダイコン

日本で一番多く栽培され、一番多く食べられている野菜はダイコンです。春の七草（せり なずな ごぎょう はこべら ほとけのざ すずな すずしろ）の中の「すずしろ」はダイコンのことで、古くから食べられてきました。ビタミンCが多く、そのうえデンプン消化酵素のアミラーゼや殺菌作用のある辛味成分（イソチオシアネード）が含まれているので、消化を助け、食中毒も防ぎます。へたな役者を「大根役者」といいますが、それは、へたな役者はあたらない、ダイコンもたくさん食べても食あたりしない、というわけです。

またダイコンの葉は根部よりもビタミン、ミネラルが豊富で、間引き菜、ぬき菜など生育途中の葉も大切な収穫物です。

●秋に適期にまいて一一～一二月収穫

ダイコンは寒さに強く、暑さには弱いので、春まきと秋まきが一般的ですが、春まきは「とう立ち」しやすいので、秋まきがおすすめです。秋まきでも早まきすると、高温で病気が発生しやすく、害虫にやられやすくなります。地域によって違いますが、九月上旬～中旬が適期です。逆に遅まきすると、肥大期に低温となり肥大が十分にで

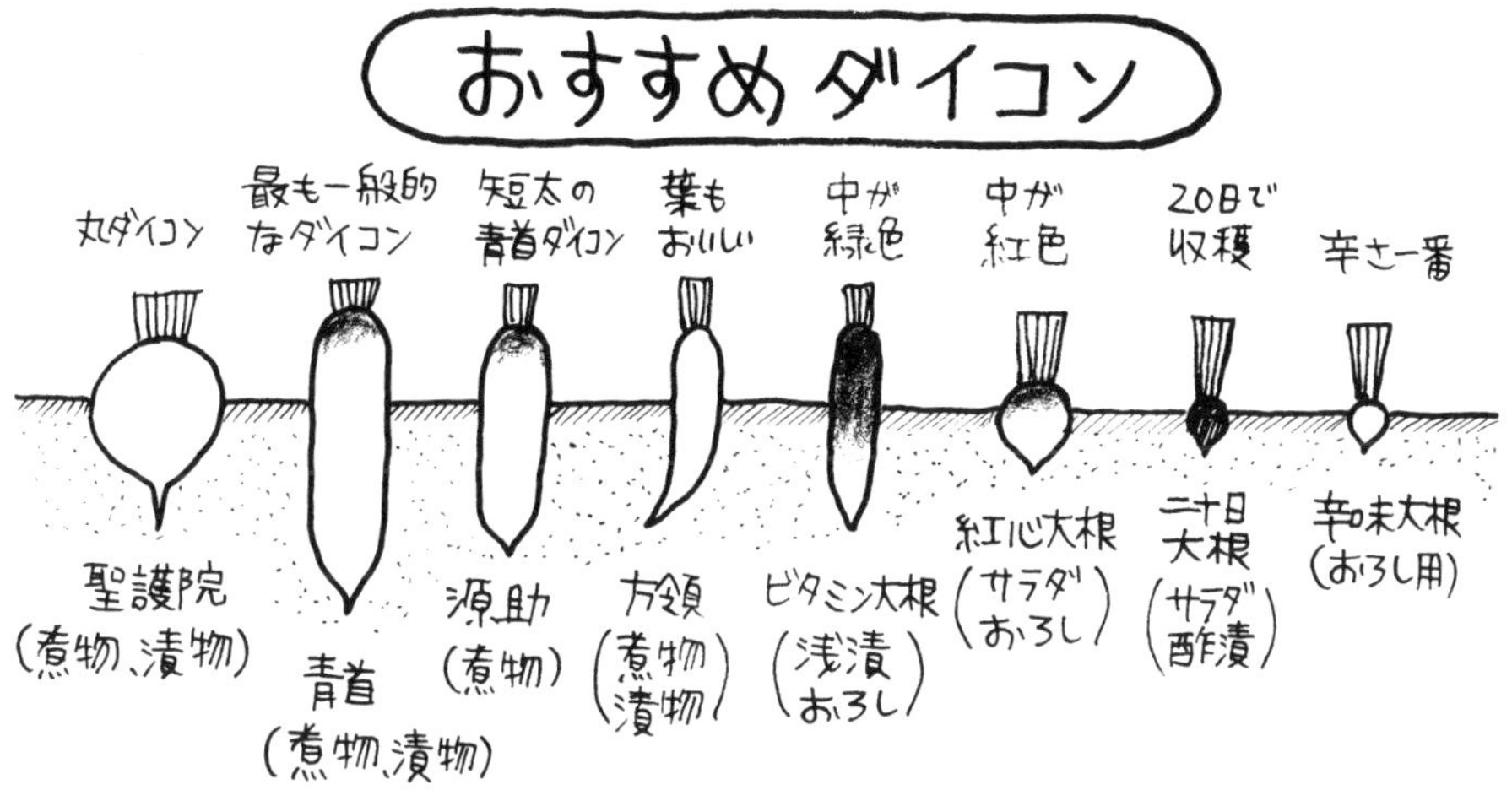
おすすめダイコン
丸ダイコン
最も一般的なダイコン
短太の青首ダイコン
葉もおいしい
中が緑色
中が紅色
20日で収穫
辛さ一番
聖護院（煮物、漬物）
青首（煮物、漬物）
源助（煮物）
方領（煮物 漬物）
ビタミン大根（浅漬 おろし）
紅心大根（サラダ おろし）
二十日大根（サラダ 酢漬）
辛味大根（おろし用）

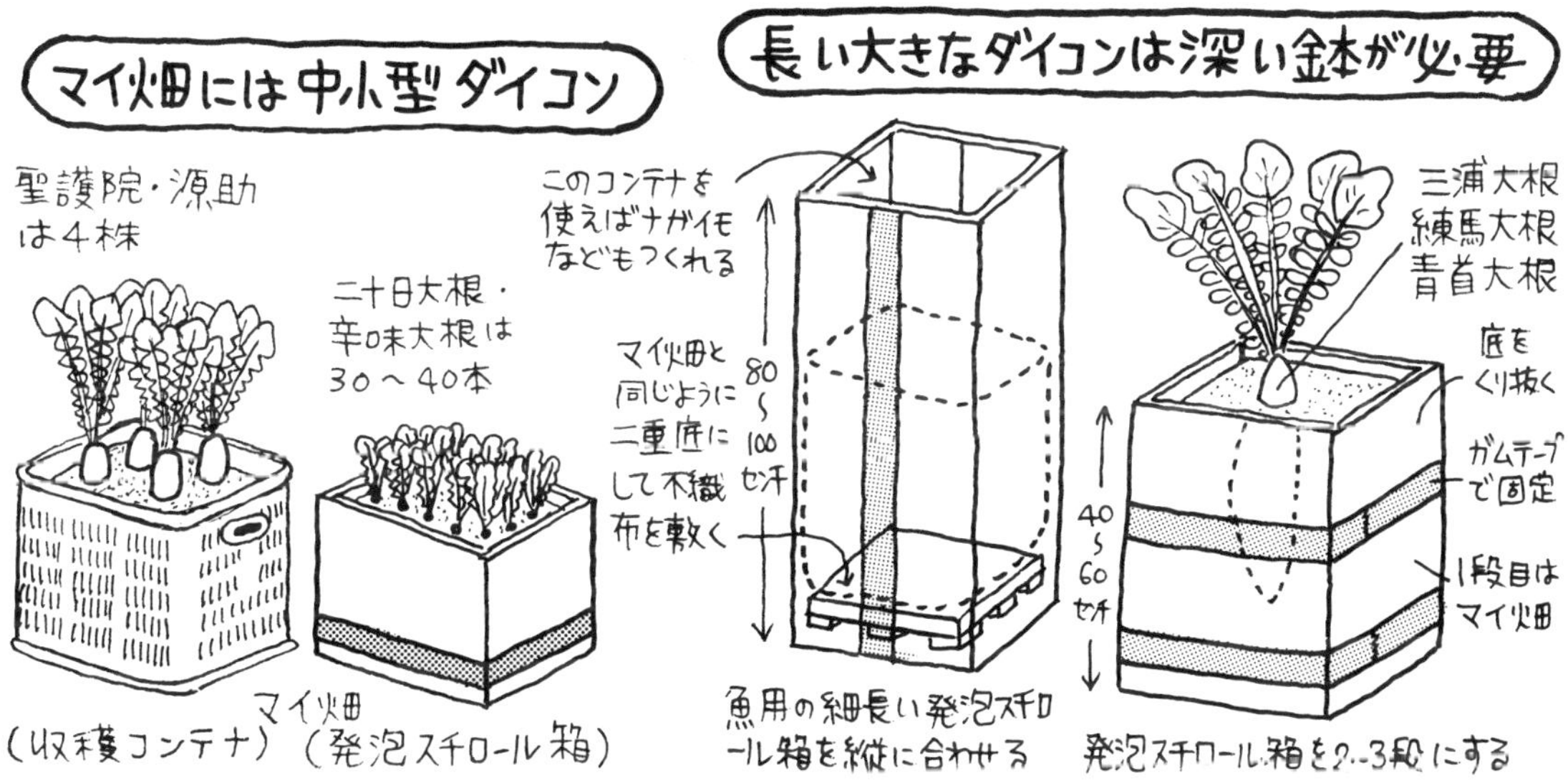
マイ畑には中小型ダイコン
聖護院・源助は4株
二十日大根・辛味大根は30〜40本
マイ畑
（収穫コンテナ）
（発泡スチロール箱）
長い大きなダイコンは深い鉢が必要
このコンテナを使えばナガイモなどもつくれる
マイ畑と同じように二重底にして不織布を敷く
80〜100セチ
魚用の細長い発泡スチロール箱を縦に合わせる
三浦大根
練馬大根
青首大根
底をくり抜く
ガムテープで固定
40〜60セチ
1段目はマイ畑
発泡スチロール箱を2〜3段にする

きなくなります。

●マイ畑では聖護院か短いものがおすすめ

ダイコンは種類が多く、煮物用、おろし用、漬物用、切干用、サラダ用など用途も多く、それぞれの用途に適した種類があります。深さ三〇センチ前後のマイ畑（発泡スチロール箱、収穫コンテナなど）には、人気の青首ダイコンも育てられますが、聖護院ダイコンや源助ダイコン、からしダイコンなどの中・小型ダイコンが向いています。

練馬大根、三浦大根など大型の大根をつくるには、発泡スチロール箱を底を切って二段、三段と重ねるか、二つを縦に合わせて、深い容器にする必要があります。

●ダイコン品評会をやろう

ダイコンは、肥料の過不足や、小石や未熟な有機物の混入、不適正な間引きなどで幼根が障害を受けると、曲がったダイコンやマタダイコンになります。収穫が遅れると「すいり（中にすきまができる）」になることがあります。ダイコンは意外とデリケートでむずかしいのです。収穫後に各自持ち寄って品評会をしましょう。そのあとは、大根料理パーティーで楽しみましょう。

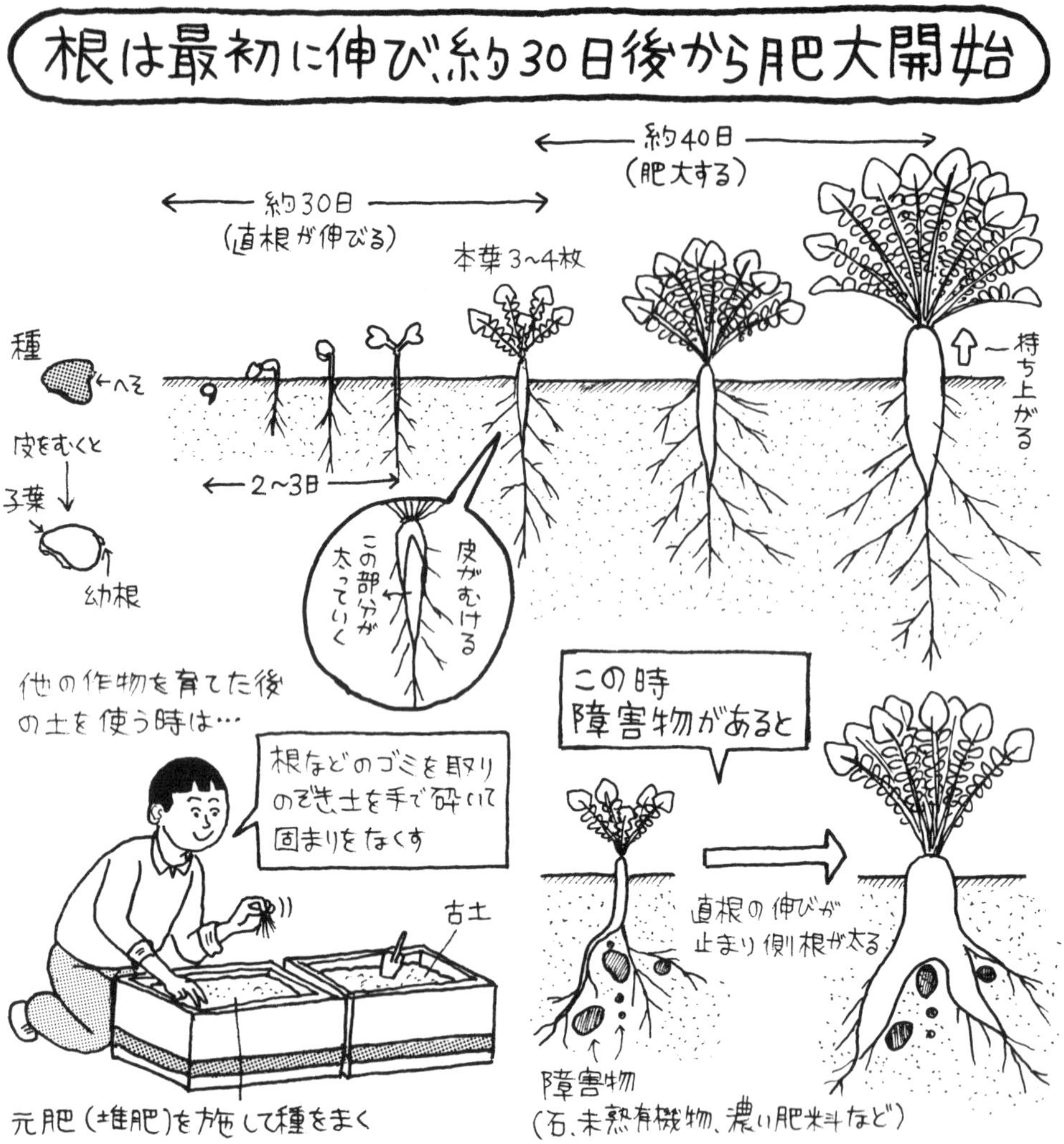
根は最初に伸び、約30日後から肥大開始
約40日
（肥大する）
約30日
（直根が伸びる）
本葉3～4枚
種
へそ
皮をむくと
子葉
幼根
2～3日
この部分が太っていく
皮がむける
持ち上がる
他の作物を育てた後の土を使う時は…
根などのゴミを取りのぞき土を手で砕いて固まりをなくす
古土
元肥（堆肥）を施して種をまく
この時
障害物があると
直根の伸びが止まり側根が太る
障害物
（石、未熟有機物、濃い肥料など）

2、種まきと間引き・追肥

●ダイコンは種まき後一ヵ月が勝負

ダイコンの種のカラをむいて中身を見てみよう。カラの中には白い子葉が折り重なって小さな根も見えます。種まきをすると、この子葉がカラをぬけ出て、ハート型に開いてきます。根は子葉よりも早くまっすぐに伸び、種まきの二〇〜三〇日後、本葉三〜四枚のころには収穫時の長さくらいに伸び、首元の皮が割れて肥大を開始します。

この直根の先に石や前作の根、未熟な有機物、大きな土塊、肥料の塊などがあると、直根の先端が傷ついて曲がりダイコン、マタダイコンの原因になります。キュウリなどの春野菜のあとにつくる場合は、いったん土をシートの上にあけ、土を移植ごてなどで細かくし、根や枯れ葉などを取りのぞいておきます。混ぜる堆肥も未熟なものを取りのぞいておきます。

●点まきし不織布か寒冷紗をかけて害虫予防

ダイコンは発芽しやすいので、間引き菜やぬき菜を多く収穫したい場合以外、必要以上に多くまく必要はありません。図のように、二〇センチくらいの間隔で、千鳥状に点まきします。ビンの底などを軽く押しつけて、平らなくぼみをつけ、一ヵ所に三、四粒ずつ間隔をあけてまき、一・五センチ

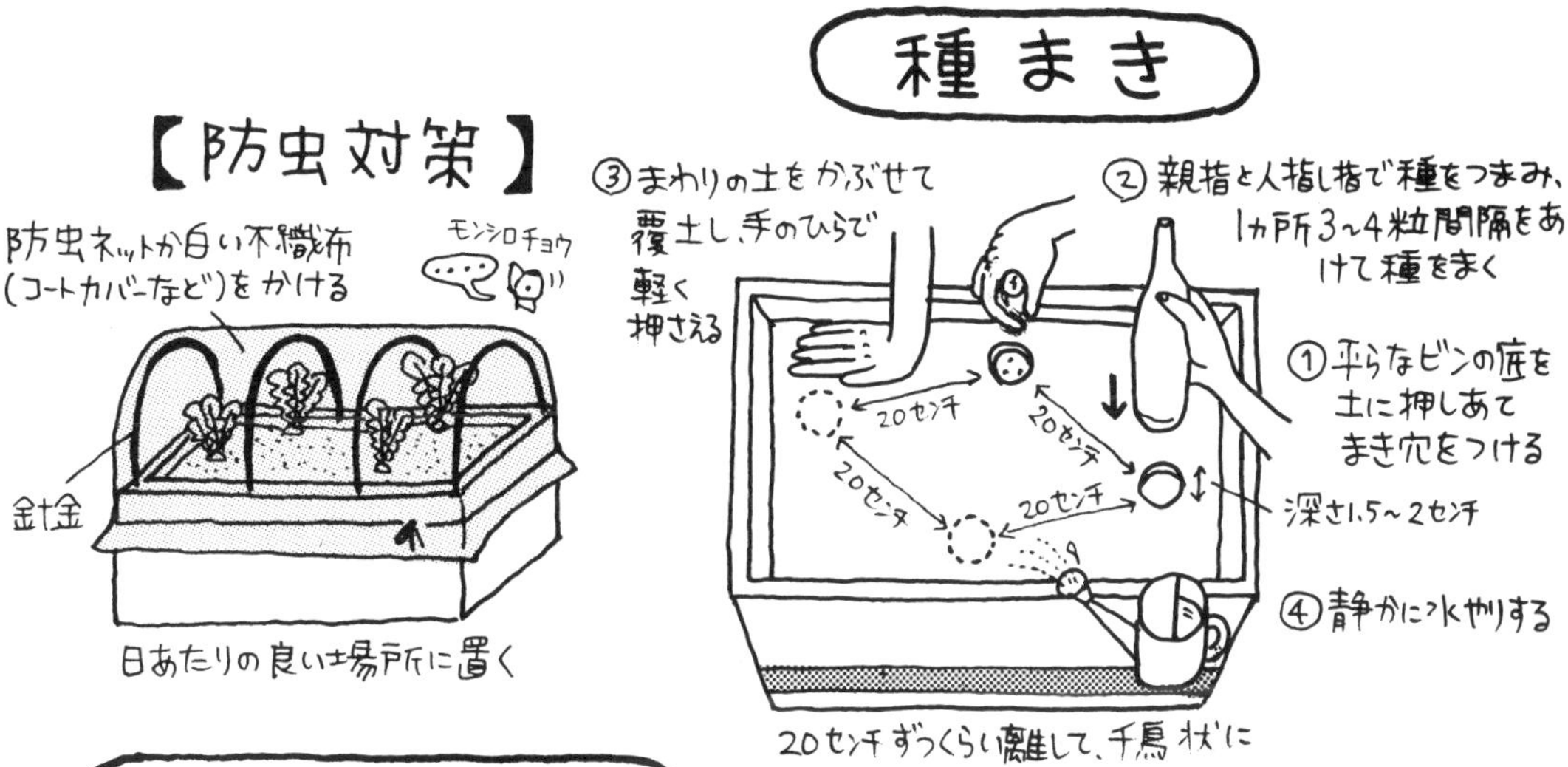
種まき
【防虫対策】
防虫ネットか白い不織布（コートカバーなど）をかける
モンシロチョウ
針金
日あたりの良い場所に置く
③まわりの土をかぶせて覆土し手のひらで軽く押さえる
②親指と人指し指で種をつまみ、1カ所3〜4粒間隔をあけて種をまく
①平らなビンの底を土に押しあてまき穴をつける
20センチ
20センチ
20センチ
20センチ
深さ1.5〜2センチ
④静かに水やりする
20センチずつくらい離して、千鳥状に

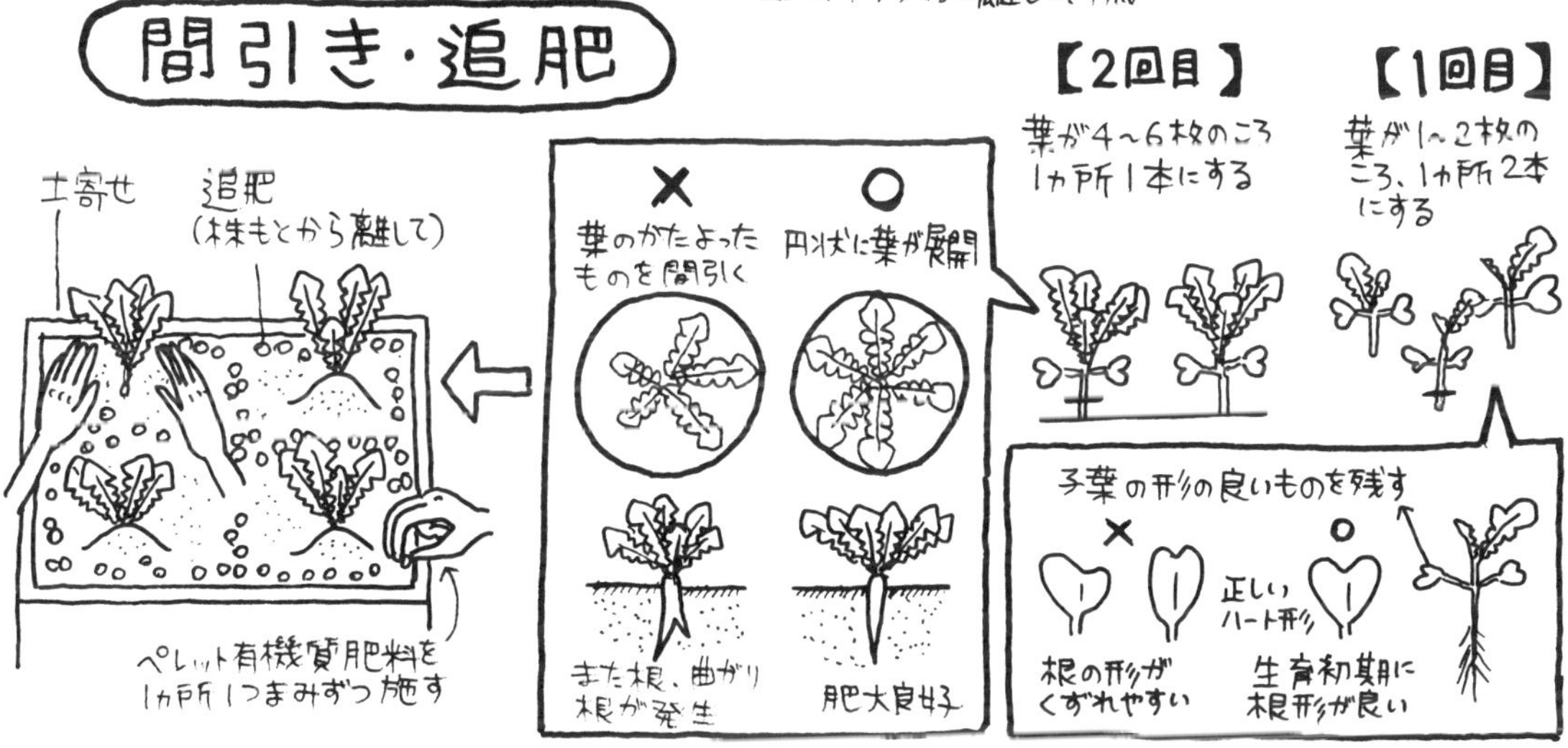
間引き・追肥
【2回目】
葉が4〜6枚のころ1カ所1本にする
【1回目】
葉が1〜2枚のころ、1カ所2本にする
土寄せ
追肥（株もとから離して）
ペレット有機質肥料を1カ所1つまみずつ施す
×
葉のかたよったものを間引く
○
円状に葉が展開
また根、曲がり根が発生
肥大良好
子葉の形の良いものを残す
×
○
正しいハート形
根の形がくずれやすい
生育初期に根形が良い

くらい覆土して軽く手のひらで押さえつけておきます。こうするとよく給水して発芽が良くなります。

アブラナ科のダイコンは、アブラムシ、アオムシ、ヨトウムシなどの害虫がよく発生します。とくに種まき後から一ヵ月間は要注意です。小さなうちに葉が食害を受けると、取り返しがつきません。種まき後は、針金トンネルをつくり、薄い白い不織布か防虫ネット、あるいは古ストッキングなどをかぶせて、害虫の侵入を防ぎましょう。かけない場合はこまめに手で捕殺するほかありません。

●発芽から本葉四〜六枚のころまでに一本に

種まき後水やりをし、日あたりに置きます。二、三日後には発芽し、子葉が開きます。子葉の形の悪いものなどを間引き二、三本にし、さらに本葉一、二枚のころに二本に間引きます。最終間引きは、肥大が開始する前後、本葉が四〜六枚のころに、葉を上から見て葉が円状に片寄りなく伸びているものを残します。葉が片寄っているものは、根が曲がっていたり、また根になっていたりするからです。

間引きをしたら、株元に土寄せをし、株からできるだけ離れた株間や鉢縁に、有機質肥料を一つかみ（四〇〜五〇グラム）追肥します。

3. 肥大期の管理と品評会

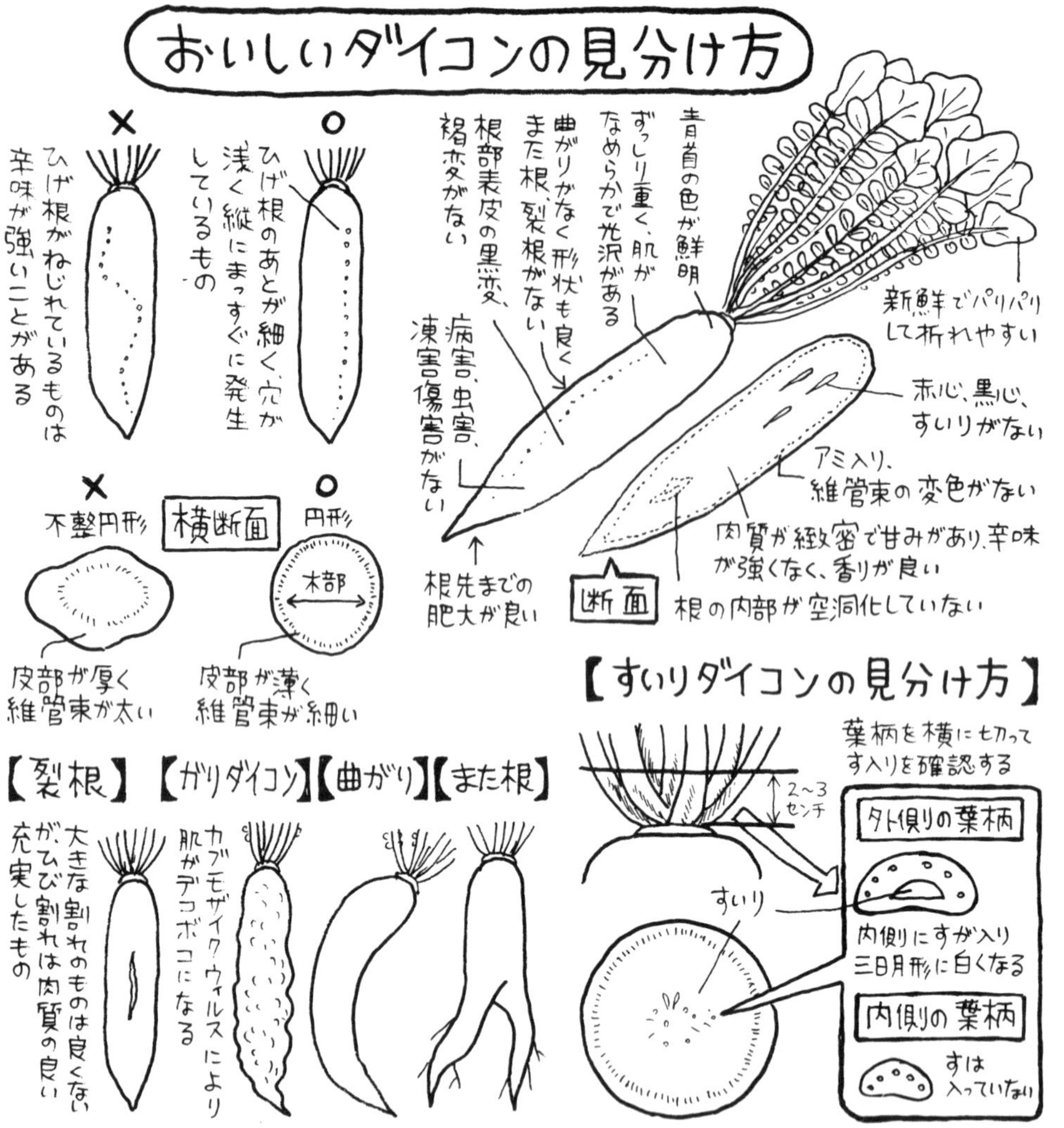

おいしいダイコンの見分け方
×
ひげ根がねじれているものは辛味が強いことがある
○
ひげ根のあとが細く、穴が浅く縦にまっすぐに発生しているもの
青首の色が鮮明
ずっしり重く、肌がなめらかで光沢がある
曲がりがなく形状も良くまた根、裂根がない
根部表皮の黒変、褐変がない
病害、虫害、凍害傷害がない
新鮮でパリパリして折れやすい
赤心、黒心、すいりがない
アミ入り、維管束の変色がない
肉質が緻密で甘みがあり、辛味が強くなく、香りが良い
根先までの肥大が良い
断面
根の内部が空洞化していない
×
不整円形
横断面
○
円形
木部
皮部が厚く維管束が太い
皮部が薄く維管束が細い
【裂根】【ガリダイコン】【曲がり】【また根】
大きな割れのものは良くないがひび割れは肉質の良い充実したもの
カブモザイクウィルスにより肌がデコボコになる
【すいりダイコンの見分け方】
葉柄を横に切ってす入りを確認する
2〜3センチ
外側の葉柄
すいり
内側にすが入り三日月形に白くなる
内側の葉柄
すは入っていない

●一ヵ月後から根部も茎葉も旺盛に生育

本葉が五、六枚になるころから、毛根の多い側根（ヒゲ根）が張って肥料や水を旺盛に吸収し、根部を肥大させ、中心の成長点から新しい葉を次々に伸ばしてきます。

乾燥しないよう一日おきに水やりをし、一回目の追肥から二、三週間後にもう一回、有機質肥料を一つかみ追肥します。この肥大期は水・肥料不足にならないようにします。

根部が肥大するにつれ、ダイコンが持ち上がってきて、太った胚軸（茎）の部分が出てきます。このころから徐々に水も肥効もひかえていきます。最後まで肥料や水が多いと、茎葉ばかりが繁茂して肥大が悪く先細りのダイコンになり、甘みのあるおいしいダイコンにはなりません

●収穫と品評会の開催

ダイコンの収穫期間は比較的長いですが、収穫が遅れると、内部に小さなすきまができる「すいり」が発生したり、割れたり（裂根）、0℃以下になると凍害も発生します。一定に肥大したものから、収穫していきます。

収穫期になったら、班ごとに一本、自慢のダイコンを持ち寄って品評会を開きましょう。その際

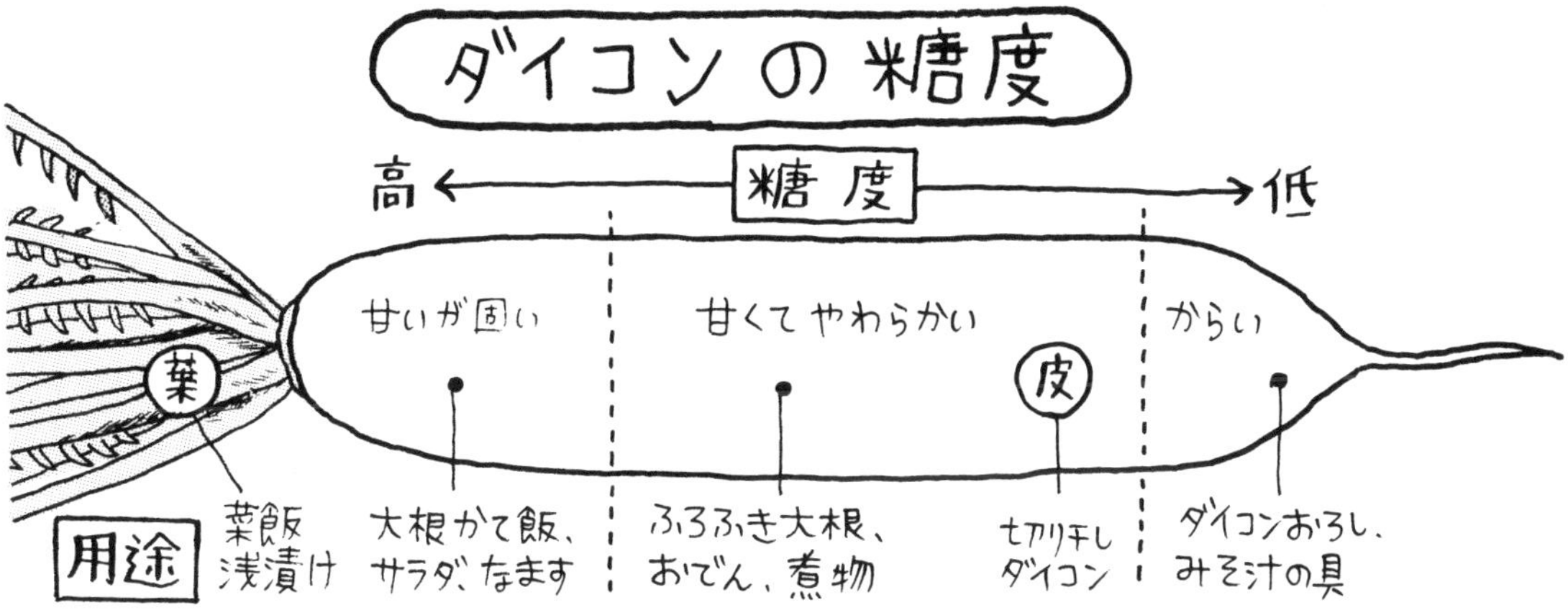
ダイコンの糖度
高 ← 糖度 → 低
甘いが固い
甘くてやわらかい
からい
葉
皮
用途
葉飯
浅漬け
大根かて飯、
サラダ、なます
ふろふき大根、
おでん、煮物
切り干し
ダイコン
ダイコンおろし、
みそ汁の具

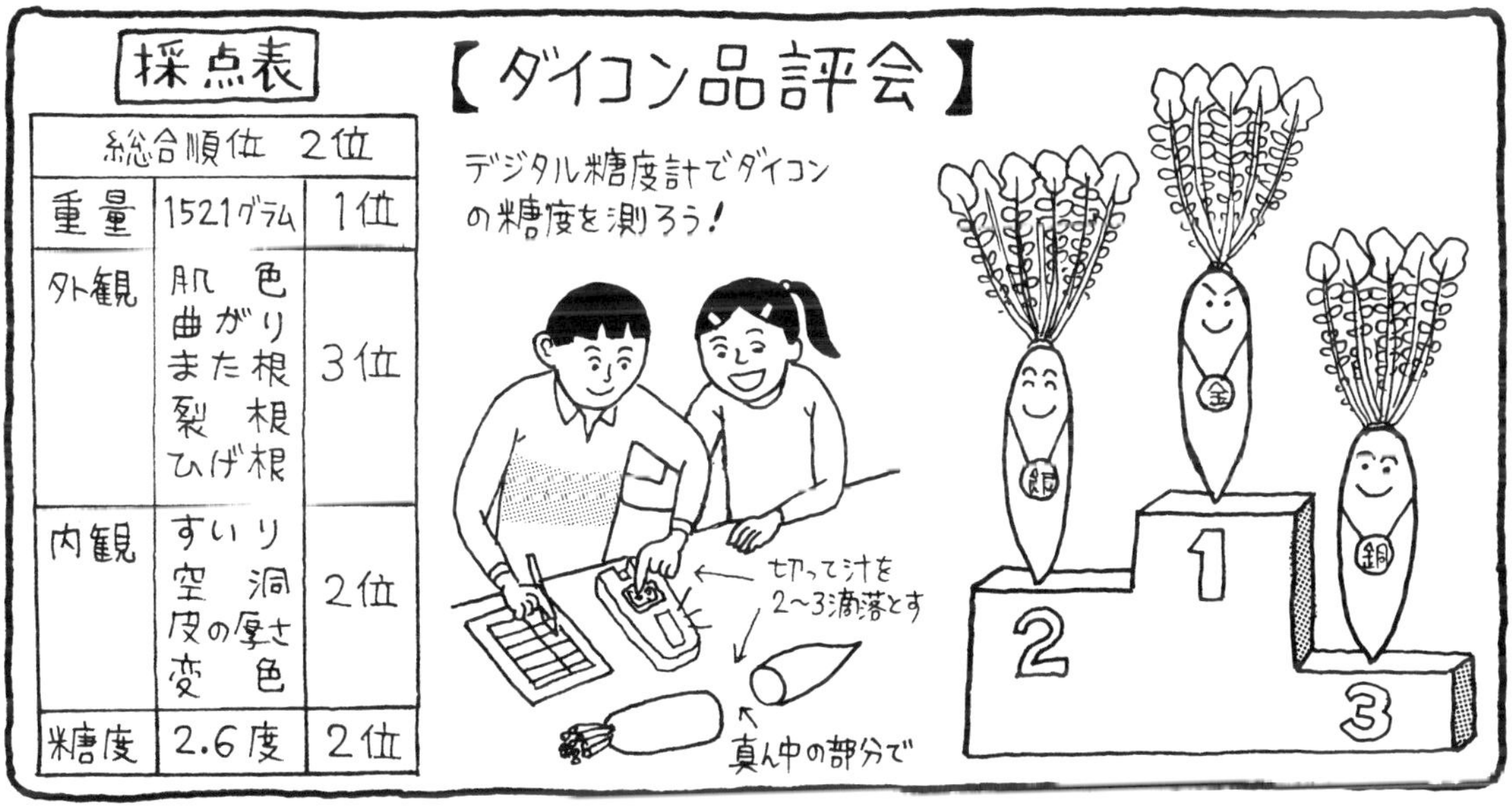
採点表
【ダイコン品評会】
総合順位 2位
重量 1521グラム 1位
外観 肌色 曲がり また根 裂根 ひげ根 3位
内観 すいり 空洞 皮の厚さ 変色 2位
糖度 2.6度 2位
デジタル糖度計でダイコンの糖度を測ろう！
切って汁を2〜3滴落とす
真ん中の部分で
金
銀
銅
1
2
3

の採点は、以下の点をチェックします。

①重量

葉を五センチくらい残して切り、重さを量ります。

②形状の変形

先端までよく丸く太っているか、曲がりやまた根、裂根などになっていないか、肌がきれいかなどをチェックします。またヒゲ根（側根）のあとが、まっすぐになっているとおいしいですが、曲がりくねっていると辛味が強く味も落ちます。

③すいり

すいりは、ダイコンを縦に切ってみればわかりますが、切った葉柄の断面を見ればわかります。すいりしていると、葉柄もすいりしていて中心部が白くなっています。

④断面

上図のように丸くて、木部が厚くて皮部（皮と維管束）が薄く、維管束が細くて目立たないものがおいしいです。

●糖度計で最終チェック

最後に糖度計で糖度も測ってみましょう。ダイコンは先端部ほど辛味が強く、頭部ほど甘みがあるので、糖度は真ん中の部分で測ります。形状が悪いと糖度も低くなるか、確かめて見ましょう。

大根かて飯のつくり方
❶ 約4人分で3合の米を洗ってすぐに水をきっておく
米のとぎ汁は煮物用のダイコンの下ゆでに使う
❷ ダイコンの頭の部分300グラムを皮をむき、1センチ角くらいに切っておく
1センチ
1センチ
❸ 炊飯器の内釜に水をきった米を入れ 水3.5合を入れ 30分くらいおいておく
3カップ半
水
水をきった米
ダイコンから水が出るので水はひかえめに
❹ 炊く直前に調味料を入れる
しょうゆ大さじ3
砂糖小さじ2
❺ ちりめんじゃこ10グラム
1センチ角に切ったダイコン
油
サラダ油小さじ1
④の内釜に1センチ角に切ったダイコン、ちりめんじゃこ、サラダ油を入れ、炊飯器にセットしてスイッチをつける
❻ 炊きあがったらすぐに中を混ぜ合わせる
ごはん粒に空気をふれさせ、ツヤを出す
❼ 好みで炊きあがったごはんにダイコン葉をさっとゆでてきざんだものを混ぜてもおいしい

4. 大根料理パーティー

●いろいろ大根料理で収穫祭

ダイコンの料理や加工法はたくさんあります。ここでは、ダイコンを混ぜて炊いた大根かて飯、ふろふき大根、大根の浅漬け、ダイコンツナサラダをつくってみましょう。材料の量は約二〇人分です。

①大根かて飯

昔、お米が不足していたころは、お米にイモや大根などを混ぜて炊いた「かて飯」がよくつくられました。今ではヘルシー料理として見直されています。

〔材料〕米一〇カップ（一八〇〇cc）、ダイコン二本　水一二カップ（ダイコンの汁が出るので少なめに）ちりめんじゃこ五〇グラム、しょうゆ大さじ一五杯、砂糖大さじ三杯、サラダ油少々

〔つくり方〕ダイコンは一センチ角のサイコロ状に切る。研いだお米を釜に入れ、水を加え、しょうゆ・砂糖を入れて混ぜ、切ったダイコン、じゃこ、サラダ油を入れて炊く（研ぎ汁はふろふき大根用に使う）。

②ふろふき大根

〔材料〕〈ダイコンの煮つけ用〉　大根三本、昆布一枚（五〇センチ）、塩大さじ一杯、しょうゆ大さじ五杯、砂糖大さじ五杯、水カップ二〇杯

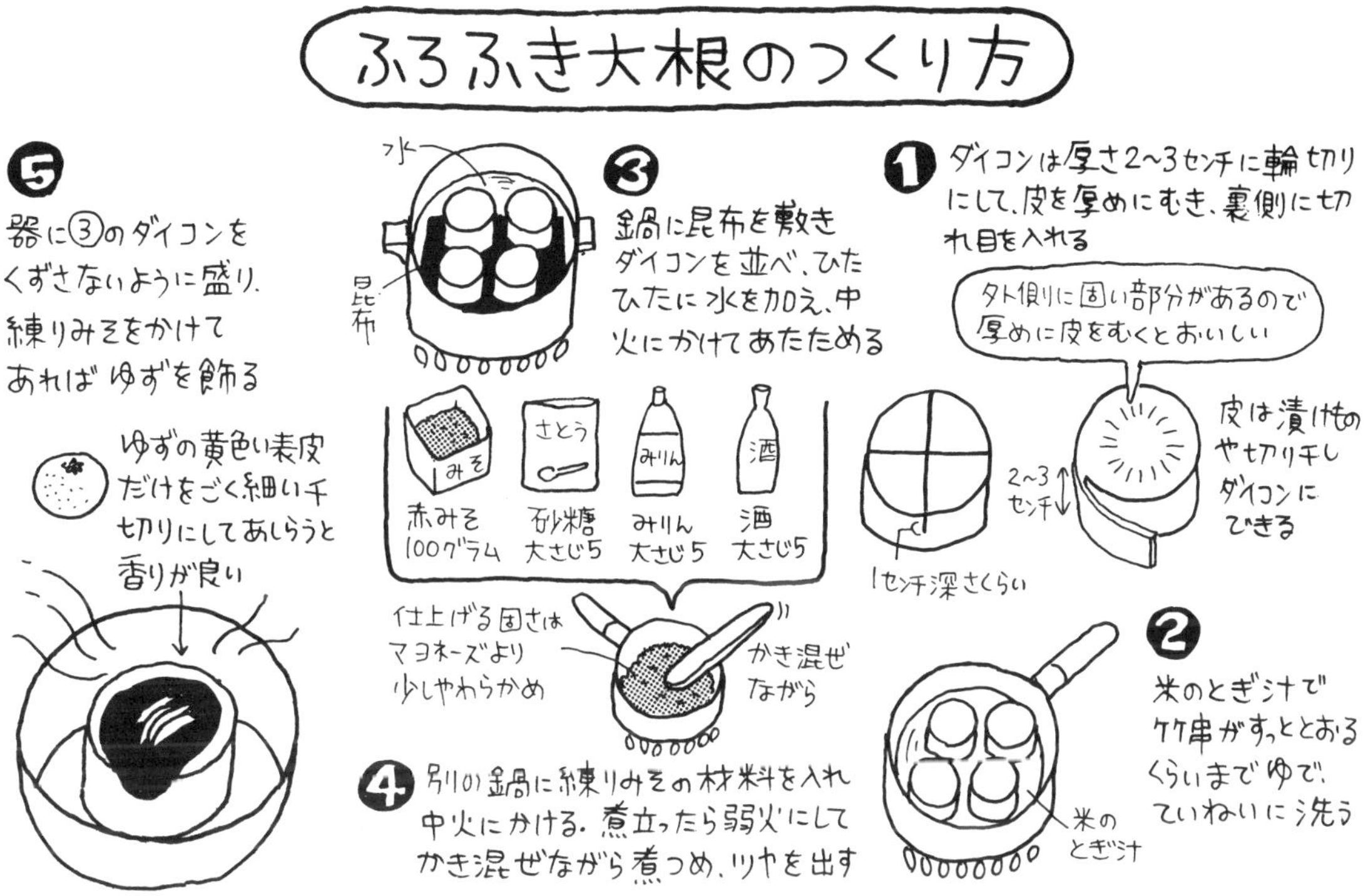
ふろふき大根のつくり方
① ダイコンは厚さ2～3センチに輪切りにして、皮を厚めにむき、裏側に切れ目を入れる
外側に固い部分があるので厚めに皮をむくとおいしい
2～3センチ
1センチ深さくらい
皮は漬けものや千切り干しダイコンにできる
② 米のとぎ汁で竹串がすっととおるくらいまでゆで、ていねいに洗う
米のとぎ汁
③ 鍋に昆布を敷きダイコンを並べ、ひたひたに水を加え、中火にかけてあたためる
水
昆布
④ 別の鍋に練りみその材料を入れ中火にかける。煮立ったら弱火にしてかき混ぜながら煮つめ、ツヤを出す
みそ
赤みそ 100グラム
さとう
砂糖 大さじ5
みりん
みりん 大さじ5
酒
酒 大さじ5
仕上げる固さはマヨネーズより少しやわらかめ
かき混ぜながら
⑤ 器に③のダイコンをくずさないように盛り、練りみそをかけてあればゆずを飾る
ゆずの黄色い表皮だけをごく細い千切りにしてあしらうと香りが良い

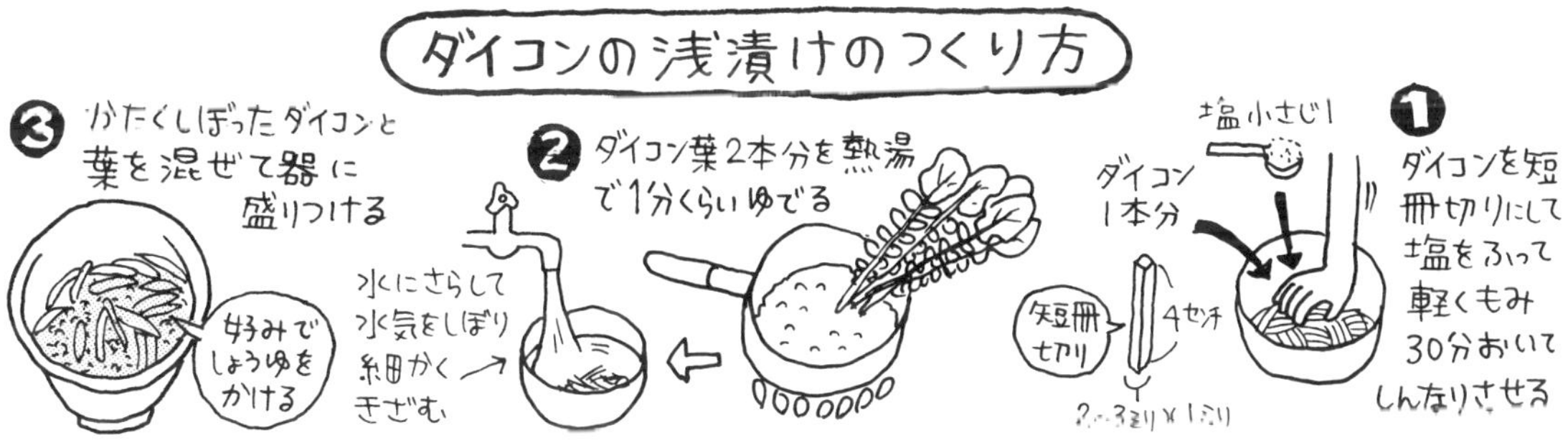
ダイコンの浅漬けのつくり方
① ダイコンを短冊切りにして塩をふって軽くもみ30分おいてしんなりさせる
塩小さじ1
ダイコン1本分
短冊切り
4センチ
② ダイコン葉2本分を熱湯で1分くらいゆでる
水にさらして水気をしぼり細かくきざむ
③ かたくしぼったダイコンと葉を混ぜて器に盛りつける
好みでしょうゆをかける

〈練りみそ〉 みそ五〇〇グラム、砂糖大さじ二五杯、みりん大さじ一五杯、酒大さじ二五杯

〔つくり方〕ダイコンを厚さ二～三センチに輪切りして皮をむき、米のとぎ汁で竹串がとおるくらいまでゆでて水洗いしてから、煮つけ用の材料でやわらかくなるまで煮る。練りみそは別の鍋に材料を入れ、弱火で焦がさないように練りながらトロリと仕上げる。器に盛り、練りみそをかけて、熱いうちに食べる。

③ダイコンの浅漬け

〔材料〕青首大根三本、塩大さじ一杯

〔つくり方〕ダイコンの皮をむき、幅四センチに輪切りしてから縦に幅二～三センチに切り、さらに幅一センチくらいに千切りにする。ボールに入れて塩をふり、手で軽くもんで三〇分ほどおいてしんなりさせる。葉は熱湯で一分くらいゆでて水にさらし、水気をしぼり、細かくきざむ。しんなりしたダイコンをきつくしぼり、きざんだ葉を混ぜて、器に盛る。

④ダイコンツナサラダ

〔材料〕ビタミン大根四本、紅心大根三本（青首ダイコン三本でも可）、ツナ缶五個

〔つくり方〕ダイコンは皮をむき、うすくスライスして千切りにし、水にさらしてパリパリにしてからザルにあげて水を切る。皿に盛り、ツナをのせ、ドレッシングをかけて食べる。

時間	学習のねらい	学習内容	評価
7時間 7月上旬	㊙作戦を実践する。	・調べてきたことをもとに自分たちが実践することを相談し、決定、実践する。手順や役割分担をする。 ※環境設定（土・置く場所・肥料・仕立て方等）	・㊙作戦をできるだけたくさん、考えグループで協力して、または、個人で実践することができるか。
8時間 7月中・下旬	収穫祭をする。 糖度測定会をする。	・この時間にこだわらず、収穫適期となったものより「取れたてのおいしさ」を味わう。 ・ほかの人に分けたり、家に持ち帰ったりして、みんなで収穫を喜びあう。 ・デジタル糖度計で各班毎の糖度を測定し、記録を残していく。	・収穫する感動を味わい、収穫物をみんなで分け合うことができるか。 ・デジタル糖度計で糖度を正しく測定できたか。
9時間 9月中旬	プレゼンテーションの計画をする。 プレゼンテーションの準備、練習をする。	・自分の栽培方法の振り返りをして、どの方法が良いか考え、発表方法を決定する。壁新聞、劇、紙芝居、ペープサート、クイズ形式等。 ・プレゼンテーションのための準備をする。シナリオつくり、役割分担、資料や小道具づくり、リハーサル等。	・発表方法を1つに決定することができるか。 ・プレゼンテーションの準備、練習ができるか。
10時間 10月中旬	プレゼンテーションをする。 栽培活動のまとめをする。	・プレゼンテーションをする。 ・一班ずつ発表し、参観者の質問やコメントをもらう。 ・相互評価をする。 ・半年間の栽培レポートを完成し、提出する。 ・お互いに読み合わせて、感想を話し合う。	・発表を聞き、相互評価をし、命の大切さに気づくことができるか。 ・レポートを読み合い、1人1人栽培に対する感じ方が違うことに気づく。

下記のような他教科との関連を持たせて授業展開を考えることが望ましい

①家庭科、2年生での「地域の食材と調査」「4時間」と関連させる。自分たちでつくった野菜を使ってどのような料理が考えられるか計画し、調理実習を行ない食べる。

・ピザパーティー・トマトジュース・トマト野菜スープ・トマトソース（パスタ、ピザ）

②技術科の情報分野で、2年生での「マルチメディアの活用」「5時間」と関連させる。

・指導計画の2時間目の観察方法・レポートのつくり方を知る。これを情報で扱い、デジカメの使い方やワードを使ってのレポートのまとめ方等を教える。・指導計画の9, 10時間目のプレゼンの計画・プレゼンをする。これを情報で扱い、パワーポイントなどのマルチメディアを利用しての発表会をさせる。

※空いた時間で栽培の内容をふくらませる事もできるし、最後に「栽培生活」を入れることもできるようになる。また「ミニトマトさん、さようなら」で片付けをしたり種を取ったりする時間に使う。

③その他の教科総合の学習の時間…ほかの野菜の栽培。地域での栽培物との関連。野菜を使っての地域との交流。特活の時間…いろいろな収穫パーティー。栽培した野菜を使ってのイベント等。

資料　中学校技術・家庭科(技術分野)　生物育成指導計画(案)　素材　ミニトマト
単元の学習計画(中学2年生 10時間)

※1年生でも可能

時間	学習のねらい	学習内容	評価
1時間 4月中旬	セルトレイを使用したプロの種まき方法を知る。	・ミニトマト(ミニキャロル)キュウリ(ゆうすずみ)の種を見る。 ・種のまき方を知る。 ・セルトレイに種をまく。 ・保温、地温、虫や風よけのために卵キャップをする。 ・自分たちで考えた、一番良いと思う場所に置く。	・セルトレイを利用した種のまき方ができるか。 ・水は確実に下からしみこませているか。 ・置く場所を一番良い場所に置けているか。
2時間 4月下旬	観察方法・レポートのつくり方を知る。 発芽したことを確認し、発芽後の管理方法を工夫する。	・観察の仕方を知る。 ・レポートのつくり方を知る。 ・デジタルカメラの使い方を知る。 ・作物についての調べ方を知る。 ・発芽を確認し、その様子を記録する。 ・発芽後のセルトレイの置き場所を工夫する。 ・水やりの方法や、回数、仕事分担を2人で話し合う。	・観察方法やレポートのつくり方、デジカメの使い方が理解できるか。 ・発芽の様子を記録することができるか。 ・2人で仕事分担をすることができるか。
3時間 5月中旬	3号ポットへの鉢上げの方法を知る。	・セルトレイ苗に根鉢ができた苗（双葉が枯れる）より鉢上げをする。 ・3号ポットへの鉢上げ方法や注意点を知る。 ・日常管理の仕事分担をする。	・鉢上げの時期を理解できるか。 ・3号ポットへの鉢上げの方法や注意点が理解できるか。
4時間 5月下旬	より良い苗をつくるための作物生理やその環境整備を知る。	・光合成の働きや、日光の必要性を知る。 ・根や葉の呼吸や根による栄養吸収を知る。 ・蒸散作用による、体温維持を知る。 ・ミニトマトの成育特徴を知る。	・既習学習や教科書から必要事項を拾い出せたか。 ・基本的な作物の成育生理や条件を理解できたか。
5時間 6月上旬	収穫コンテナや発泡スチロール箱を利用した栽培方法を知る。	・この栽培方法を用いれば、だれでも、どこでも比較的簡単に、プロに負けない作物を栽培できることを知る。 ・不織布により根が鉢の外に出ず、通気性や水はけが良いことを知る。	・収穫コンテナや発泡スチロールを利用した施設園芸のやり方を理解し、実践できるか。
6時間 6月下旬	畑の準備とコンテナ畑に苗を定植する。 食物の甘さを糖度、数字で表わすことができることを知り、糖度の測定法を知る。	・畑の土づくりや畝のつくり方を知る。 ・コンテナを利用した畑づくりをする。 ・苗の定植をする。 ・デジタル糖度計を利用することにより、甘さを客観的な数字で表せることを知る。 ・ミニトマトを甘くするにはどのような方法があるか、その方法をどのように調べるか、2人や個人で考える。(㊙作戦。)	・畑やコンテナへの苗の定植方法を理解し、実践することができるか。 ・食物の甘さが糖度で表されることを理解し、トマトを甘くする方法を知るための手段を考えられたか。

栽培学習を終えた子どもたちの心に残ったことは?

感動の野菜づくりアンケート調査

野菜づくりで一番うれしかったこと

【1番多かった意見】

芽が出たこと
ふた葉が開いた! 感動!

【2番目に多かった意見】

おいしい野菜が収穫できた! 食べられた!!
家族がおいしいといってくれた
うまい!

【3番目に多かった意見】

自分の背丈くらいになった
どんどん大きくなった

【その他】

枯れかけていた野菜が復活した時うれしかった

野菜づくりで一番おどろいたこと

【1番多かった意見】

水をあげないとすぐに枯れること
・枯れて死んだこと
・枯れても生きかえったのでびっくりした

【2番目に多かった意見】

虫がついたこと
アブラムシはセロテープで取れておもしろかった!
チョウチョの赤ちゃんやナメクジも食べにきた!

【3番目に多かった意見】

根鉢ができたこと
白い根がきれい!

【その他】

すごく小さかった種が何倍にもなったので、野菜はすごい!と思った
!

肥料をあげると緑が濃くなって元気になったこと
虫に食べられてもまた葉ができてくること
肥料

日があたらないとヒョロヒョロと伸びてしまったこと
もっと光を!

竹村久生（たけむら　ひさお）

昭和32年　静岡県浜松市生まれ

昭和57年　静岡大学教育学部卒業（中学技術専攻）。同年磐田市立向笠小学校教諭。以降浜松市立中学校技術科や静岡県立農業経営高等学校農業科の教諭を歴任。その間、「食農教育」など教育雑誌に執筆する一方、地域の「こども講座」等の市民園芸活動の指導に当る。

平成19年　静岡県立浜松視覚特別支援学校教諭
静岡県・浜松市技術科研究会、日本農業教育学会、FFC会員

●主な出版物

雑誌「食農教育」（農文協）に「竹村先生の栽培学習あの手・この手」、「生活＆総合教室」（日本文教出版）に「マイ畑で種からミニトマトを育てよう」等を連載。文部科学省検定済指導書《技術702》（開隆堂出版）共著。

橋本洋子（はしもと　ようこ）

東京都生まれ。横浜美術短期大学校卒業。アクリル画家。家庭菜園にいそしみながら、園芸イラストレーターとしても活動。千葉県在住。

図解　おもしろ子ども菜園

—教室、ベランダ、軒先で—

2009年3月15日　第1刷発行

竹村久生　著
橋本洋子　絵

発行所　社団法人　農山漁村文化協会
郵便番号 107-8668 東京都港区赤坂7丁目6-1
電話 03(3585)1141(営業)　03(3585)1147(編集)
FAX 03(3589)1387　振替 00120-3-144478
URL http://www.ruralnet.or.jp/

ISBN978-4-540-08175-0　DTP制作／ニシ工芸㈱
〈検印廃止〉　印刷・製本／凸版印刷㈱

定価はカバーに表示
乱丁・落丁本はお取りかえいたします。